SAMMLUNG TUSCULUM

DIKTYS / DARES

KRIEG UM TROJA

Lateinisch–deutsch

Herausgegeben und übersetzt
von Kai Brodersen

DE GRUYTER

ISBN 978-3-11-062013-9
e-ISBN (PDF) 978-3-11-062168-6

Library of Congress Control Number: 2019938424

Bibliografische Information der Deutschen Nationalbibliothek
Die Deutsche Nationalbibliothek verzeichnet diese Publikation in der Deutschen Nationalbibliografie; detaillierte bibliografische Daten sind im Internet über http://dnb.dnb.de abrufbar.

Für Einbandgestaltung verwendete Abbildungen:
Cologny (Genève), Fondation Martin Bodmer, Cod. Bodmer 52: 6v/7r
(www.e-codices.unifr.ch)

Satz: Kai Brodersen, Erfurt
Druck und Bindung: Hubert & Co. GmbH & Co. KG, Göttingen

♾ Gedruckt auf säurefreiem Papier
Printed in Germany

www.degruyter.com

FSC www.fsc.org MIX Papier aus verantwortungsvollen Quellen FSC® C016439

FÜR NIKLAS HOLZBERG

INHALT

EINFÜHRUNG

Alle Kreter lügen

> … Ἀθηνόδωρος ὁ Ἐρετριεὺς ἐν ὀγδόῳ ὑπομνημάτων φησὶ Θέτιν καὶ Μήδειαν ἐρίσαι περὶ κάλλους ἐν Θεσσαλίᾳ, καὶ κριτὴν γενέσθαι Ἰδομενέα, καὶ προσνεῖμαι Θέτιδι τὴν νίκην, Μήδειαν δ᾽ ὀργισθεῖσαν εἰπεῖν Κρῆτες ἀεὶ ψεῦσται, καὶ ἐπαράσασθαι αὐτῷ μηδέποτε ἀλήθειαν εἰπεῖν, ὥσπερ ἐπὶ τῆς κρίσεως ἐποίησε· καὶ ἐκ τούτου φησὶ τοὺς Κρῆτας ψεύστας νομισθῆναι. Παρατίθεται δὲ ἱστοροῦντα τοῦτο ὁ Ἀθηνόδωρος Ἀντίοχον ἐν δευτέρῳ τῶν κατὰ πόλιν μυθικῶν.
> … Athenodoros von Eretria sagt im 8. Buch seiner *Kommentare*, dass Thetis und Medeia über die Schönheit in Thessalien stritten; Richter sei Idomeneus gewesen und habe den Sieg der Thetis zugewiesen. Medeia sei zornig geworden, habe gesagt, dass die Kreter immer Lügner seien, und habe über ihn den Fluch gesprochen, dass er niemals die Wahrheit sage, so wie er es schon bei dem Urteil getan habe. Von daher, sagt man, hält man die Kreter für Lügner. Es gibt Athenodoros an, dass dies Antiochos im 2. Buch *Über die Mythen einer jeden Stadt* gesagt habe.
> (Ptolemaios Chennos bei Photios, *Bibliothek* 190 p.150a37ff.)

Alle Kreter lügen – und dies seit Idomeneus, der im Krieg um Troja das Kontingent der Kreter anführte, wie Homer in der *Ilias* (2,645) berichtet. So jedenfalls gibt es ein Antiochos in einer mythographischen Schrift an, die ein Athenodoros von Eretria laut Ptolemaios Chennos (1. Jahrhundert n. Chr.) zitiert, der seinerseits im 9. Jahrhundert in der *Bibliothek* des gelehrten Patriarchen Photios zitiert wird. Zwar können wir Antiochos und Athenodoros nicht identifizieren, doch belegt das Zitat, dass man spätestens im 1. Jahrhundert n. Chr. den Kreter Idomeneus in Verbindung mit dem sprichwörtlichen Lügen der Kreter brachte.

Idomeneus gehört in Homers *Ilias* zu den Beratern des griechischen Befehlshabers Agamemnon und beteiligt sich aktiv am Kampf gegen die Trojaner, einmal sogar gegen den trojanischen Königssohn Hektor, ist aber keine zentrale Figur im Krieg um Troja. Als Sekretär eben dieses Idomeneus, mit dem später das Wort, dass alle Kreter Lügner seien, in Verbindung gebracht wurde, stellt sich der Autor des Werks vor, das im vorliegenden Band als erstes präsentiert wird: Diktys von Kreta.

Diktys

Ein griechischer Historiker namens Diktys ist in der Tat bezeugt, so in der *Weltgeschichte* des Johannes Malalas aus dem 6. Jahrhundert n. Chr., in Kommentaren des gelehrten Arethas von Kaisareia aus dem 9.–10. Jahrhundert n. Chr., in einer etwa gleich alten anonymen Weltgeschichte mit dem Titel *Ekloge Historion* sowie im byzantinischen Lexikon namens *Suda* aus dem 10. Jahrhundert n. Chr. Die so erhaltenen Testimonien (Zeugnisse) sind nach der klassischen Sammlung von Felix Jacoby, *Die Fragmente der griechischen Historiker,* und neueren Editionen im Anhang zum vorliegenden Band zusammengestellt. Diesen Testimonien zufolge schrieb Diktys ein *Tagebuch* über »die Angelegenheiten nach Homer in Prosa in 9 Büchern« und weitere Werke zum Krieg um Troja und seinen Kontext (T 1 *Suda*). Diktys wird dabei als »Sekretär« des Idomeneus und damit Augenzeuge des Krieges vorgestellt (T 2a Malalas). Sein Werk sei freilich erst viel später »unter Kaiser Claudius Nero … aufgefunden worden« (T2b Malalas), und zwar »im 13. Jahr der Kaiserherrschaft eben dieses Claudius Caesar (Nero)« (Nero Claudius Caesar Augustus Germanicus war 54–68 n. Chr. Kaiser); damals sei bei einem Erdbeben in Kreta im Grab des Diktys am Haupt des Leichnams ein »Kästchen aus Zinn« mit der »Darlegung des Trojanischen Krieges« ans Licht gekommen, »die der Wahrheit gemäß von ihm ganz

abgefasst worden war«. Dieser Schatz sei dem Kaiser gebracht und geöffnet worden; der Text sei dann in kaiserlichem Auftrag »in der öffentlichen Bibliothek« hinterlegt worden (T 2c Malalas). Während also vor Homer »kein Dichter« bekannt sei, biete Diktys aus Kreta einen Augenzeugenbericht vom Krieg um Troja (T 3 Arethas).

Die Testimonien, die sich allesamt in Texten aus dem byzantinischen Mittelalter finden, sprechen also von einem Werk des Diktys und zitieren dann auch Fragmente aus ihm, so Malalas (F 2, F 3a, F4, F 7b, F 8, F 9) und die *Ekloge Historion* (F 1, F 10), außerdem die byzantinischen Historiker Johannes von Antiocheia im 6./7. (F 3, F 6) und Georgios Kedrenos im 11./12. Jahrhundert (F 5*) sowie die byzantinischen Scholien (Erläuterungen) zu Homer (F 5); bei Synesios von Kyrene im 4./5. Jahrhundert (F 11) ist eine Nutzung von Diktys' Werk hingegen nicht wahrscheinlich. Dass dieses aber deutlich älter ist, belegt neben einem Verweis, der dem Philosophen Syrianos (um 437 n. Chr.) zumindest zugeschrieben wird (T 6*), vor allem eine Reihe von Papyri aus dem 2./3. Jahrhundert n. Chr., die in Ägypten – in Tebtunis (F 7a) und in Oxyrhynchos (F 7c-d) – gefunden worden sind. Deren Text steht den Fragmenten, die bei den byzantinischen Autoren überliefert sind, so nahe, dass sie das Werk des Diktys bereits für die römische Kaiserzeit belegen. Die so belegte Darstellung eines Krieges um Troja ohne direkte Eingriffe der Götter ist in der Forschung gelegentlich mit einem weiteren Papyrusfragment (F 12*) in Verbindung gebracht worden, das freilich nicht von Diktys zeugt.

So erweist sich das griechische Werk des Diktys als Text spätestens der römischen Kaiserzeit, in der eine »alternative« Geschichte des Krieges um Troja sicher ihre Leser finden konnte: Bereits der gelehrte Redner und Publizist Dion von Prusa (um 40–um 115 n. Chr.), genannt *Chrysostomos* (»Goldmund«), hatte in seiner *Rede* 11 (*Troïkos*) davon gehandelt, dass Troja – anders als von Homer angegeben –

tatsächlich »nie eingenommen worden sei«. Ähnlich bezeichnet im 2. Jahrhundert n. Chr. Lukianos von Samosata in seinen *Wahren Geschichten* Homer als Lügner und parodiert in diesem Werk (2.25–26) möglicherweise Diktys (5.6; vgl. Malalas 5.18 p. 116 Dindorf). Auch Philostratos (um 165/170–nach 244 n. Chr.) stellt in seinem *Heroïkos* dem Homer den Geist des Augenzeugen Protesilaos, des ersten Gefallenen des Krieges um Troja gegenüber. Eine solche spielerische Auseinandersetzung mit der altvertrauten *Ilias* des Homer war eben in den Kreisen beliebt, denen die genannten Autoren zugehörten und die man der sogenannten »Zweiten Sophistik« zuschreibt; deren oft ironischer Umgang mit der klassischen griechischen Tradition konnte gerade in der römischen Kaiserzeit identitätsstiftend sein: In der griechischen Kultur Gebildete konnten so ihre zwar nicht machtpolitische, aber immerhin intellektuelle Überlegenheit aufzeigen.

Wie klug dieses Spiel auch bei Diktys angelegt war, zeigt dabei schon der angebliche Autor des Werks: Der Kreter Diktys wird als Sekretär des Kreters Idomeneus vorgestellt, also (wie eben in der »Zweiten Sophistik« Gebildete wissen konnten) des archetypischen kretischen Lügners. In geistreicher Auseinandersetzung mit Homer bot das griechische Werk des Diktys nach Ausweis der Testimonien und Fragmente etwa die Angabe, dass der griechische Heerführer Agamemnon dem Achilleus die gefangene Hippodameia (Briseïs) weggenommen hatte, erweitert diese Motivation für den Zorn des Achilleus als Sujet der *Ilias* (deren erste Worte, 1.1, eben diesem Zorn gelten) mit dessen Liebe zu Polyxena, einer Tochter seines Gegners, des trojanischen Königs Priamos (also mit dem Motiv der tragischen Liebe zwischen Angehörigen verfeindeter Gruppen, wie man sie später mit Romeo und Julia verbunden hat). Achilleus wird damit gleichsam menschlicher; dazu passt, dass Diktys wiederholt neben ein bei Homer genanntes direktes Eingreifen der Götter in das Kriegsgeschehen, wenn er es denn überhaupt erwähnt, rationalere Erklärungen stellt, die er deutlich bevorzugt.

Dictys Cretensis

Offenbar auf diesem uns insgesamt verlorenen griechischen Text, von dem wir nur dank der Testimonien und Fragmente wissen, beruht ein lateinisches Werk, das uns fast vollständig erhalten ist und in diesem Band präsentiert wird: Die *Ephemeris belli Troiani*, also das Tagebuch des Trojanischen Krieges des Dictys Cretensis.

Das Werk wird doppelt gerahmt, mit dem Einleitungsbrief eines Lucius Septimius an einen Quintus Aradius Rufinus – beide sind sonst unbekannt – und mit einem Prolog; in verschiedenen mittelalterlichen Abschriften ist in der Regel freilich nur einer dieser beiden Texte überliefert. Im Einleitungsbrief wird angegeben, dass das Werk in griechischer Sprache, aber in »punischen« Buchstaben aufgeschrieben gewesen sei, »die damals auf Veranlassung von Kadmos und Agenor in ganz Griechenland verbreitet waren«; damit wird Bezug genommen auf die schon beim Historiker Herodot (5,58) belegte Ansicht, dass Kadmos das phoinikische (daher auf Lateinisch als »punisch« bezeichnete) Alphabet nach Griechenland gebracht habe. »Viele Jahrhunderte später« habe man in Knossos (Gnosus) auf Kreta in einem eingestürzten Grab ein »mit Zinn verschlossenes« Kästchen gefunden, das wider Erwarten keinen Schatz, sondern Blätter aus Lindenbast enthalten habe. Den so bewahrten griechischen Text habe ein Mann namens Praxis in »attische Buchstaben umgewandelt« und dem römischen Kaiser Nero überbracht. Der Autor des vorliegenden Werks habe sie dann ins Lateinische übersetzt, die ersten fünf über das Kriegsgeschehen (also etwa den Inhalt der *Ilias*) jeweils vollständig, die übrigen fünf (so der überlieferte lateinische Texte im Widerspruch zur oben (S. 10) genannten Angabe in der *Suda*, es seien insgesamt neun Bücher gewesen) über die Rückkehr der Griechen (etwa den Inhalt der *Odyssee*) hingegen in nur einem Buch zusammengefasst. Tatsächlich folgen sodann fünf plus eins, also sechs Bücher der *Ephemeris*.

Der Prolog, der sich als Vorwort zur griechischen Fassung gibt, erweitert diese Angaben. Dictys aus Knossos habe im Auftrag des Idomeneus und des Meriones die Annalen des Trojanischen Krieges in sechs Büchern niedergeschrieben (die modernen Herausgeber des lateinischen Textes möchten hier lieber zur Harmonisierung mit den Angaben im Einleitungsbrief »neun« lesen), die in einem Zinnkästchen in seinem Grab verwahrt waren und nach einem Erdbeben »im 13. Jahr der Herrschaft des Nero« gefunden und dem Eupraxis (nicht, wie im Einleitungsbrief, Praxis) gebracht wurden. Der habe sie dem römischen Statthalter Rutilius Rufus übergeben, der sie seinerseits an Nero geschickt habe. Dessen Experten hätten den Text verstanden und »in die griechische Sprache« (in der sie dem Einleitungsbrief zuwider demnach nicht verfasst waren) übertragen, »woraus ein wahrerer Text des Trojanischen Krieges allen bekannt geworden ist«, der dann »in die griechische Bibliothek« aufgenommen worden sei und nun vorgelegt werde.

Solche Geschichten, mit denen die Wahrheit eines Textes beglaubigt werden soll, sind in Antike und Mittelalter auch sonst vielfältig belegt. Sie nennen plausible, allenfalls als Nebenfiguren belegte Namen und vermitteln damit den Eindruck von Authentizität für das Angegebene. Selbstverständlich darf man dieses literarische Spiel nicht als eine korrekte historische Information ansehen.

Dares Phrygius

> Ἀντίπατρος δέ φησιν ὁ Ἀκάνθιος Δάρητα, πρὸ Ὁμήρου γράψαντα τὴν Ἰλιάδα, μνήμονα γενέσθαι Ἕκτορος ὑπὲρ τοῦ μὴ ἀνελεῖν ἑταῖρον Ἀχιλλέως.
>
> Antipatros von Akanthos sagt, dass Dares, der vor Homer die *Ilias* schrieb, zum Ratgeber des Hektor darin geworden sei, nicht den Gefährten des Achilleus zu töten. (Photios, *Bibliothek* 190, p. 147a26ff.)

Dies gibt der bereits (S. 9) genannte Ptolemaios Chennos (1. Jahrhundert n. Chr.) an, der im 9. Jahrhundert n. Chr. in der *Bibliothek* des gelehrten Patriarchen Photios zitiert wird (T 5* in den Testimonien zu Dares in diesem Band); auf denselben Antipatros bezieht sich noch im 12. Jahrhundert der gelehrte Bischof Eustathios von Thessalonike (T5). Auch Claudius Ailianos (um 170–nach 222 n. Chr.), den man der schon (S. 12) genannten »Zweiten Sophistik« zurechnet, spricht davon, dass Dares der Phryger ein Autor gewesen sei, der »vor Homer gelebt« habe und dessen Epos *Phrygische Ilias* »noch jetzt, soweit ich weiß, erhalten« sei (T 6) – die vorsichtige Formulierung des Ailianos zeigt allerdings, dass er das Werk nur vom Hörensagen kannte und nicht aus ihm zitieren konnte.

In der Tat sind – anders als beim Prosawerk des Diktys – jedenfalls bisher keine Papyrusfragmente eines griechischsprachigen Epos oder anderen Werks des Dares ans Licht gekommen. Ein auf einem Ostrakon (Keramikscherben) in Ägypten aufgeschriebener Text, der erst 1997 publiziert worden ist (T 7*), ist zwar, da er eine kurze Zusammenfassung der *Ilias* ohne Erwähnung von Götterhandeln bietet, von der Forschung gelegentlich in Verbindung mit Dares gebracht worden, nennt aber Dares nicht und entspricht auch nicht dem, was der erhaltene Text des Dares besagt. Ja, später wird Dares nicht mehr als Autor eines Epos, sondern eines Geschichtswerks genannt, wenn der gelehrte Bischof Isidorus von Sevilla (um 560–636 n. Chr.) ein Kapitel seiner enzyklopädischen *Etymologiae* über »die ersten Autoren von Geschichtswerken« (T 2) so einleitet:

> Geschichte hat bei uns als erster Moses vom Anfang der Welt verfasst. Bei den Heiden aber hat als erster Dares der Phryger über die Griechen und Trojaner eine Geschichte herausgegeben, die auf Palmblättern von ihm geschrieben gewesen sein soll. Nach Dares aber hat in Griechenland als erster Herodot eine Geschichte gehabt.
>
> (Isidorus, *Origines* 1.42)

Eine Überlieferung von Dares' Werk auf Blättern von Palmen (griechisch *phoinikes*) ist sonst nicht bezeugt – handelt es sich vielleicht um eine Verwechslung mit der »phonikischen« Schrift des Diktys? Das Zeugnis des Isidorus, das aus einer Zeit stammt, in der die lateinischen Werke des Dares Phrygius und des Dictys Cretensis längst im Umlauf waren (s. u. S. 17), ist isoliert und nicht gut belastbar. So gibt es bei Dares – anders als bei Dictys – jedenfalls bisher keinen guten Grund dafür, eine verlorene griechische Vorlage anzunehmen. Ja, eigentlich erscheint das Werk wie eine Reaktion auf das Werk des Dictys: Hatte dieses den Krieg um Troja als Augenzeugenbericht aus der Sicht eines *griechischen* Teilnehmers – eben des Sekretärs des Kreters Idomeneus – gestaltet, bietet Dares in der Sichtweise eines Beraters des *trojanischen* Prinzen Hektor nun die Perspektive der Trojaner.

Das Werk des Dares wird im Einleitungsbrief als Arbeit des Cornelius Nepos präsentiert, der das Autograph des Autors in Athen gefunden, aus dem Griechischen wortgetreu ins Lateinische übersetzt und nun dem Sallustius Crispus zugeeignet habe. Damit sind zwei bedeutende literarische Gestalten genannt: Cornelius Nepos (um 100–nach 28 v. Chr.), von dessen umfangreichem historischen Œuvre nurmehr einige Biographien erhalten sind, und der bedeutende Geschichtsschreiber Sallust (Gaius Sallustius Crispus, 86–35/34 v. Chr.). Dem Text des Dares wird damit das Interesse hochrangiger lateinischer Literaten zugeschrieben. Der Augenzeuge Dares sei dabei für den Krieg um Troja ein glaubwürdigerer Zeuge als der viel spätere Homer, der zumal des Wahnsinns schuldig sei, dass er die Götter mit den Menschen Krieg führen lasse.

In der Tat geht Dares noch weiter als Dictys, wenn es darum geht, in Auseinandersetzung mit Homers *Ilias* den Krieg um Troja als rein menschliches Geschehen darzustellen. Auch bei ihm treibt den Achilleus vor allem seine Liebe zu Polyxena an, doch strenger als

Dictys erwähnt Dares überhaupt kein Eingreifen der Götter mehr: Das Trojanische Pferd ist bei Dares (40) nurmehr ein Zeichen oberhalb eines Stadttors, das Verräter von innen öffnen werden, und selbst das Urteil des Alexandros/Paris im Schönheitswettbewerb der drei Göttinnen, das als eigentlicher Auslöser des Trojanischen Krieges gelten kann, ist bei Dares (7) nur ein Traumgeschehen.

Dictys und Dares bieten somit in Auseinandersetzung mit der homerischen Tradition (und wohl auch mit der *Ilias Latina*, die zwar nicht den Diktys, wiederholt aber dessen Herren Idomeneus und Meriones anführt und einmal, v. 405, die Söhne des Dares als trojanische Kämpfer nennt) eine vorgeblich plausiblere Version des Krieges um Troja, in der das homerische Götterhandeln zurückgedrängt oder gar gestrichen ist und Helden vor allem als Menschen aus menschlichen Motiven handeln – namentlich aus Liebe.

Hinweise zur Wirkungsgeschichte

Die Entstehung der lateinischen Fassung selbst datiert man in der Forschung anhand sprachlicher Merkmale meist in die Spätantike, etwa in das 4. oder 5. Jahrhundert n. Chr., in der Homers griechische *Ilias* nicht mehr zugänglich war und allenfalls die kurze *Ilias Latina* des Baebius Italicus (1. Jahrhundert n.Chr.) vom Krieg um Troja sprach. Die ersten Abschriften der lateinischen Texte von Dictys Cretensis und Dares Phrygius sind in handschriftlichen *Codices* aus dem 9. Jahrhundert n. Chr. erhalten. Beide Werke waren bis zur Wiederentdeckung der griechischen Epen Homers im 15. Jahrhundert prägende Vorlagen für die Geschichte vom Krieg um Troja.

So entstand in der Mitte des 12. Jahrhunderts eine anonyme *Historia Daretis Frigii de origine Francorum* (»Geschichte des Phrygers Dares über den Ursprung der Franken«), die als Teil des unter dem

Namen Fredegars umlaufenden *Chronicon* überliefert wurde, einer Weltgeschichte von den Anfängen bis ins Jahr 642 n. Chr. Besonders einflussreich war *Le Roman de Troie* (»Roman von Troja«) des Benoît de Sainte-Maure (um 1365). Etwa eine halbe Generation später schuf der englische Dichter Joseph von Exeter (Josephus Iscanus) ein lateinisches Epos in sechs Büchern *Daretis Phrygii Ilias De bello Troiano* (»Des Phrygers Dares *Ilias* über den Trojanischen Krieg«), das dem Titel zum Trotz weitgehend auf Dictys beruhte. Ein Jahrhundert später nutzte Guido delle Colonne für eine lateinische Prosa-Darstellung der *Historia destructionis Troiae* (»Geschichte der Zerstörung von Troja«) die Werke des Dictys und Dares.

Diese gehörten zu den ersten antiken Werken, die im Druck erschienen sind; die frühesten erhaltenen Ausgaben der lateinischen Texte erschienen bereits eine Generation nach der Erfindung des Buchdrucks mit beweglichen Lettern, nämlich in den frühen 1470er Jahren, und zeugen vom großen Interesse an den beiden Werken. 1536 und 1554 kamen zwei konkurrierende deutsche Übersetzungen heraus, deren eine etwa der Nürnberger Meistersinger Hans Sachs (1494–1576) in seiner *Tragedia »Die zerstörung der statt Troya von den Griechen«* (1554) als Vorlage angibt. Die Bedeutung hielt auch weiterhin an. Als Johann Wolfgang von Goethe (1749–1832) eine deutsche *Achilleïs* plante, entlieh er in der Weimarer Bibliothek über Weihnachten 1797 die 1702 in Amsterdam erschienene große kommentierte Edition *Dictys Cretensis et Dares Phrygius De Bello et Excidio Trojae.*

Zu dieser Ausgabe

Die griechischen und lateinischen Texte folgen den im Anhang genannten maßgeblichen Ausgaben, auch für die Fragmente der griechischen Historiker. Bei diesen weisen Sternchen* darauf hin,

dass so bezeichnete Testimonien oder Fragmente noch nicht in der gleichnamigen Sammlung von Felix Jacoby enthalten, doch in der späteren Forschung herangezogen worden sind. Wörter oder Partien, die im Lauf der Überlieferung offenbar versehentlich ausgefallen sind, stehen in <spitzen> und zu tilgende Hinzufügungen in {geschweiften} Klammern; †Kreuze† umfassen Stellen, bei denen eine Rekonstruktion des Originaltextes bisher nicht gelungen ist.

Bei Texten auf Papyri und Ostraka markieren außerdem eckige Klammern auf dem Papyrus nicht erhaltene, aber ergänzbare Partien, jeweils von Zeilenanfang bis -ende; ± steht dabei vor der ungefähren Anzahl der durch den mechanischen Verlust des Beschreibstoffs ausgefallenen Buchstaben. Damit wird es möglich, die tatsächlich überlieferten und die von modernen Gelehrten rekonstruierten Passagen jeweils als solche zu erkennen.

Die Übersetzungen geben die Namen in der griechischen Form wieder (also Zeus statt Iupiter, Odysseus statt Ulixes), da man die lateinischen Namensformen der linken Seite leicht entnehmen kann. Historisches Präsens wird als Präteritum wiedergegeben. Die (modernen) Einteilungen in Kapitel und Abschnitte sowie Erläuterungen stehen in (nur dafür verwendeten) runden Klammern. Bei den Fragmenten der griechischen Historiker stehen Verweise auf die Kapitel und Abschnitte der lateinischen Texte des Dictys bzw. Dares in geschweiften Klammern.

Vor allem Dictys verwendet immer wieder römische Fachbegriffe, die seiner Leserschaft zweifellos eher vertraut waren als griechische. So bezeichnet er das Gemeinwesen als *res publica* (5.4), den Marktplatz als *forum* (5.7, 5.10), den Ältestenrat als *senatus* (5.4, 5.8), die Büttel von Amtsträgern als *lictores* (2.33, 2.49), Heere als *legiones* (4.14) und Beratungen von Heerführern als *consilium* (passim). Einen Erzieher benennt er mit dem (etwa bei Cicero, *Ad familia-*

res 3.13.2 für den Censor belegten) Begriff *magister morum* (2.34), die Totengeister bezeichnet er als *Manes* (3.16), die Hausgötter als *Penates* (3.26), wiederholt außerdem jede heilige Verpflichtung als *religio* und das unabänderliche Schicksal als *fatum* (Plural *fata*). Deutlich wird römische Terminologie auch beim recht häufigen Gebrauch des Wortes *fides*, das für Treue und Zuverlässigkeit steht, aber auch für ein darauf begründetes verlässliches Verhältnis; es bleibt in diesem Band ebenso unübersetzt wie *animus* (Plural *animi*), womit Sinn und Sinnesart und auch der Sitz von Emotionen bezeichnet wird, und wie *pietas*, frommes, also moralisch gutes Verhalten gegenüber Göttern und Menschen, sowie *virtus* (Plural *virtutes*), das für Tapferkeit und andere, insbesondere von Männern erwartete Tugenden steht.

Das Buch möchte zwei »alternative« Versionen über den Krieg um Troja zugänglich machen, von denen wenigstens eine als intelligentes Spiel mit der Tradition in der Zweiten Sophistik begann und die beide im Mittelalter und in der frühen Neuzeit von großem Einfluss waren – und sich auch heute wieder mit Vergnügen lesen lassen.

Gewidmet ist das Buch Niklas Holzberg (München), der entscheidend zur Erneuerung des Interesses an Diktys und Dares beigetragen hat, in Dankbarkeit für die tatkräftige Unterstützung des Lehrangebots zur antiken Kultur an der Universität Erfurt.

Für die Aufnahme des Bandes in die Reihe danke ich Niklas Holzberg und Bernhard Zimmermann, für guten Rat bei der Erstellung der Druckvorlage Florian Ruppenstein und für das Mitlesen der Korrekturen dem Lektor dieses Bandes, Torben Behm, sowie Ansgar Teichgräber und meiner lieben Frau Christiane.

Erfurt, im Frühjahr 2019 Kai Brodersen

TEXTE UND ÜBERSETZUNGEN

DICTYS CRETENSIS

EPHEMERIS BELLI TROIANI

DIKTYS VON KRETA

TAGEBUCH DES TROJANISCHEN KRIEGES

EPISTULA

(L.) Septimius Q. Aradio Rufino salutem.

Ephemeridem belli Troiani Dictys Cretensis, qui in ea militia cum Idomeneo meruit, primo conscripsit litteris Punicis, quae tum Cadmo et Agenore auctoribus per Graeciam frequentabantur. Deinde post multa saecula collapso per vetustatem apud Gnosum, olim Cretensis regis sedem, sepulchro eius, pastores cum eo devenissent, forte inter ceteram ruinam loculum stagno affabre clausum offendere ac thesaurum rati mox dissolvunt. Non aurum neque aliud quicquam praedae, sed libros ex philyra in lucem †prodierunt†. At ubi spes frustrata est, ad Praxim dominum loci eos deferunt, qui commutatos litteris Atticis, nam oratio Graeca fuerat, Neroni Romano Caesari obtulit, pro quo plurimis ab eo donatus est. Nobis cum in manus forte libelli venissent, avidos verae historiae cupido incessit ea, uti erant, Latine disserere, non magis confisi ingenio, quam ut otiosi animi desidiam discuteremus. Itaque priorum quinque voluminum, quae bello contracta gestaque sunt, eundem numerum servavimus, residua de reditu Graecorum quidem (*codices*: quinque) in unum redegimus atque ita ad te misimus. Tu, Rufine mi, ut par est, fave coeptis atque in legendo Dictym <…>

BRIEF

Lucius Septimius wünscht dem Quintus Aradius Rufinus Wohlergehen.

Das Tagebuch des Trojanischen Krieges hat Diktys aus Kreta, der bei diesem Feldzug zusammen mit Idomeneus gedient hatte, zuerst in punischen (phoinikischen) Buchstaben aufgeschrieben, die damals auf Veranlassung von Kadmos und Agenor in ganz Griechenland verbreitet waren. Als danach, viele Jahrhunderte später, aufgrund des Alters bei Gnosus (Knossos), einst Sitz des Königs von Kreta, dessen Grab eingestürzt war, kamen Hirten dorthin, stießen zufällig unter anderem Schutt auf ein Kästchen, das handwerklich mit Zinn verschlossen war, und öffneten es sogleich, da sie einen Schatz vermuteten. Weder Gold noch etwas anderes an Beute, sondern Blätter aus Lindenbast traten (?) ans Licht. Da jedoch ihre Hoffnung enttäuscht worden war, brachten sie diese zu Praxis, dem Herrn dieses Ortes, der sie, in attische Buchstaben umgewandelt – die Sprache war nämlich Griechisch –, dem römischen Kaiser Nero überbrachte, wofür er von jenem mit vielem beschenkt wurde. Als uns die Blätter zufällig in die Hände kamen, ergriff uns, begierig nach der wahren Geschichte, das Verlangen, sie, wie sie waren, auf Lateinisch darzulegen – nicht so sehr unserer Begabung vertrauend als darauf, dass wir so die Trägheit eines müßigen *Animus* vertreiben könnten. Daher haben wir von den ersten fünf Bänden über das, was alles im Krieg geschehen ist und getan wurde, dieselbe Zahl bewahrt; die übrigen hingegen (*Codices*: fünf) über die Rückkehr der Griechen haben wir in ein einziges Buch gebracht und Dir so gesandt. Du, mein Rufinus, sei dem Begonnenen wohl gesonnen und … beim Lesen den Diktys … (*Lücke im Text*)

PROLOGUS

Dictys, Cretensis genere, Gnoso civitate, isdem temporibus, quibus et Atridae, fuit, peritus vocis ac litterarum Phoenicum, quae a Cadmo in Achaiam fuerant delatae. Hic fuit socius Idomenei, Deucalionis filii, et Merionis ex Molo, qui duces cum exercitu contra Ilium venerant, a quibus ordinatus est, ut annales belli Troiani conscriberet. Igitur de toto bello sex (*editores*: novem) volumina in tilias digessit Phoeniceis litteris. Quae iam reversus senior in Cretam praecepit moriens, ut secum sepelirentur. Itaque, ut ille iusserat, memoratas tilias in stagnea arcula repositas eius tumulo condiderunt.

Verum secutis temporibus, tertio decimo anno Neronis imperii, in Gnoso civitate terrae motus facti cum multa, tum etiam sepulchrum Dictys ita patefecerunt, ut a transeuntibus arcula viseretur. Pastores itaque praetereuntes cum hanc vidissent, thesaurum rati sepulchro abstulerunt. Et aperta ea invenerunt tilias incognitis sibi litteris conscriptas continuoque ad suum dominum, Eupraxidem quendam nomine, pertulerunt. Qui agnitas, quaenam essent, litteras Rutilio Rufo, illius insulae tunc consulari, obtulit. Ille cum ipso Eupraxide ad Neronem oblata sibi transmisit existimans quaedam in his secretiora contineri.

PROLOG

Diktys, ein Kreter von Geburt, aus der Stadt Gnosus (Knossos), lebte zu denselben Zeiten wie auch die Atriden und war der phoinikischen Sprache und Buchstaben kundig, die von Kadmos nach Achaia gebracht worden waren. Er war ein Gefährte des Idomeneus, Sohn des Deukalion, und des Meriones, der von Molos abstammte, die als Anführer mit dem Heer gegen Ilion (Troja) gekommen waren; von ihnen wurde er beauftragt, die Annalen des Trojanischen Krieges niederzuschreiben. Also verteilte er sechs (*Herausgeber:* neun) Bücher über den ganzen Krieg auf Lindenbast in phoinikischen Buchstaben. Nachdem er schon als älterer Mann nach Kreta zurückkehrte, verfügte er sterbend, dass diese mit ihm begraben würden. Deshalb verwahrte man, wie er es befohlen hatte, den erwähnten Lindenbast, in ein Zinnkästchen gelegt, in seinem Grab.

Nach langer Zeit aber, im 13. Jahr der Herrschaft des Nero, geschahen in der Stadt Gnosus (Knossos) Erdbeben und öffneten viele Gräber, insbesondere auch das des Diktys, so dass von Vorbeigehenden das Kästchen gesehen wurde. Als vorübergehende Hirten es gesehen hatten, hielten sie es daher für einen Schatz und brachten es vom Grab fort. Und als es geöffnet worden war, fanden sie Lindenbastblätter, die mit einer ihnen unbekannten Schrift beschrieben waren, und brachten sie sofort zu ihrem Herrn, einem gewissen Mann namens Eupraxis. Der erkannte, woher die Buchstaben stammten, und brachte sie vor Rutilius Rufus, den damaligen *Consularis* (Statthalter) der Insel. Jener schickte zusammen mit Eupraxis selbst das, was ihm vorgelegt worden war, zu Nero, weil er annahm, dass darin etwas recht Geheimnisvolles enthalten sei.

Haec igitur cum Nero accepisset advertissetque Punicas esse litteras, harum peritos ad se evocavit. Qui cum venissent, interpretati sunt omnia. Cumque Nero cognosset antiqui viri, qui apud Ilium fuerat, haec esse monumenta, iussit in Graecum sermonem ista transferri, e quibus Troiani belli verior textus cunctis innotuit. Tunc Eupraxidem muneribus et Romana civitate donatum ad propria remisit. Annales vero nomine Dictys inscriptos in Graecam bibliothecam recepit, quorum seriem, qui sequitur, textus ostendit.

Als daher Nero die Schrift empfangen und erkannt hatte, dass es phoinikische Buchstaben seien, rief er Experten für diese zu sich. Als sie gekommen waren, deuteten sie alles. Und als Nero erkannt hatte, dass dies Zeugnisse eines alten Mannes seien, der bei Ilion (Troja) gewesen war, befahl er, dass man sie in die griechische Sprache übertrage, woraus ein wahrerer Text des Trojanischen Krieges allen bekannt geworden ist. Dann beschenkte er den Eupraxis mit Gaben und dem römischen Bürgerrecht und schickte ihn zu seinem Eigentum zurück. Die Annalen, die mit dem Namen Diktys betitelt sind, nahm er in die griechische Bibliothek auf; ihren Wortlaut zeigt der Text, der nun folgt.

LIBER PRIMUS

(1.1) Cuncti reges, qui Minois Iove geniti pronepotes Graeciae imperitabant, ad dividendas inter se Atrei opes Cretam convenere. Atreus namque ex Minoe postrema sua ordinans, quicquid auri atque argenti, pecorum etiam fuit, nepotibus, quos filiae genuerant, ex aequo dividendum reliquerat, excepto civitatum terrarumque imperio; haec quippe Idomeneus cum Merione, Deucalionis Idomeneus, alter Moli, iussu eius seorsum habuere. Convenere autem Clymenae et Naupli Palamedes et Oeax. Item Menelaus, Aeropa et Plisthene genitus, a qua Anaxibia soror, quae eo tempore Nestori denupta erat, et Agamemnon maior frater, ut vice sua in divisione uteretur, petiverant. Sed hi non Plisthenis, ut erat, magis quam Atrei dicebantur, ob eam causam, quod, cum Plisthenes admodum parvis ipse agens in primis annis vita functus, nihil dignum ad memoriam nominis reliquisset, Atreus miseratione aetatis secum eos habuerat neque minus quam regios educaverat. In qua divisione singuli pro nominis celebritate inter se quisque magnifice transiere.

(1.2) Ad eos re cognita omnes ex origine Europae, quae in ea insula summa religione colitur, confluunt benigneque salutatos

ERSTES BUCH

(1.1) Alle Könige, die als Nachfahren des Minos, der von Zeus gezeugt worden war, über Griechenland herrschten, kamen auf Kreta zusammen, um untereinander die Schätze des Atreus aufzuteilen. Atreus hatte nämlich, als er seine letzten Dinge ordnete, alles von Minos, was er an Gold und Silber und auch an Vieh besaß, den Enkeln, die seine Töchter geboren hatten, hinterlassen, damit sie es gleichmäßig aufteilten, mit Ausnahme der Herrschaft über Städte und Länder; diese Herrschaft freilich sollten Idomeneus gemeinsam mit Meriones – ein Sohn des Deukalion war Idomeneus, der andere Sohn des Molos – auf Befehl des Atreus jeder für sich innehaben. Es kamen auch Palamedes, Sohn der Klymene und des Nauplios, und Oiax. Ebenso hatten Menelaos, Sohn der Aërope und des Pleisthenes, dessen Schwester Anaxibia war, die zu dieser Zeit mit Nestor vermählt worden war, und sein älterer Bruder Agamemnon verlangt, dass sie ihren Anteil bei der Verteilung wahrnähmen. Aber diese wurden nicht als Söhne des Pleisthenes – wie es ja war – bezeichnet, sondern vielmehr des Atreus, und zwar aus folgendem Grund: Pleisthenes, der selbst nur sehr wenig tat, war in deren frühen Jahren aus dem Leben geschieden und hatte nichts der Erinnerung an seinen Namen Würdiges hinterlassen; Atreus hingegen hatte sie aus Mitleid mit ihrer Jugend bei sich behalten und sie nicht geringer denn als Prinzen aufgezogen. Bei dieser Teilung überboten sich nun die einzelnen – ein jeder nach Berühmtheit ihres Namens – untereinander an Großtuerei.

(1.2) Zu ihnen strömten, als die Sache bekannt geworden war, alle zusammen, die von Europa abstammten, die auf dieser Insel (Kreta) mit höchster *Religio* verehrt wird, und sie geleiteten die gütig

in templum deducunt. Ibi multarum hostiarum immolatione more patrio celebrata exhibitisque epulis largiter magnificeque eos habuere itemque insecutis diebus. Reges Graeciae etsi ea, quae exhibebantur, cum laetitia accipiebant, tamen multo magis templi eius magnifica pulchritudine pretiosaque exstructione operum afficiebantur, inspicientes repetentesque memoria singula, quae ex Sidona a Phoenice, patre eius, atque nobilibus matronis transmissa magno tum decori erant.

(1.3) Per idem tempus Alexander Phrygius, Priami filius, Aenea aliisque ex consanguinitate comitibus, Spartae in domum Menelai hospitio receptus, indignissimum facinus perpetraverat. Is namque, ubi animadvertit regem abesse, quod erat Helena praeter ceteras Graeciae feminas miranda specie, amore eius captus ipsamque et multas opes domo eius aufert, Aethram etiam et Clymenam, Menelai adfines, quae ob necessitudinem cum Helena agebant. Postquam Cretam nuntius venit et cuncta, quae ab Alexandro adversum domum Menelai commissa erant, aperuit, per omnem insulam, sicut in tali re fieri amat, fama in maius divulgatur: expugnatam quippe domum regis eversumque regnum et alia in talem modum singuli disserebant.

(1.4) Quis cognitis Menelaus, etsi abstractio coniugis animum permoverat, multo amplius tamen ob iniuriam adfinium, quas supra memoravimus, consternabatur. At ubi animadvertit Pala-

Begrüßten in den Tempel. Nach der Feier der Opferung vieler Opfertiere gemäß väterlicher Sitte und der Darreichung von Mahlzeiten behandelten sie diese freigebig und großartig, ebenso an den folgenden Tagen. Wenn auch die Könige Griechenlands das, was ihnen dargeboten wurde, mit Freude entgegennahmen, waren sie trotzdem noch viel mehr von der großartigen Schönheit dieses Tempels und der kostbaren Gestaltung seiner Arbeiten angetan, wobei sie sich diese ansahen und einzelne in Erinnerung riefen, die aus Sidon von Phoinix, ihrem Vater, und von vornehmen Matronen herübergebracht worden waren und nun als Schmuckstücke dienten.

(1.3) Zu derselben Zeit hatte der Phryger Alexandros, Sohn des Priamos, der mit Aineias und anderen aus seiner Verwandtschaft als Begleitern in Sparta in das Haus des Menelaos gastfreundlich aufgenommen worden war, eine sehr schändliche Tat begangen. Er nämlich entführte, sobald er wahrgenommen hatte, dass der König abwesend war, die Helena, weil sie mehr als die übrigen griechischen Frauen wegen ihrer Gestalt zu bewundern war, von Liebe zu ihr ergriffen, und zwar sie selbst und Schätze aus dessen Haus, ebenso Aithra und Klymene, Verwandte des Menelaos, die wegen ihrer engen Bindung mit Helena lebten. Nachdem ein Bote nach Kreta gekommen war und dort alles, was von Alexandros gegen das Haus des Menelaos verbrochen worden war, eröffnet hatte, wurde über die ganze Insel, wie es in einer solchen Sache zu geschehen pflegt, die Kunde noch größer verbreitet; von einem »eroberten Königshaus«, von einer »gestürzten Königsherrschaft« und von anderen Sachen dieser Art sprachen einzelne.

(1.4) Als Menelaos dies erfuhr, war er, auch wenn die Entführung seiner Ehefrau seinen *Animus* sehr bewegt hatte, dennoch weit mehr wegen des Unrechts an seinen Verwandten, die wir oben erwähnt haben, konsterniert. Sobald aber Palamedes wahrgenom-

medes regem ira atque indignatione stupefactum consilio excidisse, ipse naves parat atque omni instrumento conpositas terrae adplicat. Dein pro tempore regem breviter consolatus, positis etiam ex divisione quae in tali negotio tempus patiebatur, navem ascendere facit atque ita ventis ex sententia flantibus paucis diebus Spartam pervenere. Eo iam Agamemnon et Nestor omnesque, qui ex origine Pelopis in Graecia regnabant, cognitis rebus confluxerant. Igitur postquam Menelaum advenisse sciunt, omnes in unum coeunt. Et quamquam atrocitas facti ad indignationem ultumque iniurias rapiebat, tamen ex consilii sententia legantur prius ad Troiam Palamedes, Ulixes et Menelaus hisque mandatur, uti conquesti iniurias Helenam et quae cum ea abrepta erant repeterent.

(1.5) Legati paucis diebus ad Troiam veniunt. Neque tamen Alexandrum in loco offendere; eum namque properatione navigii inconsulte usum venti ad Cyprum appulere, unde sumptis aliquot navibus Phoenicem delapsus Sidoniorum regem, qui eum amice susceperat, noctu insidiis necat, eademque, qua apud Lacedaemonam, cupiditate universam domum eius in scelus proprium convertit. Ita omnia, quae ad ostentationem regiae magnificentiae fuere, indigne rapta ad naves deferri iubet. Sed ubi ex lamentatione eorum, qui casum domini deflentes reliqui praedae aufugerant, tumultus ortus est, populus omnis ad regiam concurrit. Inde, quod iam Alexander abreptis, quae cupiebat, ascensionem properabat, pro tempore armati ad naves veniunt

men hatte, dass den von Zorn und Empörung betäubten König die Entschlusskraft verlassen hatte, rüstete er selbst Schiffe aus und legte sie mit aller Gerätschaft versehen an den Strand. Dann tröstete er augenblicklich kurz den König, nahm auch so viel von dem aus der Verteilung mit, wie die Zeit bei einer solchen Aufgabe zuließ, und brachte ihn dazu, ein Schiff zu besteigen, und da die Winde nach Wunsch wehten, gelangten sie so innerhalb weniger Tage nach Sparta. Dort hatten sich schon Agamemnon, Nestor und alle, die vom Stamm des Pelops in Griechenland herrschten, nach Kenntnisnahme der Lage versammelt. Als sie erfahren hatten, dass Menelaos angekommen war, kamen sie also alle an einem Ort zusammen. Und obwohl sie die Wildheit der Tat zu Empörung und Rache für das Unrecht hinriss, wurden dennoch nach dem Beschluss des *Consilium* als erstes Palamedes, Odysseus und Menelaos nach Troja abgeordnet; ihnen trug man auf, das Unrecht zu beklagen und Helena sowie das, was mit ihr geraubt worden war, zurückzufordern.

(1.5) Die Gesandten kamen innerhalb weniger Tage nach Troja. Und trotzdem trafen sie nicht auf Alexandros an dem Ort; ihn hatten nämlich, weil er das Tempo seines Schiffes unüberlegt nutzte, von dort die Winde nach Zypern verschlagen, von wo er sich unter Mitnahme einiger Schiffe zu Phoinix verirrte, dem König von Sidon, der ihn freundschaftlich aufgenommen hatte; in der Nacht aber tötete er ihn hinterhältig und stürzte mit derselben Begierde, die er in Lakedaimon (Sparta) gezeigt hatte, das gesamte Haus in sein eigenes Verbrechen. Alles, was der königlichen Prachtentfaltung diente, raubte er so und befahl, es zu den Schiffen zu bringen. Aber sobald aufgrund des Wehklagens derer, die den Fall ihres Herrn beweinten und bei der Beute übrig geblieben und entkommen waren, ein Tumult entstanden war, lief das ganze Volk zum Königspalast zusammen. Weil Alexandros schon, nachdem er geraubt hatte, was er begehrte, zum Besteigen (der Schiffe) eilte, kamen augenblicklich

ortoque inter eos acri proelio cadunt utrimque plurimi, cum obstinate hi regis necem defenderent, hi, ne amitterent partam praedam, summis opibus adniterentur. Incensis deinde duabus navibus Troiani reliquas strenue defensas liberant. Atque ita fatigatis iam proelio hostibus evadunt.

(1.6) Interim apud Troiam legatorum Palamedes, cuius maxime ea tempestate domi belloque consilium valuit, ad Priamum adit conductoque consilio primum de Alexandri iniuria conqueritur, exponens conmunis hospitii eversionem, dein monet, quantas ea res inter duo regna simultates concitatura esset, interiaciens memoriam discordiarum Ili et Pelopis aliorumque, qui ex causis similibus ad internecionem gentium usque pervenissent. Ad postremum belli difficultates contraque pacis commoda adstruens non se ignorare, ait, quantis mortalibus tam atrox facinus indignationem incuteret; ex quo auctores iniuriae ab omnibus derelictos impietatis supplicia subituros. Et cum plura dicere cuperet, Priamus medium eius interrumpens sermonem: »parcius quaeso Palamede«, inquit. »Iniquum etenim videtur insimulari eum qui absit, maxime cum fieri possit, uti, quae criminose obiecta sunt, praesenti refutatione diluantur.« Haec atque alia huiusmodi inserens differri querelas ad adventum Alexandri iubet. Videbat enim, ut singuli, qui in eo consilio aderant, Palamedis oratione moverentur, ut taciti, vultu tamen admissum facinus condemnarent, cum singula miro genere orationis exponerentur atque in sermone Graeci regis inesset

Bewaffnete zu den Schiffen; es brachte ein heftiges Gefecht zwischen ihnen aus und auf beiden Seiten fielen sehr viele; die einen, weil sie den Tod des Königs rächten, die anderen, damit sie nicht die gewonnene Beute verlören, strengten sich mit äußersten Kräften an. Nachdem sodann zwei Schiffe angezündet worden waren, befreiten die Trojaner die übrigen, die sie tapfer verteidigt hatten. Und so entkamen sie den vom Kampf bereits ermüdeten Feinden.

(1.6) Inzwischen kam in Troja von den Gesandten Palamedes, dessen Rat zu jener Zeit in Krieg und Frieden am meisten galt, zu Priamos und beklagte sich zunächst in einem einberufenen *Consilium* über das Unrecht des Alexandros; er legte die Verkehrung der allgemeinen Gastfreundschaft dar und erinnerte dann daran, welche gewaltige Feindschaft diese Sache zwischen zwei Königreichen hervorrufen werde, wobei er die Auseinandersetzungen zwischen Ilos, Pelops und anderen ins Gedächtnis rief, die aus ähnlichen Gründen zur Vernichtung von Völkern geführt hätten. Zuletzt sagte er, indem er die Schwierigkeiten des Krieges und im Gegensatz dazu die Vorteile des Friedens darlegte, er wisse sehr wohl, wie vielen Sterblichen eine so grässliche Untat Empörung einflöße; daher müssten sich die Urheber des Unrechts, die von allen ganz verlassen seien, einer Strafe für den Frevel unterwerfen. Und als er noch mehr sagen wollte, unterbrach Priamos mitten in seiner Rede und sagte: »Vorsichtiger, bitte, Palamedes! Es erscheint mir nämlich nicht recht und billig zu sein, jemanden zu beschuldigen, der abwesend ist, insbesondere weil das, was als Vorwurf erhoben wird, durch persönliche Widerrede entkräftet werden könnte.« Dieses und anderes von dieser Art streute er ein und befahl so, die Klage bis zur Ankunft des Alexandros aufzuschieben. Er sah nämlich, wie einzelne, die in jenem *Consilium* zugegen waren, von der Rede des Palamedes so bewegt wurden, dass sie zwar schwiegen, mit ihrer Miene jedoch die begangene Untat verurteilten, weil einzelnes auf merkwürdige Weise vorgebracht wurde und weil in der Rede des griechischen Königs

quaedam permixta miserationi vis. Atque ita eo die consilium dimittitur. Sed legatos Antenor, vir hospitalis et praeter ceteros boni honestique sectator, domum ad se volentes deducit.

(1.7) Interim paucis post diebus Alexander cum supra dictis comitibus venit Helenam secum habens. Cuius adventu, tota civitas cum partim exemplum facinoris exsecrarentur, alii iniurias in Menelaum admissas dolerent, nullo omnium adprobante, postremo cunctis indignantibus tumultus ortus est. Quis rebus anxius Priamus filios convocat eosque, quid super tali agendum negotio videretur, consulit. Qui una voce minime reddendam Helenam respondent. Videbant quippe, quantae opes cum ea advectae essent; quae universa, si Helena traderetur, necessario amitterent. Praeter ea permoti forma mulierum, quae cum Helena venerant, nuptias sibi singularum iam animo destinaverant, quippe qui lingua moribusque barbari nihil pensi aut consulti patientes praeda atque libidine transversi agebantur.

(1.8) Igitur Priamus relictis his senes conducit, sententiam filiorum aperit, dein cunctos, quid agendum esset, consulit. Sed priusquam ex more sententiae dicerentur, reguli repente consilium inrumpunt atque inconditis moribus malum singulis minitantur, si aliter, quam ipsis videretur, decernerent. Interim omnis populus indigne admissam iniuriam atque in hunc modum multa alia cum exsecratione reclamabant. Ob quae Alexander cupidine animi praeceps veritus, ne quid adversum se a popularibus oriretur,

eine gewisse mit Mitleid vermischte Kraft war. So nun wurde an diesem Tag das *Consilium* aufgelöst. Antenor aber, ein gastfreundlicher Mann und mehr als die anderen ein Verfechter des Guten und Ehrbaren, führte die Gesandten, die dies wollten, in sein Haus.

(1.7) Inzwischen war nach einigen Tagen Alexandros mit seinen oben genannten Gefährten gekommen; er hatte Helena bei sich. Nach seiner Ankunft verfluchte die gesamte Bürgerschaft zu einem Teil das böse Beispiel der Untat, andere schmerzte das an Menelaos begangene Unrecht, wobei keiner von allen es billigte; so entstand schließlich, da sich alle empörten, ein Tumult. Durch diese Dinge verängstigt rief Priamos seine Söhne zusammen und fragte sie, was angesichts einer so schwierigen Aufgabe zu tun sei. Die antworteten mit einer Stimme, dass keinesfalls Helena zurückgegeben werden dürfe. Sie sahen freilich, wie große Schätze mit ihr herangebracht worden waren; diese würde man alle notwendigerweise verlieren, wenn Helena übergeben werde. Außerdem hatten einige, von der schönen Gestalt der Frauen sehr bewegt, in ihrem *Animus* schon beschlossen, einzelne von ihnen zu heiraten, da sie ja, die sie als Barbaren in Sprache und Sitten auf nichts Wert legten oder einen Rat erduldeten, von Beute und Begierde auf Abwege gebracht wurden.

(1.8) Also versammelte Priamos, nachdem er sie entlassen hatte, die Alten, eröffnete ihnen die Meinung der Söhne und fragte sie dann alle um Rat, was zu tun sei. Aber bevor nach alter Sitte die Meinungen geäußert wurden, brachen die Prinzen plötzlich in das *Consilium* ein und drohten jedem einzelnen auf ungehobelte Weise Böses an, wenn sie anders entschieden, als es ihnen selbst richtig scheine. Inzwischen erhob das ganze Volk seine gegenteilige Ansicht über das unwürdig begangene Unrecht und über vieles andere dieser Art unter Verfluchungen. Deshalb fürchtete Alexandros, der sich vor Begierde des *Animus* geradezu überstürzte, dass etwas

stipatus armatis fratribus impetum in multitudinem facit, multos obtruncat. Reliqui interventu procerum, qui in consilio fuerant, duce liberantur Antenore. Ita infectis rebus populus contemptui habitus non sine pernicie sua domum discedit.

(1.9) Dein secuta die rex hortatu Hecubae ad Helenam adit eamque benigne salutans bonum animum uti gereret hortatur. Quae cuiusque esset, requirit. Tum illa Alexandri se adfinem respondit, magisque ad Priamum et Hecubam, quam ad Plisthenis filios genere pertinere, repetens ordinem omnem maiorum. Danaum enim atque Agenorem et sui et Priami generis auctores esse, namque ex Plesiona, Danai filia, et Atlante Electram natam, quam ex Iove gravidam Dardanum genuisse. Ex quo Tros et deinceps insecuti reges Ilii. Agenoris porro Taygetam. Eam ex Iove habuisse Lacedaemona. Ex quo Amyclam natum et ex eo Argalum, patrem Oebali, quem Tyndari, ex quo ipsa genita videretur, patrem constaret. Repetebat etiam cum Hecuba materni generis adfinitatem. Agenoris quippe filium Phoenicem et Dymae, patris Hecubae, et Ledae consanguinitatis originem divisisse. Postquam memoriter cuncta retexuit, ad postremum flens orare, ne, quae semel in fidem eorum recepta esset, prodendam putarent. Ea secum domo Menelai adportata, quae propria fuissent, nihil praeter ea ablatum. Sed utrum inmodico amore Alexandri, an poenarum

gegen ihn von den Leuten im Volk aufgebracht werden könnte; er unternahm, von seinen bewaffneten Brüdern umgeben, einen Angriff auf die Menge und tötete viele. Die Übrigen wurden durch Einschreiten der Vornehmen, die an dem *Consilium* teilgenommen hatten, unter Anführung des Antenor befreit. So kehrte das Volk unverrichteter Dinge und mit Verachtung gestraft nicht ohne eigene Verluste nach Hause zurück.

(1.9) Darauf kam der König am folgenden Tag auf Aufforderung der Hekabe zu Helena, begrüßte sie gütig und ermunterte sie, dass sie einen guten *Animus* haben sollte. Er fragte sie, wer und wessen sie wäre. Da antwortete jene, sie sei eine Verwandte des Alexandros und gehöre eher zu Priamos und Hekabe als zu den Söhnen des Pleisthenes von der Abstammung her, wobei sie die ganze Reihe ihrer Ahnen aufzählte: Danaos und Agenor seien die Begründer sowohl ihrer Sippe als auch der des Priamos, denn von Plesione, der Tochter des Danaos, und von Atlas sei Elektra geboren, die – von Zeus schwanger – den Dardanos geboren habe. Von diesem stammten Tros und dann alle nachfolgenden Könige Ilions (Trojas) ab. Weiterhin sei Taÿgete eine Tochter des Agenor. Sie habe von Zeus den Lakedaimon gehabt. Von dem sei Amyklas gezeugt und von diesem Argalos, der Vater des Oibalos, der ja der Vater des Tyndarios sei, von dem sie selbst gezeugt erschiene, wie man wisse. Sie zählte auch die Verwandtschaft der mütterlichen Seite mit Hekabe auf: Der Sohn des Agenor, Phoinix, und Dymas, Vater der Hekabe, und Leda hätten den Ursprung der Blutsverwandtschaft gemein. Nachdem sie alles genau ins Gedächtnis gerufen hatte, bat sie schließlich weinend, man solle sie, die einmal in die *Fides* dieser Leute aufgenommen sei, nicht für verratenswert halten. Es sei, was zusammen mit ihr aus dem Haus des Menelaos herangebracht worden sei, ihr Eigentum gewesen; nichts sei außerdem weggenommen worden. Doch ob sie aus maßloser Liebe zu Alexandros oder aus Furcht vor den Strafen, die sie wegen des Verlassens des Hauses

metu, quas ob desertam domum a coniuge metuebat, ita sibi consulere maluerit, parum constabat.

(1.10) Igitur Hecuba cognita voluntate, simul ob generis coniunctionem conplexa Helenam, ne proderetur, summis opibus adnitebatur, cum iam Priamus et reliqui reguli non amplius differendos legatos dicerent neque resistendum popularium voluntati, solo omnium Deïphobo Hecubae adsenso, quem non aliter atque Alexandrum Helenae desiderium a recto consilio praepediebat. Itaque cum obstinate Hecuba nunc Priamum, modo filios deprecaretur, modo conplexu eius nulla ratione divelli posset, omnes qui aderant in voluntatem suam transduxit. Ita ad postremum bonum publicum materna gratia corruptum est. Deinde postero die Menelaus cum suis in contionem venit, coniugem et quae cum ea abrepta essent repetens. Tunc Priamus inter regulos medius adstans facto silentio optionem Helenae, quae ob id in conspectum popularium venerat, offert, si ei videretur domum ad suos regredi. Quam ferunt dixisse neque se invitam navigasse, neque sibi cum Menelai matrimonio convenire. Ita reguli habentes Helenam non sine exsultatione ex contione discedunt.

(1.11) His actis Ulixes contestandi magis gratia quam aliquid ex oratione profuturus cuncta, quae ab Alexandro contra Graeciam indigne commissa essent, retexuit; ob quae ultionem brevi testatus est. Dein Menelaus ira percitus atroci vultu exitium minatus consilium dimittit. Quae ubi ad Priamidas perlata sunt, confirmant inter se clam, uti per dolum legatos circumveniant.

von ihrem Ehemann befürchtete, lieber so für sich vorsorgen wollte, das stand nicht recht fest.

(1.10) Als nun Hekabe den Willen (der Helena) erfahren und sie wegen der Verbindung ihrer Sippen umarmt hatte, bemühte sie sich mit allen Kräften darum, dass Helena nicht ausgeliefert würde, da Priamos und die übrigen Prinzen schon sagten, man solle die Gesandten nicht länger warten lassen und dürfe sich nicht dem Willen der Leute im Volk widersetzen; als einziger von allen stimmte Deïphobos der Hekabe zu, den nicht anders als den Alexandros das Verlangen nach Helena an gutem Rat hinderte. Also brachte Hekabe, die unablässig bald den Priamos, bald ihre Söhne anflehte, bald von ihrer Umarmung keineswegs losgerissen werden konnte, alle, die anwesend waren, auf ihre Seite. So wurde schließlich das öffentliche Wohl zugunsten der Mutter verspielt. Darauf kam am nächsten Tag Menelaos mit den Seinen in die Versammlung und forderte seine Ehefrau sowie das, was geraubt worden war, zurück. Da stand Priamos mitten unter den Prinzen auf, und nachdem Schweigen hergestellt war, bot er Helena, die deswegen in den Kreis der Leute getreten war, die Wahl an, ob es ihr gut schiene, nach Hause zu den Ihren zurückzukehren. Man überliefert, sie habe gesagt, weder sei sie gegen ihren Willen gereist noch sage ihr die Ehe mit Menelaos zu. So entfernten sich die Prinzen, die nun Helena hatten, nicht ohne Jubel aus der Versammlung.

(1.11) Als dies geschehen war, deckte Odysseus mehr um des Anrufens (der Götter) willen als dass er einen Nutzen aus der Rede ziehen wollte, alles auf, was von Alexandros gegen Griechenland unwürdig begangen worden war; deswegen versicherte er in kurzer Rede Rache. Darauf war Menelaos voller Zorn, drohte mit trotziger Miene einen (schlimmen) Ausgang an und entließ das *Consilium*. Sobald dies den Priamiden überbracht worden war, bekräftigten diese heimlich untereinander, dass sie mit einer List die Gesandten

Credebant quippe, quod non frustra eos habuit, si legati inperfecto negotio revertissent, fore, uti adversum se grande proelium concitaretur. Igitur Antenor, cuius de sanctitate morum supra memoravimus, Priamum convenit coniurationemque factam conqueritur: filios quippe eius non legatis, sed adversus se insidias parare, neque id se passurum. Dein non multo post legatis rem aperit. Ita exploratis omnibus adhibito praesidio, cum primum opportunum visum est, inviolatos eos dimittit.

(1.12) Dum haec apud Troiam aguntur, disseminata iam per universam Graeciam fama omnes Pelopidae in unum conveniunt atque interposita iuris iurandi religione, ni Helena cum abreptis redderetur, bellum se Priamo inlaturos confirmant. Legati Lacedaemonam redeunt, de Helena eiusque voluntate narrant, dein Priami filiorumque eius adversum se dicta gestaque, grande praeconium fidei erga legatos Antenoris praeferentes. Quae ubi accepere, decernitur, uti singuli in suis locis atque imperiis opes belli parent. Igitur ex consilii sententia opportunus locus ad conveniendum et in quo de apparatu belli ageretur, Argi, Diomedis regnum, deligitur.

(1.13) Ita ubi tempus visum est, primus omnium ingenti nomine virtutis atque corporis Aiax Telamonius advenit, cum eo Teucer frater. Dein haud multo post Idomeneus et Meriones, summa inter se iuncti concordia. Eorum ego secutus comitatum ea

überfallen wollten. Sie glaubten freilich, was sie nicht vergebens meinten, dass die Gesandten unverrichteter Dinge zurückkehren würden, wenn sie gegen die Trojaner einen gewaltigen Krieg ausbrechen lassen könnten. Also kam Antenor, dessen Sittenreinheit wir oben erwähnt haben, zu Priamos und beklagte die erfolgte Verschwörung; dessen Söhne freilich wollten nicht gegen die Gesandten, sondern gegen ihn (Antenor) einen Hinterhalt legen – dies aber würde er nicht zulassen. Darauf eröffnete er nicht viel später den Gesandten die Lage. So entließ sie der König, nachdem man alles erkundet und einen Schutz geschaffen hatte, sobald es günstig schien, unverletzt.

(1.12) Während dies in Troja geschah, verbreitete sich schon die Kunde davon über ganz Griechenland; alle Pelopiden kamen an einem Ort zusammen; indem sie die *Religio* eines Eides nutzten, bekräftigten sei, dass sie, wenn Helena mit dem geraubten Gut nicht zurückgegeben würde, einen Krieg gegen Priamos beginnen würden. Die Gesandten kehrten nach Lakedaimon (Sparta) zurück und erzählten von Helena und ihrem Wollen, dann von den Worten und Taten des Priamos und seiner Söhne gegen sie, und hoben dabei die *Fides* des Antenor gegenüber den Gesandten besonders hervor. Sobald sie dies erfahren hatten, wurde entschieden, dass jeder für sich an seinem Ort und in seinem Herrschaftsgebiet die Mittel für den Krieg bereitstellen solle. So wählte man auf Beschluss des *Consilium* als geeigneten Platz zur Zusammenkunft und zur Rüstung für den Krieg Argos aus, das Königreich des Diomedes.

(1.13) So traf, als die Zeit gekommen schien, als erster von allen mit einem gewaltigen Ruf von *Virtus* und Körperkraft der telamonische Aias ein und mit ihm sein Bruder Teukros. Darauf (kamen) nicht viel später Idomeneus und Meriones, in höchster Eintracht miteinander verbunden. Als deren Begleiter folgte ich, und ich habe das,

quidem, quae antea apud Troiam gesta sunt, ab Ulixe cognita quam diligentissime rettuli et reliqua, quae deinceps insecuta sunt, quoniam ipse interfui, quam verissime potero exponam. Igitur post eos, quos supra memoravimus, Nestor cum Antilocho et Thrasymede, quos Anaxibia susceperat, supervenit. Eos Peneleus insecutus cum Clonio et Arcesilao consanguineis, dein Prothoenor et Leitus Boeotiae principes, itemque Schedius et Epistrophus Phocenses, Ascalaphus et Ialmenus Orchomenii, tum Diores et Meges Phyleo genitus, Thoas ex Andraemone, Eurypylus Euaemonis Ormenius et Leonteus.

(1.14) Post quos Achilles Pelei et Thetidis, quae ex Chirone dicebatur. Hic in primis adulescentiae annis, procerus, decora facie, studio rerum bellicarum omnes iam tum virtute atque gloria superabat, neque tamen aberat ab eo vis quaedam inconsulta et effera morum impatientia. Cum eo Patroclus et Phoenix, alter propter coniunctionem amicitiae, alter custos atque rector eius. Tlepolemus dein Herculis, eum insecuti sunt Phidippus et Antiphus, insignes armorum specie, avo Hercule; post eos Protesilaus Iphicli cum Podarce fratre. Adfuit et Eumelus Pheraeus, cuius pater Admetus quondam vicaria morte coniugis fata propria protulerat, Podalirius et Machaon Triccenses, Aesculapio geniti, adsciti ad id bellum ob sollertiam medicinae artis. Dein Poeantis Philocteta, qui comes Herculis post discessum eius ad deos sagittas divinas industriae praemium consecutus est, Nireus pulcher, ex Athenis Menestheus et Aiax Oilei ex Locride, Argis

was vorher in Troja geschehen ist und was ich von Odysseus erfahren habe, so sorgfältig wie möglich berichtet, und werde auch das Übrige, das danach erfolgte, da ich ja selbst dabei gewesen bin, so wahrheitsgetreu schildern, wie ich kann. Also traf nach denen, die wir oben erwähnt haben, Nestor mit Antilochos und Thrasymedes ein, welche die Anaxibia aufgezogen hatte. Ihnen folgte Penelaos mit Klonios und Arkesilaos, seinen Verwandten, danach Prothoënor und Leitos, die Fürsten Boiotiens, und ebenso Schedios und Epistrophos, beide aus Phokis, Askalaphos und Ialmenos, beide aus Orchomenos, dann Diores und Meges, Sohn des Phyleus, Thoas, Sohn des Andraimon, Eurypylos, Sohn des Euaimon, aus Ormenion sowie Leonteus.

(1.14) Nach diesen kam Achilleus, Sohn des Peleus und der Thetis, die von Chiron abstammen soll. Dieser war in seinen ersten Jugendjahren, schlank, mit prächtigem Gesicht und voll von Eifer für das Kriegswesen, und übertraf bereits damals alle an *Virtus* und Ruhm; dennoch fehlte ihm nicht eine gewisse Unüberlegtheit und wilde Ungeduld des Charakters. Mit ihm (kamen) Patroklos und Phoinix, der eine wegen der freundschaftlichen Verbindung, der andere als sein Hüter und Lenker. Dann (kam) Tlepolemos, Sohn des Herakles; ihm folgten Pheidippos und Antiphos, auffallend durch das Erscheinungsbild ihrer Waffen; ihr Großvater war Herakles; nach ihnen (kam) Protesilaos, Sohn des Iphiklos, mit seinem Bruder Podarkes. Es war auch da Eumelos aus Pherai, dessen Vater Admetos einst durch den stellvertretenden Tod seiner Ehefrau die eigenen *Fata* aufgeschoben hatte, dann Podaleirios und Machaon aus Trikka, Söhne des Asklepios, herbeigeholt zu diesem Krieg wegen ihrer Geschicklichkeit in der ärztlichen Kunst. Darauf (kam) der Sohn des Poias, Philoktetes, der als Begleiter des Herakles nach dessen Weggang zu den Göttern die göttlichen Pfeile als Lohn für seinen Fleiß erhalten hatte; der schöne Nireus; aus Athen Menestheus; Aias, Sohn des Oileus, aus Lokris; aus Argos

Amphilochus et Sthenelus, Amphiarai Amphilochus, Capanei alter, cum his Euryalus Mecistei. Dein ex Aetolia Thessandrus Polynicis; postremi omnium Demophoon atque Acamas. Fuere cuncti ex origine Pelopis. Sed eos, quos memoravimus, plures alii ex suis quisque regionibus, partim ex regum comitibus, alii ipsius regni participes insecuti sunt, quorum nomina singillatim exponere haud necessarium visum est.

(1.15) Igitur ubi omnes Argos convenere, Diomedes hospitio cunctos recipit, necessariaque praebet. Dein Agamemnon grande auri pondus Mycenis adportatum per singulos dispertiens promptiores animos omnium ad bellum, quod parabatur, facit. Tum communi consilio super condicione proelii ius iurandum interponi hoc modo placuit. Calchas, Thestoris filius, praescius futurorum, porcum marem in forum medium adferri iubet, quem in duas partes exsectum orienti occidentique dividit, atque ita singulos nudatis gladiis per medium transire iubet. Dein mucronibus sanguine eius oblitis, adhibitis etiam aliis ad eam rem necessariis, inimicitias sibi cum Priamo per religionem confirmant: neque prius se bellum deserturos, quam Ilium atque omne regnum eruissent. Quis perfectis pure lauti Martem atque Concordiam multis immolationibus sibi adhospitavere.

(1.16) Dein in templo Iunonis Argivae rectorem omnium declarari placuit. Igitur singuli in tabellis, quas ad deligendum

Amphilochos und Sthenelos, also der Sohn des Amphiaraos Amphilochos, der Sohn des Kapaneus der andere; mit ihnen (kam) Euryalos, Sohn des Mekisteus. Dann (kamen) aus Aitolien Thessandros, Sohn des Polyneikes; als letzte von allen Demophoon und Akamas. Sie alle stammten von Pelops ab. Denen, die wir erwähnt haben, folgten noch mehrere andere, jeder aus seinem eigenen Gebiet, teils aus dem Gefolge der Könige, andere als Inhaber ihres eigenen Königreiches; deren Namen einzeln aufzuführen erscheint nicht als notwendig.

(1.15) Als nun alle in Argos zusammengekommen waren, nahm Diomedes sie allesamt gastfreundlich auf und gewährte ihnen das Notwendige. Daraufhin verteilte Agamemnon eine große Menge an Gold, das aus Mykene herbeigeschafft worden war, unter die einzelnen und machte die *Animi* aller bereitwilliger zum Krieg, der vorbereitet wurde. Dann beschloss man in gemeinsamem *Consilium* über die Zielsetzung des Krieges auf folgende Weise einen Eid zu leisten: Kalchas, Sohn des Thestor, der die Zukunft vorauswusste, ließ einen Eber mitten auf den Marktplatz bringen, den er in zwei Hälften aufteilte, nach Osten und nach Westen hin aufgeschnitten; dann forderte er die einzelnen auf, mit entblößten Schwertern so mitten hindurch zu schreiten. Danach bestrichen sie ihre Schwerter mit dem Blut des Ebers, bezogen auch noch andere dafür notwendige Dinge ein und bekräftigten so ihre Feindschaft mit Priamos unter folgender *Religio*: Sie wollten den Krieg nicht eher aufgeben, als bis sie Ilion (Troja) und das ganze Königreich vernichtet hätten. Nachdem dies vollbracht war, riefen sie sich – rein gewaschen – Ares und Homonoia (die Gottheiten des Krieges und der Eintracht) zur Unterstützung ihres Vorhabens herbei.

(1.16) Darauf beschloss man im Tempel der argivischen Hera, dass ein Oberbefehlshaber bestimmt werde, und so schrieb jeder auf

belli principem quem cuique videretur acceperant, Punicis litteris Agamemnonis nomen designant. Ita consensu omnium secundo rumore summam belli atque exercitus in se suscipit, quod ei et propter germanum, cuius gratia bellum id parabatur, et propter magnam opum vim, quibus praeter ceteros Graeciae reges magnus atque clarus habebatur, merito acciderat. Dein duces praefectosque navium Achillem, Aiacem et Phoenicem destinant. Praeponuntur etiam campestri exercitui Palamedes cum Diomede et Ulixe, ita ut inter se diurnas vigiliarumque vices dispertiant. His peractis ad parandas opes atque instrumenta militiae singuli sua in regna discedunt. Interim belli studio ardebat omnis Graecia: arma, tela, equi, naves atque haec omnia toto biennio praeparantur, cum iuventus partim sua sponte, alii aequalium ad gloriam aemulatione munia militiae festinarent. Sed inter haec summa cura vis magna navium praecipue fabricatur, scilicet ne multa milia exercituum, undique versum in unum collecta, incuria navigandi tardarentur.

(I.17) Igitur peracto biennio ad Aulidam Boeotiae, nam is locus delectus fuerat, singuli reges pro facultate opum regnique instructas classes praemittunt: ex quis primus Agamemnon ex Mycenis naves C, aliisque LX, quas ex diversis civitatibus, quae sub eo erant, contraxerat, Agapenorem praeficit, Nestor XC navium instructam classem, Menelaus ex omni Lacedaemona naves LX, Menestheus Athenis L, XL Elephenor ex Euboea,

Täfelchen, die er zur Wahl des Kriegsobersten, der dem einzelnen gut scheine, erhalten hatte, in punischen (phoinikischen) Buchstaben den Namen Agamemnon auf. So übernahm dieser durch die Zustimmung aller unter großem Beifall den Oberbefehl für den Krieg und das Heer. Dies war ihm sowohl wegen seines Bruders, um dessentwillen dieser Krieg vorbereitet wurde, als auch wegen der großen Macht an Mitteln, durch die er vor den anderen Königen Griechenlands für berühmt und bedeutend gehalten wurde, verdientermaßen zugefallen. Danach bestimmten sie als Anführer und Befehlshaber der Schiffe den Achilleus, den Aias und den Phoinix. An die Spitze des Landheeres stellten sie Palamedes mit Diomedes und Odysseus, so dass diese sich untereinander in die Aufgaben von Tag- und Nachtkommandos teilen konnten. Als dies geschafft war, ging jeder, um Mittel und Geräte für den Kriegsdienst zu beschaffen, in sein Königreich. Inzwischen entbrannte ganz Griechenland vor Kriegseifer: Waffen, Speere, Pferde, Schiffe – dies alles wurde binnen zwei Jahren bereitgestellt, weil die Jugend teils von sich aus, teils aus Streben nach Ruhm unter den Altersgenossen die Rüstung für einen Feldzug eilig betrieb. Aber unter alledem wurde mit höchster Sorgfalt insbesondere eine große Zahl von Schiffen angefertigt, um nämlich nicht viele Tausende Kämpfer, die man von überall hergebracht hatte, durch Vernachlässigung der Schifffahrt in Verzug zu bringen.

(1.17) So schickte, nachdem zwei Jahre vergangen waren, nach Aulis in Boiotien – dieser Platz war nämlich ausgesucht worden – jeder König nach den Möglichkeiten seiner Mittel und seines Landes eine ausgerüstete Flotte voran und als erster von ihnen schickte Agamemnon aus Mykene 100 Schiffe; den übrigen 60, die er aus verschiedenen Städten, die ihm unterstanden, zusammengezogen hatte, stellte er Agapenor voran. Nestor (schickte) eine ausgerüstete Flotte von 90 Schiffen; Menelaos aus ganz Lakonien 60 Schiffe; Menestheus aus Athen 50; 40 Elephenor aus Euboia; der telamo-

Aiax Telamonius Salamina XII, Diomedes Argis LXXX navium classem, Ascalaphus et Ialmenus Orchomenii naves XXX, Oileus Aiax XL, item ex omni Boeotia Arcesilaus, Prothoenor, Peneleus, Leitus, Clonius naves L, XL ex Phocide Schedius et Epistrophus, dein Thalpius et Diores cum Amphimacho et Polyxeno Elide aliisque civitatibus regionis eius naves XL, Thoas ex Aetolia XL, Meges ex Dulichio et ex insulis Echinadibus XL, Idomeneus cum Merione ex omni Creta classem navium LXXX, ex Ithaca Ulixes XII, XL Prothous Magnes, Tlepolemus Rhodo aliisque circa eam insulis IX, XI Eumelus Pheraeus, Achilles ex Argo Pelasgico L, III Nireus ex Syme, Podarces et Protesilaus ex Phylaca aliisque, quibus praeerant, locis naves XL, XXX Podalirius et Machaon, Philocteta Methona aliisque civitatibus naves VII, Eurypylus Ormenius XL, duas et XX Guneus Perrhaebis, Leonteus et Polypoëtes ex suis regionibus XL, XXX ex insulis Co Carpathoque cum Antipho Phidippus, Thessandrus, quem Polynicis supra memoravimus, Thebis naves L, Calchas ex Acarnania XX, Mopsus Colophona XX, Epios ex insulis Cycladibus XXX. Easque magna vi frumenti aliorumque necessariorum cibi replent. Quippe ita ab Agamemnone mandatum acceperant, scilicet ne tanta vis militum necessariorum penuria fatigaretur.

(1.18) Igitur inter tantum classium apparatum equi atque currus bellici ob locorum condicionem multi, sed pedestres milites pars maxima, ob eam causam, quia per omnem Graeciam multo maiore egestate pabuli, equitatus usus prohibetur. Praeterea fuere multi, qui ob artis peritiam necessarii nautico apparatui credebantur. Per idem tempus Lycius Sarpedon neque pretio neque gratia

nische Aias von Salamis 12; Diomedes aus Argos eine Flotte von 80 Schiffen; Askalaphos und Ialmenos, beide aus Orchomenos, 30 Schiffe; Aias, Sohn des Oileus, 40; ebenso aus ganz Boiotien Arkesilaos, Prothoënor, Peneleos, Leitos und Klonios 50 Schiffe; 40 aus Phokis Schedios und Epistrophos; dann Thalpios und Diores mit Amphimachos und Polyxenos aus Elis und anderen Städten dieses Gebietes 40 Schiffe; Thoas aus Aitolien 40; Meges aus Dulichion und von den Echinadischen Inseln 40; Idomeneus mit Meriones aus ganz Kreta eine Flotte von 80 Schiffen; aus Ithaka Odysseus 12; 40 Prothoos aus Magnesia; Tlepolemos aus Rhodos und anderen umliegenden Inseln 9; 11 Eumelos von Pherai; Achilleus aus dem Pelasgischen Argos 50; 3 Nireus von Syme; Podarkes und Protesilaos aus Phylake und anderen Orten, die ihnen gehörten, 40 Schiffe; 30 Podaleirios und Machaon; Philoktetes aus Methone und anderen Städten 7 Schiffe; Eurypylos aus Ormenion 40; 22 Guneus, der Perrhaiber, Leonteus und Polypoëtes aus ihrem Gebiet 40; 30 von den Inseln Kos und Karpathos Pheidippos mit Antiphon; Thessandros, den wir als Sohn des Polyneikes oben erwähnt haben, aus Theben 50 Schiffe; Kalchas aus Akarnanien 20; Mopsos aus Kolophon 20; Epios von den Kykladeninseln 30. Sie alle waren voll von einer großen Menge an Getreide und anderen notwendigen Nahrungsmitteln. Einen solchen Auftrag hatten sie nämlich von Agamemnon übernommen, damit die eben so große Menge von Soldaten nicht am Mangel an Notwendigem erschöpft würde.

(1.18) So gab es bei einer so großen Zurüstung an Flotten auch Pferde und wegen der Bedingungen der Orte viele Kriegswagen, der größte Teil aber waren Fußsoldaten, weil in ganz Griechenland ein überaus großer Futtermangel den Einsatz von Reiterei verbietet. Außerdem gab es viele, die man aufgrund ihrer Erfahrung in dieser Kunst als notwendig für die Flottenausrüstung ansah. Zu derselben Zeit ließ sich der Lyker Sarpedon weder durch Geld

†Phalidis†, Sidoniorum regis, †inlectus, qui virtutis† societatem militiae nostrae adversum Troianos sequeretur, quippe quem iam Priamus donis amplioribus eisque postea duplicatis fidissimum sibi retinuerat. Omnium autem classium numerus, quem ex diversis Graeciae regnis contractum supra exposuimus, toto quinquennio praeparatus instructusque est. Ita cum nulla iam res profectionem, nisi absentia militis retardaret, cuncti duces veluti signo dato una atque eodem tempore Aulidam confluunt.

(1.19) Interim in ipsa navigandi festinatione Agamemnon, quem a cunctis regem omnium declaratum supra docuimus, longius paulo ab exercitu progressus forte conspicit circa lucum Dianae pascentem capream imprudensque religionis, quae in eo loco erat, iaculo transfigit. Neque multo post irane caelesti an ob mutationem aeris corporibus pertemptatis lues invadit. Atque interim in dies magis magisque saeviens multa milia fatigare et promiscue per pecora atque exercitum grassari. Prorsus nullus funeri modus neque requies; uti quidque malo obvium fuerat, vastabatur. Quis rebus sollicitis ducibus mulier quaedam deo plena Dianae iram fatur: eam namque ob necem capreae, qua maxime laetabatur, sacrilegii poenam ab exercitu expetere, nec leniri, priusquam auctor tanti sceleris filiam natu maximam vicariam victimam immolavisset. Quae vox ut ad exercitum venit, omnes duces Agamemnonem adeunt eumque primo orare recusantemque ad postremum cogere, uti malo obviam properaret. Sed ubi obstinate renuere vident nec ulla vi queunt flectere, plurimis conviciis insecuti, ad postremum regio honore

noch durch das Ansehen des Phales (?), des Königs der Sidonier, verlocken (?); er folgte unserer *Virtus*-Gemeinschaft (?) gegen die Trojaner. Diesen freilich hatte sich Priamos schon durch recht großzügige Gaben und durch deren spätere Verdoppelung als ihm völlig treu ergeben erhalten. Die Anzahl aller Schiffe aber, die wir als aus den verschiedenen griechischen Königreichen zusammengezogen oben dargelegt haben, hatte man innerhalb eine Jahrfünfts vorbereitet und eingerichtet. Wie nun nichts anderes mehr den Aufbruch verzögerte als die Abwesenheit der Soldaten, strömten so alle Anführer wie auf ein gegebenes Zeichen und zu derselben Zeit in Aulis zusammen.

(1.19) Während der Beeilung, in See zu stechen, entfernte sich Agamemnon, den wir oben als von allen zum Oberbefehlshaber erklärt dargestellt haben, etwas zu weit von seinem Heer und sah zufällig im Hain der Artemis ein äsendes Reh; in Unkenntnis der *Religio*, die an jenem Ort bestand, durchbohrte er es mit einem Wurfspieß. Nicht viel später drang dann – ob aus himmlischem Zorn oder wegen einer Veränderung der Luft – mit Befallen der Leiber eine Seuche ein. Sie wütete inzwischen von Tag zu Tag mehr und mehr, machte viele Tausende müde und ergriff wahllos Vieh und Heer. Für das Verderben gab es geradezu weder Maß noch Einhalt; alles, was dem Übel im Weg stand, wurde vernichtet. Als die Anführer durch diese Dinge beunruhigt waren, weissagte eine gotterfüllte Frau vom Zorn der Artemis: Sie verlange wegen der Tötung des Rehs, an dem sie sich am meisten erfreute, vom Heer eine Buße für dieses Sakrileg und lasse sich solange nicht besänftigen, bis der Urheber eines so großen Vergehens seine älteste Tochter stellvertretend geopfert habe. Als dieser Spruch zum Heer gekommen war, gingen alle Anführer den Agamemnon an, um ihn zuerst zu bitten, schließlich zu zwingen, dem Unheil entgegenzueilen. Weil sie ihn aber beharrlich ablehnen sahen und sie ihn mit keiner Gewalt gewinnen konnten, belegten sie ihn mit sehr vielen Schimpfwörtern

spoliavere. Ac ne tanta vis exercitus sine rectore effusius ac sine modo militiae vagaretur, praeficiunt ante omnes Palamedem, dein Diomedem et Aiacem Telamonium, quartum Idomenea. Ita per aequationem numeri atque partium quadripertitur exercitus.

(1.20) Neque interim ullus finis vastitatis, cum Ulixes simulata ex pertinacia Agamemnonis iracundia et ob id domuitionem confirmans magnum atque insperabile cunctis remedium excogitavit. Profectus namque Mycenas nullo consilii participe falsas litteras tamquam ab Agamemnone ad Clytemestram perfert, quarum sententia haec erat: Iphigeniam, nam ea maior natu erat, desponsam Achilli, eumque non prius ad Troiam profecturum, quam promissi fides impleretur; ob quae festinaret eamque et quae nuptiis usui essent, mature mittere. Praeterea multa pro negotio locutus ementito argumento fidem fecerat. Quae ubi accepit Clytemestra cum propter gratiam Helenae, tum maxime, quod tam celeberrimi nominis viro filia traderetur, laeta Iphigeniam Ulixi committit. Isque confecto negotio paucis diebus ad exercitum revenit, atque ex inproviso in luco Dianae cum virgine conspicitur. Quis cognitis Agamemnon affectione paternae pietatis motus an ne tam inlicito immolationis sceleri interesset, fugam parat. Eumque re cognita Nestor, longam exorsus orationem, ad postremum persuadendi genere, in quo praeter ceteros Graeciae viros iucundus acceptusque erat, a proposito prohibuit.

und beraubten ihn schließlich seiner Königswürde. Und damit eine so gewaltige Heeresmacht nicht ohne Lenker allzu ausschweifend und ohne Maß und Disziplin herumziehe, stellten sie vor allen den Palamedes, dann Diomedes und den telamonischen Aias und als vierten Idomeneus voran. So wurde das Heer in Gleichheit der Zahl und der Anteile geviertelt.

(1.20) Inzwischen aber gab es kein Ende der Verheerung, während freilich Odysseus, als Agamemnon in seinem Starrsinn verharrte, einen Zornesausbruch vortäuschte und damit eine Heimkehr bestätigte und so eine große und für alle unerhoffte Abhilfe ersann. Er brach nämlich nach Mykene auf, ohne jemanden an seinem Ratschluss teilhaben zu lassen, und brachte einen falschen Brief, als sei er von Agamemnon, zu Klytaim(n)estra, dessen Inhalt war: Iphigeneia – sie war die älteste Tochter – habe er mit Achilleus verlobt und der breche nicht eher nach Troja auf, als bis die *Fides* des Versprechens erfüllt sei; deshalb solle Klytaim(n)estra sich beeilen, jene und alles, was zur Hochzeit notwendig sei, eilig zu schicken. Außerdem sagte er noch vieles in dieser Sache mit erlogener Argumentation und verschuf sich so *Fides*. Als Klytaim(n)estra dies erfahren hatte, war sie sowohl wegen des Ansehens der Helena also auch insbesondere, weil die Tochter einem Mann mit einem so berühmten Namen übergeben werden sollte, erfreut und vertraute Iphigeneia dem Odysseus an. Der kam nach Erfüllung seiner Aufgabe nach wenigen Tagen zum Heer zurück und wurde unvermittelt mit der Jungfrau im Hain der Artemis gesehen. Als Agamemnon dies erfuhr, bereitete er, von väterlicher *Pietas* bewegt oder um nicht an dem so unerlaubten Verbrechen der Opferung beteiligt zu sein, seine Flucht vor. Als diese Sache bekannt wurde, begann Nestor mit einer langen Rede, schließlich von der Art eines Überredens, in der er vor allen anderen Männern Griechenlands besonders beliebt und angesehen war, und hinderte so den Agamemnon an seinem Vorhaben.

(1.21) Interim virginem Ulixes et Menelaus cum Calchante, quibus id negotium datum erat, remotis procul omnibus sacrificio adornant, cum ecce dies foedari et caelum nubilo tegi coepit, dein repente tonitrua, corusca fulmina et praeterea terrae marisque ingens motus atque ad postremum confusione aeris ereptum lumen. Neque multo post imbrium atque grandinis vis magna praecipitata. Inter quae tam taetra nulla requie tempestatis Menelaus cum his, qui sacrificium curabant, metu atque haesitatione diversus agebatur, terreri quippe primo subita caeli permutatione idque signum divinum credere, dein, ne inceptum omitteret detrimento militum commoveri. Igitur inter tantam animi dubitationem vox quaedam luco emissa: aspernari numen sacrificii genus et ob id abstinendum a corpore virginis, misereri namque eius deam; ceterum pro tanto facinore satis poenarum Agamemnoni ab coniuge eius post Troianam victoriam conparatum. Itaque curarent id, quod in vicem virginis oblatum animadverterent, immolare. Dein coepere venti atque fulmina aliaque, quae in magno caeli motu oriri solent, consenescere.

(1.22) Sed cum haec in luco aguntur, Achilles litteras seorsum missas sibi a Clytemestra cum auri magno pondere accepit, in quis ei filiam atque omnem domum suam commendaverat. Quae postquam et Ulixis consilium patefactum est, omissis omnibus propere ad lucum pergit, magna voce Menelaum et qui cum eo erant, inclamans, ab inquietudine Iphigeniae cohiberent sese, comminatus perniciem, ni paruissent. Mox attonitis his atque obstupefactis ipse supervenit reformatoque iam die virginem

(1.21) Inzwischen schmückten Odysseus und Menelaos zusammen mit Kalchas, denen diese Aufgabe übertragen worden war, die Jungfrau, wobei alle anderen von der Opferung entfernt worden waren, als auf einmal das Tageslicht trüb und der Himmel mit Wolken bedeckt zu werden begannen; dann gab es plötzlich Donner, zuckende Blitze, außerdem ein gewaltiges Land- und Meerbeben, schließlich wurde das Tageslicht von einem Luftgemisch völlig vertilgt. Nicht viel später fiel eine große Menge Regen und Hagel herab. Dazwischen wurde, da keine Beruhigung des abscheulichen Unwetters eintrat, Menelaos mit denjenigen, die das Opfer besorgten, vor Furcht und Zögern hin- und hergerissen; sie waren erstens in Furcht durch die plötzliche Änderung des Wetters und glaubten, dies sei ein göttliches Zeichen, zum anderen, dass es dazu kommen könne, dass das Begonnene zum Schaden der Soldaten aufgegeben werde. Da ertönte unter solcher Verzweiflung des *Animus* eine Stimme, die aus dem Hain heraus kam: Es verschmähe die Göttin die Art des Opfers und deswegen solle man vom Leib der Jungfrau ablassen, denn die Göttin habe Mitleid mit ihr; im Übrigen sei für eine so große Untat genug Strafe für Agamemnon von dessen Ehefrau nach dem Sieg über Troja bereitet. So sollten sie dafür sorgen, das zu opfern, was sie anstelle der Jungfrau als ihnen entgegengebracht wahrnähmen. Da begannen Winde, Blitze und anderes, was bei großer Himmelsbewegung aufzukommen pflegt, nachzulassen.

(1.22) Während sich dies im Hain ereignete, bekam Achilleus einen Brief, der ihm gesondert mitsamt einer großen Menge an Gold von Klytaim(n)estra geschickt worden war; in diesem hatte sie ihm ihre Tochter und ihr gesamtes Haus anvertraut. Nachdem dieser und der Plan des Odysseus aufgedeckt worden waren, ließ er alles zurück, eilte zum Hain, rief mit lauter Stimme, dass Menelaos und diejenigen, die mit ihm waren, ihn am Verlangen nach Iphigeneia hinderten, und drohte ihnen Verderben an, wenn sie nicht gehorchten. Bald kam er selbst über die Erstarrten und Verstummten und

abstrahit. Interim deliberantibus cunctis, quidnam vel ubi esset, quod immolari iuberetur, cerva forma corporis admiranda ante ipsam aram intrepida consistit. Eam praedictam hostiam rati oblatamque divinitus conprehendere moxque immolant. Quis peractis sedata lues instarque aestivi temporis reseratum est caelum. Ceterum virginem Achilles atque hi, qui sacrificio praefuere, clam omnes regi Scytharum, qui eo tempore aderat, commendavere.

(I.23) At ubi duces sedatam vim mali animadvertunt ventorumque flatus navigandi prosperos atque aestivam maris faciem, omnes laeti Agamemnonem adeunt, eumque interitu filiae permaestum consolati honorem regni rursus concelebrant. Quae res pergrata atque accepta per exercitum fuit, eum quippe optimum consultorem sui non secus, quam parentem miles omnis percolebat. Sed Agamemnon sive eorum, quae praecesserant, satis prudens, seu humanarum rerum necessitatem animo reputans et ob id adversus infortunia firmissimus, dissimulato quod ei acciderat, honorem suscipit atque eo die duces omnes ad se in convivium deducit. Dein haud multis post diebus exercitus ordinatus per duces, cum opportunum iam tempus navigandi ingrueret, ascendit naves repletas multis rebus pretiosissimis, quae ab incolis regionis eius offerebantur. Ceterum frumenta, vinum aliaque cibi necessaria Anius et eius filiae praebuere, quae oenotropae ac divinae religionis antistites memorabantur. Hoc modo ex Aulide navigatum est.

schleppte, als es schon Tag geworden war, die Jungfrau fort. Inzwischen kam, während alle anderen überlegten, was und wo das sein könnte, was ihnen zu opfern befohlen war, eine Hirschkuh von bewundernswerter Körpergestalt unerschrocken vor den Altar selbst. Da sie jene für die angekündigte Opfergabe hielten, ergriffen sie die durch göttliche Fügung Dargebrachte und opferten sie sogleich. Als dies geschehen war, legte sich die Seuche und der Himmel öffnete sich, als ob es wieder Sommer wäre. Im Übrigen vertrauten Achilleus und sie alle, die das Opfer vollzogen hatten, die Jungfrau heimlich dem Skythenkönig an, der zu dieser Zeit zugegen war.

(1.23) Sobald aber die Anführer wahrgenommen hatten, dass sich die Macht des Übels gelegt hatte, die wehenden Winde für die Schifffahrt günstig waren und sich das Meer sommerlich zeigte, kamen alle erfreut zu Agamemnon, trösteten ihn, der über den Verlust seiner Tochter sehr traurig war, und setzten ihn wieder in seine Königswürde ein. Diese Sache verbreitete sich über das Heer hin und wurde dankbar angenommen, denn jeder Soldat verehrte ihn, den besten Fürsorger, nicht anders als seinen Vater. Doch Agamemnon – sei es weil er aus dem, was vorhergegangen war, hinreichend klug geworden war, sei es weil er den unausweichlichen Verlauf der menschlichen Dinge in seinem *Animus* erwog und deshalb gegen Widrigkeiten erstarkt war – verbarg, was ihm widerfahren war, nahm die Ehrung an und bat an diesem Tag alle Anführer zu sich zum Gastmahl. Dann ordneten nach nicht vielen Tagen die Anführer das Heer. Sobald eine für die Schifffahrt günstige Zeit angebrochen war, bestieg man die Schiffe, die mit vielen sehr wertvollen Dingen gefüllt waren, welche von den Bewohnern dieser Gegend herbeigebracht wurden. Im Übrigen boten Anios und dessen Töchter Getreide, Wein und andere notwendige Speisen an; sie behielt man als *Oenotropae* (»Weinverwandlerinnen«) und als Vorsteherinnen einer göttlichen *Religio* im Gedächtnis. Auf diese Weise segelte man von Aulis ab.

LIBER SECUNDUS

(2.1) Postquam ad Mysorum regionem universas classes venti appulere, propere omnes signo dato naves litori admovent. Dein egredi cupientibus a custodibus loci eius obviam itum est. Eos namque Telephus, qui tum Mysiae imperator erat, quo omnis regio ab incursione maritimorum hostium defensaretur, litori praefecerat. Igitur ubi descendere prohibentur neque prius permittitur terram contingere, quam regi quinam essent nuntiaretur, nostri primo quae dicebantur neglegere et singuli navibus egredi; dein postquam a custodibus nihil remittebatur et summa vi resisti et prohiberi coeptum, duces omnes iniuriam manu vindicandam rati arreptis armis evolant navibus incensique ira custodes caedere neque versis his atque in fuga parcere, sed uti quisque fugientem conprehenderat, obtruncare.

(2.2) Interim ad Telephum, qui primi fuga Graecos evaserant, veniunt: inruisse multa milia hostium eosque caesis custodibus litora occupasse et multa praeterea singuli pro metu suo adicientes nuntiant. Dein re cognita Telephus cum his, quos circum se habebat, aliisque, qui in ea festinatione in unum conduci potuere, propere Graecis obviam venit ac statim condensatis utrimque frontibus vi magna concurritur. Dein uti quisque in

ZWEITES BUCH

(2.1) Nachdem die Winde alle Flotteneinheiten an das Land der Myser herangetrieben hatten, bewegten sich auf ein gegebenes Zeichen hin alle Schiffe schnell auf das Ufer zu. Darauf trat man denen, die aussteigen wollten, seitens den Wachen dieser Gegend entgegen. Diese hatte nämlich Telephos, der damals der Herrscher Mysiens war, der Uferabwehr vorangestellt, damit die gesamte Gegend gegen einen Angriff von Feinden vom Meer her verteidigt werde. Als jene am Aussteigen gehindert wurden und es ihnen nicht eher erlaubt war, Land zu betreten, als bis dem König gemeldet würde, wer sie seien, missachteten die Unseren zunächst das, was gesagt worden war, und einzelne verließen ihre Schiffe; nachdem dann von den Wachen nicht nachgegeben wurde und damit begonnen worden war, mit größter Kraft Widerstand zu leisten und sie zu behindern, meinten alle Anführer, das Unrecht mit bewaffneter Hand ahnden zu müssen, und stürmten mit an sich genommenen Waffen aus ihren Schiffen heraus, töteten, von Wut erfüllt, die Wachen und schonten sie auch nicht, als sie sich zur Flucht gewandt hatten, sondern schlachteten sie ab, sobald ein jeder einen Flüchtenden ergriffen hatte.

(2.2) Inzwischen kamen zu Telephos die ersten, die durch Flucht den Griechen entkommen waren: Viele Tausende Feinde seien eingefallen und hätten nach der Tötung der Wachen das Ufer besetzt; überdies berichtete jeder das, was er nach dem Grad seiner Furcht hinzufügte. Nachdem Telephos die Lage erkannt hatte, trat er mit denen, die er um sich hatte, und anderen, die in aller Eile vereint werden konnten, eilig den Griechen entgegen und sogleich kämpfte man in dicht gedrängten Fronten auf beiden Seiten mit großer

manus venerat, interficitur, cum interim his aut illis ex casu suorum perculsis vehementius invicem instaretur. Sed in ea pugna Thessandrus, quem Polynicis supra memoravimus, congressus cum Telepho ictusque ab eo cadit multis tamen hostium ante interfectis, in quis Telephi comitem, quem rex ob industriam virium atque ingenii inter duces habebat, strenue dimicantem obtruncaverat; atque ita paulatim elatus secundo belli eventu et ob id maiora viribus adgressus interficitur. Atque eius cruentum corpus Diomedes, quod ei iam tum a parentibus coeptum cum eo societatis ius perseverabat, umeris extulit. Idque igni crematum, quod superfuerat, patrio more sepeliit.

(2.3) At ubi animadvertere Achilles et Aiax Telamonius magno suorum detrimento eventum belli trahi, exercitum in duas partes dispertiunt. Ac pro tempore cohortati suos tamquam restauratis viribus acrius hostes incurrunt, ipsi duces principes certaminis, cum modo insequerentur fugientes, modo ingruentibus semet instar muri opponerent. Atque ita omni modo primi aut inter primos bellantes praeclaram iam tum virtutis suae famam apud hostes atque inter suos effecere. Interim Teuthranius, Teuthrante et Auge genitus, frater Telephi uterinus, ubi animadvertit Aiacem tanta adversum suos gloria dimicantem, propere ad eum convertit ibique pugnando ictus telo eius occubuit. Eius casu Telephus non mediocriter perculsus ultionemque fraternae mortis expetens

Kraft. Dann wurde jeder so, wie er ins Handgemenge geraten war, getötet, da inzwischen, nachdem diese oder jene durch Hinstürzen der Ihren zu Boden geworfen worden waren, allzu heftig gegenseitig nachgedrängt wurde. In dieser Schlacht aber stieß Thessandros, den wir oben als Sohn des Polyneikes erwähnt haben, mit Telephos zusammen, wurde von ihm getroffen und fiel, obwohl er viele Feinde zuvor getötet hatte; unter ihnen hatte er auch einen Begleiter des Telephos, den der König wegen des Fleißes seiner Kräfte und seiner Begabung unter den Anführern hatte, weil er tüchtig kämpfte, niedergemetzelt. So wurde er (Thessandros), der sich allmählich wegen des günstigen Ausgangs seines Kämpfens hatte hinreißen lassen und der deshalb Größeres mit seinen Kräften anging, getötet. Seinen blutigen Körper trug Diomedes auf den Schultern fort, denn damit setzte er das – damals schon von seinen Eltern mit ihm begonnene – Vorrecht auf Gemeinschaft fort. Das, was von seiner Asche übrig geblieben war, bestattete Diomedes nach väterlichem Brauch.

(2.3) Als aber Achilleus und der telamonische Aias bemerkten, dass sich der Ausgang des Krieges zu einem Schaden für die Ihren hinziehe, teilten sie das Heer in zwei Gruppen. Und augenblicklich mahnten sie die Ihren und griffen mit gleichsam erneuerten Kräften die Feinde heftiger an. Die Anführer verfolgten als Erste im Kampf einerseits die Fliehenden, andererseits stellten sie sich mit ihrer Person den Andringenden wie eine Mauer entgegen. Und so in jeder Weise als die ersten oder unter den ersten kämpfend, verschafften sie sich schon damals einen berühmten Ruf ihrer *Virtus* bei den Feinden und bei den Ihren. Als aber Teuthranios, Sohn des Teutras und der Auge und Zwillingsbruder des Telephos, den Aias mit so großer Ruhmgier gegen die Seinen kämpfen sah, wandte er sich rasch gegen ihn und unterlag dort im Kampf, von einem seiner Speere getroffen. Von dessen Fall war Telephos nicht wenig erschüttert, suchte Rache für den Tod seines Bruders und drang

infestus aciem invadit atque ibi, fugatis quos adversum ierat, cum obstinate Ulixen inter vineas, quae ei loco adiunctae erant, insequeretur, praepeditus trunco vitis ruit. Id ubi Achilles procul animadvertit, telum iaculatus femur sinistrum regi transfigit. At Telephus inpigre resurgens ferrum ex corpore extrahit et protectus concursu suorum ab instanti pernicie liberatus est.

(2.4) Iamque diei plerumque processerat, cum utraque acie intenta proelium sine ulla requie iugi certamine ac strenue adversum se ducibus fatigaretur. Namque nostros multorum dierum navigio in aliquantum exhaustos maxime praesentia Telephi debilitaverat. Is namque Hercule genitus procerus corpore ac pollens viribus, divinis patriis virtutibus propriam gloriam aequiperaverat. Igitur adventante nocte cunctis cupientibus requies belli facta. Ac Mysi ad se domum, nostri ad naves digrediuntur. Ceterum in ea pugna utriusque exercitus interfecti multi mortales, sed et vulnerati pars maxima, prorsus nullo aut perpaucis clade belli eius expertibus. Dein secuta die legati invicem de sepeliendis, qui in bello ceciderant, mittuntur. Atque ita indutiis interpositis collecta corpora atque igni cremata sepeliuntur.

(2.5) Interim Tlepolemus et cum fratre Antipho Phidippus, quos Thessalo genitos nepotes Herculis supra memoravimus, cognito

erbittert in die Schlachtreihe ein; nachdem er dort diejenigen in die Flucht geschlagen hatte, gegen die er ausgezogen war, und während er hartnäckig den Odysseus unter Weinstöcken, die an jenem Ort verbunden wuchsen, verfolgte, stürzte er dort, behindert vom Stock einer Rebe. Als Achilleus dies von ferne bemerkte, warf er einen Speer und durchbohrte damit dem König den linken Oberschenkel. Telephos aber erhob sich mit Mühe, zog das Eisen aus dem Leib und befreite sich, gedeckt vom Auflauf seiner Männer, vom bevorstehenden Verderben.

(2.4) Schon war die meiste Zeit des Tages vergangen, als in beiden ausgedehnten Schlachtreihen der Kampf, der ohne irgendeine Ruhepause in ständigem Streit und unter gegen sich selbst strengen Anführern stattgefunden hatte, zum Erliegen kam, denn die Unseren, die von der viele Tage dauernden Seereise durchaus etwas erschöpft waren, hatte insbesondere die Gegenwart des Telephos zermürbt. Dieser nämlich, ein Abkömmling des Herakles, schlank an Körpergestalt und stark an Kräften, hatte seinen eigenen Ruhm den göttlichen *Virtutes* seines Vaters gleichgestellt. So wurde, als die Nacht herankahm, für alle, die dies herbeisehnten, Ruhe im Krieg hergestellt. Die Myser machten sich zu sich nach Hause auf, die Unseren zu den Schiffen. Im Übrigen wurden bei diesem Kampf beider Heere viele Sterbliche getötet, aber auch ein sehr großer Teil verwundet, wobei nachgerade niemand oder nur sehr wenige vom Unheil dieses Gefechts verschont blieben. Dann am folgenden Tag wurden Gesandte hin- und hergeschickt über die Bestattung derer, die im Krieg gefallen waren, und so wurden nach Einführung eines Waffenstillstandes die Leichname eingesammelt, im Feuer verbrannt und begraben.

(2.5) Inzwischen kamen Tlepolemos und Pheidippos mit seinem Bruder Antiphos, die wir als Söhne des Thessalos und damit Enkel des Herakles oben erwähnt haben, nachdem sie erfahren hatten,

Telephum in his locis imperitare, fiducia cognationis ad eum veniunt eique, quinam essent et quibuscum navigassent, aperuere. Dein multa invicem consumpta oratione ad postremum nostri acrius incusare, quod tam hostiliter adversum suos versaretur. Agamemnonem namque et Menelaum Pelopidas, non alienos generis sui, eum exercitum contraxisse. Dein quae circa domum Menelai ab Alexandro commissa essent raptumque Helenae docent. Atque decere eum cum propter consanguinitatem tum praecipue ob scelus violati communis hospitii Graecis ultro ferre auxilium, in quorum gratia ipsius etiam Herculis plurima laborum monumenta per totam Graeciam existere. Ad ea Telephus, etsi dolore vulneris inmodice adflictabatur, benigne tamen respondens ipsorum potius ait culpa factum, quod amicissimos et iunctos sibi generis adfinitate regno suo adpulsos ignoraverit; praemittendos etenim fuisse, per quos cognito eorum adventu obviam ire gratulantem oportuerit atque amice hospitio receptos donatosque muneribus, cum commodum ipsis videretur, remittere. Ceterum militiam adversum Priamum recusare; Astyochen enim Priami iunctam sibi matrimonio, ex qua Eurypylus genitus artissimum adfinitatis pignus intercederet. Dein propere popularibus, uti ab incepto desisterent, nuntiari iubet. Atque ita nostris liberam egrediendi navibus potestatem permittit. Tlepolemus et qui cum eo venerant Eurypylo traduntur hique perfectis quae cupierant ad naves pergunt nuntiantes Agamemnoni ac reliquis regibus pacem concordiamque cum Telepho.

dass Telephos in dieser Gegend herrsche, im Vertrauen auf ihre Verwandtschaft zu diesem und eröffneten ihm, wer sie seien und mit wem sie gesegelt waren. Als dann viel Rede und Gegenrede gewechselt waren, beklagten sich schließlich die Unseren recht heftig, dass er sich so feindselig gegen die Seinen verhielte; die Pelopiden Agamemnon und Menelaos, die seiner Sippe nicht fremd seien, hätten ja dieses Heer zusammengezogen. Dann erklärten sie ihm, was im Haus des Menelaos von Alexandros getan worden war, und den Raub der Helena. Es gehöre sich, dass er – wenn schon nicht wegen der Blutsverwandtschaft, dann insbesondere wegen der verbrecherischen Verletzung der allgemeinen Gastfreundschaft – den Griechen von sich aus Hilfe bringe, durch deren Dankbarkeit es sogar sehr viele Denkmäler von den Arbeiten des Herakles in ganz Griechenland gäbe. Darauf antwortete Telephos, obwohl er vom Schmerz der Wunde unmäßig betroffen war, dennoch freundlich und sagte, es sei mehr durch ihre eigene Schuld geschehen, dass er nicht erkannt habe, dass sich sehr befreundete und mit ihm verwandtschaftlich verbundene Menschen seinem Königreich genähert hätten; man hätte Leute vorausschicken sollen, durch die ihre Ankunft bekannt geworden wäre, so dass er, wie es sich gehörte, ihnen zur Begrüßung entgegengehen und die freundlich in Gastfreundschaft Aufgenommenen und mit Gaben Beschenkten, wann es ihnen angenehm erschiene, zurückschicken könnte. Im Übrigen verweigere er den Feldzug gegen Priamos; dessen Tochter Astyoche sei ihm nämlich in einer Ehe verbunden und der von ihr geborene Eurypylos stehe als engstes Pfand der Verwandtschaft zwischen ihnen. Darauf ließ er eilig seinen Landsleuten sagen, dass sie vom Begonnenen Abstand nehmen sollten. Und so erlaubte er den Unseren, frei zu ihren Schiffen fortzugehen. Tlepolemos und seine Begleiter wurden dem Eurypylos übergeben; sie wandten sich, nachdem sie erlangt hatten, was sie gewollt hatten, zu den Schiffen und berichteten dann dem Agamemnon und den übrigen Königen von Frieden und Eintracht mit Telephos.

(2.6) Quae ubi accepere, apparatum belli laeti omittunt. Dein ex consilii sententia Achilles cum Aiace ad Telephum pervenere, eumque iactatum magnis doloribus consolati, ut viriliter incommodum ferret deprecabantur. At Telephus, ubi aliquantum requies doloris intercesserat, Graecos incusare, quod ne nuntium quidem adventus sui praemisissent. Dein percontatur, quinam et quanti Pelopidae in ea militia essent doctusque multis precibus orat, ut ad se omnes veniant. Tunc nostri facturos se quae vellet polliciti desiderium regis reliquis nuntiavere. Igitur omnes Pelopidae praeter Agamemnonem et Menelaum in unum congregati ad Telephum veniunt multumque gratulationis atque laetitiae praesentia sua regi obtulere. Ac deinde muneribus largiter donati hospitio recipiuntur. Neque tamen miles reliquus, qui apud naves erat, munificentiae regis expers fuit, namque ex numero navium frumentum aliaque necessaria adfatim portabantur. Ceterum rex ubi Agamemnonem fratremque eius abesse animadvertit, multis precibus Ulixem deprecatur, uti ad eos acciendos pergeret. Hi itaque ad Telephum veniunt ac more regio invicem acceptis datisque donis Machaonem et Podalirium, Aesculapii filios, venire ac vulneri mederi iubent; qui inspecta cura propere apta dolori medicamina inponunt.

(2.7) Sed ubi tritis aliquot diebus tempus navigandi remorari ac ventis adversantibus mare in dies magis magisque saevire occepit, Telephum adeunt eumque de opportunitate temporis

(2.6) Als sie dies erfahren hatten, ließen sie freudig von der Kriegsrüstung ab. Dann fand sich nach dem Beschluss des *Consilium* Achilleus mit Aias bei Telephos ein; sie trösteten den von großen Schmerzen Geplagten und beschworen ihn dann, mannhaft das Leiden zu ertragen. Telephos aber beklagte sich, sobald eine leichte Beruhigung der Schmerzen eingetreten war, über die Griechen, dass sie nicht einmal einen Boten mit der Nachricht von ihrer Ankunft vorausgeschickt hätten. Dann erkundigte er sich, welche und wie viele Pelopiden bei diesem Kriegszug dabei seien; als er dies erfahren hatte, wünschte er mit vielen Bitten, dass sie alle zu ihm kämen. Da versprachen die Unseren, sie würden tun, was er wolle, und berichteten dann den übrigen vom Verlangen des Königs. Also versammelten sich alle Pelopiden außer Agamemnon und Menelaos an einem Ort, gingen dann zu Telephos und überbrachten dem König viele Genesungswünsche und Freude mit ihrer Anwesenheit. Darauf wurden sie mit Gaben reich beschenkt und gastfreundlich aufgenommen. Dennoch blieb keiner der übrigen Soldaten, die sich bei den Schiffen aufhielten, von der Großzügigkeit des Königs ausgenommen, denn es wurden im Blick auf die Zahl der Schiffe Getreide und andere notwendige Dinge zur Genüge herangebracht. Im Übrigen beschwor der König, als er bemerkte, dass Agamemnon und dessen Bruder fehlten, den Odysseus mit vielen Bitten, dass er sich aufmachen solle, um die beiden herbeizurufen. So kamen auch sie zu Telephos und ließen, nachdem man nach königlicher Sitte wechselseitig Geschenke erhalten und gegeben hatte, den Machaon und den Podaleirios, Söhne des Asklepios, kommen, um die Wunde zu behandeln; diese untersuchten sie und legten schnell für den Schmerz geeignete Heilmittel auf.

(2.7) Als aber dadurch, dass man einige Tage vertat, die Zeit für die Schifffahrt zu Ende ging und das Meer wegen widriger Winde von Tag zu Tag mehr und mehr zu wüten anfing, gingen sie zu Telephos

consulunt. Atque ab eo docti initio veris ex his locis ad Troiam navigandi tempus esse, reliqua adversa, cunctis volentibus Boeotiam revertuntur ibique subductis navibus singuli in regna sua hiematum discedunt. Interim in eo otio regi Agamemnoni cum Menelao fratre exercere discordias vacuum fuit ob proditam Iphigeniam. Is namque auctor et veluti causa luctus eius credebatur.

(2.8) Per idem tempus, ubi de coniuratione universae Graeciae apud Troiam conpertum est, auctoribus nuntii eius Scythis barbaris, qui mercandi gratia per omnem Hellespontum commutare res cum accolis sueti ultro citroque vagabantur, metus atque maeror universos invasere, cum singuli, quibus ab initio Alexandri facinus displicuerat, male actum adversum Graeciam et ob id paucorum pravitate in communem perniciem praecipitatum iri testarentur. Inter quae tam sollicita magna cura plurimi ex omni ordine electi ad contrahenda ex finitimis regionibus auxilia ab Alexandro aliisque pessimis consultoribus dimittuntur hisque mandatur, uti quam primum expedito negotio remearent. Quod ea gratia maxime a Priamidis festinabatur, uti propere instructo exercitu tempus profectionis antecaperent atque omne quod parabatur bellum in regiones Graeciae transportaretur.

(2.9) Dum haec apud Troiam geruntur, Diomedes incepti eorum certior factus magna celeritate per omnem Graeciam pervagatus

und baten ihn um Rat für eine günstige Zeit. Und von ihm belehrt, dass zu Frühlingsbeginn die Zeit sei, von dieser Gegend nach Troja zu segeln, kehrten sie, da alle es so wollten, nach Boiotien zurück; nachdem sie dort ihre Schiffe an Land gezogen hatten, ging ein jeder in sein Königreich zurück, um dort zu überwintern. Inzwischen blieb in dieser Muße dem König Agamemnon noch genug Zeit, um mit seinem Bruder Menelaos die Zwietracht wegen der Auslieferung der Iphigeneia auszutragen; dieser (Menelaos) nämlich wurde von Agamemnon als Veranlasser und gleichsam Ursache für seine Trauer angesehen.

(2.8) Als man zu derselben Zeit in Troja vom Eid ganz Griechenlands erfuhr – wobei die Urheber dieser Nachricht wohl barbarische Skythen waren, die sich zu Handelszwecken am gesamten Hellespont mit dessen Anwohnern diesseits und jenseits auszutauschen pflegten und dort umherstreiften –, brachen Furcht und Betrübnis bei allen ein, wobei einzelne Männer, denen von Anfang an die Untat des Alexandros missfallen hatte, bezeugten, dass man schlecht gegen Griechenland gehandelt habe und deswegen infolge der Schlechtigkeit von Wenigen ins allgemeine Verderben gestürzt werde. Während solcher Beunruhigung wurden sehr viele Leute, die mit großer Sorgfalt aus jedem Stand ausgewählt worden waren, zur Aushebung von Hilfstruppen aus der Nachbarschaft von Alexandros und anderen sehr schlechten Ratgebern ausgeschickt; ihnen wurde aufgetragen, dass sie nach Ausführung dieser Aufgabe möglichst schnell zurückkehren sollten. Dies betrieben die Priamiden aus dem Grund besonders rasch, dass sie mit einem eilig geschaffenen Heer Zeit gewinnen und den gesamten Krieg, den sie vorbereitet hatten, nach Griechenland hinübertragen könnten.

(2.9) Während dies in Troja geschah, streifte Diomedes, der über deren Vorhaben in Kenntnis gesetzt war, mit großer Schnelligkeit

universos duces convenit hisque consilium Troianorum aperiens monet atque hortatur, uti quam primum instructi rebus bello necessariis ad navigandum festinarent. Neque multo post re cognita Argos ab omnibus convenitur. Ibi Achilles regi indignatus, quod propter filiam renueret profectionem, ab Ulixe in gratiam reductus est. Is namque diu maesto ac luctu obsito Agamemnoni insinuans, quae circa filiam eius evenissent, animum atque ornatum regis reformavit. Igitur cunctis praesentibus quamquam a nullo officia militiae neglegebantur, praecipue tamen Aiax Telamonius et Achilles cum Diomede curam maximam studiumque inportandi belli susceperant; hisque placet, uti praeter contractam classem naves, quibus loca hostilia incursarent, praeparentur. Ita diebus paucis quinquaginta navium classem instructam omni genere conpingunt. Ceterum ab incepto militiae eius octavo iam anno ad hoc usque tempus consumpto initium noni occeperat.

(2.10) At ubi instructae omni modo classes et mare navigii patiens neque ulla res impedimento erat, Scythas, qui forte mercandi gratia eo adpulerant, conductos mercede duces profectionis eius delegere. Per idem tempus Telephus dolore vulneris eius, quod in proelio adversum Graecos acceperat, diu adflictatus, cum nullo remedio mederi posset, ad postremum Apollinis oraculo monitus, uti Achillem atque Aesculapii filios adhiberet, propere Argos navigat. Dein cunctis ducibus causam adventus eius

durch ganz Griechenland, brachte alle Anführer zusammen, eröffnete diesen den Ratschluss der Trojaner, mahnte sie eindringlich und forderte sie auf, dass sie, nachdem sie sich mit allem Notwendigen versehen hatten, möglichst bald zur Schifffahrt eilten. Nicht viel später, als diese Sache bekannt war, vereinbarten alle Argos als Treffpunkt. Dort brachte Odysseus den Achilleus, der sich über den König Agamemnon empörte, weil der wegen seiner Tochter den Aufbruch ablehnte, zum Wohlverhalten zurück. Odysseus teilte dem Agamemnon, der sich lange Zeit in Trübsinn und Trauer gehüllt hatte, nämlich mit, was sich mit dessen Tochter ereignet hatte, und stellte so *Animus* und Strahlkraft des Königs wieder her. Also hatten von allen Anwesenden, obwohl von niemandem die Pflichten für den Feldzug vernachlässigt worden waren, vor allem der telamonische Aias und Achilleus zusammen mit Diomedes die größte Sorgfalt und den höchsten Eifer für das Herbeiführen des Krieges auf sich genommen; diese beschlossen auch, dass sie außer der bereits zusammengezogenen Flotte noch Schiffe bereitstellen würden, mit denen sie in das Feindesgebiet eindringen würde. So brachte man innerhalb weniger Tage eine Flotte von 50 Schiffen zusammen, ausgerüstet auf alle Art. Im Übrigen war vom Beginn des Feldzuges im achten Jahr bis zu dieser Zeit bereits der Anfang des neunten eingetreten.

(2.10) Als aber die Flotten in jeder Weise ausgerüstet waren, das Meer offen für die Schifffahrt und keine Sache mehr ein Hindernis bildete, gewann man Skythen, die zufällig aus Handelsgründen dort angelandet waren, gegen Lohn als Lotsen und wählte sie für diesen Aufbruch aus. Zu derselben Zeit segelte Telephos, der durch den Schmerz seiner Wunde, die er im Kampf gegen die Griechen erhalten hatte, lange betroffen gewesen war, als man sie mit keinem Heilmittel hatte heilen können, und der schließlich durch ein Orakel des Apollon aufgefordert worden war, dass er den Achilleus und die Söhne des Asklepios herbeiziehen solle, eilig nach Argos. Dann

admirantibus oraculum refert atque ita orat, ne sibi praedictum remedium ab amicis negaretur. Quae ubi accepere Achilles cum Machaone et Podalirio adhibentes curam vulneri brevi fidem oraculi firmavere. Ceterum Graeci multis immolationibus deos adiutores incepto invocantes Aulidam cum praedictis navibus veniunt atque inde propere navigare incipientibus dux Telephus ob acceptam gratiam factus. Ita ascensis navibus ventos nacti paucis diebus ad Troiam pervenere.

(2.11) Per idem tempus Sarpedon Lycius Xanthi et Laodamiae frequentibus nuntiis a Priamo accitus cum magna armatorum manu adventabat. Is ubi animadvertit procul magnam vim classium admotam litori, ratus ut negotium erat, propere suos instruit Graecosque degredi incipientes invadit. Neque multo post re cognita Priamidae arreptis armis accurunt, cum interim Graeci infensis hostibus et omni modo instantibus neque degredi sine pernicie neque arma capere turbatis omnibus et ob id cuncta impedientibus possent. Ad postremum tamen hi, quibus in ea festinatione armandi semet potestas fuit, confirmati inter se invicem acriter hostes incurrunt. Sed in ea pugna Protesilaus, cuius navis prima omnium terrae admota erat, inter primos bellando ad postremum telo Aeneae ictus ruit. Occidere etiam duo Priami filii neque reliqua multitudo utraque ex parte cladis eius expers fuit.

nannte er allen Anführern, die sich über den Grund für seine Ankunft wunderten, das Orakel und bat sie so, dass ihm die zugesagte Hilfe von Freunden nicht verweigert werde. Als sie dies gehört hatten, brachte Achilleus gemeinsam mit Machaon und Podaleirios für die Wunde viel Sorge auf und konnte so in kurzer Zeit die *Fides* des Orakels bestätigen. Im Übrigen riefen die Griechen bei vielen Opferhandlungen die Götter als Helfer für ihr Beginnen an, kamen mit den zuvor genannten Schiffen nach Aulis, und während sie eilig von dort abzusegeln begannen, wurde Telephos wegen seiner anerkannten Beliebtheit zum Anführer gemacht. Nachdem so die Schiffe bestiegen worden und günstige Winde aufgekommen waren, kamen sie binnen weniger Tage nach Troja.

(2.11) Zu derselben Zeit kam der Lyker Sarpedon, Sohn des Xanthos und der Laodameia, durch häufige Boten von Priamos herbeigerufen, mit einer großen Schar Bewaffneter an. Als dieser von fern wahrnahm, dass sich eine große Flottenmacht der Küste näherte, war er entschlossen, wie es seine Aufgabe war, instruierte eilig die Seinen und ging gegen die Griechen vor, die mit dem Ausschiffen begannen. Nicht viel später eilten die Priamiden, als sie von der Sache erfuhren, mit erhobenen Waffen herbei, während inzwischen die Griechen – da die Feinde erbittert auf jede Weise herandrängten – sich weder ohne Verluste ausschiffen noch zu ihren Waffen greifen konnten, da alle in Unordnung waren und deshalb alles behinderten. Schließlich drangen dennoch diejenigen, denen bei dieser Eile die Möglichkeit gegeben war, ihre Waffen zu ergreifen, nachdem sie sich gegenseitig Mut zugesprochen hatten, heftig auf die Feinde ein. In dieser Schlacht aber stürzte Protesilaos, dessen Schiff sich als allererstes an das Land bewegt hatte und er unter den vordersten kämpfe, schließlich von einem Speer des Aineias getroffen. Es fielen auch zwei Söhne des Priamos; auch die restliche Menge auf beiden Seiten blieb von diesem Unheil nicht verschont.

(2.12) Ceterum Achilles et Aiax Telamonius, quorum virtute Graeci sustentabantur, magna gloria dimicantes metum hostibus et fiduciam suis effecere. Neque amplius resisti iam apud eos poterat, quin paulatim decedentibus his, quos adversum ierant, ad postremum cuncti fugarentur. Ita libero ab hostibus tempore Graeci subductas naves atque in ordinem compositas tuto conlocant. Dein ex omnibus Achillem et Aiacem Telamonium, quorum virtute maxime fidebant, custodes deligunt hisque tutelam classium atque exercitus per latera atque cornua distribuentes tradunt. Igitur ordinatis dispositisque omnibus Telephus, cuius ductu ad Troiam navigatum est, magna sui apud exercitum gratia domum discedit. Neque multo post circa Protesilai sepulturam nostris occupatis nihilque tali tempore hostile metuentibus Cycnus, cuius haud procul a Troia regnum, cognito adventu nostro, clam atque insidiis Graecos invadit eosque ancipiti malo territos sine ullo ordine ac disciplina militari fugere coegit. Dein propere reliqui, quibus non ea humatio demandata erat, re cognita armati eunt contra; in quis Achilles congressus cum rege eumque et magnam vim hostium interfecit, conversis in fuga hoc modo liberatis.

(2.13) Ceterum sollicitis ducibus et multorum clade ob crebras hostium incursiones anxiis decernitur, uti primum finitimas Troiae civitates cum parte exercitus adeant easque omni modo

(2.12) Im Übrigen flößten Achilleus und der telamonische Aias, durch deren *Virtus* die Griechen unterstützt wurden und die mit großem Ruhm kämpften, den Feinden Furcht und den Ihren Zuversicht ein. Ja, schließlich konnte gegen sie kein Widerstand mehr geleistet werden, da diejenigen, gegen die beide vorgeschritten waren, allmählich zurückwichen, so dass schließlich alle in die Flucht geschlagen wurden. So stellten die Griechen zu einer von Feinden freien Zeit ihre an Land gezogenen und in einer Ordnung platzierten Schiffe an einem sicheren Ort auf. Darauf wählte man von allen den Achilleus und den telamonischen Aias, zu deren *Virtus* man am meisten *Fides* hatte, als Wachen aus und übertrug ihnen den Schutz der Schiffe und des Landheeres, indem man sie über die Flanken und Flügel verteilte. Nachdem so alles angeordnet und verteilt war, ging Telephos, unter dessen Führung man nach Troja gesegelt war, nach großer Dankbekundung für ihn beim Heer nach Hause. Nicht viel später drang um die Begräbniszeit des Protesilaos herum, während die Unseren beschäftigt waren und zu einer solchen Zeit nichts Feindliches befürchteten, Kyknos, dessen Königreich nicht weit entfernt von Troja lag, nachdem er die Ankunft der Unseren erfahren hatte, heimlich und hinterlistig auf die Griechen los und zwang sie, die von einem zweifachen Übel erschrocken waren, ohne jede Ordnung und militärische Disziplin zu fliehen. Darauf gingen die Übrigen, denen das Begräbnis nicht aufgetragen war, nachdem sie die Sache erkannt hatten, bewaffnet dagegen vor. Unter ihnen stieß auch Achilleus mit dem König zusammen und tötete ihn und eine große Zahl von Feinden, wobei alle, die sich zur Flucht gewandt hatten, auf diese Weise befreit wurden.

(2.13) Weil im Übrigen die Anführer aufgeregt und wegen des Verlusts vieler Leute aufgrund der häufigen feindlichen Einfälle verängstigt waren, entschied man außerdem, dass man zuerst an die Nachbarstädte Trojas mit einem Teil des Heeres heranrücken

incursent. Ita omnium primam Cycni regionem invadunt vastantque circum omnia. Sed ubi Neandriensium civitatem, quae regni caput filiorum Cycni nutrix memorabatur, nullo resistente invasere atque ignem subicere coepere, cives eius multis precibus lacrimisque orare, uti ab incepto desisterent, per omnia humana atque divina nixis genibus deprecantes, ne delicta pessimi ducis civitatem innoxiam et paulo post fidam sibi luere paterentur. Hoc modo per miserationem servata civitas. Ceterum regios pueros Cobin et Corianum eorumque sororem Glaucen expetentibus Graecis tradidere, quam nostri Aiaci ob fortia facta eius exceptam reliquae praedae habendam concedunt. Neque multo post Neandrienses supplices et cum pace ad Graecos conveniunt amicitiam et omnia, quae imperavissent, facturos polliciti. Quis perfectis Graeci Cillam adgressi expugnavere. Neque tamen Carenen, quae haud procul aberat, contingunt in gratiam Neandriorum, qui domini civitatis eius fideles atque amicissimi nobis ad hoc tempus permanserant.

(2.14) Eadem tempestate oraculum Pythii Graecis perfertur: concedendum ab omnibus, uti per Palamedem Apollini Zminthio sacrificium exhiberetur. Quae res multis grata ob industriam et amorem viri, quem circa omnem exercitum exhibebat, nonnullis ducum dolori fuerat. Ceterum immolatio centum victimarum, sicuti praedictum erat, pro cuncto exercitu exhibebatur praeeunte Chryse, loci eius sacerdote. Interim re cognita Alexander congregata armatorum manu ad prohibendum

und sie auf jede Weise angreifen wolle. So drangen sie zuallererst in das Gebiet des Kyknos ein und verwüsteten ringsum alles. Als sie aber in die Stadt Neandreia, die als Hauptstadt des Königtums auch als »Amme der Söhne des Kyknos« bezeichnet wurde, ohne Widerstand eindrangen und sie mit Feuer zu überziehen begannen, baten deren Bürger mit vielen Bitten und Tränen, dass sie von ihrem Vorhaben Abstand nehmen sollten; sie flehten bei allem Göttlichen und Menschlichen auf Knien, dass nicht die Vergehen eines überaus schlechten Anführers die unschuldige Bürgerschaft, die in Kürze ihnen (den Griechen) ergeben sein werde, büßen müsse. Auf diese Weise wurde die Stadt aus Mitleid gerettet. Im Übrigen lieferte man die königlichen Knaben Kobis und Korianos sowie deren Schwester Glauke den Griechen aus, die dies gefordert hatten. Das Mädchen gestanden die Unseren dem Aias wegen dessen tapferer Taten zusätzlich zu der übrigen Beute zu. Nicht viel später kamen die Bürger von Neandreia bittflehend und in Frieden zu den Griechen und versprachen Freundschaft und als auch alles zu tun, was die ihnen befehlen würden. Als dies geschehen war, griffen die Griechen die Stadt Kille an und eroberten sie. Nicht aber rührten sie die Stadt Karene an, die nicht weit davon entfernt lag, und zwar zugunsten der Bürger von Neandreia, die als Herren dieser Stadt voll *Fides* und überaus befreundet bis zu dieser Zeit geblieben waren.

(2.14) Zu derselben Zeit wurde ein Orakel der Pythia den Griechen überbracht: Zu gestatten sei von allen, dass durch Palamedes dem Apollon Smintheus ein Opfer dargebracht würde. Diese Sache, die für viele wegen des Fleißes und der Zuneigung, die er dem gesamten Heer gegenüber zeigte, angenehm war, hatte einigen der Anführer hingegen Schmerz bereitet. Im Übrigen wurde die Opferung von 100 Opfertieren, wie es vorausgesagt war, vor dem ganzen Heer vollzogen, wobei Chryses die Leitung hatte, der Priester dieses Ortes. Inzwischen eilte Alexandros, nachdem er die Sache erfahren

venit. Eum duo Aiaces, priusquam ad templum adpropinquaret, interfectis plurimis fugavere. Sed Chryses, quem sacerdotem Zminthii Apollinis supra diximus, utriusque exercitus offensam metuens, quisque partium ad eum venerat, cum his se adiunctum esse simulabat. Interim in eo sacrificio Philocteta haud procul ab ara templi eius adstans morsu serpentis forte contingitur. Dein ab omnibus, qui animadverterant, clamore sublato Ulixes adcurrens serpentem interficit. Neque multo post Philocteta cum paucis, uti curaretur, Lemnum insulam mittitur, namque in ea sacra Vulcano antistites dei inhabitare ab accolis dicebatur solitos mederi adversus venena huiusmodi.

(2.15) Per idem tempus Diomedes et Ulixes consilium de interficiendo Palamede ineunt, more ingenii humani, quod inbecillum adversum dolores animi et invidiae plenum anteiri se a meliore haud facile patitur. Igitur simulato quod thesaurum repertum in puteo cum eo partiri vellent, remotis procul omnibus persuadent, uti ipse potius descenderet eumque nihil insidiosum metuentem adminiculo funis usum deponunt ac propere arreptis saxis, quae circum erant, desuper obruunt. Ita vir optimus acceptusque in exercitu, cuius neque consilium umquam neque virtus frustra fuit, circumventus a quibus minime decuerat indigno modo interiit. Sed fuere, qui eius consilii haud expertem Agamemnonem dicerent ob amorem ducis in exercitum et quia pars maxima regi ab eo cupiens tradendum ei imperium palam

hatte, mit einer gesammelten Schar Bewaffneter herbei, um dies zu verhindern. Ihn verjagten die beiden Aias, bevor er sich dem Tempel näherte, nachdem sie viel getötet hatten. Chryses aber, den wir oben als Priester des Apollon Smintheus genannt haben, fürchtete eine Kränkung beider Heere, da jede Seite zu ihm gekommen war, und gab vor, mit beiden verbunden zu sein. Philoktetes jedoch, der nicht fern vom Altar dieses Tempels stand, wurde während dieses Opfers zufällig vom Biss einer Schlange getroffen. Als daraufhin von allen, die dies gesehen hatten, ein Geschrei erhoben wurde, lief Odysseus herbei und tötete die Schlange. Nicht viel später schickte man Philoktetes mit einigen wenigen Leuten auf die Insel Lemnos, damit er dort gepflegt werde, denn in diesem Heiligtum für Hephaistos wohnten Priester dieses Gottes, von denen die Anwohner sagten, dass sie Vergiftungen dieser Art zu heilen pflegten.

(2.15) Um dieselbe Zeit herum fassten Diomedes und Odysseus den Plan der Tötung des Palamedes, ganz in der Art der menschlichen Natur, die gegenüber Schmerzen des *Animus* schwach und voll von Neid ist und es sich von einem Besseren übertreffen zu lassen nicht leicht erträgt. Sie gaben also vor, dass sie einen in einem Brunnen gefundenen Schatz mit ihm teilen wollten, entfernten dann zunächst alle in der Nähe Befindlichen und überredeten ihn schließlich, das er lieber selbst hinabsteige. Ihn, der keinen Hinterhalt befürchtete, ließen sie mithilfe eines Seiles hinunter und warfen dann schnell Steine, die ringsum lagen und von ihnen genommen wurden, von oben auf ihn herab. So ging der beste und beim Heer angesehene Mann, dessen Rat und *Virtus* niemals vergeblich gewesen waren, umringt von Leuten, durch die das am wenigsten hätte geschehen dürfen, auf unwürdige Weise zugrunde. Es gab aber Leute, die sagten, dass Agamemnon an diesem Plan nicht unbeteiligt gewesen sei, wegen der Zuneigung zu diesem Anführer im Heer und weil ein sehr großer Teil, der von ihm geführt zu werden wünschte, ganz offen davon sprach, man solle ihm (Palamedes) den

loquebantur. Igitur a cunctis Graecis veluti publicum funus eius crematum igni, aureo vasculo sepultum est.

(2.16) Interim Achilles ministras et veluti officinam belli proximas Troiae civitates ratus sumptis aliquot navibus Lesbum adgreditur ac sine ulla difficultate eam capit et Phorbanta, loci eius regem, multa adversum Graecos hostiliter molitum interficit atque inde Diomedeam, filiam regis, cum magna praeda abducit. Dein Scyrum et Hierapolim, urbes refertas divitiis, cunctis suorum poscentibus vi magna adgressus paucis diebus sine ulla difficultate excindit. Ceterum, qua pergebat, agri referti iugi pace depraedati omnibusque vexati neque quicquam, quod amicum Troianis videretur, non eversum aut vastatum relinqui. Quis cognitis finitimi populi ultro ad eum cum pace adcurrere ac, ne vastarentur agri, dimidio fructuum pacti dant fidem pacis atque ab eo accipiunt. His actis Achilles ad exercitum regreditur magnam vim gloriae atque praedae adportans. Eodem tempore rex Scytharum cognito adventu nostrorum cum multis donis adventabat.

(2.17) Ceterum Achilles haud contentus eorum, quae gesserat, Cilicas adgreditur, ibique Lyrnesum paucis diebus pugnando cepit. Interfecto deinde Eetione, qui his locis imperitabat, magnis opibus naves replet, abducens Astynomen, Chrysi filiam, quae eo tempore regi denupta erat. Propere inde Pedasum expugnare

Oberbefehl übertragen. So wurde von allen Griechen sein Leichnam wie eine öffentliche Bestattung im Feuer verbrannt und in einem goldenen Gefäß bestattet.

(2.16) Inzwischen meinte Achilleus, dass die Troja nächstgelegenen Städte Dienstleister und gleichsam Werkstätten für den Krieg seien, nahm sich deshalb einige Schiffe, griff Lesbos an, eroberte es ohne jede Schwierigkeit, tötete Phorbas, den König dieses Ortes, der viel gegen die Griechen feindlich in Bewegung gesetzt hatte, und schleppte schließlich von dort Diomedeia, die Tochter des Königs, mit viel Beute fort. Darauf griff er Skyros und Hierapolis, mit Reichtum vollgestopfte Städte, auf Verlangen aller seiner Leute mit großer Macht an und löschte sie innerhalb weniger Tage ohne jede Schwierigkeit aus. Im Übrigen wurden, wohin er sich auch wandte, Äcker, die durch ununterbrochenen Frieden reich waren, ausgeplündert und auf jede Weise verheert; nichts, was als mit den Trojanern befreundet angesehen wurde, blieb unzerstört oder unverwüstet zurück. Als dies bekannt wurde, traten Nachbarvölker von sich aus an ihn mit einem Friedenswunsch heran; damit ihr Land nicht verwüste werde, gaben sie dafür, dass sie die Hälfte der Ernteerträge geben würden, ihre *Fides* für den Frieden und erhielten ihn von Achilleus. Nachdem dies getan war, kehrte Achilleus zum Heer zurück und brachte eine große Menge an Ruhm und Beute mit. Zu derselben Zeit traf der König der Skythen, nachdem er von der Ankunft der Unseren erfahren hatte, mit vielen Geschenken ein.

(2.17) Im Übrigen griff Achilleus, der mit dem unzufrieden war, was er schon hatte, Kilikien an und nahm dort Lyrnesos innerhalb weniger Tage im Kampf ein. Nachdem er Eëtion, der dort herrschte, getötet hatte, füllte er seine Schiffe mit großen Schätzen und führte Astynome, die Tochter des Chryses, die zu dieser Zeit mit dem König verheiratet war, fort. Eilig begann er danach, Pedasos

occepit, Lelegum urbem, sed eorum rex Brises ubi animadvertit in obsidendo saevire nostros, ratus nulla vi prohiberi hostes aut suos satis defendi posse, desperatione effugii salutisque attentis ceteris adversum hostes domum regressus laqueo interiit. Neque multo post capta civitas atque interfecti multi mortales et abducta filia regis Hippodamia.

(2.18) Per idem tempus Aiax Telamonius Thracum Cherronesum omni modo infestabat. Sed ubi rex eorum Polymestor virtutem atque gloriam viri cognovit, diffidens rebus suis deditionem occepit. Tuncque Polydorus, Priami filius, quem rex recens natum clam omnes alendum ei transmiserat, merces pacis ab eo traditur. Aurum etiam aliaque dona huiuscemodi ad conciliandum hostium animos adfatim praebebantur. Dehinc frumentum per omnem exercitum totius anni pollicitus naves onerarias, quas ob id Aiax secum habuerat, replet. Multis execrationibus amicitiam Priami adversum Graecos renuens in pacis fidem receptus est. His actis Aiax iter ad Phrygas convertit ingressusque eorum regionem Teuthrantem dominum locorum solitario certamine interficit ac post paucos dies expugnata atque incensa civitate magnam vim praedae trahit, abducens Tecmessam, filiam regis.

(2.19) Igitur ambo duces multis vastatis atque expugnatis regionibus ipsi clari atque magnifici ingenti nomine, per diversa loca quasi de industria eodem tempore ad exercitum

zu erobern, die Stadt der Leleger, aber sobald deren König Brises wahrnahm, dass die Unseren bei der Belagerung wüteten, meinte er, dass durch keine Macht die Feinde ferngehalten werden oder seine Leute sich ausreichend verteidigen könnten; er verließ aus Verzweiflung an Entkommen und Rettung, als seine übrigen Leute ihre Aufmerksamkeit auf die Feinde richteten, sein Haus und ging durch einen Strick zugrunde. Nicht viel später nahm man die Stadt ein, viele Sterbliche wurden getötet und Hippodameia, die Tochter des Königs, weggeführt.

(2.18) Zu derselben Zeit machte der telamonische Aias die thrakische Cherronesos auf jede Weise unsicher. Als aber deren König Polymestor von der *Virtus* und dem Ruhm des Mannes erfuhr, hatte er keine *Fides* in seine Machtmittel und nahm die Forderung nach Übergabe an. Dann wurde Polydoros, Sohn des Priamos, den der König als Neugeborenen heimlich vor allen ihm zum Aufziehen übergeben hatte, als Friedenslohn von ihm übergeben. Auch Gold und andere Gaben dieser Art wurden ihm zur Beruhigung der *Animi* der Feinde reichlich gewährt. Darauf versprach er Getreide für das gesamte Heer auf ein ganzes Jahr und füllte die Lastschiffe, die dafür Aias mit sich geführt hatte. Weil er mit vielen Flüchen der Freundschaft zu Priamos gegenüber den Griechen abschwor, wurde er in die *Fides* des Friedens aufgenommen. Als dies getan war, wandte sich Aias gegen die Phryger, fiel in deren Gebiet ein, tötete Teuthras, den Herrn der Gegend, in einem Einzelkampf, eroberte nach wenigen Tagen die Stadt, zündete sie an, schleppte eine große Menge Beute fort und führte Tekmessa, die Tochter des Königs, fort.

(2.19) So kehrten beide Anführer, nachdem viele Gebiete verwüstet und erobert worden waren, als berühmte und mit gewaltigem Ruf großartige Männer aus verschiedenen Gegenden gewissermaßen absichtlich zu derselben Zeit zum Heer zurück. Nachdem man

remeavere. Dein per praecones conductis in unum cunctis militibus ducibusque progressi in medium singuli laborum atque industriae documenta in conspectu omnium exposuere. Quae ubi Graeci animadvertere, favore ingenti ac laudibus eos prosecuti mediosque statuentes ramis oleae coronavere. Dein consilium de dividenda praeda haberi coeptum Nestore et Idomeneo in decernendo optimis auctoribus. Itaque cunctorem sententia ex omni praeda, quam Achilles adportaverat, exceptam Eetionis coniugem Astynomen, quam Chrysi filiam supra docuimus, ob honorem regium Agamemnoni obtulere. Ipse etiam Achilles praeter Brisi filiam Hippodamiam Diomedeam sibi retinuit, quod eiusdem aetatis atque alimonii non sine magno dolore divelli poterant et ob id iam antea genibus Achillis obvolutae, ne separarentur, magnis precibus oraverant. Ceterum reliqua praeda viritim ob singulorum merita distributa est. Dein quae Aiax adportaverat, Ulixes et Diomedes rogatu eius in medios intulere. Ex quis auri atque argenti quantum satis videbatur Agamemnoni regi datur; ac deinde Aiaci ob egregia laborum eius facinora Teuthranti filiam Tecmessam concedunt. Ita divisis in singulos quae supererant, frumentum per exercitum dispertiunt.

(2.20) His actis fidem pacti, quod cum Polymestore intercesserat, traditumque Polydorum refert. Ob quae cunctis decernitur, ut Ulixes cum Diomede profecti ad Priamum Helenam cum abreptis recuperarent, atque ita Polydorum regi traderent. Igitur his pergentibus Menelaus, in cuius gratiam id negotium gerebatur

durch Herolde an einem Ort alle Soldaten und Anführer versammelt hatte, traten sie darauf, jeder für sich, in die Mitte und legten die Belege für Mühen und Fleiß im Angesicht aller Männer vor. Als dies die Griechen zur Kenntnis genommen hatten, geleiteten sie jene mit großem Beifall und Lobessprüchen und bekränzten die in der Mitte mit Ölbaumzweigen. Dann begann ein *Consilium* über die Aufteilung der Beute, wobei Nestor und Idomeneus als die besten Autoritäten entschieden. Man brachte daher, nachdem man alles von der gesamten Beute, die Achilleus herangeschleppt, angeschaut hatte, die gefangene Astynome, Frau des Eëtion, die wir oben als Tochter des Chryses aufgezeigt haben, wegen ihres königlichen Ehrenrangs dem Agamemnon dar. Achilleus selbst behielt außer Hippodameia, der Tochter des Brises, die Diomedeia bei sich zurück, weil die beiden von gleichem Alter und gleicher Erziehung nicht ohne großen Schmerz auseinandergerissen werden konnten und sich deshalb schon zuvor dem Achilleus zu Füßen geworfen sowie ihn mit großen Bitten gebeten hatten, nicht getrennt zu werden. Im Übrigen verteilte man die restliche Beute Mann für Mann gemäß den Verdiensten eines jeden. Darauf trugen Odysseus und Diomedes das, was Aias herangeschleppt hatte, auf dessen Bitte hin in die Mitte. Davon gab man König Agamemnon soviel an Gold und Silber, wie es ausreichend erschien; dann gestanden sie dem Aias wegen seiner herausragenden Leistungen Tekmessa zu, die Tochter des Teuthras. Nachdem man so den einzelnen das Restliche zugewiesen hatte, teilte man das Getreide unter dem gesamten Heer auf.

(2.20) Als dies geschehen war, berichtete er (Aias) von der *Fides* des Vertrags, der mit Polymestor dazwischengekommen war, und von der Auslieferung des Polydoros. Deshalb wurde von allen beschlossen, dass Odysseus sich mit Diomedes zu Priamos aufmachen solle, um Helena samt dem Raubgut zurückzufordern und so Polydoros dem König zu übergeben. Als sie aufbrachen, nahm Menelaos, zu

legationis officium eius pariter cum supradictis capit. Itaque habentes Polydorum ad Troianos veniunt. Sed ubi animadvertere populares electos ac magni nominis viros adventasse, propere senes omnes, quorum consilium haberi solitum erat, in unum conducunt Priamo a filiis domi retento. Igitur reliquis praesentibus Graecorum Menelaus verba facit: secundo iam se ob eandem causam venisse. Cum multa alia adversum se domumque suam admissa, tum magno cum gemitu filiae orbitatem per absentiam coniugis conqueri, quae cuncta ab amico quondam et hospite non secundum meritum suum evenisse. Eam seniores lamentationem inmodicam cum lacrimis accipientes ad omnia, quae ab eo dicebantur, tamquam iniuriae eius participes adnuere.

(2.21) Post quem Ulixes medius adstans huiuscemodi orationem habuit: »Credo ego vos, Troiani principes, satis compertum habere, nihil temere Graecos, nihil inconsultum incipere solere, ac semper his iam tum a maioribus provisum atque elaboratum, uti facta gestaque eorum laus potius, quam culpa sequeretur. Et ut praeterita bene consulta omittam, iam hoc licet recognoscere. Iniuriis contumeliisque Alexandri paulo ante laesa Graecia non ad vim neque ad arma decursum est, quod iracundiae refugium esse solet. Nam de consilii sententia legati ad recipiendam Helenam, ut meministis, cum Menelao venimus. Quibus praeter superbas verborum minas et insidias occultas nihil a Priamo neque ab eius regulis remissum est. Imperfecta igitur re, ut opinor, consequens fuit arma capere hisque per vim extorquere, quod amice impetrari

dessen Gunsten diese Aufgabe durchgeführt wurde, ebenso den Dienst dieser Gesandtschaft gemeinsam mit den oben Genannten auf sich. Und so kamen sie mit Polydoros zu den Trojanern. Als aber die Einheimischen wahrnahmen, dass ausgewählte Männer mit großem Namen angekommen waren, brachte man eilig alle Alten zusammen, deren Rat gewöhnlich geschätzt wurde, wobei Priamos von seinen Söhnen zu Hause zurückgehalten wurde. Also sagte Menelaos in Gegenwart der übrigen Griechen folgende Worte: Schon zum zweiten Male sei er wegen ein und derselben Sache gekommen. Viel anderes beklage er, was man gegen ihn und sein Haus begangen habe, doch betrübe ihn ganz besonders, dass wegen der Abwesenheit der Ehefrau seine Tochter verwaist sei; dies alles habe bei einem einstigen Freund und Gastfreund nicht dem Verdienst nach seinen Ausgang genommen. Die Ältesten hörten dieses maßlose Gejammer unter Tränen an und sie stimmten allem zu, was er sagte, als seien sie gleichsam Teilhaber an diesem Unrecht.

(2.21) Nach ihm trat Odysseus in die Mitte und hielt eine Rede von folgender Art: »Ich glaube, dass ihr, trojanische Fürsten, zur Genüge erfahren habt, dass die Griechen nichts verwegen, nichts unüberlegt zu beginnen pflegen und dass von ihnen und schon von ihren Vorfahren umsichtig und sorgfältig getan wurde, so dass ihren Taten und Handlungen eher Vollkommenheit als Gebrechen folgte. Und um schon zuvor beratene Dinge beiseite zu lassen, mag es jetzt erlaubt sein, sich an Folgendes zu erinnern: Als Griechenland vom Unrecht und der Schmach des Alexandros kurz zuvor verletzt worden war, griff man nicht zu Gewalt und nicht zu den Waffen, was sonst die Zuflucht des Jähzorns zu sein pflegt. Ja, dem Beschluss des *Consilium* zufolge sind wir mit Menelaos zusammen als Gesandte gekommen, wie ihr Euch erinnert. Diesen ist außer hochmütigen Wortdrohungen und verborgenen Hinterhältigkeiten von Priamos und dessen Prinzen nichts zuteil geworden. Angesichts dieser unerledigten Sache war es, wie ich meine, folgerichtig, zu den

nequitum est. Itaque parato exercitu ac tot egregiis atque inclitis ducibus ne sic quidem proelium adversum vos inire consilium fuit, sed imitati morem modestiamque solitam iterato ad vos ob eandem causam oratum venimus. Cetera in manu vestra sita sunt, Troiani, neque nos pigebit concessisse vobis, si modo sana mens est, decretis salubribus priora male consulta corrigere.

(2.22) Per deos immortales, reputate cum animis vestris, quanta clades et veluti contagio huiusce exempli orbem terrarum occupatura sit. Quis enim posthac, cui virile negotium est, recordatus Alexandri facinus non omnia suspecta atque insidiosa ab amico metuere cogetur? Aut quis frater fratri aditum patefaciet? Quis hospitem aut cognatum non tamquam hostem cavebit? Denique si haec, quod haud spero, probaritis, omnia foederis iura ac pietatis apud barbaros Graecosque clausa erunt. Quocirca, Troiani principes, bonum atque utile est Graecos receptis universis, quae per vim extorta sunt, amice atque uti par est domum mitti neque opperiri, quoad duo regna inter se amicissima manus conserant. Quae cum considero, dolendam Hercule vicem vestram puto, qui innoxii et culpae eius vacui nati paucorum libidini paulo post alieni sceleris poenas subire cogemini. An vos soli ignoratis, ut affectae sint vicinae atque amicae vobis civitates,

Waffen zu greifen und ihnen gewaltsam zu entreißen, was freundschaftlich zu erreichen versagt war. Deshalb fasste man, obwohl ein Heer bereitstand und viele hervorragende und berühmte Anführer hatte, zwar nicht einmal auf diese Weise den Ratschluss, den Kampf gegen euch zu beginnen, doch folgten wir gewohnter Sitte und Mäßigung und kamen daher zum wiederholten Male zu euch wegen derselben Sache, um zu bitten. Das Übrige liegt in eurer Hand, Trojaner, und es wird uns nicht verdrießen, euch eingeräumt zu haben, wenn denn euer Verstand gesund ist, mit heilsamen Entscheidungen frühere schlechte Beschlüsse zu korrigieren.

(2.22) Bei den unsterblichen Göttern, bedenkt in euren *Animi,* welch große Niederlage und gewissermaßen welcher Ansteckungsherd durch dieses Beispiel den gesamten Erdkreis in Besitz nehmen wird! Wer wird denn künftig, wenn ihm eine mannhafte Aufgabe zukommt, in Erinnerung an die Untat des Alexandros nicht gezwungen werden, alle Verdächtigungen und Hinterhältigkeiten seitens eines Freundes zu fürchten? Oder welcher Bruder wird seinem Bruder den Zutritt öffnen? Wer wird einen Gastfreund oder Verwandten nicht wie einen Feind meiden? Wenn ihr schließlich dies, wie ich nicht hoffe, billigen wollt, werden alle Rechtspflichten von Vertrag und *Pietas* bei Barbaren wie Griechen verschlossen bleiben. Deswegen, trojanische Fürsten, wäre es gut und nützlich, die Griechen nach Erhalt von allem, was mit Gewalt entrissen wurde, freundschaftlich und so, wie es recht und billig ist, nach Hause zu schicken und nicht abzuwarten, bis zwei miteinander sehr befreundete Königreiche ins Handgemenge geraten sind. Wenn ich dies bedenke, dann meine ich, beim Herakles, über euer Los Schmerz empfinden zu müssen, die ihr unbeschädigt und frei von dieser Schuld geboren seid, aber für die Wollust weniger Menschen nur wenig später Strafen für ein fremdes Verbrechen auf euch zu nehmen gezwungen werdet. Oder wisst ihr als Einzige nicht, wie betroffen die mit euch befreundeten Nachbarstädte sind

vel quae in dies residuis praeparentur? Nam captum Polydorum atque apud Graecos retineri cognitum vobis est. Qui, si Helena cum abreptis nunc saltem revocetur, inviolatus Priamo restitui poterit, alio pacto bellum differri non potest neque finis bellandi fiet, quin aut omnes Graeciae duces, qui singuli ad eruendam civitatem vestram satis idonei sunt, mortem obierint, aut, quod magis spero confore, capto Ilio crematoque igni posteris etiam exemplum impietatis vestrae relinquatur. Quapropter dum adhuc res integra in manibus vobis est, etiam atque etiam providete.«

(2.23) Postquam finem loquendi fecit, magno silentio cunctis, ut in tali negotio fieri solet, alienam sententiam expectantibus, cum se quisque minus idoneum auctorem crederet, Panthus clara voce: »Apud eos, ait, Ulixe, verba facis, quibus praeter voluntatem mederi rebus potestas nulla est.« Dein post eum Antenor: »Omnia, quae memorata a vobis sunt, scientes prudentesque patiemur neque voluntas consulendi abest, si potestas concederetur. Sed, ut videtis, summae rei alii potiuntur, quibus cupiditas utilitate potior est.« Quae ubi disseruit, mox per ordinem duces omnes, qui ob amicitiam Priami quique mercede conducti auxiliarem exercitum duxerant, introduci iubet. Quis ingressis Ulixes secundam exorsus orationem iniquissimos appellare universos neque dispares Alexandri, quippe qui a bono honestoque elapsi auctorem pessimi facinoris sequerentur. Neque ignorare quemquam, quin, si tam atrox iniuria probanda sit, fore,

oder was von Tag zu Tag für die restlichen Städte vorbereitet wird? Dass Polydoros gefangen ist und bei den Griechen zurückgehalten wird, ist euch ja bekannt. Der wird, wenn Helena samt dem weggeschleppten Gut jetzt wenigstens zurückgerufen wird, dem Priamos unverletzt zurückgegeben werden können, denn sonst kann ein Krieg nicht aufgeschoben werden. Dieser Krieg wird dann nicht enden, bevor entweder alle griechischen Anführer, von denen jeder einzelne ausreichend in der Lage ist, eure Stadt zu vernichten, den Tod gefunden haben oder – was, wie ich hoffe, eher eintritt – bevor aufgrund der Zerstörung und Verbrennung von Ilion (Troja) auch der Nachwelt ein Beispiel für eure Ruchlosigkeit hinterlassen wird. Deswegen solltet ihr euch, solange noch die Sache unversehrt in euren Händen liegt, immer und immer wieder vorsehen!«

(2.23) Nachdem er ein Ende seiner Rede erreicht hatte, warteten alle mit großem Schweigen, wie dies in solcher Lage zu geschehen pflegt, auf eine andere Meinung, weil jeder sich für einen weniger geeigneten Ratgeber hielt; dann sprach Panthos mit klarer Stimme: »Bei denen, Odysseus, hältst Du Reden, bei denen außer dem Willen, den Umständen Abhilfe zu verschaffen, keine Macht liegt.« Dann sagte nach ihm Antenor: »Alles, was von euch erwähnt worden ist, wissen wir und werden wir klug ertragen; auch fehlt es nicht am Willen, darüber zu beraten, wenn dazu eine Möglichkeit zugestanden würde. Aber, wie ihr seht, bemächtigen sich andere einer höchsten Sache, denen das Begehren wichtiger als der Nutzen ist.« Als er dies gesagt hatte, befahl er, dass gleich der Reihe nach alle Anführer, die aus Freundschaft zu Priamos oder gegen Lohn gedungen ein Hilfsheer angeführt hatten, hereingeführt würden. Als diese eingetreten waren, begann Odysseus mit einer zweiten Rede, bezeichnete alle als überhaupt nicht recht und billig und als nicht ungleich dem Alexandros, da sie ja vom Guten und Ehrenhaften fortgeglitten seien und dem Urheber einer sehr schlimmen Tat folgen würden. Es gebe niemanden, der nicht wisse, dass es, wenn ein

uti malo exemplo disseminato per mortales ipsos etiam, qui haud longe abessent, similia aut graviora hisce sequerentur. Ea, ut erant atrocia, cuncti taciti inter se reputare animo atque ita exemplum huiusmodi abhorrentes indignatione rerum permoveri. Dein solito more perrogatis seniorum sententiis pari consensu omnium Menelaum indigne passum iniuriam decernitur, solo omnium Antimacho in gratiam Alexandri adversum cunctos reclamante. Ac statim, qui de omnibus nuntiatum ad Priamum mitterentur, electi duo hique inter cetera, quae mandata erant, etiam de Polydoro docent.

(2.24) Ea ubi rex accepit, maxime consternatus filii nuntio ante ora omnium corruit. Dein a circumstantibus refectus paulisper erigitur; atque ire in consilium cupiens ab regulis cohibitus est. Ipsi namque relicto patre conventum inrumpunt ad id tempus, quo Antimachus multis in contumeliam Graecorum praeiactis probris tum demum dimitti Menelaum aiebat, si Polydorus redderetur, postremo eundem casum atque exitum utriusque custodiendum. Adversum quae cunctis silentibus Antenor resistere, ac ne quid huiusmodi decerneretur, magna vi repugnare. Sed postquam invicem multa consumpta oratione certamen eorum ad manus processerat, omnes qui aderant inquietum ac seditiosum Antimachum pronuntiantes e curia eiecere.

so grässliches Unrecht zu billigen sei, dazu kommen werde, dass durch die Verbreitung eines schlechten Vorbildes über die Menschen hin auch bei solchen, die nicht weit weg sind, Ähnliches oder noch Gewichtigeres darauf folgen würde. Dies – grässlich wie es war – bedachten alle miteinander schweigend im *Animus* und ließen sich so, weil sie vor einem derartigen Muster zurückschreckten, von Entrüstung über die Dinge stark bewegen. Als darauf in gewohnter Weise die Ansicht der Ältesten erfragt war, beschloss man mit gleicher Meinung aller, dass Menelaos auf unwürdige Weise ein Unrecht erlitten habe, wobei als einziger von allen Antimachos zugunsten des Alexandros allen anderen widersprach. Sofort wählte man zwei Leute aus, die zu Priamos geschickt werden sollten, um von allem zu berichten, und diese erzählten neben dem, was ihnen aufgetragen war, auch von Polydoros.

(2.24) Als dies der König erfahren hatte, erschütterte ihn ganz besonders die Nachricht über seinen Sohn und er brach im Angesicht aller zusammen. Dann wurde er von den ihn Umstehenden wiederbelebt und richtete sich ein wenig auf; als er in das *Consilium* gehen wollte, wurde er aber daran von den Prinzen gehindert. Sie selbst nämlich stürmten, nachdem sie ihren Vater verlassen hatten, in die Beratung zu der Zeit hinein, zu der Antimachos, nachdem er viel Schändliches zur Schmähung der Griechen herausgeschleudert hatte, sagte, dass Menelaos erst dann entlassen würde, wenn Polydoros zurückgegeben worden sei; schließlich müsse man den Vorfall und das Ergebnis für jeden der beiden in gleicher Weise beobachten. Dagegen stand, während alle anderen schwiegen, Antenor auf und leistete, damit nicht etwas Derartiges beschlossen würde, mit großem Einsatz Widerstand. Nachdem man aber in langer Wechselrede viel Zeit verbraucht hatte und ihr Streit zu einem Handgemenge geführt hatte, bezeichneten alle, die anwesend waren, den Antimachos als unruhig und aufständisch und warfen ihn aus der Ratsversammlung heraus.

(2.25) Sed ubi Priamidae ingressi sunt, Panthus Hectorem obsecrans, nam is inter regulos cum virtute tum consilio bonus credebatur, hortari, uti Helena nunc potissimum, cum Graeci supplices ob hanc causam venissent, cum amicitia redderetur; neque parum Alexandro ad explendum amorem, si quem circa Helenam habuerat, transactum. Quocirca versari ante omnium oculos oportere praesentiam regum Graecorum eorumque facta fortia ac recens partam gloriam erutis amicissimis Troiae civitatibus. Ob eam etiam causam Polymestorem exemplum admissi abhorrentem ultro Graecis Polydorum tradidisse. Ex quo etiam verendum, ne quid tale commentae finitimae regiones perniciosa consilia adversum Troiam molirentur, nihil exploratum neque fidum, contra insidiosa cuncta atque adversa in obsidione fore. Quae si omnes, ita uti res est, animo reputarent neque ulterius differendos legatos paterentur et Helena cum gratia remissa maius atque artius amicitiae pignus inter duo regna coalesceret. Quae ubi accepit Hector, recordatione fraterni facinoris tristior aliquantum suffusisque cum maerore lacrimis Helenam tamen prodendam minime rebatur, quippe supplicem domus et ob id fide interposita tuendam. Si qua autem cum ea erepta docerentur, cuncta restituenda. Namque pro Helena Cassandram sive Polyxenam, quam legatis videretur, nuptum cum praeclaris donis Menelao tradendam.

(2.25) Doch als die Priamiden eingedrungen waren, beschwor Panthos den Hektor – der nämlich wurde unter den Prinzen sowohl wegen seiner *Virtus* als auch insbesondere als Ratgeber für gut gehalten – und forderte dazu auf, Helena gerade jetzt, da die Griechen als Bittflehende aus diesem Grund gekommen seien, in Freundschaft zurückzugeben: Nicht zu wenig Zeit habe Alexandros zugebracht, um der Liebe zu genügen, wenn er je solche für Helena empfunden hätte. Deswegen gehöre es sich, vor den Augen aller die Anwesenheit der griechischen Könige, ihre tapferen Taten und den kürzlich errungenen Ruhm wegen der Zerstörung von mit Troja eng befreundeten Städten zu erörtern. Aus demselben Grund habe auch Polymestor, der vor dem warnenden Beispiel eines Vergehens zurückschreckte, den Griechen von sich aus den Polydoros ausgeliefert. Daher sei auch zu befürchten, dass die benachbarten Gegenden etwas Derartiges ersinnen und verderbliche Pläne gegen Troja in Bewegung setzen würden; es werde kein erprobtes und zuverlässiges Mittel gegen alles, was hinterhältig und feindselig bei einer Belagerung sei, vorhanden sein. Wenn sie alle dies so, wie die Sache ist, in ihrem *Animus* bedächten, dann dürften sie nicht dulden, die Gesandten noch länger zu vertrösten; wenn Helena mit Dank zurückgeschickt sei, werde ein größeres und engeres Freundschaftspfand zwischen zwei Königreichen erstarken. Als Hektor dies wahrnahm, wurde er im Gedenken an die Untat seines Bruders ein wenig traurig; nachdem er voll Trauer Tränen vergossen hatte, war er dennoch der Meinung, Helena dürfe auf keinen Fall ausgeliefert werden, denn eine Frau, die um den Schutz eines Hauses flehentlich nachsuche, müsse man aufgrund der eingetretenen *Fides* behüten. Wenn sie aber meinten, dass mit ihr zusammen etwas geraubt worden sei, müsse man dies alles zurückgeben. Anstelle der Helena nämlich solle man die Kassandra oder Polyxena – wie es den Gesandten gut schien – zusammen mit prächtigen Geschenken dem Menelaos übergeben.

(2.26) Ad ea Menelaus iracunde atrox: »Egregie Hercules actum nobis est, siquidem proprio spoliatus commutare matrimonium pro arbitrio hostium meorum cogor.« Adversum quem Aeneas: »Ac ne haec quidem, ait, concedentur contradicente ac resistente me reliquisque, qui adfines amicique Alexandro in rem eius consulimus. Sunt enim atque erunt semper, qui domum regnumque Priami tueantur neque amisso Polydoro orbitas Priamum insequetur tot talibusque filiis superstitibus. An solis qui ex Graecia sunt raptus huiusmodi concederetur, quippe Cretae Europam quidem a Sidona, Ganymedem ex hisce finibus atque imperio rapere licuerit? Quid Medeam? Ignoratisne a Colchis in Iolcorum fines transvectam? Et ne primum illud rapiendi initium praetermittam, Io ex Sidoniorum regione abducta Argos meavit. Hactenus vobiscum verbis actum, at nisi mox cum omni classe ex hisce locis aufugeritis, iam iamque Troianam virtutem experiemini, domi quippe iuventus perita belli abunde nobis est, atque in dies auxiliorum crescit numerus.« Postquam finem loquendi fecit, Ulixes placida oratione: »Et Hercules ulterius, ait, differri inimicitias haud integrum vobis est. Date igitur belli signum, atque ut in inferendis iniuriis, ita et in inchoando proelio fite auctores. Nos sequemur lacessiti.« Talibus invicem consumptis verbis legati consilio abeunt. Ac mox per populum disseminatis quae adversum legatos Aeneas dixerat, tumultus

(2.26) Darauf erwiderte zornig Menelaos voll Trotz: »Herausragend, beim Herakles, hat man für uns gehandelt, wenn ich der eigenen Ehe beraubt und gezwungen werde, eine Ehe nach der Willkür meiner Feinde dafür einzutauschen!« Gegen ihn sprach Aineias: »Und nicht einmal dies wird dir zugestanden werden, da ich dem widerspreche und Widerstand leiste wie auch die übrigen, die wir als Freunde und Verwandte für Alexandros Sorge tragen für seine Dinge. Es gibt nämlich Leute – und es wird sie immer geben –, die das Haus des Priamos und sein Königtum beschützen können; auch nach dem Verlust des Polydoros wird für Priamos keine Kinderlosigkeit folgen, da so viele und so gute Söhne verblieben sind. Oder sollte allein denjenigen, die aus Griechenland sind, ein Raub dieser Art zugestanden werden, wo es doch erlaubt war, Kretas Europa aus Sidon und Ganymedes aus diesem Gebiet und Machtbereich zu entführen? Was ist mit Medeia? Kennt ihr sie nicht, die aus Kolchis in das Land der Iolker hinübergezogen wurde? Und damit ich nicht jenen Anfang des Menschenraubs übergehe: Die aus der Gegend von Sidon entführte Io zog nach Argos! Soweit das, was mit euch in Worten zu verhandeln ist, aber wenn ihr nicht bald mit der ganzen Flotte aus dieser Gegend hier abzieht, werdet ihr noch und noch trojanische *Virtus* erfahren; hier zu Hause nämlich steht uns eine Jugend, die im Krieg erfahren ist, in reichem Maß bereit und von Tag zu Tag wächst die Zahl der Hilfstruppen.« Nachdem er ein Ende der Sprechens gefunden hatte, sagte Odysseus in sanfter Rede: »Ja, beim Herakles, die Feindseligkeiten aufzuschieben steht nicht mehr in eurer Macht. Gebt also ein Zeichen zum Krieg und werdet wie beim Beginn von Untaten so auch beim Beginn des Kampfs zu Auslösern! Wir werden als Herausgeforderte folgen.« Nachdem solche Worte gegenseitig ausgetauscht waren, gingen die Gesandten aus dem *Consilium*. Bald entstand, nachdem sich durch das Volk verbreitet hatte, was Aineias gegenüber den Gesandten gesagt hatte, ein Tumult, nämlich dass durch ihn das gesamte Haus des Priamos aus Hass auf dessen

oritur scilicet per eum universam Priami domum odio regni eius pessimo intercedendi exemplo eversum iri.

(2.27) Igitur ubi legati ad exercitum revenere, cunctis ducibus dicta gestaque Troianorum adversum se exponunt. Itaque decernitur, uti Polydorum in conspectu omnium atque ante ipsos muros necarent. Neque ulterius dilatum facinus. Quippe productus in medium visentibus ex muris plerisque hostium lapidibus ictus fraternae impietatis poenas luit. Ac mox unus ex praeconibus nuntiatum Iliensibus mittitur, uti Polydorum sepeliendum peterent. Missusque ad eam rem Idaeus cum servis regiis foedatum ac dilaniatum lapidibus Polydorum matri eius Hecubae refert. Interim Aiax Telamonius, ne quid quietum finitimis Troiae regionibus atque amicis relinqueretur, hostiliter eas ingressus Pityam Zeleamque, civitates divitiis nobiles, capit neque contentus his Gargarum Arisbam, Gergitham, Scepsim, Larissam admiranda celeritate depopulatur. Dein doctus ab incolis multa cuiuscemodi pecora in Idaeo monte stabulari, exposcentibus, qui cum eo erant, cunctis cito agmine montem ingressus interfectis gregum custodibus magnam vim pecorum abducit. Dein nullo omnium adversante, cunctis qua pergebat in fugam versis, ubi tempus visum est, cum magna praeda ad suos convertit.

(2.28) Per idem tempus Chryses, quem sacerdotem Zminthii Apollinis supra docuimus, cognito filiam suam Astynomen cum Agamemnone degere, fretus religione tanti numinis ad naves

Königtum und durch das überaus schlechte Beispiel des Dazwischengehens vernichtet werden würde.

(2.27) Sobald nun die Gesandten zum Heer zurückgekehrt waren, stellten sie allen Anführern die Worte und Taten der Trojaner vor. Deshalb wurde beschlossen, den Polydoros im Blickfeld von allen und vor den Mauern (Trojas) zu töten. Die Ausführung verschob man nicht länger: Er wurde in die Mitte geführt, wobei sehr viele Feinde von den Mauern aus zuschauten, von Steinen getroffen und zahlte so die Strafe für den Frevel seines Bruders. Bald sandte man einen von den Herolden ab, um den Iliensern (Trojanern) zu melden, sie hätten darum zu bitten, Polydoros bestatten zu dürfen. Entsandt wurde dafür Idaios samt königlichen Sklaven; er berichtete dessen Mutter Hekabe, dass Polydoros verunstaltet und von Steinen zerfetzt worden sei. Inzwischen fiel der telamonische Aias, damit ja kein Ruheplatz für die Nachbargebiete Trojas und die Freunde mehr bestehe, feindlich in jene ein und nahm Pitya und Zelea, durch Reichtum ausgezeichnete Städte, ein; damit nicht zufrieden verwüstete er von den Gargaren Arisba, Gergitha, Skepsis und Larissa in bewundernswerter Schnelligkeit. Dann wurde er von den Einheimischen davon unterrichtet, dass viele Viehherden aller Art auf dem Berg Ida weideten; er schickte alle, die mit ihm waren, als Kundschafter aus, bestieg schnell mit einer Streitmacht den Berg, tötete die Hüter der Herden und führte eine große Menge Vieh fort. Dann schlug er, ohne dass ihm einer Widerstand leistete, alle in die Flucht, wohin er sich auch begab, sobald es ihm Zeit zu sein schien, und kehrte er mit reicher Beute zu den Seinen zurück.

(2.28) Als zu derselben Zeit Chryses, den wir oben als Priester des Apollon Smintheus erwähnt haben, erfahren hatte, dass seine Tochter Astynome mit Agamemnon zusammenlebe, kam er im Vertrauen auf die Scheu vor der *Religio* einer so großen Gott-

venit, praeferens dei vultus ac quaedam ornamentorum templi eius, quo facilius recordatione praesentis numinis veneratio sui regibus incuteretur. Dein oblatis auri atque argenti donis plurimis redemptionem filiae deprecatur obsecrans, uti magnificarent praesentiam dei, qui secum oratum eos ob sacerdotem proprium venisset. Praeterea commemorat, quae in dies adversum se ab Alexandro eiusque consanguineis ob exhibitam per se paulo ante immolationem inimica hostiliaque pararentur. Quae ubi accepere, reddendam filiam sacerdoti neque ob id accipiendum praemium universis placet, quippe qui cum per se amicus fidelisque nobis tum praecipue ob religionem Apollinis nihil non mereri crederetur. Namque multis iam documentis ac fama incolarum obsequi numini eius per omnia destinaverant.

(2.29) Quae postquam Agamemnon accepit, obviam cunctorum sententiis ire pergit. Itaque atroci vultu exitium sacerdoti comminatus, ni recederet, perterritum senem atque extrema metuentem inperfecto negotio ab exercitu dimittit. Hoc modo conventu dissoluto singuli reges ad Agamemnonem adeunt eumque multis probris insecuntur, quippe qui ob amorem captivae mulieris seque et, quod indignissimum videretur, tanti numinis deum contemptui habuisset. Ac mox universi execrati deseruere ob id et memores Palamedis, quem gratum acceptumque in exercitu haud sine consilio eius Diomedes atque

heit zu den Schiffen, wobei er ein Abbild des Gottes sowie einige Schmuckstücke seines Tempels vor sich hertrug, damit leichter durch die Vergegenwärtigung der Anwesenheit der Gottheit deren Verehrung den Königen angeregt würde. Dann bat er, nachdem er sehr viele Gold- und Silbergaben dargebracht hatte, um die Rückerstattung seiner Tochter und flehte darum, dass sie doch die Gegenwart des Gottes hochschätzen sollten, der mit ihm gekommen sei, um für seinen eigenen Priester zu bitten. Außerdem erinnerte er an das, was täglich gegen ihn Alexandros und dessen Blutsverwandte an Unfreundlichem und an Feindseligkeiten wegen der von ihm kurz zuvor vollzogenen Opferhandlung umgesetzt würde. Sobald dies verstanden worden war, wurde von allen beschlossen, dass man die Tochter dem Priester zurückgeben und dafür keine Belohnung annehmen solle, da er ja von sich aus mit uns befreundet und voll *Fides* war und da man insbesondere sich wegen der *Religio* des Apollon etwas verdient zu machen meinte. Sie hatten sich nämlich fest vorgenommen, aufgrund der vielfachen Zeugnisse und seines guten Rufs bei den Einwohnern einer Gottheit in allem zu gehorchen.

(2.29) Nachdem Agamemnon dies wahrgenommen hatte, trat er weiterhin den Meinungen aller entgegen. Und so drohte er mit trotziger Miene dem Priester den Tod an, wenn er sich nicht zurückziehe, und schickte den sehr erschrockenen und das Äußerste befürchtenden Greis unverrichteter Dinge vom Heer fort. Auf diese Weise traten nach Auflösung der Zusammenkunft einzelne Könige an Agamemnon heran und zogen mit vielen Vorwürfen gegen ihn los, da er ja aus Liebe zu einer kriegsgefangenen Frau sie (die Könige) und – was am unwürdigsten erscheine – einen Gott von so großer Hoheit in Verachtung halte. Bald verfluchten ihn alle und verließen ihn deswegen und eingedenk des Palamedes, den als einen beliebten und im Heer willkommenen Mann nicht ohne seinen (des Agamemnon) Rat Diomedes und Odysseus eingekreist

Ulixes dolo circumventum necavissent. Ceterum Achilles in ore omnium ipsumque et Menelaum contumeliis lacerabat.

(2.30) Igitur Chryses ubi iniuriam perpessus ab Agamemnone domum discessit neque multi fluxerant dies, incertum alione casu an, uti omnibus videbatur, ira Apollinis morbus gravissimus exercitum invadit principio grassandi facto a pecoribus, dein malo paulatim magis magisque ingravescente per homines dispergitur. Tum vero vis magna mortalium corporibus fatigatis pestifera aegritudine infando ad postremum exitio interibat. Sed regum omnino nullus neque mortuus ex hoc malo neque adtemptatus est. Ceterum postquam nullus morbi modus et in dies plures interibant, cuncti duces converso iam in se quisque timore in unum coeunt ac dein flagitare Calchanta, quem futurorum praescium memoravimus, uti causam mali tanti ediceret. Ille enim perspicere se originem huiusce morbi, sed haud liberum esse cuiquam eloqui, ex quo accideret, uti potentissimi regis contraheret offensam. Post quae Achilles reges singulos adigit, ut interposita iurisiurandi religione confirmarent nequaquam se ob ea offendi. Hoc modo Calchas, ubi cunctorum animos in se conciliavit, Apollinis iram pronuntiat: eum namque ob iniuriam sacerdotis infestum Graecis poenas ab exercitu expetere. Dein perquirente Achille mali remedium restitutionem virginis pronuntiat.

und getötet hätten. Im Übrigen riss Achilleus ihn und Menelaos vor aller Angesicht mit Schmähworten herunter.

(2.30) Sobald nun Chryses, dem von Agamemnon Unrecht getan worden war, nach Hause gegangen war und nicht viele Tage verstrichen waren, befiel – ungewiss, ob durch einen Zufall oder, wie es den meisten schien, durch den Zorn des Apollon – das Heer eine sehr schwere Krankheit, die anfangs unter den Viehherden wütete, dann, nachdem das Übel mehr und mehr erstarkte, sich allmählich über die Menschen ausbreitete. Damals ging wahrhaftig eine große Menge an Sterblichen zugrunde, wobei die Leiber von der verhängnisvollen Krankheit zu einem unsäglichen Ende zersetzt waren. Von den Königen allerdings starb überhaupt keiner oder wurde von diesem Übel berührt. Im Übrigen kamen, als es für die Krankheit kein Maß mehr gab und von Tag zu Tag immer mehr Menschen zugrunde gingen, alle Anführer zusammen, weil Furcht sich schon gegen jeden von ihnen gewandt hatte; dann verlangten sie heftig von Kalchas, den wir als einen der Zukunft Kundigen erwähnt haben, er solle die Ursache des so großen Übels benennen. Jener durchschaute, dass er der Ursprung dieser Krankheit sei, aber nicht frei, jedem zu sagen, woher es rühre, so dass es eine Kränkung des mächtigsten Königs herbeiführen würde. Danach brachte Achilleus die einzelnen Könige dazu, dass sie mit der *Religio* eines Eides versicherten, dass sie in keiner Weise deswegen beleidigt würden. Auf diese Weise benannte Kalchas, sobald er die *Animi* von allen für sich gewonnen hatte, den Zorn des Apollon: Dieser sei nämlich wegen des Unrechts an seinem Priester den Griechen feindlich gewinnt und erwarte vom Heer eine Sühneleistung. Als daraufhin Achilleus nach einer Abhilfe des Übels weiterforschte, verkündete er die Wiedererstattung der Jungfrau.

(2.31) Tum Agamemnon coniectans, quod mox accidit, consilio tacitus egressus cunctos, quos secum habuerat, in armis esse iubet. Id ubi Achilles animadvertit, commotus rei indignatione simul pernicie defessi exercitus anxius defunctorum corpora miserandum in modum confecta undique in unum colligi iubet atque in conventu ante ora omnium proici. Quo spectaculo adeo commoti reges gentesque omnes, uti adversum Agamemnonem ab cunctis pergeretur duce atque auctore Achille et si perstaret suadente exitio vindicandum. Quae ubi regi nuntiata, pertinacia animi an ob amorem captivae cuncta extrema ratus experiri nihil remittendum de sententia destinaverat.

(2.32) Ea postquam Troiani cognovere, simul ex muris conflagrationem corporum assiduam crebrasque sepulturas animadvertere doctique etiam reliquos incommodo cladis eius debiles agere, cohortati inter se arma capiunt ac propere cum manu auxiliari effusi portis pergunt advorsum. Ac dein per campos exercitu bipertito Troianis Hector, Sarpedon auxiliaribus duces facti. Tum nostri visis contra hostibus armati atque instructi pro negotio simplici fronte aciem composuere circa cornua divisis ducibus: dextrum Achilles cum Antilocho, alterum Aiax Telamonius cum Diomede curabant, medios accepere Aiax alter atque Idomeneus dux noster. Hoc modo exercitu utrimque composito pergunt obviam. At ubi in manus ventum est, cohortati

(2.31) Da ahnte Agamemnon, was bald geschehen werde, ging schweigend aus dem *Consilium* und befahl allen, die er bei sich hatte, unter Waffen zu stehen. Als Achilleus dies wahrnahm, ließ er – vom Unwillen darüber bewogen und zugleich um das vom Unglück erschöpfte Heer besorgt – die Leichname der Verstorbenen, die auf mitleidswürdige Weise zugerichtet waren, von überallher zusammentragen und sie in der Versammlung vor dem Angesicht aller ausbreiten. Durch diesen Anblick wurden alle Könige und Leute so sehr bewegt, dass gegen Agamemnon von allen weiterhin gehandelt wurde unter Führung und auf Veranlassung des Achilleus, der auch riet, wenn jener sich hartnäckig zeigte, ihn mit der Vernichtung zu bestrafen. Als man dies dem König (Agamemnon) meldete, beharrte der aus Verhärtung seines *Animus* oder wegen der Liebe zu einer Kriegsgefangenen darauf, alles Äußerste zu wagen und in nichts von seiner Ansicht abzuweichen.

(2.32) Nachdem dies die Trojaner erfahren hatten, zugleich von ihren Mauern aus das Verbrennen zahlreicher Leichname und viele Bestattungen gesehen hatten und darüber unterrichtet waren, dass auch die Übrigen aufgrund des Ungemachs dieser Niederlage nur schwach handelten, ermunterten sie sich gegenseitig und griffen zu den Waffen, stürmten eilig mit einer Schar von Helfern aus den Stadttoren heraus und rückten feindlich vor. Dann teilten sie ihr Heer in zwei Lager auf und machten für die Trojaner den Hektor zum Anführer, den Sarpedon für die Hilfstruppen. Da bewaffneten sich die Unseren, als gegenüber die Feinde gesehen worden waren; man unterwies sie für die Aufgabe, mit einer einfachen Front eine Schlachtreihe mit zwei Flügeln und getrennten Anführern zu bilden: Den rechten Flügel hatte Achilleus mit Antilochos, den anderen der telamonische Aias mit Diomedes, die Mitte übernahmen der andere Aias und Idomeneus, unser Anführer. Mit einem auf diese Weise beidseits geordneten Heer gingen sie voran. Sobald man aber ins Handgemenge geraten war, ermunterte jeder die

suos quisque acie conflixere. Tum vero in aliquantum tracto certamine plurimi utriusque partis cadunt praecellentibus in ea pugna barbarorum Hectore et Sarpedone, Graecorum Diomede cum Menelao. Dein nox communis amborum requies proelium diremit. Igitur reducto exercitu corpora suorum cremata igni sepeliunt.

(2.33) Quis perfectis Graeci statuunt inter se Achillem, cuius in adversis Graecorum casibus sollicitudo praecipua videbatur, rem omnium confirmare. Sed Agamemnon anxius, ne decus regium amitteret, in consilio verba facit: sibi maxime cordi esse exercitus incolumitatem neque ulterius differre, quin Astynome parenti remitteretur, maxime si restitutione eius instantem perniciem subterfugerent nec quicquam deprecari amplius, si modo in locum eius Hippodamiam, quae cum Achille degeret, vicarium munus amissi honoris acciperet. Quae res, quamquam atrox omnibus et indigna videbatur, tamen conivente Achille, cuius id praemium pro multis et egregiis facinoribus fuerat, effectum habuit. Tantus amor erga exercitum curaque in animo egregii adulescentis insederat. Igitur adversa cunctorum voluntate neque tamen quoquam palam recusante Agamemnon, tamquam ab omnibus concessa res videretur, lictoribus ut Hippodamia abstraheretur imperat; hique brevi iussa efficiunt. Interim Astynomen Graeci per Diomedem atque Ulixem cum magna copia victimarum ad fanum Apollinis transmisere. Dein perfecto sacrificio paulatim vis mali leniri visa, neque amplius adtemptari corpora et eorum, qui

Seinen und kämpfte selbst in der Schlachtreihe. Allerdings fielen dann, als sich das Gefecht etwas in die Länge gezogen hatte, auf jeder Seite sehr viele Männer, wobei sich bei den Barbaren in dieser Schlacht Hektor und Sarpedon auszeichneten, bei den Griechen Diomedes mit Menelaos. Dann brach die Nacht als allgemeine Ruhestifterin den Kampf für beide Seiten ab. Also führte man das Heer zurück, verbrannte die Leichname der eigenen Leute und bestattete sie.

(2.33) Als dies abgeschlossen war, legten die Griechen untereinander fest, dass Achilleus, dessen Sorgfalt in den für die Griechen widrigen Lagen herausragend schien, die Sache aller kräftig angreifen solle. Agamemnon aber war besorgt, dass er die königliche Würde verlieren könnte, und sprach im *Consilium*: Ihm liege die Unversehrtheit des Heeres besonders am Herzen und so schiebe er nicht weiter hinaus, dass Astynome an ihren Vater zurückgeschickt werde, insbesondere, wenn sie durch deren Rückgabe dem gegenwärtigen Verderben entrinnen könnten; er bitte um nichts weiter, solange er nur an deren Stelle die Hippodameia, die mit Achilleus lebe, als Ersatzgabe für seine verlorene Ehre erhalte. Auch wenn diese Sache allen hässlich und unwürdig erschien, hatte sie Wirkung, weil Achilleus Nachsicht übte, dessen Belohnung für viele herausragende Taten diese Frau gewesen war. Eine so große Liebe zum Heer und eine solche Sorge hatte sich im *Animus* dieses herausragenden jungen Mannes eingenistet. Also befahl Agamemnon gegen den Willen aller, doch ohne dass jemand öffentlich Einspruch erhob – so, als sei die Sache von allen zugestanden –, den *Lictores* (Bütteln), dass sie Hippodameia fortschleppen; diese führten binnen Kurzem das Befohlene aus. Inzwischen überstellten die Griechen durch Diomedes und Odysseus die Astynome mitsamt einer großen Anzahl Opfertiere dem Heiligtum des Apollon. Als dann das Opfer vollzogen war, schien sich die Macht der üblen Krankheit allmählich abzumildern; nicht weiterhin angesteckt

antea fatigabantur, tamquam sperato divinitus levamine relaxari. Ita brevi per universum exercitum salubritas vigorque solitus renovatus est. Mittitur etiam Philoctetae ad Lemnum portio praedae eius, quam Graeci per Aiacem atque Achillem advectam inter se viritim distribuerant.

(2.34) Ceterum Achilles memor iniuriae supra dictae abstinendum publico consilio decreverat odio maxime Agamemnonis abolitoque amore, quem circa Graecos habuerat, scilicet quod eorum patientia post tot bellorum victorias ac facta fortia Hippodamia concessum pro laboribus praemium per iniuriam abducta esset. Dein venientes ad se duces aditu prohibere neque cuiquam amicorum ignoscere, qui se, adversum Agamemnonis contumelias cum defendere liceret, deseruissent. Intus igitur manens Patroclum et Phoenicem, hunc morum magistrum, alterum obsequiis amicitiae carum, et aurigam suum Automedontem secum retinebat.

(2.35) Per idem tempus apud Troiam exercitus sociorum quique mercede conducti auxiliares copias adduxerant, tempore multo frustra trito taedione an recordatione suorum domi seditionem occipiebant. Quod ubi animadvertit Hector, coactus necessitate militibus, ut apud arma essent, iubet ac mox, ubi signum daretur, sequerentur sese. Igitur postquam tempus visum est et omnes in armis nuntiabantur, iubet egredi; ipse dux atque imperator militiae. Res postulare videtur eorum reges, qui socii atque amici

wurden die Körper auch derjenigen, die zuvor geschwächt waren, so als ob man durch die von der Gottheit erhoffte Hilfe erleichtert würde. So wurde binnen Kurzem im gesamten Heer die gewohnte Gesundheit und Stärke wieder hergestellt. Man schickte auch dem Philoktetes nach Lemnos einen Teil der Beute, die, von Aias und Achilleus herangebracht, die Griechen unter sich Mann für Mann aufgeteilt hatten.

(2.34) Im Übrigen hatte Achilleus eingedenk der oben erwähnten Kränkung beschlossen, sich vom öffentlichen *Consilium* fernzuhalten, insbesondere aus Hass auf Agamemnon und aus verschmähter Liebe, die er den Griechen gegenüber gehabt hatte; durch deren Duldung war nämlich die nach so vielen Siegen in Kriegen und tapferen Taten als Lohn für seine Mühe zugesprochene Hippodameia ungerechterweise weggenommen worden. Die daraufhin zu ihm kommenden Anführer hinderte er am Zutritt und verzieh keinem seiner Freunde, die ihn ja, als er sich erlaubt hatte, sich gegen die Schmähungen des Agamemnon zu verteidigen, im Stich gelassen hatten. Er blieb also im Inneren und behielt einzig Patroklos und Phoinix – den einen als seinen *magister morum* (Erzieher), den anderen als einem ihm wegen seiner Freundschaftsdienste teuren Menschen – sowie seinen Wagenlenker Automedon bei sich zurück.

(2.35) Zu derselben Zeit fingen in Troja die Heere der Verbündeten und diejenigen, die, gegen Lohn gedungen, Hilfstruppen herangeführt hatten, nach langer, vergeblich verronnener Zeit aus Überdruss oder im Gedenken an die Ihren zu Hause einen Aufstand an. Als Hektor dies erfuhr, befahl er, aus Notwendigkeit gezwungen, den Soldaten, dass sie bei ihren Waffen bleiben und ihm sofort folgen sollten, sobald ihnen ein Zeichen gegeben würde. Nachdem also die Zeit gekommen schien und alle als unter Waffen stehend gemeldet waren, befahl er, man solle herausmarschieren; er selbst war Anführer und Oberbefehlshaber dieses Unternehmens. Die

Troiae quique ob mercedem auxiliares ex diversis regionibus contracti Priamidarum imperium sequebantur, edicere. Primus igitur portis erumpit Pandarus Lycaone genitus ex Lycia, dein Hippothous †Pylei† ex Larissa Pelasgidarum, Acamas †...† Piros ex Thracia, post quos Euphemus Troezenius Ciconiis imperitans, Pylaemenes Paphlagonius patre Melio gloriosus, Odius et Epistrophus, filii Minui, Alizonorum reges, Sarpedon, Xantho genitus, rector Lyciorum ex Solemo, Nastes et Amphimachus Nomionis de Caria, Antiphus et Mesthles genitore Talaemene Maeonii, Glaucus Hippolochi Lycius, quem sibi Sarpedon, quod praeter ceteros regionis eius consilio atque armis pollebat, participem bellicarum rerum adsciverat, Phorcys et Ascanius Phryges, Chromius et Ennomus Mygdones ex Mysia, Pyraechmes Axii Paeonius, Amphius et Adrastus, Merope geniti, ex Adrestia, Asius Hyrtaci de Sesto. Dein alius Asius, Dymante genitus Hecubae frater, ex Phrygia. Hos omnes, quos memoravimus, secuti multi mortales inconditis moribus ac dispari sono vocis, sine ullo ordine aut modo proelia inire soliti.

(2.36) Quod ubi nostri animadvertere, in campum progressi more militiae aciem ordinant magistro ac praeceptore componendi Menestheo Atheniensi, ordinant autem per gentes atque regiones singulas seorsum manente Achille cum Myrmidonum exercitu. Is namque, quamquam ob inlatam ab Agamemnone iniuriam et abductam Hippodamiam nihil animi remiserat, tamen maxime

Sache scheint es erforderlich zu machen, die Könige aufzuzählen, die als Verbündete und Freunde Trojas und auch diejenigen, die gegen Lohn Hilfstruppen aus verschiedenen Gegenden zusammengezogen hatten, der Befehlsmacht der Priamiden folgten: Als erster also stürmte aus den Toren heraus Pandaros, der dem Lykaon in Lykien geboren worden war, dann Hippothoos, Sohn des Pyleus (?), aus Larissa im Gebiet der Pelasger; Akamas … Piros aus Thrakien; nach ihnen der Euphemos der Troïzener, der über die Kikonen gebot; Pylaimenes der Paphlagone, vom Vater Melios ruhmreich, Odios und Epistrophos, Söhne des Minyos, Könige der Alizoner; Sarpedon, der von Xanthos abstammte, Lenker der Lyker aus Solymos; Nastes und Amphimachos, Söhne des Nomion, aus Karten; Antiphos und Mesthles, die von Talaimenes abstammen, Maionier; Glaukos, Sohn des Hippolochos, der Lyker, den sich Sarpedon, weil er mehr als alle anderen Männer dieser Gegend an Rat und Waffenkraft etwas vermochte, als Teilnehmer am Kriegsgeschehen verschrieben hatte; Phorkys und Askanios, Phryger; Chromios und Ennomos, Mygdoner aus Mysien; Pyraichmes, Sohn des Axios, Paionier; Amphios und Adrastos, die von Merops abstammten, aus Adrasteia; Asios, Sohn des Hyrtakos, aus Sestos. Dann ein anderer Asios, der von Dymas abstammte, der Bruder der Hekabe, aus Phrygien. Diesen allen, die wir genannt haben, folgten viele Sterbliche mit ungehobelten Sitten und ungleichem Ton der Stimme, die ohne jede Ordnung oder Methode, in den Kampf zu gehen gewohnt waren.

(2.36) Sobald die Unseren dies bemerkten, rückten sie ins Feld vor und ordneten in der Art von Streitkräften ihre Schlachtreihe unter dem Athener Menestheus als Meister und Lehrer der Aufstellung; sie ordneten freilich nach den einzelnen Sippen und Gegenden, wobei Achilleus mit seinem Heer von Myrmidonen für sich blieb. Obwohl er wegen des ihm von Agamemnon zugefügten Unrechts und wegen der Wegnahme der Hippodameia nichts an *Animus* ver-

indignatus, quod reliquis ducibus ad cenam deductis solus contemptui habitus intermitteretur. Ceterum ordinato exercitu ac tunc primum omnibus copiis adversum se instructis hostibus, ubi neutra pars committere audet, paulisper in loco retentis militibus tamquam de industria utrimque receptui canitur.

(2.37) Iamque Graeci regressi ad naves arma deponere ac singuli per loca solita corpus cibo curare occeperant, cum Achilles ultum ire cupiens iniurias ignaros consilii sui nostros et ob id otiose agentes clam invadere temptat. At ubi Ulixes a custodibus, qui eruptionem eius praesenserant, rem comperit, propere duces circumcursans magna voce monet atque hortatur, uti armis arreptis tuerentur sese, dein consilium inceptumque Achillis singulis aperit. Quo cognito clamor ingens oritur festinantibus ad arma cunctis ac seorsum sibi singulis consulentibus. Ita Achilles praeverso de se nuntio, ubi omnes in armis sunt neque conata procedere queunt, intemptato negotio ad tentoria regreditur. Ac mox duces nostri rati repentino suorum clamore moveri Ilienses et ob id novi quid negotii incepturos, augendae custodiae causa mittunt duos Aiaces, Diomedem atque Ulixem. Hique inter se regionem, qua aditus hostibus erat, dispertiunt. Quae res non frustra eos habuit. Namque apud Troiam Hector causam tumultus eorum cupidus persciscere filium Eumedi Dolonem multis praemiis promissisque inlectum ad postremum, uti

loren hatte, war er dennoch äußerst empört, weil er, als die übrigen Anführer zum Essen abgetreten waren, allein der Verachtung preisgegeben wurde. Im Übrigen hielt man, als das Heer zur Aufstellung gebracht worden war, als dann erstmals die Feinde mit all ihren Truppen gegen die Unseren zugerüstet waren und als keine Seite anzufangen wagte, die Soldaten noch eine Zeitlang auf der Stelle zurück, dann wurde wie mit Vorsatz auf beiden Seiten zum Rückzug geblasen.

(2.37) Schon waren die Griechen zu ihren Schiffen zurückgegangen und hatten damit begonnen, die Waffen abzulegen und vereinzelt auch an gewohnten Stellen ihren Leib mit Nahrung zu versorgen, als Achilleus, weil er sich für das Unrecht rächen wollte, auf die Unseren, die ja nichts von dessen Plan wussten und deshalb betriebsam handelten, heimlich einzudringen versuchte. Als aber Odysseus von den Wachen, die dessen Ausbruch vorausgeahnt hatten, die Sache erfuhr, lief er eilig bei den Anführern herum, mahnte mit lauter Stimme und forderte dazu auf, zu den Waffen zu greifen und sich zu schützen; dann enthüllte er ihnen allen den Plan und das Vorhaben des Achilleus. Dies wurde bekannt, es brach ein gewaltiger Lärm los, alle eilten zu den Waffen und alle trafen gesonderte Vorsorge je für sich. So zog sich Achilleus, als ihn die Nachricht überraschte, dass alle unter Waffen stünden und sein Versuch daher nicht gelingen könnte, unverrichteter Dinge zu seinen Zelten zurück. Und bald meinten unsere Anführer, wegen des plötzlichen Lärms der Ihren würden die Bewohner von Ilion (Troja) bewegt werden und deshalb ein neues Unterfangen beginnen wollen; so schickten sie zur Verstärkung der Wachen die beiden Aias, den Diomedes und den Odysseus aus. Diese teilten sich untereinander das Gelände auf, zu dem die Feinde Zutritt hatten. Diese Sache war für sie nicht vergeblich. In Troja nämlich schickte Hektor, weil er die Ursache für die Unruhe dieser Leute genau erkunden wollte, Dolon, den Sohn des Eumedes, aus, der schließlich von vielen

exploratum res Graecorum egrederetur, mittit isque non longe a navibus avidus ignara cognoscendi, dum cupit suscepti negotii fidem complere, in manus Diomedis, qui eum locum cum Ulixe custodiebat, devenit ac mox ab his comprehensus refert cuncta atque occiditur.

(2.38) Dein diebus aliquot in otio tritis productio utriusque exercitus praeparatur. Divisoque inter se campo, qui medius inter Troiam atque naves interiacet, ubi tempus bellandi videbatur, magna cura universus miles instructus armis utrimque procedere. Dein signo dato densatis frontibus conflixere acies, composite Graecis ac singulis per distributionem imperia ducum exsequentibus, contra sine modo atque ordine barbaris ruentibus. Ceterum in ea pugna interfecti utriusque partis multi mortales, cum neque instantibus cederetur et exemplo strenuissimi cuiusque, qui iuxta steterat, aequiperare gloriam festinaret. Interim vulnerati graviter ex ducibus bello decedere coacti sunt barbarorum Aeneas, Sarpedon, Glaucus, Helenus, Euphorbus, Polydamas, nostrorum Ulixes, Meriones, Eumelus.

(2.39) Ceterum Menelaus forte conspicatus Alexandrum magno impetu inruit, quem evitans neque diutius sustinere ausus Alexander fugam capit. At ubi procul animadvertit Hector concurrens cum Deïphobo comprehendere fratrem, eum verbis maledictisque acrioribus insecuti ad postremum cogunt, uti

Zusagen und Versprechungen verlockt wurde, zur Erkundung der Sache der Griechen hinauszugehen. Als dieser nicht weit von den Schiffen aus Begierde nach der Erkenntnis über Unbekanntes den übernommenen Auftrag voll *Fides* ausführen wollte, geriet er in die Hände des Diomedes, der diese Stelle gemeinsam mit Odysseus bewachte; bald von diesen ergriffen berichtete er alles und wurde getötet.

(2.38) Nachdem man dann einige Tage in Muße verbracht hatte, bereitete man das Ausrücken der beiden Heere vor. Man teilte das Gelände, das in der Mitte zwischen Troja und den Schiffen lag, untereinander auf, und als die Zeit für das Kriegführen gekommen schien, wurde mit großer Sorgfalt jeder Soldat unterwiesen; dann rückte man auf beiden Seiten unter Waffen vor. Auf ein gegebenes Zeichen hin kämpften die Schlachtreihen mit verdichteten Fronten, wobei die Griechen, wohlgeordnet und auch jeweils eingeteilt, die Befehle ihrer Anführer ausführten, während gegenüber die Barbaren ohne Maß und Ordnung herumstürzten. Im Übrigen wurden in dieser Schlacht auf beiden Seiten viele Sterbliche getötet, weil man weder den Herandrängenden nachgab noch nach dem Vorbild der Eifrigsten derjenige, der danebengestanden hatte, sich beeilte, ihm im Ruhm gleichzukommen. Inzwischen wurden folgende Männer schwer verwundet und gezwungen, sich aus dem Krieg zurückzuziehen: von den Barbaren Aineias, Sarpedon, Glaukos, Helenos, Euphorbos und Polydamas, von den Unseren Odysseus, Meriones und Eumelos.

(2.39) Im Übrigen sah Menelaos zufällig den Alexandros und drang mit großem Ungestüm auf ihn ein; ihm entwich Alexandros, wagte dann nicht, länger Widerstand zu leisten, und ergriff die Flucht. Als Hektor dies aus der Ferne sah, eilte er mit Deïphobos herbei, um den Bruder zu ergreifen; sie verfolgten ihn unter scharfen Schmähworten und zwangen ihn schließlich dazu, dass er mitten

progressus in medias acies eundem Menelaum conquiescentibus reliquis solitario certamine lacesseret. Igitur reducto ad bellandum Alexandro progressoque ante aciem, quod signum lacessentis videbatur, postquam procul animadvertit Menelaus, nunc demum occasionem invadendi inimicissimum sibi maxime oblatam ratus et iam iamque confidens omnium iniuriarum poenas lui sanguine eius, omnibus animis advorsum pergit. Sed ubi eos contra se tendere paratos armis atque animis uterque exercitus animadvertit, signo dato recedunt cuncti.

(2.40) Iamque uterque pleno gradu advorsum cedens intra iactum teli pervenerant, cum Alexander, praevenire cupiens simulque ratus primo iaculi eventu locum vulneri inventurum, praemittit hastam eaque inlisa clipeo facile decussa est. Dein Menelaus magno impetu iaculatur, haud sane dissimili casu; namque parato iam ad cavendum ictumque declinante hoste telum humi figitur. At ubi novis iaculis manus utriusque redarmatae sunt, pergunt. Tum demum Alexander ictus femur cadit ac ne mox hosti ultionem cum summa gloria concederet, pessimo exemplo intercessum est. Namque cum ad interficiendum eum educto gladio prorueret Menelaus, ex occulto sagitta Pandari vulneratus in ipso impetu repressus est. Igitur ab nostris clamore orto simulque cum ira indignantibus, quod duobus seorsum adversum se hisque maxime, quorum gratia bellum conflatum esset, decernentibus

in die Schlachtreihen vorrückte und eben jenen Menelaos, während die übrigen sich ausruhten, zum Einzelkampf herauszufordern. Also wurde Alexandros zum Kampf zurückgebracht und er zog vor die Schlachtreihe, was als ein Zeichen der Herausforderung angesehen wurde. Nachdem Menelaos dies von fern wahrgenommen hatte, meinte er, dass sich ihm jetzt endlich die Gelegenheit biete, auf seinen größten Feind einzudringen; und immer noch im Vertrauen darauf, dass er die Strafe für alle Ungerechtigkeiten mit seinem Blut zahlen müsse, machte er sich mit allen *Animi* gegen ihn auf. Als aber beide Heere wahrnahmen, dass sie bereit waren, gegeneinander mit Waffen und *Animi* zu kämpfen, zogen sich alle auf ein gegebenes Zeichen hin zurück.

(2.40) Schon waren beide mit vollem Schritt aufeinander zugegangen und in die Wurfweite von Speeren gelangt, als Alexandros, weil er weiter ausschreiten wollte und zugleich meinte, mit dem ersten Wurfereignis eine verwundbare Stelle zu finden, eine Lanze losschickte; sie bohrte sich in den Schild und wurde leicht abgeschüttelt. Daraufhin warf Menelaos mit großem Schwung, doch mit nicht unähnlichem Ergebnis; weil der Feind nämlich darauf vorbereitet war, dem Wurf auszuweichen, und sich deshalb niederbückte, bohrte sich der Speer in den Boden. Als aber beider Hände wieder mit neuen Wurfspießen versehen waren, machten sie weiter. Dann erst fiel Alexandros zu Boden, in den Oberschenkel getroffen, und um dem Feind nicht sofort Rache mit größtem Ruhm zuzugestehen, ging man mit einem denkbar schlechten Beispiel dazwischen: Als nämlich auf ihn Menelaos mit gezücktem Schwert losstürzte, um ihn zu töten, wurde er aus einem Versteck heraus von einem Pfeil des Pandaros verwundet und so im eigenen Ansturm zurückgedrängt. Als dann von den Unseren Gebrüll aufkam und sie sich zugleich voller Zorn darüber beschwerten, dass, während zwei Männer von anderen getrennt – und zwar die, um derentwillen der Krieg entflammt war – gegeneinander um eine

repente a Troianis pessimo more intercederetur, rursus globus barbarorum ingruens Alexandrum e medio rapit.

(2.41) Interim in ea permixtione, dum nostri haesitant, Pandarus procul adstans multos Graecorum sagittis configit. Neque prius finis factus, quam Diomedes atrocitate rei motus progressusque comminus telo hostem prosterneret. Hoc modo Pandarus certaminis foedere violato atque ob id interemptis multis ad postremum poenas scelestissimae militiae luit. Ceterum corpus eius liberatum ex acie Priamidae igni cremant; reliquiasque socii traditas sibi Lyciam in solum patrium pertulere. Interim utriusque exercitus signo dato manus conserunt pugnantesque vi summa atque ancipiti fortuna bellum ad occasum solis producunt. Sed ubi nox adventabat, utrimque reges subducta haud longe acie custodibus idoneis exercitus communivere. Ita per aliquot dies tempus bellandi opperientes militem frequentem apud arma frustra habuere. Namque ubi hiems adventare et imbribus crebris compleri coepere campi, barbari intra muros abeunt. At nostri nullo palam hoste digressi ad naves munia hiemis disponunt moxque bipertito campo, qui reliquus non pugnae opportunus erat, utraque pars aratui insistere, frumenta aliaque, quae tempus anni patiebatur, parare. Interim Aiax Telamonius instructo milite, quem secum adduxerat, habens etiam nonnullos de exercitu Achillis, ingressus Phrygiae regionem multa hostiliter vastat,

Entscheidung rangen, plötzlich von den Trojanern in schlimmster Weise dazwischengegangen wurde, fiel wiederum ein Haufen Barbaren ein und riss Alexandros aus der Mitte fort.

(2.41) Inzwischen stand in dieser Verwirrung, während die Unseren zögerten, Pandaros in der Ferne und durchbohrte mit Pfeilen viele von den Griechen. Nicht eher wurde dem ein Ende gemacht, bis Diomedes, von der Grässlichkeit der Sache bewegt, voranging und im Handgemenge den Feind mit dem Speer niederstreckte. Auf diese Weise zahlte Pandaros, der die Regeln des Zweikampfes verletzt und viele Menschen getötet hatte, schließlich die Strafe für seinen sehr verbrecherischen Kriegsdienst. Im Übrigen trugen seinen Leichnam die Priamiden aus der Schlachtreihe und verbrannten ihn; die Überbleibsel, die man ihnen übergeben hatte, brachten die Verbündeten nach Lykien in die Heimaterde. Inzwischen gerieten Heere beider Seiten auf ein gegebenes Zeichen hin ins Handgemenge; sie kämpften mit äußerster Gewalt und zogen das Gefecht mit unentschiedenem Erfolg bis zum Sonnenuntergang hin. Als aber die Nacht gekommen war, sicherten auf beiden Seiten die Könige, nachdem sie die Schlachtreihe nicht allzu weit verlegt hatten, ihre Truppen durch geeignete Wachen. So warteten sie einige Tage lang auf günstige Zeit für die Kriegführung und hielten zahlreiche Soldaten vergeblich unter Waffen. Sobald nämlich der Winter kam und die Felder vom häufigen Regen aufgeweicht zu werden begannen, zogen sich die Barbaren in die Mauern zurück. Die Unseren aber gingen, da nirgends ein Feind zu sehen war, zu den Schiffen und machten diese winterfest. Bald betrieben auf einem zweigeteilten Gelände, das übrig und zum Kämpfen ungeeignet war, beide Seiten eifrig Ackerbau, um sich mit Getreide und anderem, das die Jahreszeit ermöglichte, zu versorgen. Inzwischen unterwies der telamonische Aias die Soldaten, die er mit sich gebracht hatte, nahm auch einige Leute aus dem Heer des Achilleus, fiel in das Gebiet von Phrygien ein, verwüstete viel in feindlicher

capit civitates, ac post paucos dies praeda auctus ad exercitum victor revenit.

(2.42) Isdem fere diebus barbari nostris per condicionem hiemis quietis nihilque hostile suspicantibus paravere eruptionem, quis Hector dux atque audendi auctor factus. Is namque omnes copias instructas armis cum luce simul porta educit ac protinus cursu pleno ad naves tendere atque invadere hostes iubet. At Grai infrequentes tum incuriosique ab armis turbari simul et fugientibus, quos primus hostis incesserat, quominus arma caperent, impediri, tum caesi multi mortales. Iamque fusis qui in medio fuerant, Hector ad naves progressus ignem in proras iacere ac saevire incendiis coeperat nullo nostrorum auso resistere. Qui territi atque improviso tumultu exsangues genibus Achillis auxilium renuentis tamen obvolvebantur. Tanta repente mutatio animorum nostros atque hostes incesserat.

(2.43) Interea Aiax Telamonius adveniens cognito apud naves Hectore magna armorum specie ibidem apparuit ac dein mole sua urgens hostem multo sudore ad postremum navibus extra vallum detrudit. Tum iam cedentibus acrior insistens Hectorem, qui adversus eum promptius steterat, ictum inmani saxo ac mox consternatum deicit. Sed eum concurrentes undique plurimi multitudine sua tectum bello atque Aiacis manibus eripiunt,

Absicht, eroberte Städte und kehrte nach einigen Tagen mit Beute beladen als Sieger zum Heer zurück.

(2.42) Etwa in denselben Tagen bereiteten die Barbaren, während die Unseren wegen der Winterbedingungen ausruhten und nichts Feindliches vermuteten, einen Ausbruch vor; ihr Anführer und Anstifter des Wagnisses war Hektor. Der nämlich führte alle unter Waffen stehenden Truppen gleich bei Tagesanbruch aus dem Stadttor heraus und befahl, dass sie sogleich im vollen Lauf zu den Schiffen eilen und auf die Feinde eindringen sollten. Die Griechen aber, wenig zahlreich und ohne Sorge, wurden zum einen von den Waffen verwirrt und zugleich von Flüchtenden, auf die der Feind als erste gestoßen war, daran gehindert, zu den eigenen Waffen zu greifen; zum anderen waren viele Sterbliche niedergehauen. Schon war, nachdem diejenigen, die in der Mitte gewesen waren, zerstreut waren, Hektor zu den Schiffen gekommen und hatte begonnen, Feuer auf die Vorderdecks zu werfen und mit Bränden zu wüten, wobei keiner der Unseren es wagte, Widerstand zu leisten. Die waren erschreckt und vom unvorhergesehenen Tumult geschwächt; sie fielen dennoch vor Achilleus auf die Knie, obwohl der Hilfe verweigerte. Eine so große plötzliche Veränderung der *Animi* hatte die Unseren und auch die Feinde befallen.

(2.43) Inzwischen traf der telamonische Aias ein; als er bei den Schiffen den Hektor erkannte, erschien er ebendort in großer Pracht von Waffen, bedrängte dann mit seiner Truppenmasse den Feind und vertrieb ihn schließlich mit viel Schweiß von den Schiffen nach außerhalb des Walles. Als die (Trojaner) schon wichen, bedrängte er heftiger den Hektor, der sich ihm entschlossen entgegengestellt hatte; er traf ihn mit einem gewaltigen Stein und streckte den bald Ohnmächtigen nieder. Den aber umringten von allen Seiten sehr viele Soldaten und schützten ihn mit ihrer Menge. Sie rissen ihn aus dem Kampf sowie den Händen des Aias und trugen

seminecemque intra muros ferunt male prospera eruptione adversus hostes usum. Ceterum Aiax saevior ob ereptam e manibus gloriam adsumptis iam Diomede et cum Idomeneo Aiace altero territos dispersosque sequi ac fugientes nunc telo eminus prosternere, modo adprehensos obterere armis prorsus nullo, qui in ea parte fuerat, intacto. Inter quae tam trepida Glaucus Hippolochi, Sarpedon atque Asteropaeus ad morandum hostem paulisper ausi resistere mox vulneribus gravati locum amisere. Quis versis barbari nullam spem reliquam salutis rati sine rectoribus neque usquam certo ordine palantes effusique ruere ad portas eoque arto et properantium multitudine impedito ingressu, cum super alium alius ruinae modo praecipitarentur, supervenit cum supra dictis ducibus Aiax. Tum magna vis barbarorum trepida impeditaque inter se caesa extinctaque, in quis Priami filiorum Antiphus et Polites, Pammon Mestorque atque Euphemus Troezenius, dux egregius Ciconum.

(2.44) Ita Troiani paulo ante victores, ubi adventu Aiacis fortuna belli mutata est, versis ducibus poenas luere militiae inconsultae. At postquam adventante vespera signum nostris receptui datum est, victores laetique ad naves regressi mox ab Agamemnone cenatum deducuntur. Ibi Aiax conlaudatus a rege donis egregiis honoratur. Neque reliqui duces facta gestaque viri silentio

den Halbtoten zurück in die Mauern, der seinen geglückten Ausfall gegen die Feinde schlecht genutzt hatte. Im Übrigen verfolgte Aias mit recht großer Wut darüber, dass ihm Ruhm aus den Händen gerissen worden war, nachdem er auch Diomedes und mit Idomeneus den anderen Aias hinzugenommen hatte, die verschreckten und versprengten Feinde, streckte die Flüchtenden bald mit Speeren aus der Ferne nieder, bald ergriff er sie und vernichtete sie mit der Hand, wobei überhaupt kein einziger, der auf dieser Seite gestanden hatte, unversehrt blieb. In dieser unruhigen Lage verloren Glaukos, Sohn des Hippolochos, Sarpedon und Asteropaios, die es gewagt hatten, Widerstand zu leisten, um den Feind ein wenig aufzuhalten, bald von Wunden ermattet ihren Platz. Nach dieser Wendung meinten die Barbaren, dass keine Hoffnung auf Rettung mehr bestehe, irrten ohne Lenker und ohne eine irgendwie feste Ordnung umher und stürzten verstreut zu den Stadttoren; weil dieser Eingang eng und wegen der hohen Zahl von Heraneilenden behindert war, überwand sie, als gerade der eine über den anderen wie über Trümmer stolperte, Aias mitsamt den oben erwähnten Anführern. Da wurde eine große Anzahl Barbaren erschlagen, die hastig und einander im Weg stehend ausgelöscht wurden, darunter die Priamossöhne Antiphos und Polites, Pammon und Mestor sowie Euphemos von Troïzen, der hervorragende Anführer der Kikonen.

(2.44) So zahlten die Trojaner, die kurz zuvor noch Sieger gewesen waren, sobald sich durch die Ankunft des Aias das Kriegsglück gewendet hatte, mit dem Verlust der Anführer Strafe für ihren unbesonnenen Feldzug. Als man nach Anbruch des Abends den Unseren das Zeichen zum Rückzug gegeben hatte, kehrten sie als Sieger fröhlich zu den Schiffen zurück und wurden bald von Agamemnon zum Essen geleitet. Dort wurde Aias belobigt und vom König mit vorzüglichen Geschenken geehrt. Auch die übrigen Anführer übergingen nicht mit Schweigen Taten und Leistungen

remittunt, quippe singuli extollentes virtutem memorare fortia facta, eversas ab eo tot Phrygiae civitates abductasque praedas et ad postremum in ipsis navibus adversum Hectorem egregiam pugnam liberatasque igni classes. Neque cuiquam dubium, quin ea tempestate tot egregiis ac pulcherrimis eius facinoribus spes omnes atque opes militiae in tali viro sisterentur. Ceterum proras duarum navium, quibus inlatus ignis eam partem tantum modo consumpserat, Epios brevi restituit. Tumque Graeci rati post malam pugnam Troianos ulterius nihil hostile ausuros quieti ac sine terrore egere.

(2.45) Per idem tempus Rhesus, Eione genitus, haud alienus a Priami amicitia pacta mercede cum magnis Thracum copiis adventabat. Is incedente iam vespera paulisper moratus apud paeninsulam, quae anteposita civitati continenti eius adiungitur, secunda circiter vigilia ingressus Troianos campos explicitisque tentoriis ibidem opperiebatur. Quod ubi Diomedes cum Ulixe vigilias in ea parte curantes procul animadvertere, rati Troianos a Priamo exploratum missos arreptis armis mox presso gradu circumspicientesque omnia pergunt ad eum locum. Tum fatigatis ex itinere custodibus et ob id somno pressis eosque et interius progressi in ipsis tentoriis regem interficiunt. Dein nihil ultra audendum rati currum eius et cum egregiis insignibus equos ad naves ducunt. Ita reliquum noctis in suis quisque tabernaculis requiescentes transigunt. At lucis principio reliquos duces conveniunt, eos facinus ausum expletumque docent. Ac mox rati

dieses Mannes, denn jeder hob dessen *Virtus* hervor und erwähnte dessen mutige Taten, die so vielen vernichteten Städte in Phrygien, die mitgeschleppte Beute und schließlich seinen hervorragenden Kampf bei den Schiffen gegen Hektor sowie die vom Feuer befreite Flotte. Keinem kam ein Zweifel, dass zu dieser Zeit wegen so vieler herausragender und sehr schöner Taten die gesamte Hoffnung und alle militärischen Mittel auf einem solchen Mann ruhten. Im Übrigen stellte Epeios die Vorderdecks von zwei Schiffen, bei denen das Feuer nur diesen Teil mäßig beschädigt hatte, binnen Kurzem wieder her. Dann meinten die Griechen, nach einem schlecht verlaufenen Gefecht würden die Trojaner künftig nichts Feindliches mehr wagen, und waren ruhig und ohne Furcht.

(2.45) Zu derselben Zeit traf Rhesos, ein Abkömmling des Eioneus und der Freundschaft mit Priamos nicht fremd, gegen Lohn gedungen mit großen Truppen von Thrakern ein. Weil der Abend schon nahte, verweilte er ein wenig bei der Halbinsel, die sich an die angrenzende Stadt als gegenüberliegender Vorposten anschließt; um die zweite Nachtwache rückte er in das trojanische Gelände ein, schlug dort seine Zelte auf und wartete ab. Als Diomedes und Odysseus dies von ferne sahen, die auf dieser Seite Wache hielten, meinten sie, dass Trojaner von Priamos geschickt worden seien, um die Lage auszukundschaften; sie griffen zu den Waffen, spähten mit gedämpftem Schritt bald alles ringsum aus und machten sich dann nach innen vor. Da die Wachen vom Marsch ermattet und deshalb vom Schlaf überwältigt waren, kamen sie weiter voran und töteten sie im Zelt selbst den König. Dann meinten beide, nichts weiter wagen zu müssen, und führten dessen Wagen und die Pferde mit prächtigem Schmuck zu den Schiffen weg. So verbrachte jeder den Rest der Nacht mit Ausruhen in seinem Zelt. Bei Anbruch des Tageslichts aber suchten sie die übrigen Anführer auf und erklärten ihnen ihr Wagnis und die Ausführung. Bald meinten sie, die Feinde würden sich nähern, entbrannt durch die Ermordung ihres

barbaros incensos caede regis adire iubent omnes frequentes apud arma agere opperirique hostem.

(2.46) Neque multo post Thraces, ubi expergefacti e somno regem interemptum, foedam faciem intra tentoria animadvertere et vestigia abducti currus manifesta sunt, raptim ac sine ullis ordinibus, ut quemque fors conglobaverat, ad naves evolant. Quibus procul visis nostri conferti inter se atque imperia servantes eunt obviam. Sed Aiaces duo in aliquantum progressi primos Thracum invadunt atque opprimunt. Dein reliqui duces, ut quisque locum ceperat, caedere singulos et ubi conferti steterant, bini aut amplius congregati impetu suo dissolvere ac mox dispersos palantesque interficere, uti nullus reliquus caedis fieret. Ac statim Grai exstinctis qui adversum ierant signo dato ad tentoria eorum pergunt. At illi, qui custodes castris relicti soli supererant, visis contra hostibus terrore ipso miserandum in modum effeminati omnibus omissis ad moenia confugiunt. Tum undique versus nostri inruentes arma, equos, regias opes et ad postremum uti quidque fors dederat praeripiunt.

(2.47) Hoc modo victores Grai deletis cum imperatore Thracibus onusti praeda atque victoria ad naves digrediuntur, cum interim Troiani ex muris respectantes neque quicquam pro sociis ausi intra moenia tamen trepidarent. Igitur barbari tot iam adversis rebus fracti legatos indutias postulantes ad Graecos mittunt ac mox

Königs, und befahlen, dass alle Mann in großer Zahl die Zeit bei den Waffen verbringen und auf den Feind warten sollten.

(2.46) Als nicht viel später die Thraker vom Schlaf erwacht den ermordeten König – ein hässlicher Anblick! – innerhalb seines Zeltes wahrnahmen und die Spuren des entführten Wagens sichtbar wurden, flogen sie sofort und ohne jede Ordnung, so wie jeden der Zufall zusammengerottet hatte, zu den Schiffen. Als die Unseren sie aus der Ferne sahen, gingen sie ihnen in geschlossenen Gliedern und auf die Befehle achtend entgegen. Die beiden Aias aber, die ein wenig vor den anderen vorgerückt waren, drangen auf die ersten Thraker ein und überwältigten sie. Dann schlugen die übrigen Anführer, so wie jeder seinen Platz eingenommen hatte, einen nach dem anderen nieder. Sobald sie in ihrer Reihe zum Stehen gekommen waren, trieben sie, zu zweit oder zu mehreren vereint, sie mit ihrem Angriff auseinander und töten die bald Verstreuten und Umherirrenden, so dass keiner nach dem Morden übrig war. Sofort machten sich die Griechen, nachdem sie diejenigen, die ihnen entgegengetreten waren, ausgelöscht hatten, auf ein gegebenes Zeichen hin zu deren Zelten auf. Als jene aber, die als Wachen für das Lager übrig geblieben waren, die Feinde sahen, die gegen sie loszogen, wurden sie in zu bemitleidender Weise weich, gaben alles auf und flüchteten sich zu den Stadtmauern. Dann brachen die Unseren von allen Seiten auf sie ein und rissen Waffen, Pferde, Königsschätze und schließlich alles, wie es sich zufällig ergab, an sich.

(2.47) Auf diese Weise zogen die siegreichen Griechen nach Vernichtung der Thraker mitsamt ihres Herrschers, beladen mit Beute und Sieg zu ihren Schiffen, während inzwischen die Trojaner, die von den Stadtmauern zuschauten und nichts für ihre Verbündeten riskierten, innerhalb der Mauern bangten. Also schickten die Barbaren, die schon von so vielen Widrigkeiten gebrochen waren, Gesandte zu den Griechen, die um Waffenstillstand bitten sollten,

nostris condicionem adprobantibus interposito sacrificio fidem pacti firmavere. Eodem fere tempore Chryses, quem sacerdotem Zminthii Apollinis supra memoravimus, ad exercitum venit actum gratias super his, quae in se recepta filia benigne ab nostris gesta erant, ob quae tam honorifica, simul quod Astynomen liberaliter habitam cognoverat, reductam secum Agamemnoni tradit. Neque multo post Philocteta cum his, qui partem praedae ad eum portaverant, Lemno regreditur invalidus etiam tum neque satis firmo gressu.

(2.48) Interea consilium Graecis agentibus Aiax Telamonius in medium progressus docet opportere mitti ad Achillem precatores, qui eum imperatorum verbis atque exercitus peterent remittere iras ac repetere solitam cum suis gratiam; minime quippe aspernandum talem virum, nunc vel maxime, cum secundis rebus Graeci et paulo ante victores non ob utilitatem sed honoris merito gratiam eius peterent. Inter quae deprecari etiam Agamemnonem, daret operam simul voluntatemque agendo negotio adhiberet; namque tali tempore in commune ab omnibus consulendum, praesertim procul ab domo locis alienis atque hostilibus, neque se aliter inter tam gravia bella undique versus inimicis regionibus quam concordia tutos fore. At ubi finem loquendi fecit, cuncti duces laudare consilium viri simulque praedicantes ad caelum tollere, scilicet quod cum virtute corporis, tum ingenio universos anteiret. Post quae Agamemnon docere se et ante ad

und bekräftigten bald, da die Unseren dem Vorschlag zustimmten, durch das Darbringen eines Opfers die *Fides* des Abkommens. Etwa zu derselben Zeit gelangte Chryses, den wir oben als Priester des Apollon Smintheus erwähnt haben, zum Heer, um seinen Dank abzustatten für das, was die Unseren mit der Rückgabe seiner Tochter ihm gegenüber gütig geleistet hatten; wegen der so ehrenhaften Behandlung und vor allem, da er erfahren hatte, dass man Astynome großzügig behandelt hatte, übergab er sie, die er mit sich zurückgebracht hatte, dem Agamemnon. Und nicht viel später kehrte Philoktetes mit den Männern, die ihm einen Teil der Beute gebracht hatten, von Lemnos zurück, auch damals noch krank und mit nicht hinreichend gutem Schritt.

(2.48) Inzwischen trat der telamonische Aias, als die Griechen ein *Consilium* hielten, in die Mitte und legte dar, dass man unbedingt Fürbitter zu Achilleus schicken müsse, die ihn mit Worten der Befehlshaber und des Heeres auffordern sollten, von seinem Zorn abzulassen und die bei den Seinen gewohnte Beliebtheit wiederzuerlangen; am wenigsten dürfe man ja einen solchen Mann verschmähen, insbesondere aber jetzt, da die Griechen, derzeit im Glück und kurz zuvor siegreich, aus Gründen nicht der Nützlichkeit, sondern der Ehre sein Wohlwollen erbäten. Dabei solle man auch den Agamemnon bitten, dass er sich anstrengen und zugleich seinen Willen aufbringen solle, die Angelegenheit in die Hand zu nehmen; in einer solchen Zeit müsse ja für die Gemeinschaft von allen Vorsorge getroffen werden, zumal man auch fern der Heimat in einem fremden, feindlichen Land und bei so schweren Kriegen, wo von allen Seiten Feinde gegenüberstünden, nicht anders sicher sein könnte als durch Eintracht. Als er seine Rede beendet hatte, lobten alle Anführer den Plan des Mannes und hoben ihn zugleich rühmend in den Himmel, deswegen nämlich, weil er alle mit der *Virtus* seines Körpers, aber ganz besonders mit seinem Verstand übertraf. Danach erklärte Agamemnon, dass er sowohl früher vie-

reconciliandum Achillem multos misisse et nunc nihil aliud cordi esse. Ac mox Ulixem atque ipsum Aiacem orare, susciperent negotium atque ad eum nomine omnium irent, maxime quod Aiax cognatione fretus impetraturus veniam facilius credebatur. Igitur his operam suam pollicentibus iturum se una Diomedes sponte ait.

(2.49) His actis Agamemnon adferre hostiam lictores iubet ac mox sublata super terram, cum duo, quibus imperatum erat, suspensam retinerent, gladium vagina educit eoque bifariam excisam hostiam in conspectu, uti diviserat, collocat. Dein ferrum sanguine oblitum manu retinens inter utramque sacri partem medius vadit. Interim Patroclus cognito quod parabatur in consilium supervenit. At rex sicut supra diximus transgressus ad postremum iurat inviolatam a se in eum diem Hippodamiam mansisse; neque cupiditate ulla aut desiderio lapsum, sed ira, qua plurima mala conficiuntur, eo usque processisse. His addit cupere se praeterea, si ipsi etiam videretur, filiarum, quae ei cordi esset, in matrimonium dare decimamque regni omnis ac talenta quinquaginta doti adiungit. Quae ubi accepere qui in consilio erant, admirari magnificentiam regis maximeque Patroclus, qui cum oblatione tantarum opum, tum praecipue laetus, quod intacta Hippodamia adfirmaretur, ad Achillem venit eique universa gesta atque acta refert.

le Männer ausgesandt habe, um Achilleus zu versöhnen, als auch jetzt ihm nichts anderes am Herzen liege. Bald darauf bat er auch den Odysseus und Aias selbst, dass sie die Aufgabe übernehmen und im Namen aller zu ihm gehen sollten, zumal man Aias im Vertrauen auf seine Verwandtschaft als einen ansah, der leichter Versöhnung erreichen würde. Also sagte Aias, als sie ihm ihre Hilfe versprachen, von sich aus zu, dass er gemeinsam mit Diomedes gehen werde.

(2.49) Als dies getan war, befahl Agamemnon, dass die *Lictores* (Büttel) ein Opfertier herbeibringen sollten; als dies bald über dem Boden aufgehängt war und zwei Leute, denen dies befohlen war, es in der Höhe hielten, zog er sein Schwert aus der Scheide und ließ das durchs Schwert getötete Opfertier mit seinen beiden Hälften vor aller Augen so hängen, wie er es geteilt hatte. Dann behielt er das mit Blut bestrichene Schwert in der Hand und ging mitten zwischen den beiden Hälften des Opfers hindurch. Inzwischen erschien Patroklos, der erfahren hatte, was vorbereitet wurde, in dem *Consilium*. Der König aber leistete, nachdem er so, wie wir es oben gesagt haben, hindurchgeschritten war, schließlich einen Eid, dass bis zu diesem Tag Hippodameia unberührt geblieben sei; nicht durch irgendein Begehren oder Verlangen sei er ausgeglitten, sondern durch Zorn, durch den sehr viel Böses entstehe, sei es soweit gekommen. Dem fügte er noch hinzu, er wünsche außerdem, wenn es ihm gut so erschiene, von seinen Töchtern ihm, dem Achilleus, diejenige, die ihm am Herzen liege, in die Ehe zu geben, und legte noch ein Zehntel seines gesamten Königreiches und 500 Talente als Mitgift dazu. Als diejenigen, die an dem *Consilium* teilnahmen, dies gehört hatten, staunten sie alle über die Großzügigkeit des Königs, und am meisten aber Patroklos über das Angebot solcher Schätze und insbesondere darüber, dass ihm Hippodameia als unberührt beteuert wurde. Erfreut kehrte er zu Achilleus zurück und berichtete ihm alle Taten und Geschehnisse.

(2.50) Dein ubi rex ea, quae audierat, volutare animo ac deliberare secum ipse occepit, supervenit cum supradictis Aiax. Tum ingressos eos ac iam benigne salutatos sedere hortatur iuxtaque se Aiacem. Qui tempus loquendi nactus familiariter et ob id liberius incusare atque increpare, quod in magnis discriminibus suorum nihil iracundiae remiserit, potueritque cladem exercitus perpeti, cum eum multi amici, plurimi etiam adfinium obvoluti genibus deprecarentur. Post quem Ulixes illa quidem deorum esse ait, eorum autem, quae in consilio acta essent, ordine exposito, quae etiam Agamemnon pollicitus quaeque iurasset, ad postremum orat, ne preces omnium neve oblatas nuptias aspernaretur; moxque eorum omnium, quae una offerebantur, enumerationem facit.

(2.51) Tunc Achilles longam exorsus orationem primum omnium acta gestaque sua exponere. Ac dein admonere, quantas aerumnas pro utilitate omnium pertulerit, quas civitates adgressus ceperit cunctis interim requiescentibus ipse anxius ac dies noctesque bello intentus et, cum neque militibus suis neque sibi ipse parceret, asportatas nihilominus praedas in commune solitum redigere. Pro quis solum omnium se electum, qui tam insigni iniuria dehonestaretur, solum ita contemptum, a quo Hippodamia tot laborum pretium per dedecus abstraheretur neque in ea culpa solum esse Agamemnonem sed maxime ceteros Graecos, qui immemores benificiorum contumeliam suam

(2.50) Als dann der König das, was er gehört hatte, in seinem *Animus* zu erwägen und bei sich zu überlegen begann, überraschte ihn Aias mit dem oben Gesagten. Diejenigen, die eingetreten und schon freundlich begrüßten worden waren, forderte er daraufhin auf, Platz zu nehmen, Aias neben ihm. Der hatte freundlicherweise Gelegenheit zum Reden erhalten und schimpfte und beschuldigte nun den Achilleus sehr freimütig, weil er trotz der beträchtlichen Schwierigkeiten der Seinigen nichts von seinem Zorn aufgegeben habe; die Schlappe des Heeres habe er hinnehmen können, obwohl ihn viele Freunde und noch mehr Verwandte mit verhülltem Haupt auf Knien anflehten. Nach ihm sagte Odysseus, jenes sei freilich Sache der Götter, ihre Aufgabe aber sei es, was im *Consilium* geschehen sei, der Reihe nach darzustellen, auch was Agamemnon versprochen und geschworen habe; schließlich bat er, dass jener weder die Wünsche aller noch die angetragene Verehelichung verschmähen wolle; bald zählte er alles auf, was ihm gemeinschaftlich angeboten würde.

(2.51) Dann begann Achilleus in einer langen Rede, zuallererst seine eigenen Taten und Leistungen darzustellen. Danach erinnerte er daran, welche Mühseligkeiten er zum Nutzen aller auf sich genommen, welche Städte er angegriffen und eingenommen habe und dass er selbst, während andere sich einstweilen ausruhten, sorgenvoll und Tag und Nacht im Krieg angespannt gewesen sei und, während er weder seine Soldaten noch sich selbst schonte, die nichtsdestotrotz herangeschleppte Beute zum gemeinsamen Gebrauch eingebracht habe. Dafür sei er als einziger von allen auserwählt worden, durch eine so herausragende Ungerechtigkeit entehrt zu werden; als einziger werde er so verachtet, dass man ihm die Hippodameia, Lohn für so viele Mühen, schmachvoll weggenommen habe. Nicht allein Agamemnon stehe in dieser Schuld, sondern im höchsten Maß auch die übrigen Griechen, die, uneingedenk seiner Wohltaten, seine Schmähung mit Schweigen

silentio praeterierint. Postquam finem loquendi fecit, Diomedes: »Praeterita, ait, omittenda sunt neque oportet prudentem meminisse transactorum, quando ea, etsi maxime cupias, nequeas revocare.« Interea Phoenix et cum eo Patroclus circumstantes genas atque omnem vultum iuvenis, manus adosculari, contingere genua, rediret in gratiam atque animos remitteret cum propter praesentes, qui eum oratum venissent, tum praecipue ob bene de se meritum reliquum exercitum.

(2.52) Igitur Achilles praesentia talium virorum praecibus familiarium ac recordatione innoxii exercitus tandem flexus ad postremum facturum se quae vellent respondit. Dein hortatu Aiacis tum primum post malam iracundiam Graecis mixtus consilium ingreditur atque ab Agamemnone regio more salutatur. Interea reliquis ducibus favorem attollentibus gaudio laetitiaque cuncta completa sunt. Igitur Agamemnon manum Achillis retentans eumque et reliquos duces ad cenam deducit. Ac paulo post inter epulas, cum laeti inter se invitarent, rex Patroclum quaesiit, ut Hippodamiam cum ornamentis, quae dederat, ad tentoria Achillis deduceret; isque libens mandata efficit. Ceterum per id tempus hiemis saepe Graeci atque Troiani singuli pluresve, ut fors evenerat, inter se sine ullo metu in luco Thymbraei Apollinis miscebantur.

übergangen hätten. Nachdem er seine Rede beendet hatte, sagte Diomedes: »Vergangenes muss übergangen werden. Es gehört sich nicht, dass ein kluger Mensch ans Geschehene denkt, da man dies, auch wenn man es sehr wünscht, nicht widerrufen kann.« Inzwischen küssten Phoinix und mit ihm Patroklos, die dabei standen, die Wangen, das gesamte Gesicht und die Hände des jungen Mannes; sie berührten seine Knie, er möge doch zu einem freundschaftlichen Verhältnis zurückkehren und die *Animi* hinter sich lassen, und dies wegen der Anwesenden, die gekommen seien, um ihn zu bitten, und insbesondere wegen des übrigen Heeres, das sich um ihn verdient gemacht habe.

(2.52) Also antwortete Achilleus endlich, von der Gegenwart solcher Männer, durch die Bitten Nahestehender sowie die Erinnerung an das schuldlose Heer bewogen, er werde schließlich tun, was sie wollten. Dann mengte er sich auf Anraten des Aias zum ersten Mal nach seinem bösen Zorn wieder unter die Griechen, ging in das *Consilium* und wurde dort von Agamemnon auf königliche Weise begrüßt. Inzwischen füllte sich, da die übrigen Anführer Beifall spendeten, alles mit Freude und Fröhlichkeit. So hielt Agamemnon die Hand des Achilleus fest und geleitete ihn wie die übrigen Anführer zum Essen. Ein wenig später bat der König beim Speisen, als man sich fröhlich gegenseitig ermunterte, den Patroklos, dass er die Hippodameia samt dem geschenkten Schmuck zu den Zelten des Achilleus führe solle. Dieser erfüllte die Aufträge gern. Im Übrigen vermengten sich zu dieser Winterszeit häufig Griechen und Trojaner einzeln oder in Gruppen miteinander ohne jede Furcht im Hain des thymbraïischen Apollon.

LIBER TERTIUS

(3.1) Interim per totam hiemem dilato condicionibus in tempus bello Graeci cuncta, quae in tali otio militia exposcebat, intenti animo summis studiis festinabant. Namque pro vallo multitudo universa variis bellandi generibus per duces populosque instructa et ob id more optimo diversis ad officia sua quibusque, hinc iaculis hastarum vice fabricatis neque ponderis aut mensurae inferioribus, et quibus ea non erant praeustis sudibus, illinc sagittis certantes inter se invicem ad multum diem exercere, alii saxis utebantur. Sed inter sagittarios maxime anteibant Ulixes, Teucer, Meriones, Epios, Menelaus. Neque dubium, quin inter hos tamen praecelleret Philocteta, quippe Herculis sagittarum dominus et destinata feriundi arte mirabilis. At Troiani cum auxiliaribus laxiores militia neque circa exercitum solliciti socordius agitare ac saepe sine ullo insidiarum metu hi aut illi multis immolationibus Thymbraeo Apollini supplicabant. Isdem fere diebus nuntius adportatur universas prope Asiae civitates descivisse a Priamo atque eius amicitiam execrari. Namque facinoris exemplo suspectis iam per universos populos gentesque circa hospitium omnibus, simul quia omnibus proeliis Graecos victores cognitum et eversio multarum in ea regione civitatum in

DRITTES BUCH

(3.1) Inzwischen betrieben die Griechen den gesamten Winter hindurch, da ja der Krieg durch die Vereinbarungen auf Zeit aufgeschoben war, alles, was bei einer solchen Muße das Soldatenwesen forderte, mit eifrigem *Animus* und höchstem Eifer. Vor dem Wall nämlich wurde die gesamte Menge in den verschiedenen Arten der Kriegführung von den Anführern und Gefolgsleuten unterwiesen und dadurch jeder auf die beste Weise unterschiedlich auf seine jeweiligen Pflichten vorbereitet: Hier gebrauchte man Wurfspieße, die anstelle von Lanzen hergestellt und an Gewicht und Ausmaß nicht minderwertiger waren; die dies nicht hatten, arbeiteten mit kurzen Pfählen, die man durch Feuer zugespitzt hatte; dort übte man sich im Pfeilkampf abwechselnd den ganzen Tag, wieder andere verwendeten Steine. Unter den Bogenschützen aber ragten Odysseus, Teukros, Meriones, Epeios und Menelaos am meisten heraus. Es gab freilich keinen Zweifel, dass sich unter ihnen dennoch Philoktetes besonders auszeichnete, denn er war der Besitzer der Pfeile des Herakles und bewundernswert darin, ins Ziel zu treffen. Die Trojaner hingegen mitsamt ihren Hilfstruppen waren lascher im Kriegswesen und um ihr Heer unbesorgt und handelten daher sorgloser; oft flehten ohne jede Furcht vor einem Hinterhalt die einen oder die anderen mit vielen Opfern den thymbraïschen Apollon an. Etwa in diesen Tagen wurde die Nachricht gebracht, dass fast alle Städte Kleinasiens von Priamos abgefallen seien und ihre Freundschaft mit ihm verwünschen würden. Nach dem Vorbild der (oben genannten) Untat wurde alles verachtet, was sich auf Gastfreundschaft bezog, und dies durch alle Völker und Stämme hindurch, zugleich aber auch, weil man in allen Gefechten die Griechen als Sieger erkannt hatte und die Vernichtung vieler Städte in dieser Gegend in

animis haeserat et ad postremum grave odium filiorum regnique eius incesserat.

(3.2) At apud Troiam forte quadam die Hecuba supplicante Apollini Achilles adveniens visere cerimoniarium morem cum paucis comitibus supervenit. Erant praeterea cum Hecuba matronae plurimae, coniuges principalium filiorumque eius, partim honorem atque obsequium reginae tribuentes, reliquae tali obtentu pro se quaeque rogaturae supplicabant. Etiam Hecubae filiae nondum nuptae Polyxena et Cassandra, Minervae atque Apollinis, antistites novo ac barbaro redimitae ornatu effusis hinc atque inde crinibus precabantur suggerente sibi Polyxena apparatum sacri eius. Ac tum forte Achilles versis in Polyxenam oculis pulchritudine virginis capitur. Auctoque in horas desiderio, ubi animus non lenitur, ad naves discedit. Sed ubi dies pauci fluxere et amor magis ingravescit, accito Automedonte aperit ardorem animi; ad postremum quaesiit, uti ad Hectorem virginis causa iret. Hector vero daturum se in matrimonium sororem mandat, si sibi universum exercitum proderet.

(3.3) Dein Achilles soluturum se omne bellum pro Polyxena tradita pollicetur. Tum Hector: aut proditionem ab eo confirmandam, aut filios Plisthenis atque Aiacem interficiendos, alias de tali negotio nihil se auditurum. Ea ubi Achilles accepit, ira concitus exclamat: se, cum primum tempus bellandi foret, primo proelio interempturum. Dein animi iactatione saucius huc atque illuc

den *Animi* geblieben war, schließlich auch, weil ein schwerer Hass auf die Söhne und sein Königtum eingetreten war.

(3.2) Bei Troja aber stieß zufällig, als eines Tages Hekabe zu Apollon flehte, Achilleus beim Ankommen dazu, um die Art feierlicher Verehrung mit einigen wenigen Begleitern genau anzuschauen. Es waren außerdem bei Hekabe sehr viele Matronen, die Ehefrauen seiner Prinzensöhne; teils zollten sie der Königin Ehrerbietung und Gehorsam, die übrigen erflehten unter solchem Vorwand alles für sich, worum sie bitten wollten. Auch die noch unverheirateten Töchter der Hekabe, Polyxena und Kassandra, Priesterinnen der Athene und des Apollon, mit ungewohntem, barbarischen Kopfschmuck beteten dort mit hier und dort wallendem Haar, wobei sich Polyxena ganz dem Prunk dieser Opferhandlung hingab. Als dann Achilleus zufällig seine Augen Polyxena zuwandte, wurde er von der Schönheit der Jungfrau ergriffen. Da sein Begehren von Stunde zu Stunde wuchs, ging er, da sein *Animus* sich nicht besänftigen konnte, zu den Schiffen. Als aber einige wenige Tage verflossen waren und seine Liebe immer größer geworden war, ließ er Automedon kommen und eröffnete ihm die Glut seines *Animus*; schließlich bat er ihn, dass er zu Hektor wegen der Jungfrau gehe. Hektor trug dem Boten auf, zu sagen, er würde tatsächlich dem Achilleus seine Schwester in die Ehe geben, wenn der ihm das gesamte Heer auslieferte.

(3.3) Darauf versprach Achilleus, er würde den ganzen Krieg beenden als Preis für die Übergabe der Polyxena. Darauf sagte Hektor, entweder müsse die Preisgabe von ihm bestätigt werden oder es müssten die Söhne des Pleisthenes (Agamemnon und Menelaos) und Aias getötet werden, sonst wolle er von einem solchen Geschäft nichts hören. Als Achilleus dies erfuhr, wurde er von Zorn erregt und rief, dass er, wenn nur erst die Zeit für die Kriegführung wieder gekommen wäre, ihn im ersten Gefecht beseitigen werde.

oberrans interdum tamen, quatenus praesenti negotio utendum esset, consultare. At ubi eum Automedon iactari animo atque in dies magis magisque aestuare desiderio ac pernoctare extra tentoria animadvertit, veritus, ne quid adversum se aut in supradictos reges moliretur, Patroclo atque Aiaci rem cunctam aperit. Hique dissimulato quod audierant cum rege commorantur. Ac forte quodam tempore recordatus sui convocatis Agamennone et Menelao negotium, ut gestum erat, desideriumque animi aperit: a quis omnibus ut bono animo ageret respondetur, brevi quippe dominum eum fore eius, quam deprecando non impetraverit. Quae res eo habere fidem videbatur, quoniam iam summa rerum Troianarum prope occasum erat. Omnes namque Asiae civitates execratae amicitiam Priamidarum ultro nobis auxilium societatemque belli offerebant. Quis ab ducibus nostris benigne respondebatur: satis sibi esse praesentium copiarum neque auxiliorum egere, amicitiam sane, quam offerent, ultro suscipere voluntatemque erorum fore gratam omnibus. Scilicet quia fluxa fides et animi parum spectati neque tam subita mutatio sine dolo credebatur.

(3.4) Iamque exactis hibernis mensibus ver coeperat, cum Grai edicto prius, uti omnis miles in armis esset, mox signo belli edito exercitum in campis productum ordinant; neque ea a Troianis segnius agebantur. Igitur ubi utrimque instructae acies adversum processere atque infra teli iactum ventum est, cohortati suos

Dann irrte er, von einer Erschütterung des *Animus* ergriffen, hierhin und dorthin und ging dennoch manchmal mit sich zu Rat, bis wie weit man mit vorliegender Aufgabe umgehen dürfe. Als Automedon wahrnahm, dass er in seinem *Animus* erschüttert werde, von Tag zu Tag immer mehr in Glut gerate und außerhalb der Zelte übernachtete, befürchtete er, Achilleus würde etwas gegen sich selbst oder gegen die oben genannten Könige in Bewegung setzen; daher eröffnete er Patroklos und Aias die ganze Sache. Diese verbargen, was sie gehört hatten, und verweilten beim König. Zufällig besann der sich zur rechten Zeit seiner selbst, rief Agamemnon und Menelaos zu sich und eröffnete ihnen die Aufgabe, wie sie sich ergeben hatte, sowie das Begehren seines *Animus*. Von ihnen wurde geantwortet, er solle von gutem *Animus* sein, denn in Kürze werde er Herr derjenigen sein, die er mit Bitten nicht habe erlangen können. Diese Sache schien deshalb *Fides* zu haben, weil ja die Gesamtlage Trojas schon dem Untergang nahe war. Alle Städte Asiens, die eine Freundschaft mit den Priamiden verwünscht hatten, boten uns von sich aus Hilfe im Krieg und Bundesgenossenschaft an. Ihnen wurde von unseren Anführern gnädig geantwortet: Zur Zeit hätten sie genug Mittel und brauchten keine Hilfstruppen, wohl aber die Freundschaft, die sie anböten; von sich aus nähmen sie ihren guten Willen an, der allen willkommen sein werde, weil nämlich *Fides* vergänglich ist, ihre *Animi* zu wenig ersichtlich waren und man einem so plötzlichen Wandel nicht ohne Hinterlist Glauben schenken durfte.

(3.4) Schon waren die Wintermonate vergangen und das Frühjahr hatte begonnen, als die Griechen, nachdem man zuvor aufgerufen hatte, dass jeder Soldat unter Waffen stehe, bald das Zeichen für den Krieg gaben und das Heer auf den Feldern ordneten. Nicht lässiger wurde dies auch von den Trojanern betrieben. Als es dann dazu gekommen war, dass auf beiden Seiten die geordneten Schlachtreihen gegeneinander vorwärts schritten und man in die Wurfweite von

quisque manus conserunt in medio locatis equitibus et ob id primis congressis. Tumque primum reges nostri atque hostium ascensis curribus bellum ineunt adscito sibi quisque auriga ad regendos equos. Sed primus omnium Diomedes invectus Pyraechmem, regem Paeonum, hasta fronte ictum interficit, dein ceteros, quos ob virtutem rex secum stipatores habuerat, conglobatos inter se atque ausos resistere partim telo eminus fundit, alios curru per medios concito humi obterit. Dein Idomeneus adhibito equis Merione Acamanta Thracum regem deicit, ruentique telo occurrit atque ita interficit. Sed ubi Hector situs in parte alia medios suorum fundi accipit, dispositis satis strenuis, ubi pugnabat, accurrit auxilio laborantibus Glaucum secum ac Deïphobum et Polydamanta habens. Neque dubium, quin deleta a praedictis regibus ea pars hostium foret, ni adventu suo Hector nostrosque ulterius progredi ac suos fugere cohibuisset. Ita Graeci prohibiti caede reliquorum represso gradu adversum eos, qui supervenerant, constitere.

(3.5) Ac mox cognito per universum exercitum proelio in ea parte reliqui duces confirmati, ubi quisque pugnaverat, undique eo confluunt. Densatur utrimque acies et proelium renovatum est. Igitur Hector ubi plurimos suorum adesse et satis tutum se intellegit, tollit animos. Dein clamore magno singulos suorum

Speeren gekommen war, ermunterte jeder Anführer die Seinen; man geriet ins Handgemenge, nachdem die Reiter in der Mitte platziert waren und deshalb als erste aneinander geraten waren. Dann erst begannen unsere Könige und die der Feinde nach Besteigen der Wagen den Kampf, wobei sich jeder einen Wagenlenker zum Führen der Pferde ausgesucht hatte. Als allererster tötete Diomedes während der Anfahrt den Pyraichmes, den König der Paionier, der durch eine Lanze an der Stirn getroffen wurde; dann streckte er die übrigen nieder, die wegen ihrer *Virtus* dieser König als Gefolgschaft bei sich hatte und die es, miteinander verknäult, gewagt hatten ihm Widerstand zu leisten, teils aus der Ferne mit einem Speer, andere wiederum zermalmte er, indem er seinen Wagen mitten in sie hinein lenkte. Dann warf Idomeneus unter Heranziehung von Meriones zu Pferd den Akamas, den König der Thraker, nieder, lief dem Stürzenden mit einem Speer entgegen und tötete ihn so. Sobald aber Hektor, der sich auf der anderen Seite befand, erfuhr, dass die Mittleren der Seinen versprengt würden, verteilte er dort ausreichend tüchtige Leute, wo er kämpfte, und eilte dann denen zu Hilfe, die sich nur mit Mühe halten konnten, wobei er Glaukos, Deïphobos und Polydamas bei sich hatte. Es besteht kein Zweifel, dass dieser Teil der Feinde von den eben genannten Königen vernichtet worden wäre, wenn nicht Hektor durch seine Ankunft sowohl die Unseren am weiteren Vorrücken als auch die Seinen am Fliehen gehindert hätte. So hielten die Griechen, durch den Tod der Übrigen beeinträchtigt, mit gehemmtem Schritt gegen plötzlich Angekommene doch stand.

(3.5) Als bald durch die gesamte Truppe die Kenntnis vom Gefecht auf dieser Seite gekommen war, strömten die übrigen Anführer, die sich dort behauptet hatten, wo ein jeder gekämpft hatte, von überall her dorthin zusammen. Die Schlachtreihe wurde auf beiden Seiten verdichtet und der Kampf wiederaufgenommen. Als Hektor wahrnahm, es seien sehr viele der Seinen anwesend und er selbst genügend gesichert war, richtete er deren *Animi* auf. Dann nannte

nomine appellans confidentius in hostem pugnare hortatur; ac progressus intra aciem Diorem et Polyxenum Alios satis impigre pugnantes vulnerat. At ubi eum Achilles ita in hostem promptum animadvertit, simul subvenire his, quos adversum bellabat, cupiens et memor paulo ante repulsae in Polyxena contra tendit; progressusque in medio Pylaemenem Paphlagonum regem impedimento sibi oppositum comminus fundit non alienum sanguinis Priamidarum. Perhibebatur quippe hic etiam ex his, qui a Phineo Agenoris originem propriam memoria repetebant, a quo etiam Olizonen genitam, postquam adoleverit deductam in matrimonium Dardani.

(3.6) Ceterum Hector postquam ad se agmine infesto tendi videt, causas odii recordatus non ulterius impetum viri experiri ausus ex acie subterfugit. Tumque Achilles insecutus quantum acies hostium patiebatur, ad postremum iaculatus aurigam eius interfecit, postquam Hector per aliam partem relicto curru aufugerat. Dein ereptum sibi e manibus inimicissimum omnium dolens rursus vehementius saevire extractoque ex corpore aurigae iaculo fundere obvios ac prostratos, cum alios invaderet, desuper proculcans obterere. Inter quae tam trepida cunctis fugientibus Helenus quaesitum ex occulto vulneri locum ubi nactus est, manum Achillis procul atque improvisus sagitta transfigit. Ita vir

er mit lautem Rufen jeden einzelnen der Seinen beim Namen und forderte ihn auf, zuversichtlicher gegen den Feind zu kämpfen; er selbst schritt zwischen den Schlachtreihen vor und verwundete Diores und Polyxenos aus Eleia, die unverdrossen genug kämpften. Sobald aber Achilleus ihn so kampfbereit gegen den Feind gesehen hatte, wünschte er sogleich, denen zu Hilfe zu eilen, gegen die jener sich kriegerisch wandte, und wollte eingedenk der kurz zuvor erfolgten Abfuhr bei Polyxena sich dagegen anstrengen; er rückte in der Mitte vor und streckte den Pylaimenes, den König der Paphlagonen, nieder, der sich ihm entgegenstellt hatte und ein Blutsverwandter der Priamiden war. Ihn erwähnte man auch als einen von denen, die von Phineus, dem Sohn des Agenor, ihren eigenen Ursprung in ihrer Überlieferung angaben, von dem auch Olizone abstammte, die man, als sie erwachsen geworden war, in die Ehe mit Dardanos geführt hatte.

(3.6) Im Übrigen erinnerte sich Hektor, als er sah, dass man mit einer Angriffsstreitmacht auf ihn hinstrebte, an die Ursachen des Hasses, wagte es nicht, sich dem Ansturm jenes Mannes weiterhin auszusetzen, und floh dann heimlich aus der vorderen Schlachtreihe. Da folgte ihm Achilleus nach, soweit es die Schlachtreihe der Feinde zuließ, und tötete schließlich mit einem Wurf dessen Wagenlenker, nachdem Hektor durch einen anderen Teil unter Zurücklassung des Wagens entkommen war. Dann bedauerte Achilleus schmerzlich, dass ihm sein allerschlimmster Feind aus den Händen gerissen war, und wütete wiederum allzu heftig: Er zog aus dem Leib des Wagenlenkers den Wurfspieß heraus, sprengte diejenigen, die ihm entgegentraten, auseinander, trat von oben herab auf die am Boden Liegenden und zermalmte sie. Während in diesem Durcheinander alle flüchteten, durchbohrte Helenos, sobald er aus dem Verborgenen die Stelle für einen Verwundung gefunden hatte, die Hand des Achilleus von Ferne und unvermutet mit einem Pfeil. So setzte dieser Mann, der in der Kriegführung

egregius bellandi, cuius adventu territus fugatusque Hector, multi mortales cum ducibus extincti, clam atque ex occulto vulneratus eo die finem bellandi fecit.

(3.7) Interim Agamemnon et cum eo Aiaces duo inter ceteram stragem ignotorum nacti plurimos Priami filiorum interficiunt, atque Agamemnon Aesacum cum Deiopite, Archemachum, Laudocum et Philenorem, Aiax Oilei et Telamonius Mylium, Astynoum, Doryclum, Hippothoum atque Hippodamanta. At in alia belli parte Patroclus et Lycius Sarpedon locati in cornibus nullis propinquorum praesentibus signo inter se dato solitarii certaminis extra aciem processere, moxque telis adversum iactis, ubi uterque intactus est, curru desiliunt atque arreptis gladiis pergunt obviam. Iamque crebris adversum se ictibus congressi, neque vulneratus quisquam, multum diei consumpserant, cum Patroclus amplius audendum ratus colligit sese in arma et cautius contectus ingressusque hostem complectitur, manu dextra poplitem succidens, quo vulnere debilitatum atque exsectis nervis invalidum propulsat corpore ruentemque interficit.

(3.8) Quod ubi animadvertere Troiani, qui iuxta steterant, gemitu magno clamorem tollunt, relictisque ordinibus signo dato arma in Patroclum vertunt, scilicet Sarpedonis interitu publicam

herausragte, durch dessen Ankunft Hektor erschreckt und in die Flucht getrieben worden und viele Menschen mitsamt ihren Anführern ausgelöscht worden waren, als er heimlich und aus dem Verborgenen verwundet wurde, an diesem Tag dem Kriegführen ein Ende.

(3.7) Inzwischen bemächtigten sich Agamemnon und mit ihm die beiden Aias unter dem übrigen Haufen Unbekannter auch sehr vieler Söhne des Priamos und töteten sie, und zwar Agamemnon den Aisakos mitsamt Deïopites, den Archemachos, den Laodokos und den Philenor, den Aias, Sohn des Oileus, und den telamonischen Aias, den Mylios, den Astynoos, den Doryklos, den Hippothoos und den Hippodamas. Auf einem anderen Teil des Krieges aber schritten Patroklos und der Lyker Sarpedon, auf den Flügeln platziert, wo keiner von den eigenen Leuten vorhanden war, auf ein Zeichen hin, das sie sich gegenseitig gegeben hatten, als Einzelkämpfer außerhalb der Schlachtreihe vorwärts; als dann bald Speere gegeneinander geschleudert worden waren, wobei beide unversehrt blieben, sprangen sie sogleich von ihren Wagen, griffen zu ihren Schwertern und zogen gegeneinander los. Und schon waren sie nach häufigem Schlagabtausch ins Handgemenge geraten; keiner war verwundet und sie hatten bereits einen Großteil des Tages verbraucht, als Patroklos meinte, mehr wagen zu müssen, und sich hinter seinen Waffen niederbückte; so recht gut geschützt, umfasste er den Feind, schnitt ihm mit der rechten Hand von unten durch die Kniekehle – durch diese Wunde wurde der geschwächt und durch die durchschnittenen Sehnen kampfunfähig gemacht –, hielt ihn von seinem Leib fern und tötete ihn, als er stürzte.

(3.8) Sobald dies die Trojaner, die daneben gestanden hatten, wahrnahmen, erhoben sie mit großem Jammern ein Gebrüll, verließen ihre Ordnungen und richteten auf ein gegebenes Zeichen hin ihre Waffen gegen Patroklos; sie meinten nämlich, durch den Unter-

cladem rati. At Patroclus praeviso hostium agmine telum positum humi propere rapit compositusque in armis audentius resistit. Tunc ingruentem Deïphobum hasta comminus tibiam ferit atque excedere ex acie coegit interfecto prius Gorgythione fratre eius. Neque multo post adventu Aiacis fusi reliqui, cum interim Hector edoctus quae acciderant, supervenit ac mox conversam suorum aciem pro tempore restituit increpatis ducibus ac plerisque ex fuga reductis. Ita praesentia eius animi tolluntur et proelium incenditur. Tum vero inclitis ex utraque parte ducibus confirmato exercitu confligunt acies, nunc hinc, nunc inde cedentibus instantes et, ubi acies nutaverat, praesidiis accurrentibus. Interea utriusque exercitus cadunt plurimi neque fortuna belli mutatur. Sed postquam miles per multum diem bello intentus magis magisque fatigabatur et diei vesper erat, utrisque cupientibus pugna decessum.

(3.9) Tum apud Troiam circa Sarpedonis cadaver cunctis deflentibus ac praecipue feminis luctu atque gemitu omnia completa sunt, quis non alii casus acerbissimi, ne interitus quidem Priamidarum, prae desiderio eius cordi insederant. Tantum in eo viro praesidium et interfecto spes ablata credebatur. At Graeci in castra regressi primum omnium Achillem revisunt eumque de vulnere percontati, ubi sine dolore agere vident, laeti ad

gang des Sarpedon sei eine Niederlage ihres Gemeinwesens möglich. Da Patroklos aber vorhergesehen hatte, dass eine Streitmacht der Feinde kommen würde, raffte er den auf dem Erdboden liegenden Speer, brachte sich mit den Waffen in Stellung und leistete recht waghalsigen Widerstand. Dann stieß er dem herandrängenden Deïphobos die Lanze beim Handgemenge ins Schienbein und zwang ihn so, die Schlachtreihe zu verlassen, nachdem er zuvor dessen Bruder Gorgythion getötet hatte. Nicht viel später wurde durch die Ankunft des Aias der Rest versprengt, während inzwischen Hektor erschien, vom Geschehen in Kenntnis gesetzt, und bald die zur Flucht gewandte Schlachtreihe der Seinen augenblicklich wiederherstellte; er hatte nämlich die Anführer heftig gescholten und die meisten von ihrer Flucht wieder zurückgebracht. So hob sich durch seine Gegenwart der *Animus*; ein Kampf entflammte. Da kämpften nun wieder Schlachtreihen mit ruhmreichen Anführern auf beiden Seiten und mit einem gestärkten Heer; bald setzten sie von hier, bald von dort den Weichenden nach, sobald die Schlachtreihe ins Wanken geraten war, auch wenn Verstärkung dazukam. Inzwischen fielen von den beiden Heeren jeweils sehr viele Männer; das Kriegsglück aber veränderte sich nicht. Aber nachdem die Soldaten, den ganzen langen Tag über im Kampf angespannt, mehr und mehr ermattet waren und der Abend des Tages gekommen war, ließ man, da beide Seiten dies wollten, von der Schlacht ab.

(3.9) Damals war bei Troja um die Leiche des Sarpedon herum, da alle, besonders die Frauen, den Toten beweinten, alles von Trauer und Seufzern erfüllt, mit denen sich keine anderen sehr bitteren Geschehnisse, nicht einmal der Untergang der Priamiden, im Vergleich zur Sehnsucht nach ihm eingenistet hatten. Ein so großer Schutz wurde in diesem Mann gesehen und nach seinem Tod nun eine vernichtete Hoffnung. Als aber die Griechen ins Lager zurückgekehrt waren, suchten sie als allerersten den Achilleus auf und erkundigten sich nach seiner Wunde; als sie ihn ohne Schmerz sahen,

postremum narrare occipiunt Patrocli facta fortia, dein reliquos, qui vulnerati erant, per ordinem circumeunt; ita inspectatis omnibus ad tentoria sua quisque digreditur. Interim Achilles regressum Patroclum extollere laudibus, dein monere, uti reliquo quoque bello memor rerum, quas gesserat, hostibus vehementius ingrueret. Hoc modo nox consumitur. At lucis principio corpora suorum quisque collecta igni cremant, dein sepeliunt. Sed postquam dies aliquot triti et vulnerati convaluerant, arma expedire et producere militem placet.

(3.10) Sed barbari more pessimo nec quicquam compositum, nihil aliud quam turbata atque insidiosa cupientes clam atque ante tempus egressi proelium praevertere. Tuncque effusi ruinae modo clamorem inconditum simul et tela in hostes coniciunt semermes etiam tum atque incompositos. Caesi itaque nostrorum multi, in quis Arcesilaus Boeotius et Schedius Crissaeorum uterque duces optimi; ceterum vulnerata pars maxima, Meges etiam et Agapenor, alter Echinadibus imperator, Agapenor Arcadiae. Inter quae tam foeda tanta inclinatione rerum Patroclus fortunam belli vincere adgressus, dum hortatur suos simul atque instat hostibus promptiore quam bellandi mos est, telo Euphorbi ictus ruit. Statimque Hector advolans opprimit ac desuper vulneribus multis fodit; moxque enititur abstrahere proelio, scilicet insolentia gentis suae inludere cupiens per universa genera dehonestamenti. Quod ubi Aiaci cognitum est, relicto ubi pugnaverat propere accurrit, iamque eripere cadaver occipientem proturbat hasta.

begannen sie schließlich, froh von den tapferen Taten des Patroklos zu erzählen, danach gingen sie reihum zu denen, die verwundet worden waren; dann ging jeder, als er sich alles angeschaut hatte, zu seinem Zelt. Inzwischen hob Achilleus den Patroklos nach dessen Rückkehr lobend hervor und forderte ihn auf, dass er auch im restlichen Krieg eingedenk der Dinge, die er geschafft hatte, den Feinden möglichst stürmisch zusetzen solle. Auf diese Art wurde die Nacht verbraucht. Bei Tagesanbruch aber verbrannte jede Seite die Leichname der Ihren und bestattete sie dann. Nachdem einige Tage verstrichen und die Verwundeten genesen waren, beschloss man, die Waffen vorzubereiten und die Soldaten ausrücken zu lassen.

(3.10) Die Barbaren, die auf schlimmste Art nicht Geordnetes – also nichts anderes als Aufruhr und Hinterhältigkeit – begehrten, rückten heimlich und vor der Zeit aus, um die Schlacht zu wenden. Dann erhoben sie, ausgeschüttet wie Trümmer, ein plumpes Geschrei und warfen zur gleichen Zeit Speere auf ihre erst halb bewaffneten und da noch ungeordneten Feinde. Gefällt wurden daher viele der Unseren, darunter der Boiotier Arkesilaos und von den Krissaiern Schedios, beide sehr gute Anführer; im Übrigen wurde ein sehr großer Teil verwundet, auch Meges und Agapenor, der eine Befehlshaber für die Echinaden, der andere für Arkadien. Bei so argen Widrigkeiten versuchte Patroklos einem solchen Wechsel der Lage zum Trotz das Kriegsglück zu erzwingen: Während er die Seinen ermunterte und den Feinden heftiger zusetzte, als es übliche Kriegsart war, wurde er von einem Speer des Euphorbos getroffen und stürzte. Sofort flog Hektor heran, drückte ihn nieder und erstach ihn von oben mit vielen Wunden; bald danach bemühte er sich, ihn aus dem Kampf herauszuziehen; in der Überheblichkeit seines Stammes wollte er nämlich mit ihm auf alle Arten seinen Spott treiben. Sobald dies von Aias wahrgenommen wurde, verließ dieser schleunigst den Platz, an dem er gekämpft hatte, lief eilig herbei und verjagte den Hektor, der den Leichnam fortzureißen be-

Interim Euphorbus a Menelao et Aiace altero summo studio circumventus scilicet auctor interempti ducis morte poenas luit. Deinde occipiente vespera proelium dirimitur male et cum dedecore plurimis nostrorum interfectis.

(3.11) Sed postquam reductae utrimque acies et iam in tuto miles noster erat, cuncti reges Achillem conveniunt deformatum iam lacrimis atque omni supplicio lamentandi. Qui modo prostratus humi, nunc cadaveri superiacens adeo reliquorum animos pertemptaverat, ut Aiax etiam, qui solandi causa adstiterat, nihil luctui remitteret. Nec Patrocli tantum mors gemitum illum cunctis incusserat, sed praecipue recordatio vulnerum per loca corporis pudibunda, quod exemplum pessimum per mortales tum primum proditum est numquam antea a Graecis solitum. Igitur reges multis precibus atque omni consolationis modo tandem Achillem flexum humo erigunt. Dein Patrocli corpus elutum mox veste circumtegitur maxime ob tegenda vulnera, quae multimodis impressa haud sine magno gemitu cernebantur.

(3.12) His actis monet, uti custodes vigilias agere curarent, ne qua hostes detentis circa funus nostris more solito inruerent. Ita per distributionem officia sua quisque procurantes igni plurimo in armis pernoctant. At lucis principio placet, uti ex omni ducum numero quinque in montem Idam vaderent silvam caesum, qua

gann, mit der Lanze. Inzwischen wurde Euphorbos von Menelaos und dem anderen Aias mit größtem Eifer umzingelt und büßte – nämlich als Anstifter zur Beseitigung des Anführers (Patroklos) – mit dem eigenen Tod. Als dann der Abend anfing, brach man den Kampf ab, nachdem sehr viele der Unseren übel und ehrlos getötet worden waren.

(3.11) Nachdem man auf beiden Seiten die Schlachtreihen zurückgeführt hatte und unsere Soldaten schon in Sicherheit waren, kamen alle Könige bei Achilleus zusammen, der von Tränen und jeder Art von Wehklagen schon ganz entstellt war. Bald auf dem Erdboden ausgestreckt, bald auf dem Leichnam liegend, rührte er so sehr die *Animi* der Übrigen, dass sogar Aias, der zum Trösten neben ihm stand, nichts an seiner Trauer vermindern konnte. Nicht nur der Tod des Patroklos hatte jenes Jammern allen eingegeben, sondern vor allem die Erinnerung an die Wunden an den Schamteilen des Körpers, denn dieses äußerst schlimme Beispiel gab man damals zum ersten Mal den Menschen, das zuvor den Griechen nie gewohnt gewesen war. Also richteten die Könige mit vielen Bitten und mit jeder Art von Trost den gebeugten Achilleus wieder vom Erdboden auf. Dann wurde der Leichnam des Patroklos gewaschen und bald mit einem Gewand verhüllt, vor allem, um die Wunden zu bedecken, die man in ihrer vielfältigen Art nicht ohne großes Seufzen wahrnehmen konnte.

(3.12) Danach forderte er dazu auf, dass die Posten für die Nachtwachen gute Vorsorge treffen, damit nicht irgendwie die Feinde, während die Unseren mit dem Begräbnis befasst waren, auf gewöhnliche Weise eindringen konnten. So besorgte jeder, der Einteilung entsprechend, seine Pflichten; sie übernachteten bei einem sehr großem Feuer unter Waffen. Bei Tagesanbruch aber beschloss man, dass aus der ganzen Zahl der Anführer fünf auf den Berg Ida hinaufgehen sollten, um das Holz zu schlagen, mit dem Patroklos

Patroclus cremaretur, decretum quippe ab omnibus erat, funus eius publice uti curaretur. Iere igitur Ialmenus, Ascalaphus, Epios et cum Merione Aiax alter. Moxque Ulixes et Diomedes busto locum dimetiuntur quinque hastarum longitudine totidemque in transversum. Advecta deinde ligni copia bustum extruitur impositumque desuper cadaver igni supposito cremant exornatum iam decore omni pretiosae vestis; id namque Hippodamia et Diomedea curaverant, quarum Diomedea nimium iuveni et omni affectu dilecta fuerat.

(3.13) Ceterum paucis post diebus refectis ex labore vigiliarum ducibus cum luce simul exercitus in campum productus per totum diem in armis agit opperiens barbarorum adventum. Qui muris despectantes postquam nostros paratos proelio vident, eo die certamen distulere. Ita occasu solis Graeci ad naves regressi. At vix principio diei Troiani rati etiam nunc incompositos Graecos, armati portis evolant temere et cum audacia, uti antea soliti, instantesque circa vallum certatim tela iaciunt crebra magis quam cum effectu nostris ad evitandos tantum ictus compositis. Igitur ubi ad multum diem barbari intenti iaculis fessi iam neque ita vehementes animadvertuntur, ex parte una nostri erumpunt, incursantesque sinistrum latus fundunt fugantque; neque multo post ex alio abnuentibus iam barbaris ac sine ulla difficultate versis.

verbrannt werden sollte. Es stand nämlich für alle fest, dass sein Begräbnis öffentlich begangen werden solle. Es gingen also los Ialmenos, Askalaphos, Epeios und zusammen mit Meriones der andere Aias. Bald vermaßen Odysseus und Diomedes den Platz für den Scheiterhaufen: fünf Lanzen in der Länge und ebenso viele in der Breite. Dann schichtete man aus dem herangebrachten Holz den Scheiterhaufen auf und legte die Leiche darauf, zündete darunter Feuer an und verbrannte sie, die schon mit der ganzen Zier eines kostbaren Gewandes herausgeschmückt war; dafür nämlich hatten Hippodameia und Diomedeia gesorgt, von denen Diomedeia dem jungen Mann mit aller Zuneigung zugetan gewesen war.

(3.13) Im Übrigen wurde nach wenigen Tagen, als sich die Anführer von der Anstrengung der Nachtwachen erholt hatten, gleich bei Tageslicht das Heer auf das Feld hinausgeführt und verbrachte den ganzen Tag unter Waffen, da es die Ankunft der Barbaren erwartete. Die schauten von den Mauern herunter, und als sie die Unseren kampfbereit gesehen, schoben sie an diesem Tag einen Kampf auf. So kehrten bei Sonnenuntergang die Griechen zu den Schiffen zurück, doch kaum hatte der neue Tag begonnen, da stürzten die Trojaner in der Meinung, auch jetzt seien die Griechen noch nicht geordnet, bewaffnet aus ihren Toren heraus, verwegen und mit Waghalsigkeit, wie sie es schon früher gewohnt waren, und dichtgedrängt um den Wall herum schleuderten sie ihre Speere um die Wette, freilich mehr in hoher Zahl als mit Erfolg, da die Unseren sich nämlich dicht zusammengedrängt aufgestellt hatten, um so vielen Würfen zu entgehen. Als man also spät am Tag die mit ihren Wurfspießen befassten Barbaren schon als erschöpft und nicht mehr so stürmisch wahrnahm, brachen auf einer Seite die Unseren hervor, versprengten und verjagten die linke Flanke; nicht viel später verweigerten sich bereits auf der anderen Seite die Barbaren und wurden ohne jede Schwierigkeit zur Flucht getrieben.

(3.14) Ita plurimi barbarorum, ubi vertere terga, foede et vice inbellium ab insequentibus proculcati ad postremum dispereunt, in quis Asius, Hyrtaco genitus, et cum Hippothoo Pylaeus, hi Larisaeis, Asius Sesto regnantes. Eodem die vivi a Diomede capiuntur duodecim, ab Aiace quadraginta. Captus etiam Pisus et Euander Priamidae. In ea pugna Graecorum Guneus interfectus rex Cyphius, vulneratus etiam Idomeneus dux noster. Ceterum ubi Troiani muros ingressi clausere portas et finis instandi factus est, nostri spoliata armis hostilia cadavera adportataque in flumine praecipitant memores paulo ante in Patroclo insolentiae barbarorum; dein captivos omnes, uti quem ceperant, in ordine Achilli offerunt. Isque vino multo sopita iam favilla reliquias in urnam collegerat, decretum quippe animo gerebat, secum in patrium solum uti adveheret vel, si fortuna in se casum mutaret, una atque eadem sepultura cum carissimo sibi omnium contegi. Itaque eos, qui oblati erant, deduci ad bustum, una etiam Priami filios ibique seorsum aliquantum a favilla iugulari iubet, scilicet inferias Patrocli manibus. Ac mox regulos canibus dilaniandos iacit confirmatque se non prius desinere pernoctando humi, quam in auctorem tanti luctus sui sanguine vindicasset.

(3.15) Sed nec multi transacti dies, cum repente nuntiatum Hectorem obviam Penthesileae cum paucis profectum. Quae

(3.14) So wurden sehr viele Barbaren, sobald sie den Rücken gewendet hatten, grässlich und wie Wehrlose von den Verfolgern niedergetreten und gingen schließlich zugrunde, darunter Asios, Sohn des Hyrtakos, und mit Hippothoos auch Pylaios; diese waren Könige für die Larisaier, Asios König von Sestos. An demselben Tag wurden von Diomedes zwölf Männer lebend gefangen genommen, von Aias 40. Gefangen genommen wurden auch Pisos und Euandros, die Priamiden. In dieser Schlacht wurde unter den Griechen Guneus getötet, der kyphische König; verwundet wurde außerdem Idomeneus, unser Anführer. Im Übrigen nahmen, sobald die Trojaner die Mauern durchschritten, die Tore geschlossen und ihren Angriff beendet hatten, die Unseren den Leichen der Feinde die Waffen ab, schleppten sie zu einem Fluss und warfen sie hinein, eingedenk der kurz zuvor gesehenen Maßlosigkeit an Patroklos; dann brachten sie alle Gefangenen so, wie sie diese ergriffen hatten, in einer bestimmten Ordnung dem Achilleus dar. Der hatte gerade Überbleibsel des Patroklos in einer Urne zusammen mit viel Wein gesammelt, während die Asche noch glühte; er hatte nämlich in seinem *Animus* bereits den Beschluss gefasst, ihn mit in die Heimaterde zu bringen, oder wenn das Schicksal etwas anders gegen ihn entscheiden sollte, in ein und derselben Grabstätte gemeinsam mit seinem allerliebsten Gefährten beigesetzt zu werden. Daher ließ er diejenigen, die ihm dargebracht wurden, zum Scheiterhaufen wegführen, darunter auch die Söhne des Priamos, dort ein wenig von der Asche entfernen und sie abschlachten, und zwar als Totenopfer für die *Manes* (Totengeister) des Patroklos. Bald darauf warf er die Prinzen den Hunden zum Zerreißen vor und versicherte, dass er nicht eher aufhören werde, auf dem Erdboden zu schlafen, bis er den Verursacher seiner so mächtigen Trauer mit dessen Blut bestraft hätte.

(3.15) Doch waren nicht viele Tage vergangen, als plötzlich gemeldet wurde, dass Hektor der Penthesileia entgegen mit wenigen

regina Amazonibus incertum pretio an bellandi cupidine auxiliatum Priamo adventaverat, gens bellatrix et ob id ad finitimos indomita, specie armorum inclita per mortales. Igitur Achilles paucis fidis adiunctis secum insidiatum propere pergit atque hostem securum sui praevortit, tum ingredi flumen occipientem circumvenit. Ita eumque et omnes, qui comites regulo dolum huiusmodi ignoraverant, ex improviso interficit. At quendam filiorum Priami comprehensum mox excisis manibus ad civitatem remittit nuntiatum quae gesta erant ipse cum caede inimicissimi, tum memoria doloris ferox spoliatum armis hostem, mox constrictis in unum pedibus vinculo currui postremo adnectit, dein ubi ascendit ipse, Automedonti imperat, daret lora equis. Ita curru concito per campum, qua maxime visi poterat, praevolat hostem mirandum in modum circumtrahens, genus poenae novum miserandumque.

(3.16) At apud Troiam ubi spolia Hectoris desuper ex muris animadvertere, quae Graeci praecepto regis ante ora hostium praetulerant, et filius Priami praemissus ab Achille rem ut gesta erat disseruit, tantus undique versus per totam civitatem luctus atque clamor editur, ut aves etiam consternatae vocibus alto decidisse crederentur nostris cum insultatione reclamantibus. Ac mox portis ex omni parte urbs clauditur. Foedatur regni habitus

Leuten aufgebrochen sei. Diese Königin der Amazonen war – ungewiss ist, ob gegen Lohn oder aus Kriegslust – eingetroffen, um Priamos zu helfen; ihr Stamm war kriegerisch und deshalb von den Nachbarn unbezwungen, sie selbst durch die Erscheinung ihrer Waffen bei den Sterblichen berühmt. Also machte sich Achilleus mit wenigen ihm treu verbundenen Männern eilig auf, um einen Hinterhalt zu legen, und kam dem Feind zuvor, der sich sicher wähnte; dann umzingelte er ihn, als er einen Fluss überschreiten wollte. So tötete er unvermutet den Hektor und alle, die als Begleiter des Prinzen eine derartige List nicht erkannt hatten. Einen von den Söhnen des Priamos, den er aufgegriffen hatte, schickte er bald mit abgeschnittenen Händen zur Stadt zurück, um dort zu melden, was geschehen war; er selbst war schon durch die Austilgung seines größten Feindes, besonders aber in Erinnerung an seinen Schmerz wild, beraubte den Feind seiner Waffen, band dessen Füße fest zusammen und befestigte ihn schließlich mit einer Fessel an seinen Wagen; dann befahl er, sobald er selbst aufgestiegen war, dem Automedon, dass er den Pferden die Zügel geben solle. So stürmte er mit seinem in raschem Lauf rollenden Wagen dort über das Feld, wo man ihn am besten sehen konnte, und zerrte den Feind auf eine befremdliche Weise herum: eine neue, mitleidswürdige Art von Bestrafung.

(3.16) Sobald man aber in Troja die Rüstung des Hektor von den Mauern her gesehen hatte, welche die Griechen auf Anordnung des Königs vor dem Antlitz der Feinde ausgebreitet hatten, und der Sohn des Priamos, der von Achilleus vorausgeschickt worden war, dargelegt hatte, wie die Sache geschehen war, breitete sich eine so große Trauer überall über die gesamte Stadt aus und ein solches Geschrei wurde laut, dass selbst die Vögel, von den Stimmen verwirrt, vom Himmel herabgefallen sein sollen, während die Unseren mit Beleidigungen zurückschrien. Und bald wurde die Stadt auf allen Seiten durch ihre Tore verschlossen. Verunstaltet war das

atque in modum lugubrem funestumque obducta facies civitatis. Cum sicut in tali nuntio adsolet, repente cursus trepidantium fieret in eundem locum ac statim sine ulla certa ratione per diversum fuga. Nunc planctus crebri, modo urbe tota silentium ex incerto. Inter quae et spes extremas multi credidere cum nocte simul Graecos moenia invasuros excisurosque urbem securos interitu tanti ducis, nonnulli etiam pro confirmato habere Achillem exercitum eum, qui duce Penthesilea Priami rebus auxilio venerat, partibus suorum adiunxisse, postremo omnia adversa hostilia fractas ablatasque opes, nullam salutis spem interempto Hectore in animo habere, quippe is solus omnium in ea civitate adversum tot milia imperatoresque hostium varia semper victoria certaverat. Cui fama bellandi inclito per gentes numquam tamen vires consilio superfuerant.

(3.17) Interim apud Graecos, ubi Achilles ad naves redit et cadaver Hectoris in ore omnium est, dolor, quem ob Patrocli interitum paulo ante perceperant, nece metuendi hostis et ob id praecipua laetitia circumscribitur. Ac tum universis placet, uti in honorem eius, quoniam abesset hostilis metus, certamen ludis solitum celebraretur. Neque minus tamen reliqui populi, qui non certaturi spectandi gratia convenerant, instructi armis paratique

Aussehen des Königreiches und verschlossen war auf unheilvolle und unselige Weise das Gesicht der Stadt. Wie es bei einer solchen Nachricht gewöhnlich ist, entstand plötzlich ein Zusammenlaufen zitternder Menschen an ein und demselben Ort und sogleich ohne bestimmten Grund eine Flucht in verschiedene Richtungen. Nun gab es häufiges Wehklagen, bald in der gesamten Stadt völlige Stille aus der Ungewissheit heraus. Zwischen diesem Tun und äußersten Hoffnungen glaubten viele, dass mit der Nacht sogleich die Griechen die Mauern übersteigen und die Stadt auslöschen würden, da sie durch den Untergang eines so bedeutenden Anführers sicher seien. Einige hielten es sogar für eine bestätigte Tatsache, dass Achilleus das Heer, das unter Führung der Penthesileia der Sache des Priamos zu Hilfe gekommen war, mit Teilen der Seinigen vereinigt habe und dass schließlich alles widrig und feindselig sowie die Machtmittel gebrochen und weggeschleppt seien; keine Hoffnung auf Rettung hätten sie nach der Tötung des Hektor im *Animus*, denn der hatte als einziger von allen in dieser Stadt gegen so viele Tausende und gegen die feindlichen Befehlshaber immer mit unterschiedlichem Erfolg gestritten. Dieser Mann, der wegen seines Kriegsruhmes bei den Völkern berühmt war, hatte dennoch nie seine Kräfte für einen Ratschlag als überflüssig erachtet.

(3.17) Inzwischen schwand bei den Griechen, als Achilleus zu den Schiffen zurückgekehrt und die (Nachricht von der) Leiche des Hektor in aller Mund war, der Schmerz, den man infolge des Untergangs des Patroklos noch kurz zuvor empfunden hatte, und wurde durch den Tod eines zu fürchtenden Feindes und der deshalb vorwiegenden Freude aufgehoben. Dann beschlossen alle, man solle zu seinen Ehren, da ja die Furcht vor dem Feind verschwunden war, den üblichen Wettbewerb in Spielen feiern. Nichtsdestotrotz sollten die übrigen Völkerschaften, die sich nicht als Wettkämpfer, sondern nur zum Zuschauen eingefunden hatten, gerüstet und mit Waffen ausgestattet anwesend sein, damit nämlich der Feind,

adessent, ne qua scilicet hostis quamvis fractis rebus solito tamen insidiandi more inrueret. Igitur Achilles victorum praemia, quae ei videbantur maxima, statui imperat. Et postquam nihil reliquum erat, reges omnes ad considendum hortatur, ipse medius atque inter eos excelsior. Tum primum quadriiugis equis Eumelus ante omnes victor declaratur, bigarum praemia Diomedes meruit, secundo post eum Menelaus.

(3.18) Ceterum ad certandum qui sagittarum arte maxime praevalebant Meriones atque Ulixes duos erexere malos, quis religatum linum tenuissimum atque ex transverso extentum utriusque capiti adnectebatur, media columba sparto dependebat; eius contingendae certamen maximum. Tum reliquis incassum tendentibus Ulixes cum Merione destinatum confixere. Quibus cum a reliquis favor attolleretur, Philocteta non columbam se, verum id, quo religata esset, sagitta excisurum promittit. Admirantibus deinde difficultatem regibus, fidem promissi non felicius quam sollertius confirmavit; ita dirupto vinculo columba cum maxima populi adclamatione decidit. Praemia certaminis eius Meriones atque Ulixes tulere. Achilles duplici extra ordinem munere Philoctetam donat.

(3.19) Cursu longo certantibus Oilei Aiax victor excipitur, post quem secundus Polypoëtes. Duplici campo Machaon, singulari Eurypylus, saltu Tlepolemus, disco Antilochus victores abeunt. Praemia luctandi intacta permansere, quippe Aiax arripiens medium Ulixem deicit, qui ruens pedibus eius circumvertitur,

auch wenn seine Mittel gemindert seien, trotzdem nicht in gewohnt hinterlistiger Weise einbrechen könne. Also ließ Achilleus Siegespreise aufstellen, die ihm als die größten erschienen. Nachdem dann nichts mehr zu tun übrig blieb, forderte er alle Könige auf, sich niederzusetzen, er selbst in der Mitte und zwischen ihnen herausragend. Dann wurde als erster vor allen Eumelos zum Sieger im Viergespann erklärt, die Siegespreise im Zweigespann verdiente sich Diomedes, nach ihm an zweiter Stelle Menelaos.

(3.18) Im Übrigen richteten zum Wettkampf diejenigen, die in der Bogenschießkunst am meisten hervorstachen, Meriones und Odysseus, zwei Masten auf, an denen man einen sehr dünnen Faden Schnur gebunden und in die Quere ausgespannt an die Spitze der beiden befestigt hatte; in der Mitte hing an einem Faden eine Taube, die zu treffen das höchste Ziel des Wettstreits war. Während sich die übrigen erfolglos bemühten, durchbohrten Odysseus und Meriones das Ziel. Als diesen von den übrigen Beifall gespendet wurde, versprach Philoktetes, er werde nicht die Taube, sondern das, mit dem sie angebunden war, mit einem Pfeil durchtrennen. Während dann die Könige noch die Schwierigkeit bewunderten, löste er die *Fides* des Versprechens nicht mehr mit Glück als mit Kunstfertigkeit ein. Nachdem der Faden gerissen war, fiel die Taube unter größtem Beifall der Zuschauer herab. Die Preise in diesem Wettkampf trugen Meriones und Odysseus davon. Achilleus beschenkte mit einer zweifachen Ehrengabe außerhalb der Ordnung den Philoktetes.

(3.19) Bei den Wettkämpfern im Laufen über die große Distanz wurde Aias, Sohn des Oileus, als Sieger gefeiert, hinter ihm als Zweiter Polypoëtes. Im Doppellauf ging Machaon, im einfachen Lauf Eurypylos, im Sprung Tlepolemos und im Diskoswerfen Antilochos als Sieger hervor. Die Preise im Ringen blieben unangetastet, da Aias, der den Odysseus in der Körpermitte gefasst hatte, diesen zu Boden warf, worauf Odysseus im Stürzen von dessen

atque ita praepedito obligatoque nixu Aiax paene iam victor ad terram ruit. Caestibus reliquoque manuum certamine idem Aiax Telamonius palmam refert. Cursu in armis postremo Diomedes praevaluit. Dein ubi praemia certaminis persoluta sunt, Achilles primum omnium Agamemnoni donum, quod ei honoratissimum videbatur, offert, secundo Nestori, Idomeneo tertio, post quos Podalirio et Machaoni, dein reliquis pro merito ducibus, ad postremum eorum sociis, qui in bello occiderant; hisque mandatum, uti, cum tempus fuisset, domum ad necessarios eorum perferrent. Postquam certandi praemiorumque finis factus et iam diei vesper erat, ad sua quisque tentoria discessere.

(3.20) At lucis principio Priamus lugubri veste miserabile tectus, cui dolor non decus regium, non ullam tanti nominis atque famae speciem reliquam fecerat, manibus vultuque supplicibus ad Achillem venit, quocum Andromacha, non minor quam in Priamo miseratio. Ea quippe deformata multiplici modo Astyanacta, quem nonnulli Scamandrium appellabant, et Laodamanta parvulos admodum filios prae se habens regi adiumentum deprecandi addiderat, qui maeroribus senioque decrepitus filiae Polyxenae umeris innitebatur. Dein sequebatur vehicula plena auri atque argenti pretiosaeque vestis, cum super murum despectantes Troiani comitatum regis oculis prosequerentur. Quo viso repente silentium ex admiratione oritur ac mox reges avidi noscere causas

Füßen umgedreht wurde und so Aias, der beinahe schon Sieger war, mit gehemmtem und eingeschränktem Schwung zu Boden stürzte. Im Schlagriemen- und im übrigen Händewettkampf trug derselbe telamonische Aias die Siegespalme davon. Im Waffenlauf schließlich war Diomedes der Sieger. Als dann die Wettkampfpreise vergeben waren, überreichte Achilleus zuallererst dem Agamemnon ein Geschenk, das ihm als das ehrenvollste erschien, als zweitem dem Nestor, dem Idomeneus als drittem, nach diesen dem Podaleirios und dem Machaon, darauf den übrigen Anführern je nach Verdienst und schließlich den Gefährten derjenigen, die im Krieg gefallen waren. Diesen trug er auf, sie sollten, wenn die Zeit gekommen wäre, sie zu Hause an deren Verwandte weitergeben. Nachdem die Wettkämpfe und Preisvergaben beendet worden waren und schon der Abend dieses Tages war, ging ein jeder zu seinen Zelten fort.

(3.20) Bei Beginn des Tageslichts aber kam Priamos, der mit einem Trauergewand mitleidswürdig bekleidet war und dem der Schmerz nichts mehr vom Schmuck eines Königs und eines Aussehens, das seines so großen Namens und Rufes würdig war, gelassen hatte, mit den Händen und dem Gesicht eines Bittflehenden zu Achilleus und mit ihm Andromache, die einen nicht weniger mitleidswürdigen Anblick bot als Priamos. Sie war nämlich in vielfacher Weise entstellt und trug den Astyanax, den manche auch Skamandrios nannten, und den Laodamas, ihre beiden kleinen Söhne, vor sich her, die sie dem König zur Unterstützung seines Bittflehens mitgegeben hatte. Der war geschwächt von Trauer und Entkräftung und stützte sich auf die Schultern seiner Tochter Polyxena. Dann folgten Wagen voll von Gold und Silber sowie kostbarer Kleidung, während die von der Stadtmauer herabschauenden Trojaner den Zug des Königs mit den Augen verfolgten. Als man ihn sah, brach plötzlich Stille vor Erstaunen aus, und bald schritten die Könige, die begierig waren, die Gründe für das Kommen des Priamos zu

adventus eius procedunt obviam. Priamus ubi ad se tendi videt, protinus in os ruit pulverem reliquaque humi purgamenta capiti aspargens. Dein orat, uti miserati fortunas suas precatores secum ad Achillem veniant. Eius aetatem fortunamque recordatus Nestor dolet, contra Ulixes maledictis insequi et commemorare, quae ad Troiam in consilio ante sumptum bellum ipse adversum legatos dixerat. Ea postquam Achilli nuntiata sunt, per Automedontem eum accersi iubet, ipse retinens gremio urnam cum Patrocli ossibus.

(3.21) Igitur ingressis ducibus nostris cum Priamo rex genua Achilli manibus complexus: »Non tu mihi, inquit, causa huiusce fortunae, sed deorum quispiam, qui postremam aetatem meam, cum misereri deberet, in hasce aerumnas deduxit confectam iam ac defatigatam tantis luctibus filiorum. Quippe hi fisi regno per iuventutem, cum semper cupiditates animi quoquo modo explere gestiunt, ultro sibi mihique perniciem machinati sunt. Neque dubium cuiquam, quin contemptui sit adulescentiae senecta aetas. Quod si interitu meo reliqui huiusmodi facinoribus temperabunt, me quoque, si videtur, exhibeo poenae mortis, cui misero confectoque maeroribus omnes aerumnas, quibus nunc depressus infelicissimum spectaculum mortalibus praebeo, cum hoc exiguo spiritu simul auferes. Adsum en ultro, nihil deprecor, vel si ita cordi est, habe in custodia captivitatis. Neque enim mihi

erfahren, ihm entgegen. Sobald Priamos sah, dass man sich ihm zuwandte, stürzte er sofort auf sein Gesicht und streute sich Staub und anderen Schmutz des Erdbodens auf den Kopf. Dann bat er darum, dass auch diejenigen, die sein Geschick bemitleideten, mit ihm zusammen zu Achilleus kommen dürften. Dessen Alter und Schicksal rief sich Nestor ins Gedächtnis und empfand Schmerz mit ihm, dagegen belegte ihn Odysseus mit Schmähworten und erinnerte an das, was der selbst in Troja bei dem *Consilium* vor Kriegsbeginn gegen die Gesandten gesagt hatte. Nachdem man dies dem Achilleus berichtet hatte, ließ der ihn durch Automedon herbeirufen; er selbst hielt die Urne mit den Gebeinen des Patroklos im Schoß.

(3.21) Nachdem also unsere Anführer zusammen mit Priamos eingetreten waren, umschlang der König die Knie des Achilleus mit seinen Händen und sagte: »Nicht du bist mir die Ursache für dieses Schicksal hier, sondern irgendein Gott, der meinen letzten Lebensabschnitt, für den man eigentlich Mitleid haben sollte, in diese Drangsal herabgezogen hat – ein Alter, das schon am Ende steht und zermürbt ist von solcher Trauer über die Söhne. Diese Söhne verließen sich nämlich auf das Königtum aufgrund ihrer Jugend; indem sie sich immer die Begehrlichkeiten ihres *Animus* auf jede mögliche Weise erfüllen zu können freuten, haben sie von sich aus sich selbst und mir Verderben ersonnen. Es besteht ja bei niemanden Zweifel daran, dass der Jugend das Greisenalter verächtlich ist. Wenn aber durch meinen Untergang die übrigen Menschen Taten dieser Art Einhalt gebieten werden, dann liefere auch ich mich, wenn es gut scheint, der Bestrafung mit dem Tod aus; für einen Elenden und von Trauer Verzehrten wirst du alle Drangsale, von denen ich jetzt niedergedrückt werde und so den Menschen ein höchst unseliges Schauspiel biete, zugleich mit diesem winzigen Lebenshauch wegnehmen. Auf, ich bin von mir aus bereit und bitte um nichts, oder wenn dir dieses Verfahren am Herzen liegt,

quicquam iam superioris fortunae reliquum est, quippe interfecto Hectore cuncta regni concidere. Sed si iam Graeciae universae ob meorum male consulta satis poenarum filiorum sanguine et meis aerumnis persolvi, miserere aetatis ac deos recordatus retorque animos ad pietatem: concede parvulis saltem non animam parentis, sed cadaver deprecantibus. Veniat in animum recordatio parentis tui omnes curas vigiliasque in te tuamque salutem impendentis. Sed illi quidem cuncta secundum sua vota proveniant longeque aliter neque mei similem senectam degat.«

(3.22) Interea dum haec commemorat, paulatim animo deficere ac dissolvi membris, dein obmutescere occipit, quod spectaculum longe miserrimum omnibus, qui tum aderant, dolori fuit. Dein Andromacha parvulos Hectoris filios ante Achillem prosternit, ipsa fletu lamentabili orans, uti sibi cadaver coniugis intueri saltem concederetur. Inter haec tam miseranda Phoenix Priamum sustollere atque uti animum reciperet hortari. Tum rex ubi in aliquantum refovit spiritum, nixis genibus atque utraque manu caput dilanians: »Ubi nunc illa est, ait, quae apud Graecos praecipue erat iusta misericordia? An solum in Priamum circumscribitur?«

(3.23) Iamque omnibus dolore permotis Achilles decuisse ait filios eum suos initio ab eo, quod admiserint, facinore cohibere neque ipsum concedendo tanti delicti participem fieri. Ceterum ante

dann halte mich im Gewahrsam der Gefangenschaft fest! Nichts bleibt mir ja an früherem Glück übrig, denn mit dem Tod des Hektor ist alles an meinem Königtum zusammengebrochen. Wenn ich aber für ganz Griechenland wegen meiner schlechten Ratschläge schon genügend Strafe mit dem Blut meiner Söhne und durch meine Drangsale gebüßt habe, dann habe Mitleid mit meinem Alters, erinnere dich an die Götter und wende die *Animi* wieder zur *Pietas*: Gestehe den kleinen Knaben, wenn schon nicht die Seele ihres Vaters, dann doch die Leiche zu, wenn sie darum bitten. Es möge in deinen *Animus* die Erinnerung an deinen Vater kommen, der alle Sorgen und durchwachten Nächte für dich und dein Wohl aufgewendet hat! Ihm freilich möge alles nach seinem Wunsch gedeihen, und er möge anders als ich sein Greisenalter verbringen!«

(3.22) Während er dies in Erinnerung brachte, begann er allmählich, seinen *Animus* aufzugeben und an den Gliedern gelöst zu werden, dann zu verstummen – ein äußerst elendes Schauspiel, das bei allen, die damals anwesend waren, großes Mitleid hervorrief. Dann ließ Andromache die ganz kleinen Söhnen des Hektor sich vor Achilleus niederwerfen; sie selbst bat unter jammervollem Weinen darum, ihr wenigstens zu gestatten, den Leichnam ihres Ehemanns anzusehen. In dieser so mitleidswürdigen Lage erhob Phoinix den Priamos vom Boden auf und ermunterte ihn, seinen *Animus* wiederzugewinnen. Als der König dann ein wenig den Geist wiedergewonnen hatte, rief er auf gebeugten Knien aus und raufte dabei mit beiden Händen sein Haupthaar: »Wo ist es jetzt das, was bei den Griechen besonders war, das gerechte Mitleid? Oder wird es einzig nicht für Priamos aufgebracht?«

(3.23) Als sich schon alle vom Schmerz tief bewegen ließen, sagte Achilleus, es hätte sich gehört, dass er von Anfang an seine Söhne an der Untat, die sie begangen hatten, gehindert hätte und er selbst durch sein Einverständnis nicht Teilhaber an einem so großen Ver-

id decennium non ita defessum senecta fuisse, ut suis despectui esset, sed obsedisse animos eorum desiderium rerum alienarum, neque ob mulierem solum unam, sed Atrei atque Pelopis divitiis inhiantes raptum res more incondito perrexisse; pro quis aequissimum esse eiusmodi poenas vel etiam graviores pendere. Namque ad id tempus Graecos secutos morem in bellis optimum, quoscumque hostium pugna conficeret, sepulturae restituere solitos, contra Hectorem supergressum humanitatis modum, Patroclum eripere proelio ausum, scilicet ad inludendum ac foedandum cadaver eius, quod exemplum poenis ac suppliciis eorum eluendum, ut Graeci ac reliquae posthac gentes memores ultionis eius moremque humanae condicionis tuerentur. Non enim Helenae neque Menelai gratia exercitum relictis sedibus parvulisque procul ab domo, cruentum suo hostilique sanguine inter ipsa belli discrimina huiusmodi militiam tolerare, sed cupere dinoscere, barbarine Graecine summa rerum potirentur, quamquam iustam causam fuisse inferendi belli etiam pro muliere. Namque uti ipsi raptu rerum alienarum laetarentur, ita maxime dolori esse his, qui amiserint. Ad haec multa infausta detestandaque imprecari confirmareque se capto Ilio ante omnes tanti admissi poenas sanguine eius expetere, ob quam patria parentibusque carens Patroclum etiam solitudinis suae levamen maximum amiserit.

gehen geworden wäre. Im Übrigen sei er (Priamos) vor diesem letzten Jahrzehnt vom Greisenalter noch nicht so geschwächt gewesen, dass er von den Seinen verachtet worden sei, sondern deren *Animi* seien besessen gewesen vom Verlangen nach fremden Gütern, und nicht allein einer einzigen Frau wegen, sondern weil sie nach den Schätzen des Atreus und Peleus gierten, hätten sie sich aufgemacht, um diese Dinge auf unbegründete Weise an sich zu bringen, wofür derartige Strafen oder noch schwerere zu zahlen sehr gerecht sei. Bis heute nämlich hätten die Griechen die in Kriegen beste Sitte befolgt und seien zur Bestattung zurückzugeben gewohnt gewesen, wen auch immer der Kampf getilgt habe; dagegen habe Hektor maßvolle Menschlichkeit übertreten, indem er es gewagt hatte, Patroklos aus dem Kampf herauszureißen, um so nämlich dessen Leiche zu schänden und um mit ihr seinen Spott zu treiben; dieses Beispiel müsse man mit Strafen und Sühneleistungen auslöschen, so dass die Griechen und künftigen Stämme dieser Rache eingedenk blieben und die Sitte der menschlichen Lage einhielten. Nicht zugunsten von Helena und Menelaos ertrage nämlich das Heer nach Verlassen von Heimat und kleinen Kindern fern von Zuhause, vom eigenen und feindlichen Blut besudelt, unter den Widrigkeiten des Krieges einen derartigen Kriegsdienst, sondern es wolle wissen, ob die Barbaren oder die Griechen sich der Dinge bemächtigen sollten, auch wenn es ein gerechter Grund gewesen sei, selbst für eine Frau einen Krieg zu beginnen. So, wie sie sich selbst über den Raub fremder Güter freuten, würden sie ja insbesondere Schmerz empfinden um diejenigen, die sie verloren hätten. Bei all diesem Ungemach und verabscheuungswürdigen Verhalten beschwöre und versichere er, vor der Einnahme von Troja alle Strafen für ein solches Vergehen mit dem Blut derjenigen Person einzufordern, derentwegen er, Heimat und Eltern vermissend, auch Patroklos, den größten Trost in seiner Einsamkeit, verloren habe.

(3.24) Dein consiliatum cum supradictis ducibus surgit. Quis omnibus una atque eadem sententia est, scilicet uti acceptis quae allata essent corpus exanime concederet. Quod ubi satis placuit, singuli ad sua tentoria discedunt. Moxque Polyxena ingresso Achille obvoluta genibus eius sponte servitium sui pro absolutione cadaveris pollicetur. Quo spectaculo adeo commotus iuvenis, ut, qui inimicissimus ob mortem Patrocli Priamo eiusque regno esset, tum recordatione filii ac parentis ne lacrimis quidem temperaverit. Itaque manu oblata Polyxenam erigit praedicta prius mandataque cura Phoenici super Priamo. Sed rex nil se luctus neque praesentium miseriarum remissurum ait. Tum Achilles confirmare non prius cupitis eius satis futurum quam mutato in melius habitu cibum etiam secum sumeret. Ita rex veritus, ne quae concessa videbantur, ipse recusando impediret, demisse omnia quaeque imperarentur facienda decrevit.

(3.25) Igitur ubi excussus comis pulvis totusque lautus est, mox a iuvene ipseque et qui cum eo venerant, cibo invitantur. Dein ubi satias omnes tenuit, hoc modo Achilles disseruit: »Refer nunc iam mihi, Priame, quid tantum causae fuerit, cur deficientibus quidem vobis in dies copiis militaribus, ingravescentibus autem calamitatibus atque aerumnis Helenam tamen in hodiernum retinendam putetis neque velut contagionem infausti ominis reppuleritis? Quam prodidisse patriam parentesque et, quod indignissimum omnium est, fratres sanctissimas cognoveritis.

(3.24) Um sich dann mit den oben erwähnten Königen zu beraten, stand er auf. Sie alle waren ein und derselben Meinung, nämlich, wenn man das Herangebrachte erhalten habe, dem Priamos den entseelten Leib überlassen solle. Als dies genug Beifall gefunden hatte, ging ein jeder zu seinen Zelten zurück. Bald fiel Polyxena, als Achilleus eingetreten war, sofort vor seinen Knien nieder und gelobte von sich aus ihre Sklavendienste für die Auslösung des Leichnams. Von diesem Schauspiel war der junge Mann so sehr bewegt, dass er, der doch wegen des Todes des Patroklos zu Priamos und dessen Königtum in starker Feindschaft stand, in Erinnerung an seinen Sohn wie an den Vater nicht einmal seine Tränen zurückhalten konnte. Und so reichte er Polyxena seine Hand und hob sie vom Boden auf, nachdem er zuvor dem Phoinix seine Sorge für Priamos eingeschärft und übertragen hatte. Der König aber sagte, er wolle sich nichts an Trauer und gegenwärtigen Beschwerlichkeiten schenken lassen. Da bekräftigte Achilleus, sich nicht eher mit dessen Wünschen zufrieden zu geben, als bis er besser gekleidet sei und auch Nahrung zu sich nehmen würde. Aus Furcht, mit seiner Weigerung das zu verhindern, was schon zugestanden erschien, entschied sich der König, unterwürfig alles zu tun, was man ihm befehle.

(3.25) Sobald er also den Staub aus den Haaren geschüttelt und sich ganz gewaschen hatte, wurden bald er selbst und seine Begleiter bald darauf von dem jungen Mann (Achilleus) zum Essen geladen. Als alle Sättigung erlangt hatten, sprach in folgender Weise Achilleus: »Erzähle mir jetzt, Priamos, was es für einen wichtigen Grund gegeben hat, warum ihr, obwohl euch von Tag zu Tag die militärischen Mittel schwinden, aber Unglück und Sorge zunehmen, dennoch bis zum heutigen Tag Helena behalten zu müssen meint und sie nicht als Ansteckungsherd für jegliches Ungemach vertrieben habt! Dass sie ihre Heimat und ihre Eltern verraten hat und – was das allerunwürdigste ist – ihre heiligsten Brüder auch, werdet ihr

Namque hi execrati facinus eius ne in militiam quidem nobiscum coniuraverunt, scilicet ne, quam audiri incolumem nollent, ei per se reditum in patriam quaererent. Eam igitur, cum cerneretis malo omnium civitatem intravisse vestram, non eiecistis? Non cum detestationibus extra muros prosecuti estis? Quid illi senes, quorum filios pugna in dies conficit? Nonne adhuc persenserunt eandem causam extitisse tantorum funerum? Itane ergo divinitus vobis eversa mens est, ut nullus in tanta civitate reperiri possit, qui fortunam labentis patriae dolens de pernicie publica cum exitio eius transigat? Ego quidem aetatis tuae contemplatione atque horum precum cadaver restituam neque umquam committam, ut, quod in hostibus reprehenditur crimen malitiae, ipse subeam.«

(3.26) Ad ea Priamus renovato fletu quam miserabili non sine decreto divum adversa hominibus inruere ait, deum quippe auctorem singulis mortalibus boni malique esse neque quoad beatum esse licitum sit, cuiusquam in eum vim inimicitiasque procedere. Ceterum se diversi partus quinquaginta filiorum patrem beatissimum regum omnium habitum ad postremum Alexandri natalem diem, quem evitari ne dis quidem praecinentibus potuisse. Namque Hecubam foetu eo gravidam facem per quietem edidisse visam, cuius ignibus conflagravisse Idam ac mox continuante flamma deorum delubra concremari omnemque demum ad

doch wohl wissen, denn diese haben ihre Tat verflucht und sich darum nicht einmal zum Kriegsdienst mit uns verschworen, damit sie, die nicht wollten, dass man sie als unversehrt betrachte, ihr nämlich nicht von sich aus die Rückkehr in die Heimat verschaffen. Ihr habt sie also, obwohl ihr erkanntet, dass sie eure Stadt zu aller Unheil betreten hatte, nicht hinausgeworfen? Ihr habt sie nicht mit Verwünschungen aus euren Mauern hinausgeleitet? Was ist mit jenen Greisen, deren Söhne der Krieg von Tag zu Tag erledigt? Haben die nicht bisher deutlich gemerkt, dass eben diese Frau die Ursache für so viele Todesfälle geworden ist? Ja, ist euch von einer Gottheit der Verstand so sehr verdreht worden, dass sich niemand in einer so großen Stadt finden lässt, der dem Schicksal seiner dahinsiechenden Heimat aus Schmerz über den allgemeinen Verfall ein Ende zu schaffen vermag mit dem Tod dieser Frau? Ich jedenfalls will aus Rücksicht auf dein Alter und die Bitten dieser Leute hier die Leiche zurückgeben, und ich werde es nie so weit kommen lassen, dass ich das, was man bei Feinden tadelt, das Vergehen der Nichtswürdigkeit, selbst begehe.«

(3.26) Darauf sagte Priamos unter erneutem, äußerst mitleidswürdigen Weinen, dass nicht ohne Götterbeschluss ein Unglück über die Menschen hereinbreche, denn ein Gott sei ja der Urheber von Gut und Böse für jeden einzelnen Sterblichen; soweit man glücklich sein dürfe, gingen von niemandem gegen ihn (den Gott) gerichtete Gewalt und Feindseligkeit gut aus. Im Übrigen sei er als Vater von 50 Söhnen aus verschiedener Zeugung als der glücklichste König von allen angesehen worden – bis schließlich zum Geburtstag des Alexandros, dem zu entgehen nicht einmal den Göttern, die es vorhersagten, möglich gewesen sei. Hekabe nämlich schien es während dieser Schwangerschaft in einem Traum so, als ob sie eine Fackel zur Welt gebracht habe, mit deren Flammen sie den Berg Ida in Brand gesetzt habe; bald seien mit andauernder Flamme Heiligtümer der Götter mit verbrannt worden, schließ-

cineres conlapsam civitatem intactis inviolatisque Antenoris et Anchisae domibus. Quae denuntiata cum ad perniciem publicam expectare aruspices praecinerent, inter necandum editum partum placuisse. Sed Hecubam more femineae miserationis clam alendum pastoribus in Idam tradidisse. Eum iam adultum, cum res palam esset, ne hostem quidem quamvis saevissimum, ut interficeret, pati potuisse, tantae scilicet fuisse eum pulchritudinis atque formae. Quem coniugio deinde Oenonae iunctum cupidinem cepisse visendi regiones atque regna procul posita. Eo itinere abductam Helenam urgente atque instigante quodam numine cunctorum civium animis, sibi etiam laetitiae fuisse, neque cuiquam, cum orbari se filio aliove consanguineo cerneret, non acceptam tamen, solo omnium adversante Antenore, qui initio post Alexandri reditum filium suum Glaucum, quod eius comitatum secutus erat, abdicandum a penatibus suis decreverit, vir domi belloque prudentissimus. Ceterum sibi, quoniam ita res ruerent, optatissimum adpropinquare naturae finem omissis iam regni gubernaculis atque cura; tantum se in Hecubae filiarumque recordatione cruciari, quas post excidium patriae captivas incertum cuius domini fastus manerent.

(3.27) Dein omnia, quae ad redimendum filium advectaverat, ante conspectum iuvenis exponi imperat. Ex quis quicquid auri atque argenti fuit tolli Achilles iubet, vestis etiam quod ei

lich sei die gesamte Stadt zu Asche zusammengefallen, wobei nur die Häuser des Antenor und des Anchises unversehrt und wohlerhalten geblieben seien. Als dann Vogelschauer vorhersagten, diese Kunde führe ins allgemeine Verderben, habe man zwischenzeitlich beschlossen, dass die Leibesfrucht nach der Geburt getötet werden solle. Hekabe aber habe (den geborenen Knaben) aus weiblichem Mitleid heimlich Hirten auf dem Berg Ida zum Aufziehen übergeben. Als er schon herangewachsen war und die Sache bekannt wurde, habe nicht einmal der wütendste Feind seine Tötung zu ertragen vermocht; er sei nämlich von so großer Schönheit und Gestalt gewesen. Ihn, der dann in einer Ehe mit Oinone verbunden war, habe die Begierde gepackt, Gegenden und Königreiche, die in der Ferne liegen, zu besuchen. Die auf dieser Reise entführte Helena – eine bestimmte Gottheit habe ihn dazu gedrängt und angestachelt – habe den *Animi* aller Bürger und auch ihm selbst Freude bereitet und niemand habe sie nicht gern gesehen, als sie sich ihres Sohnes oder eines anderen Blutsverwandten beraubt sah. Dabei habe sich als einziger von allen Antenor widersetzt, der anfangs, sofort nach der Rückkehr des Alexandros, entschieden hatte, seinen Sohn Glaukos, weil der dessen Begleitung gefolgt war, von seinen *Penates* (Hausgöttern) ausschließen zu müssen – ein Mann, der im Krieg wie im Frieden der klügste sei! Im Übrigen sei es für ihn (Priamos) am meisten zu wünschen, da ja nun einmal die Lage so sei, sich seinem natürlichen Ende zu nähern, da er schon die Sorgfaltspflicht und Lenkung seines Königtums verloren habe; er werde nur vom Gedanken an Hekabe und seine Töchter gequält, die nach dem Fall der Vaterstadt als Gefangene – es sei ungewiss, welches Herren? – Verachtung erwarten würde.

(3.27) Danach ließ er alles, was er zur Auslösung seines Sohnes herangekarrt hatte, vor dem Angesicht des jungen Mannes ausbreiten. Davon solle man alles, was es an Gold und Silber gab, wegtragen, befahl Achilleus, auch an Kleidung, was ihm gut schien. Mit dem

visum est; reliquis in unum collectis Polyxenam donat et cadaver tradidit. Quo recepto rex in gratiamne impetrati funeris an si quid Troiae accideret securus iam filiae, amplexus Achillis genua orat, uti Polyxenam suscipiat sibique habeat. Super qua iuvenis aliud tempus atque alium locum tractatumque foro respondit; interim cum eo reverti iubet. Ita Priamus recepto Hectoris cadavere ascensoque vehiculo cum his, qui se comitati erant, ad Troiam redit.

Übrigen, das an einem Ort gesammelt wurde, beschenkte er die Polyxena und übergab die Leiche. Nach der Übernahme umfasste der König – ob aus Dank für den erlangten Leichnam oder weil er, falls Troja etwas zustoßen würde, seine Tochter in Sicherheit wissen wollte – die Knie des Achilleus und bat darum, dass er Polyxena aufnehmen und bei sich behalten solle. Der junge Mann antwortete, dass man darüber zu anderer Zeit und an anderem Ort verhandeln werde; inzwischen befahl er, dass sie mit ihrem Vater zurückkehren solle. So ging Priamos, nachdem er die Leiche des Hektor erhalten und sein Gefährt bestiegen hatte, mit seinen Begleitern nach Troja zurück.

LIBER QUARTUS

(4.1) Sed postquam Troianis palam est regem perfecto negotio inviolatum atque integro comitatu regredi, admirati laudantesque Graeciae pietatem ad caelum ferunt, quippe quis animo ita haeserat nulla spe impetrandi cadaveris ipsumque et qui cum eo fuissent retineri ab Graecis, maxime ob Helenae, quae non remitteretur, recordationem. Ceterum viso Hectoris funere cuncti cives sociique adcurrentes fletum tollunt, divellentes comam foedantesque ora laniatibus, neque in tanta populi multitudine quisquam in se virtutis aut spei bonae fiduciam credere illo interfecto, qui inclita per gentes fama rerum militarium, in pace etiam praeclara pudicitia, ex qua haud minorem quam reliquis artibus gloriam adeptus erat. Interea sepelivere eum haud longe a tumulo Ili regis quondam. Dein exorto quam maximo ululatu postrema funeri peragunt, hinc feminis cum Hecuba deflentibus, hinc reclamantibus Troianis viris et ad postremum sociorum gentibus. Quae per dies decem concessa bellandi requie ab ortu solis ad usque vesperam per Troianos gesta nullo usquam remisso lugendi officio.

VIERTES BUCH

(4.1) Aber nachdem den Trojanern klar wurde, dass der König nach vollbrachter Aufgabe unversehrt und mit unverletzter Gefolgschaft zurückkehrte, bewunderte und rühmte man die *Pietas* der Griechen und hob sie in den Himmel, denn bei ihnen (den Trojanern) hatte sich im *Animus* der Gedanke fest gehängt, dass es keine Hoffnung gebe, den Leichnam zu erhalten; er (der König) und die bei ihm würden von den Griechen festgehalten werden, insbesondere wegen Helena, die nicht zurückerstattet würde. Als man nun den Leichnam des Hektor sah, strömten alle Bürger und Bundesgenossen herbei, begannen zu weinen, rauften sich das Haar und verunstalteten sich, indem sie sich ihr Gesicht aufkratzten. Selbst in einer so großen Volksmenge glaubte kein einziger, auf *Virtus* und gute Hoffnung setzen zu dürfen, da jener (Hektor) getötet sei, der doch bei allen Stämmen einen hervorragenden Ruf in militärischen Dingen besaß und sich auch im Frieden mit seinem schamvollen Verhalten auszeichnete, durch das er einen nicht geringeren Ruhm als durch die anderen Fähigkeiten erlangt hatte. Inzwischen begruben sie ihn nicht weit entfernt vom Grabhügel des einstigen Königs von Ilion (Troja). Dann brach ein möglichst lautes Geheul los und man erwies dem Leichnam die letzten Ehren: Hier beweinten ihn gemeinsam mit Hekabe die Frauen, dort erwiderten laut schreiend die trojanischen Männer und schließlich auch die Stämme der Verbündeten. Dies dauerte zehn Tage an; solange hatte man dem Kampf eine Ruhepause zugestanden und versäumte vom Aufgang der Sonne bis zum Untergang zu keiner Zeit den Totendienst.

(4.2) Interim per eosdem dies Penthesilea, de qua ante memoravimus, cum magna Amazonum manu reliquisque ex finitimo populis supervenit. Quae postquam interemptum Hectorem cognovit, perculsa morte eius regredi domum cupiens ad postremum multo auro atque argento ab Alexandro inlecta ibidem opperiri decreverat. Dein exactis aliquot diebus copias suas armis instruit. At seorsum ab Troianis ipsa suis modo bellatoribus satis fidens in pugnam pergit: cornu dextro sagittariis, altero peditibus instructo, medios equites collocat; in quis ipsa. Contra ab nostris ita occursum, ut sagittariis Menelaus atque Ulixes et cum Teucro Meriones, peditibus Aiaces duo, Diomedes, Agamemnon, Tlepolemus et cum Ialmeno Ascalaphus opponerentur, in equites ab Achille et reliquis ducibus pugnaretur. Hoc modo instructo utrimque exercitu conflixere acies. Cadunt sagittis reginae plurimi neque ab Teucro secus bellatum. Interim Aiaces et qui cum his erant pedites, contra quos steterant, caedere ac restantes detrudere umbonibus, moxque repulsos obtruncare. Neque, quoad deletae peditum copiae, finis fit.

(4.3) Achilles inter equitum turmas Penthesileam nactus hasta petit, neque difficilius quam feminam equo deturbat manu comprehendens comam atque ita graviter vulneratam detrahens. Quod ubi visum est, tum vero nullam apem in armis rati fugam

(4.2) Inzwischen war in eben diesen Tagen Penthesileia, die wir zuvor erwähnt haben, mit ihrer großen Schar von Amazonen und den übrigen Stämmen aus der Nachbarschaft rasch eingetroffen. Als sie erfahren hatte, dass Hektor getötet worden war, wollte sie, von dessen Tod stark erschüttert, nach Hause zurückziehen, wurde jedoch von Alexandros mit viel Gold und Silber gelockt und entschloss sich schließlich, ebendort abzuwarten. Dann rüstete sie nach Ablauf einiger Tage ihre Truppen mit Waffen aus. Abgesondert aber von den Trojanern schritt sie selbst bald voll ausreichendem Vertrauen auf ihre Kriegerinnen in den Kampf: Den rechten Flügel stattete sie mit Bogenschützen aus, den linken mit Fußtruppen, in der Mitte stellte sie die Reiterei auf; unter denen war sie selbst. Gegenüber begegneten ihr die Unseren so, dass sich den Bogenschützen Menelaos und Odysseus sowie zusammen mit Teukros Meriones, den Fußtruppen die beiden Aias sowie Diomedes, Agamemnon, Tlepolemos und mit Ialmenos Askalaphos gegenüberstellten; gegen die Reiterinnen sollte von Achilleus und den übrigen Anführern gekämpft werden. Auf diese Weise beiderseits geordnet gerieten die Schlachtreihen mit ihrer Streitmacht aneinander. Es fielen durch die Pfeile der Königin sehr viele Leute, und nicht anders wurde von Teukros gefochten. Inzwischen schlugen die beiden Aias und diejenigen, die bei ihnen waren, die Fußtruppen nieder, gegenüber denen sie platziert waren; sie verjagten die restlichen mit ihren Schilden und zerstückelten bald die Zurückgeschlagenen. Ja, es gab, bis die Masse der Fußtruppen vernichtet war, kein Ende.

(4.3) Achilleus, der zwischen den Reiterscharen hindurch Penthesileia erreicht hatte, griff sie mit der Lanze an, und es war nicht sehr schwierig, die Frau vom Pferd herabzuwerfen, indem er mit der Hand ihr Haar fasste und sie, die schon schwer verwundet war, gewaltsam wegschleppte. Sobald man dies sah, glaubte man dann wirklich an keine Rettung durch Waffen mehr und wandte sich zur

faciunt. Clausisque civitatis portis nostri reliquos, quos fuga bello exemerat, insecuti obtruncant, feminis tamen abstinentes manus parcentesque sexui. Dein uti quisque victor, interfectis quos adversum ierant, regrediebatur, Penthesileam visere seminecem etiam nunc admirarique audaciam. Ita brevi ab omnibus in eundem locum concursum placitumque, uti, quoniam naturae sexusque condicionem superare ausa esset, in fluvium reliquo adhuc ad persentiendum spiritu aut canibus dilanianda iaceretur. Achilles interfectam eam sepelire cupiens mox a Diomede prohibitus est. Is namque percontatus circumstantes, quidnam de ea faciendum esset, consensu omnium pedibus adtractam in Scamandrum praecipitat, scilicet poenam postremae desperationis atque amentiae. Hoc modo Amazonum regina deletis copiis, quibuscum auxiliatum Priamo venerat, ad postremum ipsa spectaculum dignum moribus suis praebuit.

(4.4) At sequenti die Memnon, Tithoni atque Aurorae filius, ingentibus Indorum atque Aethiopum copiis supervenit, magna fama, quippe in unum multis milibus armatis vario genere spes etiam votaque de se Priami superaverat. Namque omnia circum Troiam et ultra, quae visi poterant, viris atque equis repleta splendore insignium refulgebant. Eos omnes iugis Caucasi montis ad Troiam duxit, reliquos neque numero inferiores imposito Phala duce atque rectore mari misit. Qui adpulsi Rhodum, ubi animadvertere insulam Graecis sociam, veriti, ne

Flucht. Da die Tore der Stadt geschlossen blieben, verfolgten die Unseren die Übrigen, die ihre Flucht aus dem Krieg genommen hatten, und schlugen sie nieder, wobei sie dennoch ihre Hände von den Frauen fernhielten und ihr Geschlecht schonten. Als dann alle, nachdem sie diejenigen, gegen die sie angetreten, getötet hatten, sich als Sieger zurückzogen, schauten sie sich die halbtote Penthesileia genauer an und bewunderten auch jetzt noch deren Kühnheit. So strömten in kurzer Zeit alle an denselben Ort, und man beschloss, sie, da sie es ja gewagt hatte, sich über die Bedingungen der Natur und des Geschlechts hinwegzusetzen, solange sie noch einen Rest an Lebenshauch hatte, um etwas zu empfinden, in einen Fluss oder vor die Hunde zum Zerreißen zu werfen. Achilleus wünschte, die Getötete zu begraben, wurde aber bald von Diomedes daran gehindert. Der nämlich fragte die Umstehenden, was man denn mit ihr machen solle, und ließ sie dann mit Zustimmung von allen an den Füßen wegziehen und in den Skamandros werfen, zur Strafe nämlich für ihren ärgsten Verzweiflungsmut und Wahnsinn. Auf diese Weise bot die Königin der Amazonen, nachdem man ihre Scharen, mit denen sie Priamos zu Hilfe gekommen war, vernichtet hatte, schließlich selbst ein Schauspiel, das ihrer Sitten würdig war.

(4.4) Aber am folgenden Tag kam Memnon, Sohn des Tithonos und der Eos, mit gewaltigen Mengen von Indern und Aithiopern an, mit großem Ruf; da an einem Ort viele Tausende von in unterschiedlicher Art Bewaffneten auftraten, hatte er sogar das Hoffen und Wünschen des Priamos in Bezug auf ihn übertroffen. Die ganze Gegend um Troja herum und darüber hinaus, so weit man sehen konnte, war mit Männern und Pferden gefüllt und leuchtete vom Schimmer der Feldzeichen auf. Sie alle hatte er über das Joch des Kaukasos nach Troja geführt; die Übrigen, an Zahl nicht Geringeren, hatte er auf den Weg geschickt, wobei Phalas als Anführer und Befehlshaber auf dem Meer eingesetzt war. Als diese nach Rhodos verschlagen wurden und wahrnahmen, dass die Insel

re cognita incenderentur naves, ibidem opperiebantur; ac mox divisi in Camirum et Ialysum, urbes opulentas. Neque multo post Rhodii Phalam incusare, quod paulo ante eversa ab Alexandro Sidona, patria sua, auxilium ei, a quo laesus sit, ferre cuperet. Quo animos exercitus permoverent, confirmare haud dissimiles barbarorum videri eos, qui tam indignum facinus defenderent. Multa praeterea, quae accensura vulgum et pro se factura essent, disserere. Quae res haud frustra fuit. Phoenices namque, qui in eo exercitu plurimi aderant, permoti querelis Rhodiorum an cupidine diripiendarum rerum, quas secum advexerant, Phalam lapidibus insecuti necant distributique per supradictas urbes aurum ac reliqua praedae inter se dispertiunt.

(4.5) Interim exercitus, qui cum Memnone venerat, positis per locos patulos castris – nam intra moenia haud facile tanta vis hominum retineri poterat – diversi suo quisque genere exercebantur. Neque in eadem arte simplex atque idem modus, sed ut quemque regionis suae mos adsuefecerat, ita telis aliis in alium modum formatis, scutorum etiam et galearum multiformi specie horrendam belli faciem praebuerant. At ubi triti aliquot dies et miles bellum cupit, simul cum luce exercitus omnis signo dato in proelium ducitur cumque his Troiani et qui intra moenia socii fuerant. At contra Graeci instructi pro tempore opperiri,

mit den Griechen verbündet war, fürchteten sie, dass ihre Schiffe nach dem Erkennen der Sachlage angezündet würden, und warteten deshalb ebendort ab; bald teilten sie sich nach den beiden reichen Städten Kamiros und Ialysos hin auf. Und nicht viel später klagten die Einwohner von Rhodos den Phalas an, weil er nach der kurz zuvor durch Alexandros erfolgten Zerstörung von Sidon, seiner Heimatstadt, dem Hilfe zu bringen wünschte, von dem er verletzt worden war. Um ihren Einfluss auf die *Animi* des Heeres zu mehren, bekräftigten sie, dass diejenigen den Barbaren nicht unähnlich erschienen, die eine so unwürdige Tat verteidigten. Außerdem führten sie vielerlei an, was die Menge begeistern und für sie gewinnen sollte. Dies blieb nicht vergebens. Die Phoiniker nämlich, die in diesem Heer sehr zahlreich waren, ließen sich von den Klagen der Rhodier stark bewegen oder handelten aus Begierde, die Dinge zu plündern, die sie mit sich herangebracht hatten; sie verfolgten den Phalas und töteten ihn mit Steinen und teilten dann, unter den oben genannten Städten verteilt, das Gold und die übrige Beute untereinander auf.

(4.5) Inzwischen hatte die Truppe, die mit Memnon gekommen war, in einer offenen Gegend Lager bezogen – innerhalb der Stadtmauern konnte nämlich nicht leicht eine so große Masse an Menschen im Zaum gehalten werden –, und jeder einzelne Teil übte sich auf seine Art. Auch innerhalb derselben Waffengattung gab es keine einfache für alle geltende Regel, sondern so, wie es jedem die Gewohnheit seiner Gegend übermittelt hatte, so waren ihre Speere verschiedenartig beschaffen, ebenso waren sie von unterschiedlicher Form der Schilde und Helme; so boten sie ein schaudererregendes Gesicht des Krieges. Als aber einige Tage verstrichen waren und der Soldat sich den Krieg herbeisehnte, führte man sofort beim ersten Licht das ganze Heer auf ein gegebenes Zeichen hin in den Kampf und zugleich mit ihnen auch die Trojaner sowie deren Verbündete, die innerhalb der Mauern waren. Gegenüber

debilitati aliquantum animos metu ingentis atque incogniti hostis. Igitur ubi intra teli iactum ventum est, tum vero barbari clamore ingenti ac dissono ruinae in modum inrumpunt, nostri confirmati inter se satis impigre vim hostium sustentavere. Sed postquam acies renovatae atque in ordinem reformatae sunt et iaci hinc atque inde tela coepere, cadunt utriusque exercitus plurimi, neque finis fit, quoad Memnon curru vectus adhibito secum fortissimo quoque medios Graecorum invadit, primum quemque obvium fundens aut debilitans. Ita iam plurimis nostrorum interfectis duces, ubi fortuna belli eversa neque spes reliqua nisi in fuga est, victoriam concessere. Eo die incensae deletaeque naves omnes forent, ni nox, perfugium laborantium, ingruentes hostes ab incepto cohibuisset. Tanta in Memnone bellandi vis peritiaque et nostris adversae res.

(4.6) Igitur Graeci, postquam requies est, perculsi inter se ac summae rerum diffidentes per universam noctem quos in bello amiserant sepelivere. Dein consilium futuri certaminis adversum Memnonem ineunt; ac placet sorte eligi nomen ducis cum eo bellaturi. Tunc Agamemnon Menelaum excipit, Ulixem, Idomeneum; reliquorum sors agi coepta Aiacem Telamonium votis omnium deligit. Ita refectis cibo corporibus reliquum noctis cum quiete transigunt. At lucis principio armati instructique pro

aber warteten die Griechen, aufgestellt, augenblicklich erst einmal ab, in den *Animi* ein wenig geschwächt durch die Furcht vor einem gewaltigen und unbekannten Feind. Als man in die Wurfweite von Speeren gekommen war, da machten die Barbaren unter ungeheurem und misstönenden Geschrei einen Angriff von vernichtender Art; die Unseren, die untereinander genügend gestärkt waren, hielten unverdrossen der feindlichen Macht stand. Nachdem man aber die Schlachtreihen wiederhergestellt sowie erneut in Ordnung gebracht und begonnen hatte, von hier und dort Speere zu werfen, fielen sehr viele Männer von beiden Heeren. Es gab kein Ende, bis Memnon auf einem Wagen mit sehr starker Unterstützung mitten in die Griechen hinein eindrang; zuerst streckte er jeden, der ihm entgegentrat, nieder oder setzte ihn außer Gefecht. So waren schon sehr viele von den Unseren getötet und unsere Anführer gaben, als sich das Kriegsglück gewendet und es keine Hoffnung mehr außer in der Flucht bestand, (den Feinden) den Sieg zu. An diesem Tag wären alle Schiffe angezündet und vernichtet worden, wenn nicht die Nacht – ein Zufluchtsraum für Bedrängte! – die andringenden Feinde an dem Vorhaben gehindert hätte. So groß waren in Memnon Kriegskraft und Erfahrung und für die Unseren das Unglück!

(4.6) So begruben, nachdem Ruhe eingetreten war, die Griechen, die untereinander ganz bedrückt waren und der ganzen Lage misstrauten, die gesamte Nacht hindurch diejenigen, die sie im Krieg verloren hatten. Danach traten sie in ein *Consilium* über den künftigen Kampf gegen Memnon ein; man beschloss, das man durch ein Los den Namen des Anführers auswählen wolle, der mit ihm kämpfen werde. Da schloss Agamemnon den Menelaos, den Odysseus und den Idomeneus (vom Los) aus; der Entscheid unter den Übrigen wurde begonnen und wählte mit den Stimmen aller den telamonischen Aias aus. So verbrachte man, nachdem man die Körper mit Nahrung gekräftigt hatte, den Rest der Nacht in Ruhe. Beim ersten Tageslicht aber rückte man bewaffnet und

negotio egrediuntur. Neque segnius a Memnone actum, cum quo Troiani omnes. Ita hinc atque inde ordinato exercitu proelium initum. Plurimi utriusque partis, ut in tali certamine, cadunt aut icti graviter proelio decedunt. In quo bello Antilochus Nestoris obvius forte Memnoni interficitur. Moxque Aiax, ubi tempus visum est, inter utramque aciem progressus lacessit regem, praedicto prius Ulixi et Idomeneo, ab ceteris uti se defenderent. Igitur Memnon ubi ad se tendi videt, curru desilit confligitque pedes cum Aiace magno utriusque partis metu atque expectatione, cum dux noster summa vi umbonem scuti eius telo in aliquantum foratum gravis atque summis viribus ingruens impulit vertitque in latus. Quo viso regis comites adcurrere Aiacem exturbare nitentes. Tum Achilles, ubi barbaris intercedi videt, pergit contra et nudatum scuto hostis iugulum hasta transfigit.

(4.7) Ita praeter spem interfecto Memnone animi hostium commutantur et Graecis aucta fiducia. Iamque Aethiopum versa acie nostri instantes caedunt plurimos. Tum Polydamas renovare proelium cupiens circumventus ad postremum atque ictus inguina ab Aiace interficitur, Glaucus Antenoris adversum Diomedem adstans Agamemnonis telo cadit. Tum vero cerneres hinc Aethiopas cum Troianis per omnem campum sine ordine atque imperio fugientes multitudine ac festinatione inter se implicari cadere ac mox palantibus equis proculcari, hinc Graecos

über die Aufgabe unterrichtet aus dem Lager aus. Nicht weniger saumselig wurde von Memnon gehandelt, mit dem alle Trojaner waren. So begann von hier und dort her mit einem geordneten Heer das Gefecht. Sehr viele Leute fielen auf jeder Seite, wie es bei einem solchen Kampf üblich ist, oder schieden schwer getroffen aus dem Kampf aus. In diesem Krieg wurde Antilochos, der Sohn des Nestor, getötet; er war zufällig an Memnon geraten. Und bald rückte Aias, als ihm die Zeit gekommen schien, zwischen beide Schlachtreihen vor und forderte den König heraus; zuvor hatte er dem Odysseus und dem Idomeneus gesagt, sie sollten ihn vor den übrigen verteidigen. Als nun Memnon sah, dass man sich gegen ihn wendete, sprang er also vom Wagen herab und kämpfte zu Fuß mit Aias, beide Seiten mit großer Furcht und Erwartung, als plötzlich unser Anführer mit äußerster Gewalt den Schildbuckel, der vom Speer des Memnon ein wenig durchbohrt war, in dessen Seite hineintrieb und herumwendete, während er als schwerer Mann mit äußerster Kraft hereinbrach. Als die Begleiter des Königs dies sahen, bemühten sie sich, herbeizulaufen und den Aias zu vertreiben. Als dann Achilleus sah, dass die Barbaren dazwischengingen, machte er sich gegenüber auf und durchbohrte die vom Schild nicht geschützte Kehle des Feindes mit einer Lanze.

(4.7) Dadurch, dass Memnon so wider Erwarten getötet worden war, wandelten sich die *Animi* der Feinde und bei den Griechen mehrte sich die Zuversicht. Als sich die Schlachtreihe der Aithioper gewendet hatte, erschlugen die Unseren beim Nachdrängen sehr viele. Da wurde Polydamas, der den Kampf zu erneuern wünschte, schließlich umzingelt und, in die Weichen getroffen, von Aias getötet; Glaukos, der Sohn des Antenor, hielt gegen Diomedes stand und fiel dann durch einen Speer des Agamemnon. Dann konnte man wirklich sehen, dass hier Aithioper samt Trojanern über das gesamte Schlachtfeld hin ohne Ordnung und Befehl flohen, in Masse und Eile untereinander verwickelt wurden, stürzten und

resumptis animis sequi caedere impeditosque dissolvere atque ita confodere laxatos. Redundant circa muros campi sanguine et omnia, qua hostis intraverat, armis atque cadaveribus completa sunt. In ea pugna Priami filiorum Aretus et Echemmon ab Ulixe interfecti, Dryops, Bias et †Chorithan ab Idomeneo, ab Aiace Oilei Ilioneus cum Philenore, itemque Thyestes et Telestes a Diomede, ab Aiace altero Antiphus, Agavus, Agathon atque Glaucus et ab Achille Asteropaeus. Neque prius finis factus, quam Graecos satias et ad postremum fatigatio incessit.

(4.8) At ubi ab nostris in castra recessum est, missi ab Troianis, qui peterent eorum, qui in bello ceciderant, humandi veniam. Collectos suos quisque igni cremant et more patrio sepeliunt seorsum ab ceteris cremato Memnone, cuius reliquias urnae conditas per necessarios regis remisere in patrium solum. At Graeci lautum bene cadaver Anticholi iustisque factis Nestori tradunt eumque orant, ferret animo aequo fortunae bellique adversa. Ita ad postremum corpora sua quisque curantes vino atque epulis per multam noctem Aiacem simulque Achillem laudibus celebrant atque ad caelum ferunt. At apud Troiam, ubi requies funerum est, non iam dolor in casu Memnonis, sed metus summae rerum et desperatio incesserat, cum hinc Sarpedonis interitus, inde secuta paulo post Hectoris clades spes reliquas animis abstulissent neque, quod postremum in Memnone fortuna obtulerat, reliquum iam

alsbald von streunenden Pferden niedergetreten wurden, und dass dort Griechen mit wiedererlangten *Animi* die Verfolgung aufnahmen, töteten und ineinander Verwickelte entwirrten und so Erschöpfte mit einer Waffe durchbohren konnten. Es troffen rings um die Stadtmauern die Äcker von Blut, und alle Stellen, an denen der Feind eingedrungen war, waren mit Waffen und Leichen gefüllt. In dieser Schlacht wurden die Söhne des Priamos Aretos und Echemmon von Odysseus getötet; Dryops, Bias und Choreithan (?) von Idomeneus; von Aias, Sohn des Oileus, Ilioneus mitsamt Philenor; ebenso Thyestes und Telestes von Diomedes; vom anderen Aias Antiphos, Agauos, Agathon und Glaukos und von Achilleus Asteropaios. Und nicht eher machte man ein Ende, als bis Sättigung und schließlich Ermattung die Griechen befielen.

(4.8) Als aber die Unseren ins Lager zurückgekehrt waren, entsandten die Trojaner Männer, die um Erlaubnis bitten sollten, die im Kampf Gefallenen zu bestatten. Jede Seite sammelte die Ihren, verbrannte sie und bestattete sie nach väterlicher Sitte; gesondert von den übrigen wurde Memnon verbrannt, dessen sterbliche Reste man in einer Urne barg und durch Verwandte des Königs in dessen Heimat zurückschickte. Die Griechen aber übergaben die gut gewaschene Leiche des Antilochos nach Vollzug der gebührenden Bräuche dessen Vater Nestor und baten ihn, mit gleichmütigem *Animus* die Widrigkeiten des Geschickes und Krieges zu ertragen. Schließlich sorgten alle für ihren Leib, indem sie bei Wein und Speisen die gesamte Nacht hindurch den Aias und zugleich den Achilleus mit Lobsprüchen priesen und in den Himmel hoben. In Troja hingegen waren, sobald Begräbnisruhe eingetreten war, nicht mehr der Schmerz über den Sturz des Memnon, sondern Furcht vor der gesamten Lage und Verzweiflung eingezogen, denn zuerst der Untergang des Sarpedon und dann die kurz darauf erfolgte Tötung des Hektor hatten jeden Rest auf Hoffnung aus den *Animi* entfernt – und was sich zuletzt bei Memnon als Glücksfall dar-

existeret. Ita confluentibus in unum tot adversis curam omnem exsurgendi omiserant.

(4.9) At post paucos dies Graeci instructi armis processere in campum lacessentes, si auderent, ad bellandum Troianos. Quis dux Alexander cum reliquis fratribus militem ordinat atque adversum pergit. Sed priusquam ferire inter se acies aut iaci tela coepere, barbari desolatis ordinibus fugam faciunt. Caesique eorum plurimi aut in flumen praeceps dati, cum hinc atque inde ingrueret hostis atque undique adempta fuga esset. Capti etiam Lycaon et Troilus Priamidae, quos in medium productos Achilles iugulari iubet indignatus nondum sibi a Priamo super his, quae secum tractaverat, mandatum. Quae ubi animadvertere Troiani, tollunt gemitus et clamore lugubri Troili casum miserandum in modum deflent recordati aetatem eius admodum immaturam, qui in primis pueritiae annis cum verecundia ac probitate, tum praecipue forma corporis amabilis atque acceptus popularibus adolescebat.

(4.10) Deinde transactis paucis diebus solemne Thymbraei Apollinis incessit et requies bellandi per indutias interposita. Tum utroque exercitu sacrificio insistente Priamus tempus nactus Idaeum ad Achillem super Polyxena cum mandatis mittit. Sed ubi Achilles in luco ea, quae inlata erant, cum Idaeo separatim ab aliis recognoscit, cognita re apud naves suspicio alienati ducis

geboten hatte, davon war nichts mehr übriggeblieben. So hatten sie, da so viele Widrigkeiten an einer Stelle zusammentrafen, jedes Bestreben, sich wieder aufzurichten, verloren.

(4.9) Wenige Tage später aber rückten die Griechen mit Waffen gerüstet ins Feld vor und forderten die Trojaner, wenn sie es wagen wollten, zum Krieg heraus. Deren Anführer Alexandros ordnete mit seinen verbliebenen Brüdern die Truppe und führte sie gegen den Feind. Aber bevor die Schlachtreihen begonnen hatten, sich untereinander zu schlagen oder Speere zu werfen, wandten sich die Barbaren unter Aufgabe ihrer Ordnung zur Flucht. Sehr viele von ihnen wurden erschlagen oder in den Fluss geworfen, weil der Feind von hier und dort eindrang und von allen Seiten ihre Fluchtwege abgeschnitten wurde. Gefangen genommen wurden auch die Lykaon und Troïlos, Priamiden, denen Achilleus, nachdem man sie in die Mitte geführt hatte, die Kehle durchschneiden ließ; er war nämlich darüber empört, dass Priamos noch nicht das ausgehändigt hatte, was er mit sich geschleppt hatte. Sobald die Trojaner dies wahrnahmen, erhoben sie ein Jammern und beweinten sehr unter Trauergesängen den mitleidswürdigen Tod des Troïlos in Erinnerung an dessen noch unreifes Alter; in frühester Kindheit war er besonders wegen seiner Zurückhaltung und Rechtschaffenheit liebenswert, später vor allem durch seine schöne Körpergestalt, und, beliebt bei seinen Landsleuten und so erwachsen geworden.

(4.10) Als dann einige wenige Tage vergangen waren, begann eine Festlichkeit des thymbraïischen Apollon und Kriegsruhe wurde durch einen Waffenstillstand hergestellt. Während sich beide Heere dem Opfern hingaben, meinte Priamos, eine günstige Gelegenheit gefunden zu haben, und schickte daher den Idaios zu Achilleus über Polyxena mit einem Auftrag. Als aber Achilleus in dem Hain das, was gebracht worden war, mit Idaios von anderen abgesondert prüfte und als man die Sache wahrnahm, entstand der Verdacht,

et ad postremum indignatio exorta. Namque antea rumorem proditionis ortum clementer per exercitum in verum traxerant. Ob quae simul uti concitatus militis animus leniretur, Aiax cum Diomede et Ulixe ad lucum pergunt hique ante templum resistunt opperientes, si egrederetur, Achillem. Simulque uti rem gestam iuveni referrent, de cetero etiam deterrerent in colloquio clam cum hostibus agere.

(4.11) Interim Alexander compositis iam cum Deïphobo insidiis pugionem cinctus ad Achillem ingreditur confirmator veluti eorum, quae Priamus pollicebatur moxque ad aram, quo ne hostis dolum persentisceret aversusque a duce, adsistit. Dein ubi tempus visum est, Deïphobus amplexus inermem iuvenem quippe in sacro Apollinis nihil hostile metuentem exosculari gratularique super his, quae consensisset, neque ab eo divelli aut omittere, quoad Alexander librato gladio procurrensque adversum hostem per utrumque latus geminato ictu transfigit. At ubi dissolutum vulneribus animadvertere, e parte alia, quam venerant, proruunt, re ita maxima et super vota omnium perfecta, in civitatem recurrunt. Quos visos Ulixes: »Non temere est, inquit, quod hi turbati ac trepidi repente prosiluere.« Dein ingressi lucum circumspicientesque universa animadvertunt Achillem stratum humi exsanguem atque etiam tum seminecem. Tum Aiax: »Fuit, inquit, confirmatum ac verum per mortales nullum hominum existere potuisse, qui te vera virtute superaret, sed, ut palam est, tua te inconsulta temeritas prodidit.« Dein Achilles extremum

der Anführer sei entführt worden, und schließlich empörte man sich sehr. Es war nämlich das zuvor entstandene Gerücht vom Verrat zunehmend im Heer als wahr betrachtet worden. Um den aufgeregten *Animus* der Soldaten sofort zu besänftigen, machte sich Aias zusammen mit Diomedes und Odysseus zum Hain auf; sie stellten sich vor dem Tempel hin und warteten auf Achilleus, ob er herauskäme. Sie taten dies, um das Geschehen dem jungen Mann zu berichten und im Übrigen auch, um ihn davon abzuhalten, in einem Gespräch heimlich mit den Feinden zu verhandeln.

(4.11) Inzwischen ging Alexandros, der bereits zusammen mit Deïphobos eine Hinterlist geplant hatte, mit einem Dolch im Gürtel zu Achilleus gleichsam als Bekräftiger all dessen, was Priamos versprochen hatte, und bald stellte er sich zum Altar, damit der Feind die List nicht durchschaute und er selbst vom Anführer abgewandt war. Als dann die Zeit gekommen schien, umarmte Deïphobos den unbewaffneten jungen Mann, der ja im Heiligtum des Apollon nichts Feindseliges fürchtete, küsste ihn und sprach Glückwünsche zu dem aus, dem er zugestimmt hatte; er ließ sich weder von ihm trennen noch gab er ihn frei, bis Alexandros mit gezücktem Schwert gegen den Feind losstürmte und ihn an beiden Seiten mit einem zweifachen Stich durchbohrte. Sobald sie sahen, dass er an seinen Wunden verblutete, stürzten sie auf einer anderen Seite heraus, als sie gekommen waren; nachdem sie eine gewaltige, über die Wünsche aller weit hinausgehende Tat vollbracht hatten, liefen sie in die Stadt zurück. Als Odysseus sie sah, sagte er: »Es ist nicht von ungefähr, dass diese beiden hastig und aufgeregt herausgestürzt sind!« Dann betraten die drei den Hain, sahen sich überall um und nahmen den Achilleus wahr, der auf dem Boden ausgestreckt lag, ausblutete und schon halbtot war. Da sagte Aias: »Es hat sich bestätigt und bei den Sterblichen bewahrheitet, dass es keinen Menschen hat geben können, der dich an echter *Virtus* übertraf, aber, wie offensichtlich ist, hat dich deine unbedachte Unbesonnenheit

adhuc retentans spiritum: »Dolo me atque insidiis, inquit, Deïphobus atque Alexander Polyxenae gratia circumvenere.« Tum exspirantem eum duces amplexi cum magno gemitu atque exosculati postremum salutant. Denique Aiax exanimem iam umeris sublatum e luco effert.

(4.12) Quod ubi animadvertere Troiani, omnes simul portis proruunt eripere Achillem nitentes atque auferre intra moenia scilicet more solito inludere cadaveri eius gestientes. Contra Graeci cognita re arreptis armis tendunt adversum, paulatimque omnes copiae productae, ita utrimque certamen brevi adolevit. Aiax tradito his, qui secum fuerant, cadavere eius infensus Asium Dymantis, Hecubae fratrem, quem primum obvium habuit, interficit. Dein plurimos, uti quemque intra telum, ferit, in quis Nastes et Amphimachus reperti Cariae imperitantes. Iamque duces Aiax Oilei et Sthenelus adiuncti multos fundunt atque in fugam cogunt. Quare Troiani caesis suorum plurimis nusquam ullo certo ordine aut spe reliqua resistendi dispersi palantesque ruere ad portas neque usquam nisi in muris salutem credere. Quare magna vis hominum ab insequentibus nostris obtruncantur.

(4.13) Sed ubi clausis portis finis caedendi factus est, Graeci Achillem ad naves referunt. Tuncque deflentibus cunctis ducibus casum tanti viri plurimi militum haud condolere, neque, uti res exposcebat, tristitia commoveri, quippe quis in animo haeserat

ausgeliefert.« Darauf sagte Achilleus und hielt den letzten Atemzug noch zurück: »Mit List und Heimtücke haben mich Deïphobos und Alexandros wegen der Polyxena umgarnt.« Dann umarmten den Sterbenden die Anführer mit großem Jammern, küssten ihn und grüßten ihn ein letztes Mal. Schließlich trug Aias den schon Entseelten auf seinen Schultern aus dem Hain fort.

(4.12) Sobald dies die Trojaner wahrnahmen, brachen alle zugleich aus den Stadttoren hervor und strengten sich an, Achilleus fortzureißen und in die Stadt zu verschleppen; sie gierten nämlich danach, in gewohnter Art mit dessen Leiche ihren Spott zu treiben. Als gegenüber die Griechen die Lage erkannten, griffen sie zu den Waffen und stemmten sich dagegen an; allmählich wurden alle Truppen herausgeführt und so bahnte sich auf beiden Seiten ein Streit an. Aias übergab denen, die bei ihm waren, die Leiche und tötete sogleich voller Feindseligkeit Asios, den Sohn des Dymantes und Bruder der Hekabe, den er als ersten gegenüber hatte. Darauf traf er viele Soldaten, so wie jeder in seine Wurfweite geriet, darunter fand man Nastes und Amphimachos, die Beherrscher Kariens. Schon versprengten die beiden Anführer Aias, Sohn des Oileus, und Sthenelos im Verbund viele Trojaner und zwangen sie zur Flucht. Dadurch wurden die Trojaner, nachdem sehr viele der Ihren gefallen waren, ohne jede Ordnung und Hoffnung, irgendwo Widerstand leisten zu können, auseinandergejagt, irrten umher, stürzten zu den Stadttoren und glaubten, nirgends anders als innerhalb der Mauern Rettung zu finden. Darum wurde auch eine große Menge Menschen von unseren Verfolgern niedergemacht.

(4.13) Als aber mit dem Schließen der Tore ein Ende des Tötens gekommen war, trugen die Griechen den Achilleus zu den Schiffen. Obwohl dann alle Anführer den Tod eines so bedeutenden Mannes beweinten, betrauerten ihn viele Soldaten nicht, auch ließen sie sich nicht, wie es die Lage eigentlich erforderte, von

Achillem saepe consilia prodendi exercitus inisse cum hostibus; ceterum interfecto eo summam militiae orbatam et ademptum spei complurimum, cui viro egregio bellandi ne honestam quidem mortem aut aliter quam in obscuro oppetere licuerit. Igitur propere ex Ida adportata ligni vis multa atque in eodem loco, quo antea Patroclo, bustum extruunt. Dein imposito cadavere subiectoque igni iusta funeri peragunt Aiace praecipue insistente, qui per triduum continuatis vigiliis labore non destitit, quam reliquiae coadunarentur. Solus namque omnium paene ultra virilem modum interitu Achillis consternatus est, quem dilectum praeter ceteros animo summis officiis percoluerat, quippe cum amicissimum et sanguine coniunctum sibi, tum praecipue plurimum virtute ceteros antecedentem.

(4.14) Contra apud Troianos laetitia atque gratulatio cunctos incesserat interfecto quam metuendo hoste; hique Alexandri commentum laudantes ad caelum ferunt, scilicet cum insidiis tantum perfecerit, quantum ne in certamine auderet quidem. Inter quae nuntius Priamo supervenit Eurypylum Telephi ex Mysia adventare, quem rex multis antea inlectum praemiis, ad postremum oblatione desponsae Cassandrae confirmaverat. Sed inter cetera, quae ei pulcherrima miserat, addiderat etiam vitem quandam auro effectam, et ob id per populos memorabilem.

Betrübnis bewegen, denn jedem von ihnen hatte sich im *Animus* fest verankert, dass Achilleus oft mit den Feinden Pläne, das Heer zu verraten, erwogen hatte; im Übrigen sei durch seinen Tod die oberste Heeresspitze verwaist und damit vieles an Hoffnung hinweggerafft; ja, einem in der Kriegführung so herausragenden Mann sei es nicht einmal gestattet gewesen, einem ehrenvollen Tod auf eine andere Weise als im Dunkeln entgegenzugehen. Also brachte man eilig vom Berg Ida eine große Menge Holz heran und errichtete an derselben Stelle wie zuvor für Patroklos einen Scheiterhaufen. Dann legte man die Leiche darauf, zündete darunter ein Feuer an und vollzog das beim Begräbnis Gebührende, wobei sich hauptsächlich Aias hervortat, der drei Tage lang ununterbrochen Wache hielt und keine Mühe scheute, bis man die Reste einsammeln konnte. Er war nämlich als einziger von allen durch den Tod des Achilleus beinahe über ein männliches Maß hinaus so sehr außer sich geraten, hatte ihn vor allen anderen mit ganzem *Animus* geliebt und mit höchstem Pflichtgefühl verehrt, da er mit ihm schon sehr befreundet und blutsverwandt war, besonders aber, da er in ganz besonderem Maß die übrigen Helden an *Virtus* überragte.

(4.14) Gegenüber waren bei den Trojanern Freude und Fröhlichkeit eingezogen, weil der am meisten zu fürchtende Feind getötet war; sie lobten die List des Alexandros und hoben ihn in den Himmel; der hatte nämlich mit seinem Hinterhalt so viel erreicht, wie er nicht einmal im Kampf zu hoffen gewagt hatte. In der Zwischenzeit traf bei Priamos unerwartet die Nachricht ein, dass Eurypylos, der Sohn des Telephos, aus Mysien komme, den König Priamos schon früher mit vielen Geschenken verlockt und den er sich schließlich durch das Angebot seiner Verlobung mit Kassandra für sich gewonnen hatte. Unter den übrigen Dingen aber, die er ihm als sehr schöne Gaben geschickt worden waren, hatte er auch eine aus Gold gearbeitete Weinrebe, die deswegen vielen Leuten

Ceterum Eurypylus virtute multis clarus Mysiacis modo Ceteiisque instructus legionibus summa laetitia a Troianis exceptus spes omnes barbaris in melius converterat.

(4.15) Interim Graeci ossa Achillis urna recondita adiunctaque simul Patrocli in Sigeo sepelivere. Cui sepulchrum etiam extruendum ab his, qui in eo loco habebant, mercede Aiax locat indignatus iam de Graecis, quod nihil in his dignum doloris iuxta amissionem tanti herois animadverteret. Per idem tempus Pyrrhus, quem Neoptolemum memorabant, genitus Achille ex Deidamia Lycomedis, superveniens offendit tumulum extructum iam ex parte maxima. Dein percontatus exitum paternae mortis Myrmidonas gentem fortissimam et inclitam bellandi armis atque animis confirmat, impositoque faciendo operi Phoenice ad naves atque ad tentoria parentis vadit. Ibi custodem rerum Achillis Hippodamiam animadvertit. Moxque adventu eius cognito in eundem locum a cunctis ducibus concurritur; hique, uti animum aequum haberet, deprecantur. Quis benigne respondens nec sibi ait ignoratum esse omnia, quae divinitus confierent, forti pectore patienda, neque cuiquam super fatum vivendi concessam legem, turpem namque ac detestandam viris fortibus condicionem senectae, contra imbellibus optabilem. Ceterum sibi eo leviorem dolorem esse, quod non in certamine neque in luce belli Achilles interfectus esset, quo fortiorem ne optasse quidem quemquam

in Erinnerung ist. Im Übrigen wurde Eurypylos, der dank seiner *Virtus* bei vielen Mysern angesehen war und soeben mit keteïischen Legionen versehen worden war, mit größter Freude von den Trojanern aufgenommen, da er alle Erwartungen bei den Barbaren zum Besseren gewendet hatte.

(4.15) Inzwischen setzten die Griechen die Gebeine des Achilleus, die in einer Urne geborgen und mit denen die des Patroklos vereint worden waren, in Sigeion bei. Dass ihm auch von denen, die an diesem Ort wohnten, ein Grabmal errichtet würde, erreichte Aias mit einer Bezahlung und war sehr über die Griechen empört, weil er bei ihnen nichts, was des Schmerzes über den Verlust eines so bedeutenden Helden würdig war, bemerkte. Zu derselben Zeit traf Pyrrhos unerwartet ein, den wir als Neoptolemos erwähnt haben, ein Nachfahre des Achilleus von Deïdameia, der Tochter des Lykomedes, und stieß auf den Grabhügel, der zum größten Teil schon errichtet war. Dann erkundigte er sich nach dem Tod seines Vaters und versicherte, die Myrmidonen seien ein sehr tapferer Stamm, im Krieg bekannt durch ihre Waffen und durch ihre *Animi*; nachdem er den Weiterbau dem Phoinix auferlegt hatte, ging er zu den Schiffen und Zelten seines Vaters. Dort sah er Hippodameia als Hüterin der Habe des Achilleus. Und bald kamen, nachdem seine Ankunft bekannt geworden war, alle Anführer an demselben Ort zusammen; diese beschworen ihn, einen gleichmütigen *Animus* zu bewahren. Er begegnete ihnen freundlich und sagte, es sei ihm nicht unbekannt, dass man alles, was seitens der Gottheit geschehe, tapferen Herzens erdulden müsse und dass keinem das Recht zugestanden sei, über sein *Fatum* hinaus zu leben, denn schimpflich und für tapfere Männer fluchwürdig seien die Gebrechen des Greisenalters, für Schwache hingegen wünschenswert. Im Übrigen fiele ihm der Trauerschmerz um so leichter, da ja Achilleus weder im Kampf noch im hellen Schein des Krieges getötet worden sei: niemand habe nicht einmal den Wunsch gehegt, tapferer zu sein,

existere nunc vel in praeteritum excepto uno illo Hercule. Addit praeterea: solum virum dignum ea tempestate, sub cuius manibus excindi Troiam deceret, neque tamen abnuere, quod imperfectum a patre relictum esset, a se atque a circumstantibus perfici.

(4.16) Postquam finem loquendi fecit, in proximum diem certamen pronuntiatum. Duces omnes, ubi tempus visum est, solito ad Agamemnonem cenatum veniunt, in quis Aiax cum Neoptolemo, Diomedes, Ulixes et Menelaus hique inter se eundem locum cenandi capiunt. Interim inter epulas plurima iuveni patris fortia facinora numerare virtutemque eius commemorando efferre laudibus. Quis Pyrrhus non mediocriter laetus accensusque industria enisurum se omni opere respondit, quo ne indignus patris meritis existeret. Dein ad sua quisque tentoria quietum abeunt. At postero die simul cum luce iuvenis castris egressus offendit Diomedem cum Ulixe. Quos salutatos quid causae foret, hique aiunt interponendam dierum moram ad reficiendos militum eius animos, longo itinere maris torpentibus etiam nunc membris et ob id nequaquam satis firmo nisu, ut solitis viribus agerent.

(4.17) Itaque ex eorum sententia biduum interpositum, quo transacto omnes duces regesque suis quisque militibus instructis exercitum ordinant atque ad pugnam vadunt. In quis Neoptolemus regens medios circum se Myrmidonas statuit atque Aiacem, quem adfinitatis merito parentis loco percolebat. Interim Troiani

weder jetzt noch in der Vergangenheit mit der einzigen Ausnahme jenes einen Herakles. Außerdem fügte er hinzu: Allein würdig sei in dieser stürmischen Zeit der Mann, mit dessen Händen Troja ausgetilgt werden müsse, und dennoch weigere er sich nicht, dass das, was sein Vater unvollendet hinterlassen habe, von ihm selbst und denen, die um ihn herumstanden, vollendet werde.

(4.16) Nachdem er ein Ende des Sprechens gemacht hatte, verabredete man für den nächsten Tag einen Wettstreit. Alle Anführer kamen, als die Zeit dazu gut schien, in gewohnter Weise zu Agamemnon, um dort zu speisen, unter ihnen Aias mit Neoptolemos, Diomedes, Odysseus und Menelaos; sie saßen beim Mahl gleichrangig nebeneinander. Inzwischen erzählten sie dem jungen Mann während der Mahlzeit von den sehr vielen Heldentaten seines Vaters und hoben beim Erinnern dessen *Virtus* in ihren Lobreden hervor. Darüber war Pyrrhos nicht wenig erfreut und bewegt und sagte, er wolle sich mit gleicher Mühe anstrengen, um sich nicht unwürdig der Verdienste seines Vater zu erweisen. Dann entfernten sich alle zu ihren jeweiligen Zelten, um sich auszuruhen. Am folgenden Tag aber verließ der junge Mann gleich mit dem ersten Licht das Lager und stieß auf Diomedes mitsamt Odysseus. Er begrüßte sie und fragte, wie die Lage sei; sie antworteten, man müsse eine Pause von ein paar Tagen zur Erholung der *Animi* seiner Soldaten einlegen, da von der langen Seereise die Glieder auch jetzt noch lahm seien und deshalb keineswegs kräftig genug, um sich aufzuraffen und mit gewohnten Kräften handeln zu können.

(4.17) Und so legte man aufgrund ihrer Ansicht zwei Tage dazwischen ein, in deren Verlauf alle Anführer und Könige, nachdem jeder seine Leute unterwiesen hatte, die Truppe in Ordnung brachten und schon zum Kampf schritten. Unter ihnen stellte Neoptolemos als Mitte rings um sich die Myrmidonen und den Aias auf, den er aufgrund seiner Verwandtschaft an Vaterstelle verehrte. Inzwischen

vehementer moventur, maxime quod suis in dies deficientibus auxiliis novus adversum se miles pararetur cum memorando duce. Tamen Eurypyli hortatu arma capiunt; is namque adiunctis secum regulis copias suas Troianis mixtas porta educit. Atque ita ordinata acie medium sese locat. Tum primum Aeneas parato certamine intra muros manet execratus quippe Alexandri facinus commissum in Apollinem, cuius sacra is praecipue tuebatur. Sed ubi signum bellandi datum est, manus conserunt magna vi utrimque decertantes caduntque plurimi. Interim Eurypylus obvium forte nactus Peneleum proturbat hasta atque interficit; inde multo saevior Nirea adgressus moxque obtruncat. Iamque deturbatis, qui in acie steterant, medios adgrediebatur, cum Neoptolemus re cognita comminus advolat deiectumque curru hostem et ipse desiliens gladio impigre interficit. Tum ablatum propere cadaver atque ad naves iussu eius perlatum. Quod ubi animadvertere barbari, quibus spes omnis in Eurypylo fuerat, sine certo ordine aut rectore fuga proelium deserunt atque ad muros revolant; tum plurimi eorum in fuga interfecti.

(4.18) Igitur postquam fusis hostibus ad naves revertere Graeci, ex consilii sententia Eurypyli cremata ossa atque urnae condita patri remittunt, scilicet memores beneficiorum atque amicitiae. Cremati etiam per suos Nireus atque Peneleus, seorsum singuli.

wurden die Trojaner in Aufregung versetzt, insbesondere, weil sich, während ihre eigenen Hilfstruppen von Tag zu Tag dahinschwanden, eine neue Einheit gegen sie aufbaute, mit einem bemerkenswerten Anführer. Dennoch griffen sie auf Anraten des Eurypylos zu den Waffen, denn der führte, nachdem sich die Prinzen ihm angeschlossen hatten, seine mit Trojanern vermischten Truppen aus dem Tor heraus. Und so stellte er sich in die Mitte der geordneten Schlachtreihe. Weiterhin blieb Aineias während der Vorbereitungen des Gefechts innerhalb der Mauern fluchbeladen zurück, denn die Untat des Alexandros war gegen Apollon begangen, dessen Verehrung besonders Sache des Aineias war. Sobald man aber das Zeichen zur Eröffnung der Kriegführung gegeben hatte, geriet man sogleich ins Handgemenge; beide Seiten kämpften mit großer Kraft um die Entscheidung, sehr viele fielen. Währenddesssen war Eurypylos im Voranstürmen zufällig auf Peneleos gestoßen, streckte ihn mit der Lanze und tötete ihn; dann griff er viel heftiger den Nireus an und schlachtete ihn schnell. Schon ging er, nachdem diejenigen, die in der Schlachtreihe gestanden hatten, vertrieben waren, auf die Mitte los, als Neoptolemos nach Erkennen der Lage aus der Ferne heranstürmte; der Feind war von seinem Wagen zu Boden geworfen, er selbst sprang herab und tötete ihn mit dem Schwert ohne Zögern. Dann trug man die Leiche eilig fort und brachte sie auf seinen Befehl hin zu den Schiffen. Als die Barbaren dies wahrnahmen, bei denen die gesamte Hoffnung auf Eurypylos geruht hatte, verließen sie ohne feste Ordnung oder Leitung in der Flucht die Schlacht und stürzten zu ihren Mauern zurück; da wurden auf der Flucht viele von ihnen getötet.

(4.18) Nachdem die Feinde verjagt und die Griechen zu ihren Schiffen zurückgekehrt waren, verbrannte man nach dem Beschluss des *Consilium* die Gebeine des Eurypylos, barg sie in einer Urne und schickte sie seinem Vater zurück; man war nämlich eingedenk seiner Wohltaten und Freundschaft. Verbrannt wurden auch von

At postero die per Chrysem cognoscitur Helenum Priami fugientem scelus Alexandri apud se in templo agere. Moxque ob id missis Diomede et Ulixe tradidit sese deprecatus prius, uti sibi partem aliquam regionis, in qua reliquam vitam degeret semotam ab aliis concederent. Dein ad naves ductus ubi consilio mixtus est, multa prius locutus non metu, ait, se mortis patriam parentesque deserere, sed deorum coactum aversione, quorum delubra violari ab Alexandro neque se neque Aeneam quisse pati. Qui metuens Graecorum iracundiam apud Antenorem agere senemque parentem. De cuius oraculo imminentia Troianis mala cum cognovisset, ultro supplicem ad eos decurrere. Tunc nostris festinantibus secreta dinoscere, Chryses nutu uti silentium ageretur significat atque Helenum secum abducit. A quo doctus cuncta Graecis uti audierat refert, addit praeterea tempus Troiani excidii idque administris Aenea atque Antenore fore. Tum recordati eorum, quae Calchas edixerat, eadem cuncta congruentiaque animadvertunt.

(4.19) Dein postero die egresso utrimque milite ad bellandum plurimi Troianorum cadunt, sed ex sociis pars maxima. At ubi vehementius ab nostris instatur et omni ope bellum finire in animo est, signo dato dux duci occurrit atque in se proelium convertunt. Tunc Philocteta progressus adversus Alexandrum lacessit, si auderet, sagittario certamine. Ita concessu utriusque

den Ihren Nireus und Peneleos, jeder für sich. Am folgenden Tag aber erfuhr man durch Chryses, dass Helenos, der Sohn des Priamos, sich auf der Flucht vor der Untat des Alexandros bei ihm im Tempel aufhalte. Als man deshalb bald Diomedes und Odysseus dorthin sandte, lieferte er sich aus, nachdem er zuvor darum gebeten hatte, dass sie ihm ein Stück Land, auf dem er den Rest seines Lebens verbringen könne, abseits von anderen Menschen zugeständen. Dann wurde er zu den Schiffen geführt, wo er in das *Consilium* einbezogen wurde, und sagte er nach vielen vorherigen Worten, nicht aus Furcht vor dem Tod verlasse er Heimat und Eltern, sondern gezwungen von der Abwendung der Götter, deren Heiligtümer Alexandros verletzt hätte; weder er noch Aineias hätten dies ertragen können. Dieser lebe aus Furcht vor dem Zorn der Griechen bei Antenor und dessen greisem Vater. Als er von dessen Orakel das den Trojanern drohende Unheil erfahren habe, sei er von sich aus zu ihnen als Bittflehender gekommen. Während sich dann die Unseren bemühten, geheime Dinge zu erfahren, zeigte Chryses dann mit einem Nicken an, dass Schweigen gewahrt werden solle, und nahm dann Helenos mit sich mit. Von ihm unterrichtet, erzählte Chryses den Griechen alles, wie er es gehört hatte. Er fügte außerdem hinzu den Zeitpunkt für den Untergang Trojas und dass dieser sich unter Mithilfe des Aineias und Antenor zutragen werde. Da erinnerten sie sich an das, was Kalchas vorausgesagt hatte, und erkannten, dass alles übereinstimmte.

(4.19) Als dann am folgenden Tag auf beiden Seiten Soldaten zum Kriegführen ausgerückt waren, fielen sehr viele Trojaner, aber auch der größte Teil der Verbündeten. Als freilich von den Unseren heftiger nachgedrängt wurde und man mit aller Macht den Krieg zu beenden im *Animus* hatte, trat auf ein gegebenes Zeichen hin ein Anführer gegen einen Anführer an und beide lenkten das Gefecht auf sich. Da schritt Philoktetes gegen Alexandros vor und forderte ihn, so er es wagen wollte, zu einem Wettkampf im Bogenschießen

partis Ulixes atque Deïphobus spatium certaminis definiunt. Igitur primus Alexander incassum sagittam contendit, dein Philocteta insecutus sinistram manum hosti transfigit, reclamanti per dolorem dextrum oculum perforat ac iam fugientem tertio consecutus vulnere per utrumque pedem traicit fatigatumque ad postremum interficit, quippe Herculis armatus sagittis, quae infectae Hydrae sanguine haud sine exitio corpori figebantur.

(4.20) Quod ubi animadvertere barbari, magna vi inruunt, eripere Alexandrum cupientes, multisque suorum interfectis a Philocteta negotium tamen peragunt, atque in civitatem reportant. Tumque Aiax Telamonius insecutus fugientes ad usque portam pergit. Ibi caesa vis multa hostium, cum festinantibus inter se et singulis evadere inter primos cupientibus magis in ipso aditu multitudine sua detinerentur. Interim multi eorum, qui primi evaserant, super muros siti collecta undique cuiuscemodi saxa super clipeum Aiacis deicere congestamque quam plurimam terram desuper volvere, scilicet ad depellendum hostem. Cum supra modum gravaretur egregius dux, facile scuto decutiens haud segnius imminere. Denique Philocteta eos, qui in muris locati erant, eminus sagittis proturbat multosque interficit. Neque secus ab reliquis in parte alia res gestae. Atque eo die excisa eversaque moenia hostium forent, ni nox iam ingruens nostros ab incepto cohibuisset. Qui ubi ad naves regressi sunt, laeti Philoctetae facinoribus et ob id

heraus. So legten im Einverständnis beider Seiten Odysseus und Deïphobos den Abstand für den Wettkampf fest. Also schoss als erster Alexandros einen Pfeil erfolglos ab, dann folgte Philoktetes und durchstach dem Feind die linke Hand; als der vor Schmerz aufschrie, durchschoss er dessen rechtes Auge; und während er den schon Fliehenden verfolgte, durchbohrte er ihm mit dem dritten Pfeil beide Füße und töteten den Erschöpften schließlich, denn er war mit den Pfeilen des Herakles ausgerüstet, die mit dem Blut der Hydra getränkt waren und die man nicht ohne tödliche Folge auf einen Menschen richten konnte.

(4.20) Als die Barbaren dies bemerkten, stürzten sie mit großer Macht heran, da sie den Alexandros entreißen wollten; sie führten, obwohl viele von ihnen durch Philoktetes getötet wurden, dies dennoch durch und brachten ihn in die Stadt zurück. Da verfolgte der telamonische Aias die Flüchtenden und drang bis zum Stadttor vor. Dort wurde eine große Menge Feinde niedergehauen, da die Fliehenden und je einzeln unter den Ersten entkommen wollten, sich mehr zum Zugang drängten und dort durch ihre Vielzahl aufgehalten wurden. Inzwischen hatten sich viele von denen, die als erste entkommen waren, über die Mauern gelegt, warfen von überallher gesammelte Steine aller Art auf den Schild des Aias herab und streuten nämlich so viel zusammengescharrte Erde wie möglich von oben herunter, um den Feind zu vertreiben. Als dadurch übermäßig der hervorragende Anführer beschwert wurde, schüttelte er die Erde leicht vom Schild herunter und bedrohte die Trojaner nicht weniger. Schließlich vertrieb Philoktetes die auf den Mauern Platzierten aus der Ferne mit seinen Pfeilen und tötete viele. Nicht geringere Taten wurden von den Übrigen an einem anderen Teil vollbracht. An diesem Tag wären die feindlichen Stadtmauern aufgebrochen und geschleift worden, wenn nicht die schon eintretende Nacht die Unseren am Vorhaben gehindert hätte. Als diese zu den Schiffen zurückgekehrt waren, freuten sie sich

maximam animo fiduciam gestantes, summo favore ac laudibus ducem celebrant. Qui simul cum luce adiunctis sibi reliquis ducibus in proelium egressus hostes metu sui adeo deterruit, ut vix se moenibus defensarent.

(4.21) Interim Neoptolemus apud tumulum Achillis, postquam in auctorem paternae caedis vindicatum est, initium lugendi sumit, una cum Phoenice atque omni Myrmidonum exercitu comas sepulchro deponit pernoctatque in loco. Per idem tempus filii Antimachi, de quo supra memoravimus, adiuncti Priami rebus ad Helenum veniunt eumque ut ad amicitiam cum suis redeat deprecati, ubi nihil proficiunt, ad suos remeantes Diomedi atque Aiaci alteri itineris medio occurrunt. Ab quis comprehensi perductique ad naves, quinam essent et rem ob quam venerant omnem expediunt. Tum recordati patris eorum et quae adversum legatos dixerit molitusque sit, tradi eos popularibus atque ante conspectum barbarorum produci iubent, dein lapidibus iniectis necari. Interim Alexandri funus per †partem aliam portae† ad Oenonem, quae ei ante Helenae raptum nupserat, necessarii sui, uti sepeliretur, perferunt. Sed fertur Oenonem viso cadavere Alexandri adeo commotam, uti amissa mente obstupefieret ac paulatim per maerorem deficiente animo concideret. Atque ita uno eodem funere cum Alexandro contegitur.

über die Taten des Philoktetes, hegten in ihrem *Animus* sehr großes Vertrauen zu ihm und feierten mit höchstem Beifall und Belobigungen diesen Anführer. Dieser schritt gleich mit dem ersten Tageslicht, nachdem sich die übrigen Anführer mit ihm vereinigt hatten, wieder in den Kampf hinaus und er versetzte die Feinde durch die Furcht vor ihm so sehr in Schrecken, dass sie sich kaum mit ihren Mauern verteidigen konnten.

(4.21) Inzwischen machte Neoptolemos am Grabhügel des Achilleus, nachdem man gegen den Urheber der Ermordung seines Vaters vorgegangen war, einen Anfang mit dem Trauern; gemeinsam mit Phoinix und dem gesamten Myrmidonenheer legte er ein Haaropfer am Grab ab und durchwachte die Nacht an diesem Ort. Zu derselben Zeit kamen die Söhne des Antimachos, den wir oben erwähnt haben, und die der Sache des Priamos sehr verbunden waren, und baten ihn, dass er in Freundschaft mit ihnen zurückkehren solle; als sie nichts erreichten, begegneten sie bei der Rückkehr zu ihren Leuten dem Diomedes und dem anderen Aias in der Mitte ihres Weges. Von diesen wurden sie ergriffen und zu den Schiffen geführt; dort erklärten sie, wer sie seien und weshalb sie gekommen waren. Da befahlen jene eingedenk ihres Vaters und dessen, was er gegen die Gesandten gesprochen und in Bewegung gebracht hatte, dass sie den gemeinen Soldaten ausgeliefert, vor das Angesicht der Barbaren geführt und dann mit Steinen getötet würden. Inzwischen trugen dessen Verwandte Alexandros' Leichnam durch einen anderen Teil des Tores (?) zu Oinone, die mit ihm vor dem Raub der Helena verheiratet gewesen war, um Alexandros zu begraben. Oinone soll vom Anblick der Leiche so stark erschüttert worden sein, dass sie besinnungslos erstarrte und allmählich, da ihr vor Trauer der *Animus* versagte, zusammenbrach. So bedeckte sie dann ein und dasselbe Grab zusammen mit Alexandros.

(4.22) Ceterum Troiani, ubi hostis muris infestus magis magisque saevit, neque iam resistendi moenibus spes ulterius est aut vires valent, cuncti proceres seditionem adversus Priamum extollunt atque eius regulos. Denique accito Aenea filiisque Antenoris decernunt inter se, uti Helena cum his, quae ablata erant, ad Menelaum duceretur. Quod postquam Deïphobus cognovit, traductam ad se Helenam matrimonio sibi adiungit. Ceterum ingressus consilium Priamus, ubi multa ab Aenea contumeliosa ingesta sunt, ad postremum ex consilii sententia iubet ad Graecos cum mandatis belli deponendi ire Antenorem. Qui ex muris signum ostendens legationis, ubi a nostris recessum est, ad naves venit. Ubi benigne salutatus atque exceptus summum fidei benevolentiaeque erga Graeciam testimonium capit maximeque a Nestore, quod Menelaum insidiis Troianorum appetitum consilio suo atque auxilio filiorum servaverit; pro quis Troia eversa multa praeclara polliceri hortarique, uti dignum memoria pro amicis adversum perfidos moliretur. Tunc longam exorsus orationem semper, ait, principes Troiae poenam ob male consulta divinitus consequi. Dein subiungit Laomedontis adversum Herculem famosa periuria insecutamque eius regni eversionem. Qua tempestate Priamus parvulus admodum atque expers omnium, quae gesta erant, petitu Hesionae regno impositus est. Eum male iam inde desipientem cunctos sanguine et iniuriis insectari solitum, parcum in suo atque appetentem alieni, quo exemplo veluti pessima contagione imbutos filios eius neque sacro neque

(4.22) Im Übrigen unternahmen die Trojaner, als der zum Angriff auf die Mauern bereite Feind immer stärker wütete und schon keine Hoffnung mehr bestand, weiterhin die Stadtmauern verteidigen zu können oder dass noch Kräfte vorhanden seien, und zwar alle adligen Trojaner einen Aufruhr gegen Priamos und dessen Prinzen. Nachdem man Aineias und die Söhne des Antenor hatte holen lassen, beschloss man schließlich gemeinsam, Helena mitsamt dem, was man weggenommen hatte, zu Menelaos zu führen. Als Deïphobos dies erfuhr, verband er sich mit Helena, die man ihm gebracht hatte, ehelich. Im Übrigen trat Priamos in das *Consilium* ein, als Aineias viel Ehrenrühriges ausgestoßen hatte, und ordnete schließlich aufgrund der Meinung des Rats an, dass zu den Griechen mit dem Auftrag, den Krieg beizulegen, Antenor gehen solle. Dieser gab sich von den Mauern aus als Gesandter zu erkennen; als sich die Unseren zurückgezogen hatten, kam er zu den Schiffen. Dort wurde er freundlich begrüßt und aufgenommen und erhielt ein höchstes Zeugnis für *Fides* und Wohlwollen gegenüber den Griechen besonders von Nestor ausgestellt, da er ja Menelaos, als der durch einen Hinterhalt der Trojaner bedroht war, mit seinem Ratschlag und der Hilfe seiner Söhne gerettet habe; dafür versprach er nach Trojas Zerstörung viele herrliche Dinge und redete ihm zu, dass er auf Denkwürdiges für Freunde gegen Treulose hinarbeiten würde. Dann sagte er, als er eine lange Rede begann, dass Trojas Fürsten immer wegen schlechter Ratsmeinungen eine göttliche Strafe ereile. Dann fügte er das berüchtigte meineidige Verhalten des Laomedon gegenüber Herakles an und dass dem die Vernichtung von dessen Königtum gefolgt sei. Zu dieser Zeit wurde der noch ganz kleine Priamos, der nichts von all dem wusste, auf Verlangen der Hesione ins Königtum eingesetzt; der sei schon von dieser Zeit an töricht gewesen und gewohnt, dass ihn alle mit Blut und Gewalttätigkeiten übel verfolgten – ihn, der mit seinem Gut geizig und nach fremden Besitz begierig war. Mit diesem Beispiel seien wie mit einer ganz üblen Berührung dessen Söhne angesteckt

profano abstinuisse. Ceterum se eadem stirpe, qua Priamum Graecis coniunctum, animo semper ab eo discerni. Hesionam quippe Danai filiam Electram genuisse, ex qua ortus Dardanus Olizonae Phinei iunctus Erichthonium dederit, eius Tros, dein ex eo Ilus, Ganymedes et Cleomestra, ex Cleomestra Assaracus atque ex eo Capys Anchisae pater. Ilum dein Tithonum et Laomedontem genuisse, ex Laomedonte Hicetaonem, Clytium, Lampum, Thymoetem, Bucolionem atque Priamum genitos rursusque ex Cleomestra et Aesyete se genitum. Ceterum Priamum cuncta iura adfinitatis proculcantem magis in suos superbiam atque odium exercuisse. Postquam finem loquendi fecit, postulat, uti, quoniam a senibus legatus pacis missus esset, darent de suo numero, cum quis super tali negotio disceptaret. Electique Agamemnon, Idomeneus, Ulixes atque Diomedes, qui secreto ab aliis proditionem componunt. Praeterea placet, uti Aeneae, si permanere in fide vellet, pars praedae et domus universa eius incolumis, ipsi autem Antenori dimidium bonorum Priami regnumque uni filiorum eius, quem elegisset, concederetur. Ubi satis tractatum visum est, Antenor ad civitatem dimittitur, referens ad suos composita inter se longe alia, in quis, donum Minervae parari a Graecis eosque cum gratia cupere recepta Helena acceptoque auro bellum omittere atque ad suos regredi. Ita composito negotio Antenor traditoque sibi Talthybio, quo res fidem acciperet, ad Troiam venit.

und hätten sich weder vor Heiligem noch vor Profanem zurückgehalten. Im Übrigen unterscheide er (Antenor), der durch dieselbe Wurzel wie Priamos mit den Griechen verbunden sei, sich immer in seinen *Animus* von jenem. Hesione habe die Tochter des Danaos, Elektra, geboren, von der Dardanos abstamme, der mit Olizone, der Tochter des Phineus, verbunden den Erichthonios zeugte, dessen Sohn Tros war; dann stammten vom ihm Ilos, Ganymedes und Kleomestra ab, von letzterer kam Assarakos her und von dem wiederum Kapys, der Vater des Anchises. Ilos habe dann Tithonos und Laomedon gezeugt, von Laomedon seien Hiketaon, Klytios, Lampos, Thymoetes, Bukolion und Priamos gezeugt worden und wiederum von Kleomestra und Aisyetes stamme er (Antenor) ab. Im Übrigen habe Priamos, indem er alle Vorrechte der Verwandtschaft niedertrat, gegen die Seinen mehr Hass und Hochmut ausgeübt. Nachdem er ein Ende der Rede gemacht hatte, verlangte er, dass, da er ja von den Ältesten als Friedensgesandter ausgeschickt war, sie ihm Männer aus ihrer Zahl geben sollten, mit denen er über eine solche Aufgabe verhandeln konnte. Ausgewählt wurden Agamemnon, Idomeneus, Odysseus und Diomedes, die von den anderen abgesondert die Übergabe vereinbarten. Außerdem beschloss man, dem Aineias, wenn er in der *Fides* verbleiben wolle, einen Teil der Beute und sein gesamtes Haus unversehrt zu geben, dem Antenor selbst aber die Hälfte der Güter des Priamos und dessen Königtum einem seiner Söhne, den er aussuchen sollte. Als es schien, dass man genug verhandelt habe, wurde Antenor zur Stadt entlassen; dort berichtete er bei den Seinen etwas weithin anderes, als man miteinander vereinbart hatte, darunter, dass die Griechen eine Gabe für Athene schaffen wollten und dass sie nach der Rückgabe der Helena und dem Erhalt von Gold guten Willens den Krieg aufgeben und zu den Ihren zurückkehren wollten. So kam Antenor, nachdem seine Aufgabe erfüllt und man ihm Talthybios mitgegeben hatte, durch den die Sache *Fides* erhalten sollte, nach Troja.

LIBER QUINTUS

(5.1) Antenore Talthybioque civitatem ingressis cuncti populares sociique cognita re propere concurrunt, cupientes dinoscere, quae apud Graecos actitata essent. Quis Antenor in proximum diem relata differt; atque ita dimisso conventu disceditur. Cum inter epulas Talthybius interesset, filios suos monere Antenor nihil his in vita custodiendum, quam uti antiquissimam ducerent cum Graecis amicitiam, dein singulorum probitatem, fidem atque innocentiam commemorando admiratur. Ita finito convivio quietum disceditur. At lucis principio, omnibus iam in consilio expectantibus audire, si quis modus tantis malis fieret, cum Talthybio ipse venit neque multo post Aeneas, dein Priamus cum residuis regulis. Denique ubi ea, quae a Graecis audierat, dicere iussus est, hoc modo disseruit:

(5.2) »Grave, Troiani principes vosque socii, grave bellum nobis extitisse adversum Graeciam, gravius vero multoque durius, mulieris causa hostes effectos quam amicissimos, qui inde iam a Pelope orti adfinitatis etiam iure nobis coniuncti sunt. Namque si praeterita mala summatim attingere oporteat, en unquam civitas nostra depressa aerumnis ad requiem emersit? Unquamne nobis defuere fletus aut sociis imminutae calamitates? Quando non amici parentes propinqui filii denique in bello amissi? Et, ut

FÜNFTES BUCH

(5.1) Als Antenor und Talthybios in die Stadt gekommen waren, liefen alle Einheimischen und Verbündeten nach Bekanntwerden der Sache eilig zusammen, da sie erfahren wollten, was bei den Griechen verhandelt worden war. Ihnen gegenüber schob Antenor den Bericht für den nächsten Tag auf; so löste man die Zusammenkunft auf und ging auseinander. Während Talthybios am Essen teilnahm, mahnte Antenor seine Söhne, sie sollten nichts im Leben mehr beachten als die uralte Freundschaft mit den Griechen weiterzuführen; dann vergegenwärtigte und bewunderte er Rechtschaffenheit, *Fides* und Uneigennützigkeit von einzelnen (Griechen). So ging man nach Ende des Gastmahls auseinander. Beim ersten Tageslicht aber warteten alle schon im *Consilium* darauf zu hören, ob es irgendein Ende für so großes Unheil gebe, als Talthybios selbst erschien, nicht viel später Aineias, darauf Priamos mit den verbliebenen Prinzen. Als er schließlich zu sagen aufgefordert wurde, was er von den Griechen gehörte habe, sprach er in folgender Weise:

(5.2) »Trojanische Edle und ihr, Bundesgenossen, ein schwerer Krieg gegen Griechenland ist uns erwachsen, noch schwerer jedoch und viel härter ist es, dass wegen einer Frau die zu Feinden geworden sind, die sehr befreundet sind, schon weil sie von Pelops abstammen und so mit uns auch durch das Vorrecht der Verwandtschaft verbunden sind. Wenn es erlaubt sein darf, vergangene Übel kurz anzurühren: Ja, ist denn unsere von Beschwernissen bedrückte Stadt wohl jemals zur Ruhe aufgetaucht? Hat es uns jemals an Tränen oder Unheil gefehlt, das von Verbündeten gemindert wird? Wann haben wir auch liebe Väter oder naheste-

ex me reliquorum luctuum memoriam recenseam, quidnam in Glauco filio toleravi? Cuius interitus, quamquam acerbus mihi, tamen non ita dolori fuit, quam tempus illud, quo adiunctus Alexandro ad raptum Helenae comitatum sui praebuit. Sed praeteritorum satias, futuris saltem parcendum ac consulendum est. Graeci homines custodes fidei ac veritatis, principes benevolentiae atque officiorum. Testis his rebus Priamus, qui ipso strepitu discordiarum fructum tamen misericordiae eorum tulit; neque inferendo bellum quicquam prius temeratum ab his, quam perfidiam in ipsa legatione insidiasque ab nostris experti sunt. In qua re, dico enim quod sentio, Priamus eiusque filii auctores, in his etiam Antimachus, qui recens amissis liberis iniquitatis suae poenas luit. Haec omnia in gratia Helenae gesta, scilicet eius mulieris, quam ne Graeci quidem recipere gestiunt. Retineatur igitur in civitate ea femina, ob quam nulla gens, nulli usquam populi amici aut non infesti huic regno. Nonne sponte supplices, ut recipiant eam, rogabimus? Non omni modo satisfaciemus laesis iam totiens per nos? Non in futurum saltem reconciliabimus tales viros? Ego quidem abibo hinc iam et discedam longius neque committam, ut ulterius intersim malis nostris. Fuit tempus, quo manere in hac civitate iucundum erat; socii, amici, propinquorum salus, patria denique incolumis adtinuere in hunc diem. Contra nunc quid horum non imminutum aut in totum sublatum nobis est? Non feram me cum his morari, quorum

hende Söhne im Krieg verloren? Und um meinerseits die Erinnerung an weitere Anlässe zur Trauer anzuführen: Was habe ich in meinem Sohn Glaukos ertragen müssen? Dessen Untergang, obwohl für mich bitter, war für mich dennoch nicht so sehr ein Schmerz wie jene Zeit, in der er sich, dem Alexandros verbunden, als Begleiter für den Raub der Helena zur Verfügung gestellt hatte. Aber genug von der Vergangenheit – mit der Zukunft jedenfalls muss man schonend umgehen und für sie Vorsorge treffen! Die Griechen sind Menschen, die *Fides* und Wahrheit bewahren; sie sind Fürsten des Wohlverhaltens und der Pflichttreue. Zeuge dafür ist Priamos, der selbst im Getöse von Streitigkeiten dennoch eine Frucht ihres Mitleids erhielt; nichts ist von ihnen bei Kriegsbeginn befleckt worden, bevor sie von uns Vertrauensbruch und Hinterhältigkeit anlässlich der Gesandtschaft bezahlt hatten. In dieser Angelegenheit – ich nämlich spreche, was ich empfinde – sind Priamos und dessen Söhne Urheber gewesen, darunter auch Antimachos, der jüngst mit dem Verlust seiner Kinder Strafe für seine unbillige Härte hat erfahren müssen. Dies alles geschah wegen der Helena, nämlich derjenigen Frau, die zurückzuerhalten nicht einmal die Griechen begehren. Soll also in dieser Stadt eine Frau behalten werden, derentwegen kein Stamm, keine Völker jemals diesem Königtum hier befreundet oder nicht feindlich gesinnt sind? Werden wir nicht von uns aus demütig darum bitten, dass jene sie aufnehmen? Werden wir nicht auf jede Weise Genugtuung für das leisten, was wir schon so oft beschädigt haben? Werden wir nicht in Zukunft wieder solche Männer wiedergewinnen? Ich jedenfalls werde augenblicklich von hier fortgehen, mich sehr weit entfernen und es nicht dahin kommen lassen, noch länger an unserem Unheil teilzuhaben! Es gab eine Zeit, in der in dieser Stadt zu verweilen angenehm war; Gefährten, Freunde, das Wohl der Nächsten und letztlich eine unversehrte Heimat haben mich bis zum heutigen Tag hier festgehalten. Was hingegen ist davon für uns nicht gemindert oder gänzlich geschwunden? Ich will es

opera cuncta mihi cum patria concidere. Et eos quidem, quos in bello fortuna eripuit, utcumque iam sepelivimus concedentibus ultro veniam hostibus, sed postquam deorum arae atque delubra sanguine humano per scelus infecta sunt, hoc etiam amisimus, quippe quis maiora supplicia post mortem carissimorum, quam in amissione subeunda sunt. Quae ne accidant, nunc saltem providete. Auro atque huismodi aliis praemiis redimenda patria est. Multae in hac civitate dites domus, singuli pro facultatibus in medium consulamus, postremo offeratur pro vita hostibus, quod mox interitu nostro ipsorum futurum est. Templorum etiam, si necesse erit, ornamentis pro incolumitate patriae utendum est. Solus suas opes intus custodiat Priamus, solus divitias potiores civibus suis teneat, his etiam, quae cum Helena rapta sunt, incubet, videritque, quem ad finem utendum putet patriae calamitatibus. Nos victi iam sumus malis nostris.«

(5.3) Haec atque alia cum lacrimis disserente eo cuncti simul gemitum edunt, tendentes ad caelum manus annuere, tot adversis rebus Priamum singuli vel inter se omnes finem miseriarum deprecantes, ad postremum uno ore patriam redimendam clamant. In quis Priamus dilanians caput fletu quam miserabili non solum iam se ait odio dis, verum suis hostem effectum, quippe cui non amicus antea, non propinquus, non denique civis

nicht ertragen, mit denen zu leben, durch deren Wirken alles für mich mit der Heimat zusammengebrochen ist. Und diejenigen freilich, die im Krieg das Schicksal entrissen hat, wenn wir sie nur begraben haben, wozu die Feinde von sich aus ihre Erlaubnis gegeben haben, doch nachdem Altäre und Heiligtümer der Götter mit Menschenblut durch ein Verbrechen besudelt sind, dies also haben wir auch verloren. Ja, wer hat schlimmere Strafen nach dem Tod der liebsten Angehörigen, als man bei deren Verlust auf sich nehmen muss? Dafür, dass dies nicht eintritt, müsst ihr Vorsorge treffen! Mit Gold und anderen Gaben dieser Art muss das Vaterland zurückgekauft werden. Viele reiche Häuser gibt es in dieser Stadt, wir wollen – jeder nach seinen Möglichkeiten – mittlerweile Vorsorge treffen. Letztlich soll den Feinden das anstelle unseres Lebens angeboten werden, was ihnen bald durch unseren eigenen Untergang gehören wird. Auch der Schmuck der Tempel muss, wenn notwendig, für die Unversehrtheit der Heimat aufgewendet werden. Allein Priamos mag seine Schätze im Inneren hüten, er mag als einziger Reichtum für wichtiger als Bürger ansehen; auch über dem, was zusammen mit Helena geraubt worden ist, mag er brüten: Er wird schon sehen, zu welchem Ende das Unglück der Heimat seiner Ansicht nach zu dienen hat. Wir sind bereits besiegt von unserem Unheil!«

(5.3) Während er dies und anderes unter Tränen darlegte, stöhnten zugleich alle auf, streckten ihre Hände zum Himmel und nickten Zustimmung; bei so viel Widrigkeiten baten sie den Priamos einzeln oder alle miteinander inständig um ein Ende des Elends; schließlich schrien sie mit einer Stimme, die Heimat müsse freigekauft werden. Währenddessen zerkratzte sich Priamos das Gesicht und sprach unter einem Weinen, das so mitleidswürdig wie nur möglich war, er sei nicht nur den Göttern verhasst, sondern auch den Seinen zum Feind geworden, denn es ließe sich für ihn kein früherer Freund, kein Verwandter und auch kein Bürger mehr fin-

inveniri posset, qui aerumnis suis ingemesceret. Namque optasse haec non nunc demum, verum vivis Alexandro atque Hectore agi coepta. Sed quoniam praeterita revocare nulli concessum esset, praesentium habendam rationem spemque futuris adhibendam. Se namque omnium, quae haberet, ad redemptionem patriae potestatem dare. Quam rem Antenori agendam permittere. Ceterum se, quoniam odio iam suis esset, abire e conspectu consentientem his, quae inter se decernerent.

(5.4) Tum separato rege placet, uti Antenor ad Graecos redeat exploratum voluntatem certam adiunctusque ei, uti voluerat, Aeneas. Ita composita re disceditur. Sed media ferme nocte Helena clam ad Antenorem venit suspicans tradi se Menelao et ob id iram derelictae domus metuens. Itaque eum orat, uti inter cetera sui quoque apud Graecos commemorationem faceret ac pro se deprecaretur. Ceterum, ut cognitum est, post Alexandri interitum invisa ei apud Troiam fuere omnia desideratusque ad suos reditus. At lucis initio, quibus imperatum erat, ad naves veniunt, decretum civium cunctis narrant. Itaque, cum quis antea, ad confirmanda, quae tempus monebat, secedunt. Ibi cum multa de re publica ac summa rerum dissererent, voluntatem quoque Helenae docent veniamque orant et ad postremum confirmant inter se proditionis pactionem. Dein ubi tempus visum est, cum Ulixe et Diomede ad Troiam veniunt cohibito Aiace ab Aenea, scilicet ne qua insidiis opprimeretur talis vir, quem solum

den, der über seine Drangsale aufseufzen würde. Er habe ja nicht erst jetzt gewünscht, sondern schon zu Lebzeiten des Alexandros und des Hektor, dass man so verhandle. Aber da Vergangenes zurückzurufen keinem Menschen je möglich sei, müsse man Rücksicht nehmen auf das Gegenwärtige und seine Hoffnung auf die Zukunft richten. Er stelle also alles, was er habe, zum Freikauf des Vaterlands zur Verfügung. Dem Antenor gestattete er, diese Angelegenheit zu betreiben. Im Übrigen entferne er sich, da er ja den Seinen schon verhasst genug sei, aus ihrem Angesicht und stimme dem zu, was sie miteinander entscheiden würden.

(5.4) Nachdem der König fort war, beschloss man, dass Antenor zu den Griechen zurückkehren solle, um deren festes Wollen zu erkunden; mitgegeben wurde ihm, wie er es sich gewünscht hatte, Aineias. So legte man die Angelegenheit bei und ging auseinander. Etwa gegen Mitternacht aber kam Helena heimlich zu Antenor, da sie vermutete, dass sie an Menelaos ausgeliefert werden solle, und weil sie deswegen den Zorn ihres verlassenen Hauses fürchtete. Daher bat sie ihn, er möge neben anderem sie bei den Griechen erwähnen und Fürsprache für sie einlegen. Im Übrigen sei ihr bekanntlich nach dem Untergang des Alexandros in Troja alles verhasst gewesen; eine Rückkehr zu den Ihren werde von ihr ersehnt. Bei Anfang des Tageslichts kamen nun diejenigen, denen dies aufgetragen war, zu den Schiffen und berichteten allen vom Entscheid der Bürger. Daher sonderten sie sich zusammen mit denen ab, mit denen sie zuvor zusammen gewesen waren, um zu bekräftigen, was die Zeit erforderte. Als sie dort viel über das Gemeinwesen (*res publica*) und das Wichtigste an der Lage erörterten, gaben sie auch den Willen der Helena kund und baten um Nachsicht; schließlich bekräftigten sie miteinander die Übereinkunft der Übergabe. Als dann die Zeit gekommen schien, kehrten sie mitsamt Odysseus und Diomedes nach Troja zurück, wobei Aias von Aineias festgehalten wurde, damit nämlich ein solcher Mann nicht irgendwie durch

barbari non secus quam Achillem metuebant. Igitur postquam duces Graeci in civitate conspecti sunt, cuncti cives tollunt spe animos existimantes finem belli atque discordiarum. Itaque propere senatus habitus, ubi nostris praesentibus decernitur primum omnium Antimachum ex omni Phrygia exulandum, scilicet auctorem tanti mali. Dein super condicione pacis tractari coeptum.

(5.5) Inter quae repente strepitus ex Pergamo, ubi regia Priamo erat, clamorque ingens editur. Qua re turbati, qui in consilio erant, foras prosiliunt, credentes insidias temptatas solito ab regulis; itaque in templum Minervae propere concedunt. At paulo post ex his, qui ex arce descenderant, cognoscitur Alexandri filios, quos ex Helena susceperat, casu camerae extinctos. Hique erant †Bunomus, Corythus atque Idaeus. Quare consilio dilato duces nostri ad Antenorem abeunt ibique acceptis epulis pernoctant. Praeterea cognoscunt ab Antenore editum quondam oraculum Troianis maximo exitio civitati fore, si Palladium, quod in templo Minervae esset, extra moenia tolleretur. Namque id antiquissimum signum caelo lapsum, qua tempestate Ilus templum Minervae extruens prope summum fastigium pervenerat ibique inter opera, cum necdum tegumen superpositium esset, sedem sui occupavisse; idque signum ligno fabrefactum esse. Hortantibus dein nostris, uti secum ad ea omnia eniteretur, facturum se, quae cuperent, respondit. Atque his praedicit publice se in

einen Hinterhalt überrumpelt werden könnte, den doch die Barbaren als einzigen nicht anders als Achilleus fürchteten. Nachdem nun die griechischen Anführer in der Stadt gesehen worden waren, hoben alle Bürger hoffnungsvoll ihre *Animi*, da sie an ein Ende von Krieg und Zwietracht glaubten. Und so berief man schnell den Ältestenrat (*senatus*) ein, wo man im Beisein der Unseren als allererstes beschloss, dass Antimachos aus ganz Phrygien zu verbannen sei; der galt nämlich als Verursacher eines so großen Unheils. Dann fing man an, über Friedensbedingungen zu verhandeln.

(5.5) Inzwischen ging auf einmal Lärm von Pergamos aus, wo der Palast von Priamos war, und gewaltiges Geschrei. Davon aufgescheucht sprangen diejenigen, die am *Consilium* teilnahmen, nach draußen, da sie meinten, ein Aufruhr sei, wie gewohnt, von den Prinzen verursacht worden; daher begab man sich eilig in den Tempel der Athene. Aber ein wenig später erfuhr man von denen, die von der Burg herabgelaufen waren, dass die Söhne des Alexandros, die der von Helena bekommen hatte, durch den Einsturz einer Decke umgekommen seien. Diese waren Bunomos (?), Korythos und Idaios. Daher schob man das *Consilium* auf, unsere Anführer aber gingen zu Antenor und blieben dort nach Einnahme eines Essens über Nacht. Außerdem erfuhren sie von Antenor, dass einst ein Orakel den Trojanern ein gewaltiges Unheil für die Stadt vorhergesagt hatte, wenn das Palladion, das sich im Tempel der Athene befinde, aus den Stadtmauern herausgebracht würde. Dieses uralte Zeichen sei nämlich vom Himmel herabgefallen zu einer Zeit, als Ilos beim Bau des Tempels der Athene bis zum obersten First gelangt war, und dort habe es zwischen anderen Kunstwerken, als das Dach noch nicht gedeckt war, seinen Platz gefunden; dieses Zeichen sei handwerklich aus Holz angefertigt. Als dann die Unseren den Antenor mahnten, er möge sich für all das mit seiner eigenen Person anstrengen, antwortete er, dass er tun wolle, was sie wünschten. Und er sagte ihnen im Vorhinein zu, dass er sich in der

consilio super qualitate eorum, quae postulaturi essent, exertius disserturum, scilicet ne qua suspicio sui apud barbaros oriretur. Ita composito negotio cum luce simul Antenor ac reliqui proceres ad Priamum vadunt, nostri ad naves redeunt.

(5.6) Dein, ubi iusta pueris facta sunt, post diem tertium Idaeus supradictos duces accitum venit. Quis praesentibus Panthus ceterique, quorum consilium praevalebat, multa disserere atque docere ea, quae antea gesta essent temere et inconsulta, non per se, quippe qui contempti disiectique ab regulis arbitrio alieno agerent. Ceterum quod arma adversus Graecos tulissent, non sponte factum, namque qui sub imperio alieno agerent, expectandum his atque exsequendum esse nutum eius, qui teneat. Ob quae dignum esse Graecos data venia consulere eis, qui semper auctores pacis fuerint. Ceterum a Troianis ob male consulta satis poenarum exactum. Dein multo hinc atque inde habito sermone ad postremum de modo praemiorum agi coeptum. Tum Diomedes quinque milia talentorum auri ac totidem argenti optat, praeterea tritici centena milia; eaque per annos decem. Tum silentio habito a cunctis Antenor non Graecorum more agere eos adversum se ait, sed barbaro, namque quod impossibilia postularent, palam fieri praetextu pacis bellum eos instruere. Ceterum auri tantum atque argenti ne tum quidem, priusquam in auxilia conducta dilaceraretur, civitati fuisse. Quod si permanere in eadem avaritia vellent, superesse Troianis, uti

Öffentlichkeit beim *Consilium* über die Beschaffenheit dessen, was sie gerade fordern wollten, ziemlich entschlossen äußern würde, damit nämlich kein Verdacht auf ihn bei den Barbaren aufkomme. So gingen nach Erledigung ihrer Aufgabe gleichzeitig mit dem ersten Tageslicht Antenor und die übrigen Edlen zu Priamos, die Unseren kehrten zu den Schiffen zurück.

(5.6) Sobald dann die ordentlichen Riten für die Knaben vollzogen waren, kam am dritten Tag danach Idaios, um die oben genannten Anführer herbeizurufen. In deren Anwesenheit erörterten Panthos und die übrigen, deren Rat viel vermochte, viele Dinge und stellten dabei fest, dass, was früher getan worden sei, nicht durch sie unbesonnen und unüberlegt gewesen sei, denn da sie von den Prinzen gering geachtet und gespalten gewesen wären, hätten sie nach fremden Willen gehandelt. Im Übrigen sei die Tatsache, dass sie die Waffen gegen die Griechen erhoben hätten, nicht aus freien Stücken geschehen, denn wer unter fremder Macht etwas tue, müsse auf das Nicken dessen warten, der sie erteilt, und dies befolgen. Deshalb gehöre es sich, dass die Griechen nach gewährter Verzeihung für die Leute vorsorgen sollten, die immer Urheber des Friedens gewesen seien. Im Übrigen sei von den Trojanern genug Strafe wegen schlechter Ratschläge gezahlt worden. Nach langer Rede hin und her begann man dann schließlich über die Art der Entschädigungszahlung zu verhandeln. Da verlangte Diomedes 5000 Talente Gold und ebenso viel Silber, außerdem 100 000 Scheffel Weizen, und dies zehn Jahre lang. Als darauf Schweigen auf allen Seiten eingetreten war, erklärte Antenor, sie würden gegen sie nicht nach Art von Griechen handeln, sondern nach barbarischer, denn da sie Unmogliches forderten, würde deutlich werden, dass sie unter dem Vorwand des Friedens in Wahrheit Krieg schürten. Im Übrigen hätte soviel Gold und Silber nicht einmal damals, bevor man es für gedungene Hilfstruppen verschleuderte, der Stadt zur Verfügung gestanden. Wenn sie in dieser Habgier verharren wollten,

clausis portis incensisque intus deorum aedificiis ad postremum idem sibi cum patria exitium peterent. Contra Diomedes: »Non civitatem vestram consideratum Argis venimus, verum adversum vos dimicaturi, quocirca, sive etiam nunc bellare in animo est, parati Graeci, sive, ut ais, igni dabitis Ilium, non prohibebimus, quippe Graecis affectis iniuria ulcisci hostes suos finis est.« Tum Panthus in proximum diem veniam deliberandi orat. Ita nostri ad Antenorem abeunt atque inde in aedem Minervae.

(5.7) Interim cognoscitur in apparatu rerum divinarum portentum ingens, namque aris composita sacrorum consueta mox subiectus ignis non comprehendere neque consumere, uti antea, sed aspernari. Qua re turbati populares, simul uti fidem nuntii noscerent, ad aram Apollinis confluunt. Atque ibi superpositis extorum partibus ubi flamma admota est, repente cuncta, quae inerant, disturbata ad terram decidunt. Quo spectaculo perculsis atque attonitis omnibus subito avis aquila, stridore magno immittit sese atque extorum partem eripit moxque supervolans ad naves Graecorum pergit, ibique raptum omittit. Id vero barbari non iam leve aut in obscuro, sed palam perniciosum credere. Interim Diomedes cum Ulixe dissimulantes, quae gerebantur, obambulare in foro circumspicientes laudantesque praeclara operum civitatis eius. At apud naves auspicio tali monitis

bliebe den Trojanern nur übrig, dass sie nach Schließen ihrer Tore und Anzünden der Gotteshäuser innen denselben letzten Ausgang anstreben wie für das Vaterland. Dagegen sagte Diomedes: »Nicht um uns eure Stadt genauer anzuschauen, sind wir aus Argos gekommen, sondern um gegen euch zu kämpfen. Sei es, dass es euch im *Animus* ist, auch jetzt noch Krieg zu führen, sind die Griechen bereit, sei es, dass – wie du sagst – ihr Ilion (Troja) dem Feuer preisgeben wollt, werden wir das nicht verhindern; für die Griechen, denen man Unrecht angetan, ist es nämlich das Ziel, sich an ihren Feinden zu rächen.« Da bat Panthos um die Erlaubnis, bis zum nächsten Tag nachzudenken. So gingen die Unseren zu Antenor fort und von dort in den Tempel der Athene.

(5.7) Inzwischen nahm man bei der Vorbereitung von kultischen Dingen ein riesiges Vorzeichen wahr, denn was man auf den Altären für ein Opfer in gewohnter Weise zusammengetragen hatte, ergriff weder das schnell darunter entfachte Feuer noch verzehrte es dies wie sonst zuvor, sondern verschmähte es. Die Einheimischen, die dadurch beunruhigt waren, strömten beim Altar des Apollon zusammen, um sich von der *Fides* der Nachricht zu überzeugen. Und dort wurde plötzlich, sobald sich eine Flamme den aufgeschichteten Teilen der Innereien näherte, alles, was darin war, auseinander getrieben und fiel zu Boden. Während alle von diesem Schauspiel bestürzt und erschüttert waren, schoss unvermutet ein Vogel, ein Adler, unter lautem Zischen herein, riss ein Eingeweidestück an sich, flog rasch zu den Schiffen der Griechen und ließ dort das Geraubte fallen. Dies hielten die Barbaren allerdings für etwas, das man nicht mehr leicht nehmen oder im Dunkeln lassen dürfe, sondern für ein offenkundig gefährliches Vorzeichen. Inzwischen gaben Diomedes und Odysseus vor, nichts vom Geschehen zu wissen, und gingen auf dem Marktplatz (*forum*) umher, wobei sie sich umsahen und die prächtigen Bauwerke dieser Stadt lobten. Bei den Schiffen aber, wo durch ein solches Vogelzeichen aller *Animi*

omnium animis Calchas, uti bonum animum gererent, hortatur, brevi quippe dominos fore eorum, quae apud Troiam essent.

(5.8) Ceterum Hecuba re cognita placatum deos egreditur ac praecipue Minervam atque Apollinem, quis cum dona multa, tum victimas opimas admovet. Sed in adolendo, quae sacra aris reddebantur, eodem modo restingui ignes ac repente interire visi. Inter quae tam sollicita Cassandra deo plena victimas ad Hectoris tumulum transferri imperat, deos quippe aspernari iam sacrificia indignatos ob commissum paulo ante scelus in Apollinem. Ita tauris, qui immolati erant, ad rogum Hectoris, sicuti imperabatur, adportatis moxque igni subiecto consumuntur cuncta. Inde, ubi iam vesperarat, domum discessum. Atque eadem nocte Antenor clam in templum Minervae venit. Ibi multis precibus vi mixtis Theano, quae ei templo sacerdos erat, persuasit, ut Palladium sibi traderet, habituram namque magna eius rei praemia. Ita perfecto negotio ad nostros venit hisque promissum offert, verum id Graeci obvolutum bene, quo ne intellegi a quoquam posset, vehiculo ad tentoria Ulixi per necessarios fidosque suos remittunt. At lucis principio postquam senatus coactus et nostri ingressi sunt, Antenor veluti iracundiam Graecorum metuens veniam eorum orare, quae adversum eos pro patria exertius disseruisset. Dein Ulixes: non se his moveri neque indignari, sed quod finis in tractando non adhiberetur, maxime cum opportunum ad

gewarnt waren, ermunterte Kalchas dazu, gute *Animi* zu haben, denn in Kürze würden sie die Herren dessen sein, was sich in Troja befinde.

(5.8) Im Übrigen ging Hekabe, als sie von dieser Sache erfahren hatte, zur Versöhnung der Götter hinaus, insbesondere der Athene und des Apollon, für die sie viele Gaben, besonders aber fette Opfertiere besorgte. Während die Brandopfer dargebracht wurden, die man auf die Altäre gebracht hatte, sah man, wie auf dieselbe Weise die Feuer wieder verloschen und plötzlich ausgingen. Bei solcher Aufregung ließ Kassandra, gotterfüllt, die Opfertiere zum Grabhügel des Hektor hinüberbringen, da die Götter Opfer ja schon aus Unmut über das kurz zuvor verübte Verbrechen an Apollon verschmähten. Nachdem so die Stiere, die geopfert worden waren, zum Grab des Hektor gebracht worden waren, wie angeordnet worden waren, und man bald darauf unter ihnen Feuer entfacht hatte, wurde alles (vom Feuer) verzehrt. Von dort ging man, da es schon Abend wurde, nach Hause. Und in derselben Nacht schlich sich Antenor heimlich in den Tempel der Athene. Dort überredete er mit vielen Bitten, gemischt mit Gewaltandrohung, die Theano, die in diesem Tempel als Priesterin diente, dass sie ihm das Palladion aushändige; sie würde dafür nämlich eine große Belohnung erhalten. So kam er nach getaner Arbeit zu den Unseren und bot ihnen das Versprochene dar, das die Griechen aber gut verhüllt, damit es von niemandem wahrgenommen werden konnte, auf einem Wagen zu den Zelten dem Odysseus durch ergebene und treue Ihrige schickten. Beim ersten Tageslicht brachte man den Ältestenrat (*senatus*) zusammen; die Unseren waren eingetroffen, da bat Antenor, als ob er den Zorn der Griechen fürchtete, um Verzeihung für das, was er gegen sie zugunsten seiner Heimat allzu kühn geäußert hätte. Darauf sagte Odysseus, er ließe er sich davon nicht bewegen noch entrüste er sich darüber, sondern weil man beim Verhandeln zu keinem Ende gefunden habe, insbesondere da

navigandum tempus brevi praetervolet. Tum multo invicem habito sermone ad postremum binis milibus talentorum auri atque argenti rem decidunt. Quod uti ad suos referrent, Graeci ad naves abeunt. Ibi conductis ducibus cuncta dicta gestaque exponunt. Palladium ablatum per Antenorem docent. Dein ex omnium sententia reliquus miles rem cognoscit.

(5.9) Ob quae placet universis mitti Minervae donum quam honoratissimum. Tum accitus ad eam rem Helenus cuncta, quae clam se gesta erant, ac si praesens adfuisset, ordine exponit additque finem iam advenisse Troianarum rerum, quippe quo maxime sustentaretur summa civitatis eius, Palladium fuisse; quo ablato exitium ingruere. Ceterum donum Minervae fatale Troianis esse, equum ligno fabrefactum forma ingenti, cuius magnitudine muri solvendi essent, adnitente atque administro Antenore. Dein recordatus parentem Priamum residuosque fratres fletum edit miserabilem, consternatus per dolorem atque obstupefactus ruit. Tum Pyrrhus collectum eum refectumque animi ad se deducit custodesque addit veritus, ne qua per eum hostibus, quae gesta erant, patefierent. Quod ubi Helenus persensit, Pyrrhum, uti bonum animum gereret, hortatur, securum sui secretorumque; namque se cum eo etiam post patriae excidium multis tempestatibus in Graecia moraturum. Itaque ut Heleno placuerat, multa materies, quae apta huiusmodi fabricae videbatur, per Epium atque Aiacem Oilei advecta.

die zur Schifffahrt günstige Zeit in Kürze verstreiche. Da brachten sie nach viel beiderseitigem Reden die Angelegenheit letztendlich mit je 2000 Talenten Gold und Silber zum Abschluss. Um dies den Ihren zu überbringen, gingen die Griechen zu den Schiffen. Dort erklärten sie den versammelten Anführern alles Gesagte und Getane. Dass das Palladion durch Antenor fortgebracht worden sei, gaben sie an. Dann erfuhr auf Beschluss aller der Rest des Heeres die Sache.

(5.9) Deshalb stimmten alle dafür, der Athene ein möglichst ehrenvolles Geschenk zu schicken. Als zu dieser Sache Helenos herbeigerufen worden war, erzählte er alles, was sich im Verborgenen ereignet hatte, so, als ob er dabei gewesen wäre, dann der Reihe nach; er fügte hinzu, dass schon das Ende für Trojas Geschick gekommen sei, denn das, durch das die Gesamtheit dieser Stadt am meisten aufrecht erhalten werde, sei das Palladion gewesen; nach dessen Raub drohe der Untergang. Im Übrigen sei als schicksalhaftes Geschenk an Athene für die Trojaner aber ein aus Holz kunstvoll verfertigtes Pferd von gewaltiger Gestalt, wegen dessen Größe die Mauern geschleift werden müssten, wozu Antenor zustimmte und beitrug. Da erinnerte sich Helenos an seinen Vater Priamos sowie an die verbliebenen Brüder; er brach in ein mitleidswürdiges Weinen aus und stürzte, von Schmerz überwältigt und verstummt. Da nahm Pyrrhos, als jener sich gesammelt und seinen *Animus* wieder gestärkt hatte, ihn zu sich und gab ihm Wachen, da er befürchtete, irgendwie könnte den Feinden das, was geschehen sei, durch ihn zugetragen werden. Als Helenos dies deutlich fühlte, munterte er Pyrrhos auf, einen guten *Animus* zu behalten, seiner und der Geheimnisse sicher; er wolle ja mit ihm auch nach dem Fall seiner Vaterstadt noch lange Jahre in Griechenland verbringen. Und so wurde, wie es Helenos für gut befunden hatte, viel Bauholz, das für einen derartigen Bau geeignet erschien, durch Epeios und Aias, den Sohn des Oileus, herangebracht.

(5.10) Interim firmatores pactae pacis ad Troiam eunt decem lecti duces, Diomedes, Ulixes, Idomeneus, Aiax Telamonius, Nestor, Meriones, Thoas, Philocteta, Neoptolemus atque Eumelus. Quos ubi in foro animadvertere populares, laeti animos tollunt finem iam aerumnarum credentes. Itaque singuli pluresve, uti quisque occurrerat, benigne adeunt, salutant gratulantes atque exosculantur. Tum Priamus pro Heleno orare Graecos multisque adhibitis precibus commendare carissimum sibi et inter ceteros dilectum magis propter prudentiam. Dein ubi tempus visum est, convivium publice coeptum in honore ducum adscitaeque pacis Antenore deserviente Graecis atque omni modo benigne exhibente cuncta. At lucis initio senes omnes in aedem Minervae conveniunt, in quis Antenor refert missos a Graecis super condicionibus praedictae pacis decem legatos viros. Quos ubi deduci in senatum placuit et dextrae invicem datae atque acceptae sunt, statuunt inter se, uti proximo die campi medio atque in ore omnium aras statuant, in quis fidem pacis iurisiurandi religionibus firmarent. Quis perfectis Diomedes atque Ulixes iurare occipiunt permansuros se in eo, quod sibi cum Antenore convenisset, testesque in eam rem Iovem summum Terramque matrem, Solem, Lunam atque Oceanum fore. Dein excisis in partes duas hostiis, quae ad eam rem admotae erant, ita uti pars ad solem, residuum ad naves expectaret, per medium transeunt. Dein Antenor in eadem verba placitum confirmat.

(5.10) Inzwischen brachen als Bekräftiger des vereinbarten Friedens zehn ausgewählte Anführer nach Troja auf, und zwar Diomedes, Odysseus, Idomeneus, der telamonische Aias, Nestor, Meriones, Thoas, Philoktetes, Neoptolemos und Eumelos. Sobald die Einheimischen diese Männer auf dem Marktplatz (*forum*) bemerkten, hoben sie fröhlich ihre *Animi*, da sie bereits an das Ende der Widrigkeiten glaubten. Daher gingen sie einzeln oder in Gruppen so, wie sie sich eben begegnet waren, freundlich aufeinander zu, begrüßten sich gegenseitig, wünschten sich Glück und küssten sich. Da sprach sich Priamos für Helenos bei den Griechen aus und empfahl ihnen mit vielen guten Wünschen den, der ihm am teuersten war und den er unter den ihm verbliebenen Söhnen mehr als jene wegen seiner Klugheit liebte. Als dann die Zeit gekommen schien, begann man öffentlich ein Gastmahl zu Ehren der Anführer und des ausgehandelten Friedens; dabei diente Antenor den Griechen voller Eifer und schaffte auf jede Weise ihnen alles freundlich herbei. Bei Tagesanbruch jedoch trafen sich alle Ältesten im Tempel der Athene; bei ihnen berichtete Antenor, dass von den Griechen zehn Männer als Gesandte für die Bedingungen des verkündeten Friedens abgesandt seien. Dass diese in den Ältestenrat (*senatus*) geführt würden, beschloss man, empfing sie und gab sich gegenseitig die Rechte; dann beschloss man gemeinsam, am nächsten Tag auf halber Strecke des Kampffelds und in aller Gesichtskreis Altäre aufzubauen, an denen sie die *Fides* des Friedens durch die *Religio eines Eides* bestätigen sollten. Als dies getan war, fingen Diomedes und Odysseus zu schwören an, sie würden bei dem bleiben, worüber sie mit Antenor übereingekommen waren; dafür sollten Zeugen sein der oberste Zeus, die Mutter Ge, ferner Helios, Selene und Okeanos (Erde, Sonne, Mond und Meer). Als dann die Opfertiere, die man herangebracht hatte, in zwei Teile zerlegt waren, so dass die eine Hälfte zur Sonne hin, die andere zu den Schiffen schaute, schritten sie in der Mitte hindurch. Darauf bestätigte Antenor die Vereinbarung mit denselben Worten.

Ita perfecto negotio ad suos quisque abeunt. Ceterum barbari Antenorem summis efferre laudibus, advenientem singuli quasi deum venerari, solum quippe omnium credere auctorem pacis eius adscitaeque cum Graeci amicitiae. Ita sopito iam exinde bello passim, uti quisque partium voluerat, nunc Graeci cum Troianis rursusque hi apud naves amico agere. Interim ubi foedus intervenerat, cuncti barbarorum socii, qui bello residui erant, gratulantes interventu pacis ad suos discedunt ne opperientes quidem praemia tantorum discriminum atque aerumnarum, scilicet veriti, ne qua pacti fides apud barbaros dissolveretur.

(5.11) Interim apud naves, uti Heleno placuerat, equus tabulatis extruitur per Epium fabricatorem eius operis. Cui edito in immensum ima, quae sub pedibus erant, rotis interpositis suspenderat, scilicet quo adtractu motus facilius foret. Quem offerri donum Minervae maximum omnium ore agitabatur. Ceterum apud Troiam auri atque argenti praedictum pondus per Antenorem atque Aeneam summo studio in aedem Minervae portabatur. Et Graeci, postquam auxilia sociorum dimissa cognitum est, impensius pacem atque amicitiam agitavere nullo exinde barbarorum interfecto aut vulnerato, quo magis sine ulla discordiarum suspicione apud hostes fuere. Dein equum compactum adfabre confixumque ad muros movent praenuntiato Troianis, uti cum religione susciperent, Minervae scilicet sacrum

So begab sich jeder nach erfüllter Aufgabe zu den Seinen. Außerdem hoben die Barbaren den Antenor mit höchsten Belobigungen hervor; einzelne verehrten ihn, als er ankam, sogar wie einen Gott, denn ihn als einzigen von allen hielten sie für den Urheber dieses Friedens und der mit den Griechen geschlossenen Freundschaft. Der Krieg war danach schon eingeschläfert, wie es beide Seiten gewollt hatten, und so hielten sich bald die Griechen bei den Trojanern und wiederum diese bei den Schiffen freundschaftlich auf. Als inzwischen der Vertrag in Kraft getreten war, zogen sich vorerst alle Verbündeten der Barbaren, soweit sie vom Krieg noch übrig geblieben waren, mit Glückwünschen über den Eintritt des Friedens zu den Ihren zurück und warteten nicht einmal die Erstattung ihrer so großen Verluste und Mühsale ab; sie fürchteten nämlich, dass irgendwie die *Fides* des Abkommens bei den Barbaren aufgelöst werden könnte.

(5.11) Inzwischen wurde bei den Schiffen, wie Helenos es für gut befunden hatte, ein Pferd aus Brettern errichtet von Epeios, dem kunstvollen Bildner dieses Werks. Diesem sich ins Unermessliche erhebenden Bau hatte er die Seiten, die unter den Füßen waren, mit Rädern darunter angehoben, damit es sich nämlich so durch Ziehen leichter bewegen ließ. Dass dies als sehr großes Geschenk der Athene dargebracht werden sollte, wurde von aller Mund verbreitet. Im Übrigen wurde bei Troja die vorhin genannte Menge an Gold und Silber durch Antenor und Aineias höchst eifrig zum Tempel der Athene gebracht. Nachdem die Griechen erfahren hatten, dass die Hilfstruppen der Verbündeten entlassen worden waren, betrieben sie recht angelegentlich Frieden und Freundschaft, indem sie künftig keinen Barbaren mehr töteten oder verwundeten, um damit ohne jeden Verdacht auf Uneinigkeit besser bei den Feinden dazustehen. Dann bewegten sie das kunstvoll errichtete und zusammengefügte Pferd auf die Mauern zu, nachdem sie vorab den Trojanern angekündigt hatten, dass sie es mit *Religio*

dicatumque. Quare magna vis hominum portis egressa summa laetitia sacrificioque donum excipit attrahitque propius moenia. Sed postquam magnitudine operis impediri per portas ingressum animadvertere, consilium destruendorum desuper murorum capiunt, neque quisquam secus prae tali studio decernebat. Ita inviolatum multis tempestatibus murorum opus Neptunique, ut perhibebatur, atque Apollinis maxima monumenta nullo dilectu civium manibus dissolvuntur. Sed postquam maior pars operis eius deiecta est, consulto a Graecis intercessum, confirmantibus non se passuros intra moenia induci equum, priusquam praedictum auri atque argenti pondus susceperint. Ita intermisso opere semirutisque moenibus Ulixes cunctos civitatis Troianae artifices ad reficiendas naves conducit. Composita dein universa classe, ubi cuncta navigia instructa et praemium persolutum est, iubent nostri peragere incepta. Itaque destructa murorum parte cum ioco lasciviaque induxere equum feminis inter se atque viris certatim adtrahere festinantibus.

(5.12) Interim Graeci, ubi cuncta navibus imposita sunt, incensis omnium tabernaculis ad Sigeum secedunt, ibique noctem opperiuntur. Fessis dein multo vino atque somno barbaris, quae utraque per laetitiam securitatemque pacis intervenerant, multo silentio ad civitatem navigant servantes signum, quod igni elato Sinon ad eam rem clam positus sustulerat. Moxque

empfangen sollten; es sei nämlich ein Opfer für Athene und ihr geweiht. Deswegen kam eine große Menge an Menschen aus den Toren heraus, empfing mit höchster Freude und Darbringen eines Opfers das Geschenk und zog es näher an die Stadtmauern heran. Als sie aber bemerkten, dass wegen der Größe des Werks sein Eingang durch die Tore verhindert sei, fassten sie den Plan, die Mauern von oben her abzutragen – und keiner sprach sich vor lauter Eifer für etwas anderes aus. So wurde das trotz vieler Unwetter unversehrt gebliebene Mauerwerk des Poseidon und, wie man sagte, das größte Bauwerk des Apollon ohne Gegenstimme von den Händen der Bürger aufgelöst. Nachdem nun ein größerer Teil dieses Mauerwerks zerstört war, ging man seitens der Griechen mit Absicht dazwischen, und zwar dadurch, dass man bestätigte, man würde nicht dulden, dass das Pferd in die Stadt hineingeführt werde, bevor man nicht die zuvor genannte Menge an Gold und Silber empfangen hätte. Da so die Arbeit unterbrochen wurde und die Mauern halb zerstört waren, konnte Odysseus alle Handwerker der Stadt Troja verdingen, um die Schiffe instand setzen zu lassen. Darauf wurde die gesamte Flotte zusammengezogen, und als die Schiffe hergerichtet und das Geld bezahlt war, befahlen die Unseren, das Begonnene fortzuführen. Und so führte man nach Niederlegen eines Teiles der Mauer unter Scherz und Ausgelassenheit das Pferd hinein, wobei sich Frauen und Männer miteinander um die Wette beim Hineinziehen bemühten.

(5.12) Inzwischen entfernten sich die Griechen, sobald sie alles auf die Schiffe geladen und die Zelte aller angezündet hatten, nach Sigeion und warteten dort auf die Nacht. Als dann vom vielen Wein und vom Schlaf die Barbaren müde waren – beide hatten sie durch die Freude und die Sicherheit des Friedens überwältigt –, fuhren sie (die Griechen) in tiefer Stille zur Stadt zurück und beachteten ein Zeichen, das mit einem hochgehaltenen Feuer der zu diesem Zwecke heimlich in Stellung gebrachte Sinon gegeben hatte.

omnes postquam intravere moenia divisis inter se civitatis locis, ubi signum datum est, magna vi caedere eos, quos fors obiecerat, atque obtruncare passim per domos atque vias, loca sacra profanaque et, si qui persenserant, priusquam armare se aut aliud pro salute capere quirent, opprimere. Prorsus nulla requies stragis atque funerum, cum palam et in ore suorum liberi parentesque magno inspectantium gemitu necarentur moxque ipsi, qui spectaculo carissimorum corporum interfuerant, miserandum in modum interirent. Neque segnius per totam urbem incendiis gestum positis prius defensoribus ad domum Aeneae atque Antenoris. Interim Priamus re cognita ad aram Iovis anteaedificialis confugit, multique ex eo loco ad reliqua deorum templa, in quis Cassandra in aedem Minervae. Sed postquam universos, qui in manus venerant, foede atque inultos obtruncavere, occipiente luce domum, in qua Helena erat, adgrediuntur. Ibi Menelaus Deïphobum, quem post Alexandri interitum Helenae matrimonium intercepisse supra docuimus, exsectis primo auribus brachiisque ablatis deinde naribus ad postremum truncatum omni ex parte foedatumque summo cruciatu necat. Dein Priamum Neoptolemus sine ullo aetatis atque honoris dilectu retinentem utraque manu aram iugulat. Ceterum Cassandram Oilei Aiax e sacro Minervae captivam abstrahit.

Nachdem bald alle über die Mauern eingedrungen waren und die Stadtviertel unter sich aufgeteilt hatten, schlugen sie mit großer Gewalt diejenigen nieder, die der Zufall ihnen entgegengebracht hatte; sie hieben nach allen Seiten hin in Häusern und auf Straßen, an heiligen wie profanen Orten alles in Stücke, und diejenigen, die es wahrgenommen hatten, erschlugen sie, bevor sie sich bewaffnen oder zu etwas anderem für ihre Rettung greifen konnten. Geradezu keine Ruhe von Morden und Verwüstungen gab es, als ganz offen und vor den Augen der Ihren Kinder und Eltern unter lautem Stöhnen derer, die zuschauen mussten, getötet wurden und sie selbst, die Zeugen beim Anblick ihrer liebsten Menschen gewesen waren, auf mitleidswürdige Weise zugrundegingen. Und nicht nachlässiger ging man in der gesamten Stadt bei der Brandlegung vor; zunächst hatte man Wachen vor die Häuser des Aineias und des Antenor gestellt. Inzwischen hatte Priamos die Lage erkannt und flüchtete sich an den Altar des Zeus, der sich vor dem Gebäude befand; viele handelten ebenso und wandten sich aus diesem Viertel zu den übrigen Tempeln der Götter, darunter auch Kassandra zum Tempel der Athene. Nachdem die Griechen aber alle, die in ihre Hände geraten waren, schlimm und ohne Gegenwehr abgeschlachtet hatten, griffen sie, als das Tageslicht kam, das Haus an, in dem Helena war. Dort schnitt Menelaos dem Deïphobos, von dem wir oben berichtet haben, dass er nach dem Untergang des Alexandros Helena als Ehefrau an sich gerissen hatte, zuerst die Ohren und Hände ab, dann entfernte er die Nase, schließlich tötete er den an jeder Seite Verstümmelten unter sehr grausamen Foltern. Dann schnitt dem Priamos Neoptolemos ohne jede Rücksicht auf dessen Alter und Ehrenrang die Kehle durch, während der sich mit beiden Händen an den Altar klammerte. Im Übrigen schleppte Aias, Sohn des Oileus, die Kassandra aus dem Heiligtum der Athene als Gefangene fort.

(5.13) Hoc modo consumptis cum civitate barbaris, deliberatio inita super his, qui ab deorum aris auxilium vitae imploraverant decretumque ab omnibus, uti per vim avulsi necarentur: tantus dolor iniuriae et ob id studium extinguendi Troiani nominis incesserat. Ita comprehensi, qui cruciatum praedictae noctis subterfugerant, trepidantes ac vice pecorum interficiuntur. Dein more belli per templa ac semiustas domos populatio rerum omnium et per dies plurimos, ne quis hostium evaderet, studium in requirendo. Interim ad coacervandum auri atque argenti materiam opportuna loca destinantur et alia ob pretiosam vestem. Igitur ubi satias Troiani sanguinis tenuit et urbs incendiis complanata est, initium solvendae per praedam militiae capiunt, primo a feminis captivis puerisque adhuc imbellibus. Itaque ex his prima omnium Helena sine sorte Menelao conceditur, dein Polyxena suadente Ulixe per Neoptolemum Achilli inferias missa, Agamemnoni Cassandra datur, postquam forma eius captus, quin palam desiderium fateretur, dissimulare nequiverat, Aethram et Clymenam Demophoon atque Acamas habuere. Reliquarum sors agi coepta atque ita Neoptolemo Andromacha adiunctis, postquam id evenerat, filiis eius in honorem tanti ducis, Ulixi Hecuba obvenera. Hactenus nobilium feminarum cessere servitia. Alii, ut quemque sors contigerat, praedam aut ex captivis, quantum pro merito distribuebatur, habuere.

(5.13) Nachdem auf solche Weise die Barbaren samt ihrer Stadt vernichtet waren, begann man darüber nachzudenken, wie mit denen zu verfahren sei, die von den Altären der Götter her um ihr Leben gefleht hatten, und von allen wurde beschlossen, dass man sie gewaltsam fortreißen und töten solle: Ein so großer Schmerz über das Unrecht und daher das Bemühen, den trojanischen Namen auszulöschen, hatte alle befallen. So wurden diejenigen ergriffen, die in der vorher genannten Nacht der qualvollen Folter entgangen waren; sie liefen hin und her und wurden wie Vieh geschlachtet. Dann brach nach Art des Krieges über Tempel und halbverbrannte Häuser die Plünderung aller Dinge herein und von Tag zu Tag stärker der Eifer, viele Menschen aufzuspüren, damit keiner von den Feinden entkommen könnte. Inzwischen wurden geeignete Orte bestimmt, um die Massen von Gold und Silber aufhäufen zu können, und andere Plätze für kostbare Kleidung. Sobald sie nun eine Sättigung mit trojanischen Blut ergriffen hatte und die Stadt durch Brände eingeebnet war, fing man an, mit dem Verteilen von Beute den Kriegszug zu beenden, zuerst mit den gefangenen Frauen und den noch kleinen Kindern. So gestand man aus dieser Masse als allererste ohne Losentscheid Helena dem Menelaos zu, dann sandte man auf Anraten des Odysseus die Polyxena durch Neoptolemos dem Achilleus als Totenopfer; dem Agamemnon wurde Kassandra gegeben, als er, von ihrer Gestalt gefangen, offen sein Begehren gestanden hatte und es nicht hatte verheimlichen können; Aithra und Klymene sollten Demophoon und Akamas erhalten. Das Los der übrigen Frauen wurde dann verhandelt, und so fiel dem Neoptolemos Andromache zu, wobei man, nachdem dies das Los festgelegt hatte, deren Söhne zur Ehre eines so bedeutenden Anführers noch hinzugab; dem Odysseus wurde Hekabe zuteil – so viel über die Versklavung der vornehmen Frauen. Andere Griechen erhielten Beute so, wie sie jedem das Los zuwies, oder von den Gefangenen so viele, wie man ihm seinem Verdienst entsprechend einräumte.

(5.14) Interim super Palladio ingens certamen inter se ducibus exortum Aiace Telamonis expostulante in munus sibi pro his, quae in singulos universosque virtute atque industria sua contulerat. Qua re coacti paene omnes, simul uti ne laederetur animus tanti viri, cuius praeclara facinora vigiliasque pro exercitu in animo retinebant, concedunt Aiaci renitentibus solis omnium Diomede atque Ulixe sua quippe opera insinuantibus id ablatum. Contra Aiax adfirmare non labore aut virtute eorum rem gestam, Antenorem namque contemplatione communis amicitiae abstulisse. Tum Diomedes honori eius per verecundiam concedens a certamine destitit. Igitur Ulixes cum Aiace summa vi contendere inter se atque invicem industriae meritis expostulare adnitentibus Ulixi Menelao atque Agamemnone ob servatam paulo ante opera eius Helenam. Namque post captum Ilium Aiax recordatus eorum, quae tantis tempestatibus propter mulierem experti perpessique essent, primus omnium interfici eam iusserat. Iamque adprobantibus consilium Aiacis multis bonis Menelaus amorem coniugii etiam tunc retinens singulos ambiundo orandoque ad postremum perfecerat, uti intercessu Ulixis Helena incolumis sibi traderetur. Itaque uti iudicio amborum merita expectantes; quis etiam nunc bellum in manibus atque hostiles multae nationes circumstreperent, nullo dilectu virorum fortium spretisque Aiacis egregiis facinoribus ac frumenti, quod ex Thracia advexerat, per totum exercitum distributione Ulixi Palladium tradunt.

(5.14) Inzwischen war über das Palladion ein riesiger Streit unter den Anführern ausgebrochen, da der telamonische Aias dieses für sich als Geschenk forderte für das, was er einzelnen und der Gesamtheit durch seine *Virtus* und Mühe verschafft hatte. Dadurch wurden fast alle zusammengeführt, und um den *Animus* eines so bedeutenden Mannes nicht zu beschädigen, dessen hochberühmte Taten und Nachtwachen für das Heer man im *Animus* behalten hatte, gestand man es dem Aias zu; als einzige von allen verweigerten sie sich dem Diomedes und Odysseus und legten nahe, dass dank ihrem Bemühen das Palladion entwendet worden sei. Dagegen verwahrte sich Aias, nicht durch deren Mühe oder *Virtus* sei dies geschehen, denn Antenor habe es in Anbetracht ihrer gemeinsamen Freundschaft weggetragen. Da zog sich Diomedes, indem er ihm aus Achtung den Ehrenrang einräumte, aus dem Streit zurück. Also kämpfte Odysseus gegen Aias mit äußerster Anstrengung und verlangte es seinerseits mit dem Hinweis auf seine durch Fleiß erworbenen Verdienste, wobei für Odysseus Menelaos und Agamemnon eintraten wegen der kurz zuvor erfolgten Rettung der Helena dank dessen Bemühen. Nach der Einnahme von Ilion (Troja) hatte Aias nämlich eingedenk dessen, was sie an so großen Mühen wegen der Frau erlitten und erduldet hatten, als allererstes angeordnet, sie zu töten. Und während schon viele den Plan des Aias billigten, hatte es Menelaos, der auch damals noch Liebe zu seiner Ehefrau hegte, schließlich erreicht, nach vielem Bitten und Betteln, dass ihm dank dem Dazwischengehen des Odysseus Helena unversehrt übergeben wurde. So wogen sie wegen dieser Umstände mit Bedacht die Verdienste von beiden ab; auch jetzt noch war ihnen ja der Krieg gegenwärtig, und viele feindselige Völker lärmten um sie herum; sie übergaben also, ohne Rücksicht auf tapfere Männer zu nehmen und unter Nichtachtung herausragender Leistungen des Aias und der Zuweisung von Getreide, das er aus Thrakien für das gesamte Heer herangefahren hatte, dem Odysseus das Palladion.

(5.15) Quare cuncti duces, qui memores virtutum Aiacis nihil praeferendum ei censuerant quique secuti gratiam Ulixi impugnaverant talem virum, studio in partes discedunt. Interim Aiax indignatus et ob id victus dolore animi palam atque in ore omnium vindictam se sanguine eorum, a quis impugnatus esset, exacturum denuntiat. Itaque ex eo Ulixes, Agamemnon ac Menelaus custodiam sui augere et quo tutiores essent, summa ope invigilare. At ubi nox aderat, discedentes uno ore omnes lacerare utrumque regem neque abstinere maledictis, quippe quis magis libido desideriumque in femina quam summa militiae potiora forent. At lucis principio Aiacem in medio exanimem offendunt perquirentesque mortis genus animadvertere ferro interfectum. Inde ortus per duces atque exercitum tumultus ingens ac dein seditio brevi adulta, cum ante iam Palamedem virum domi belloque prudentissimum nunc Aiacem, inclitum tot egregiis pugnis, atque utrosque insidiis eorum circumventos ingemescerent. Ob quae supradicti reges veriti, ne qua vis ab exercitu pararetur, intus clausi firmatique per necessarios manent. Interim Neoptolemus advecta ligni materia Aiacem cremat reliquiasque urnae aureae conditas in Rhoeteo sepeliendas procurat brevique tumulum extructum consecrat in honorem tanti ducis. Quae si ante captum Ilium accidere potuissent, profecto magna ex parte promotae res hostium ac dubitatum de

(5.15) Deshalb waren die einen Anführer eingedenk der *Virtutes* des Aias der festen Ansicht gewesen, nichts sei ihm vorzuziehen; die anderen folgten dem Ansehen des Odysseus und hatten sich gegen einen solchen Mann gewandt; so teilten sie sich alle eifrig in zwei Teile auf. Inzwischen erklärte Aias, empört und deswegen von Schmerz des *Animus* überwältigt, öffentlich und im Angesicht aller, er werde Rache üben am Blut derer, von denen er bekämpft worden war. Daher verstärkten von da an Odysseus, Agamemnon und Menelaos seine Bewachung und überwachten ihn, um selbst dadurch sicherer zu sein, mit höchster Sorgfalt. Als die Nacht gekommen war, gingen sie auseinander, zerrissen aber alle mit einer Stimme beide Könige und hielten sich nicht von Schmähungen fern, denn denen wären ja Gier und Verlangen nach einer Frau wichtiger gewesen als die Gesamtheit des Kriegsgeschehens. Beim ersten Tageslicht aber fanden sie Aias inmitten der Ihren tot vor, und als sie genauer nach der Art seines Todes forschten, nahmen sie wahr, dass er mit einem Schwert getötet worden war. Daraufhin entstand unter den Anführern wie im gesamten Heer eine gewaltige Unruhe, und bald wuchs in Kürze Empörung heran, weil sie zuvor schon den Palamedes, einen in Krieg und Frieden überaus besonnenen Mann, und jetzt den Aias, ruhmreich in so vielen herausragenden Kämpfen, beide von der Heimtücke der eigenen Leute umstrickt bejammern mussten. Deshalb schlossen sich die oben erwähnten Könige aus Furcht, dass irgendeine Gewalttätigkeit vom Heer angezettelt werden könnte, innen ein, sicherten sich durch Verwandte und blieben dort. Nachdem inzwischen eine Menge Holz herangebracht worden war, verbrannte Neoptolemos den Aias und sorgte dafür, dass seine Reste in einer goldenen Urne geborgen und in Rhoiteion begraben wurden; den in kurzer Zeit aufgeschütteten Grabhügel weihte er zu Ehren eines so großen Mannes. Wenn all dies vor dem Fall von Ilion (Troja) hätte geschehen können, dann wären tatsächlich zu einem großen Teil die Angelegenheiten der Feinde vorangekommen und man hätte Zweifel hegen müssen am

summa rerum fuisset. Igitur Ulixes veritus vim offensi exercitus clam Ismarum aufugit atque ita Palladium apud Diomedem manet.

(5.16) Ceterum post abscessum Ulixi Hecuba, quo servitium morte solveret, multa ingerere maledicta imprecarique infesta omina in exercitum. Qua re motus miles lapidibus obrutam eam necat sepulchrumque apud Abydum statuitur appellatum Cynossema ob linguae protervam impudentemque petulantiam. Per idem tempus Cassandra deo repleta multa in Agamemnonem adversa praenuntiat: insidias quippe ei ex occulto caedemque domi per suos compositam; praeterea universo exercitui profectionem ad suos incommodam exitialemque. Inter quae Antenor cum suis Graecos orare, omitterent iras atque urgente navigii tempore in commune consulant. Praeterea omnes duces ad se epulatum deducit ibique singulos quam maximis donis replet. Tunc Graeci Aeneae suadent, secum uti in Graeciam naviget, ibi namque ei simile cum ceteris ducibus ius regnique eandem potestatem fore. Neoptolemus filios Hectoris Heleno concedit, praeterea reliqui duces auri atque argenti quantum singulis visum est. Dein consilio habito decernitur, uti per triduum funus Aiacis publice susciperetur. Itaque exactis his diebus cuncti reges comam tumulo eius deponunt. Atque exin contumeliis Agamemnonem fratremque agere eosque non Atrei sed Plisthenidas et ob id ignobiles appellare. Quare coacti, simul uti odium sui apud exercitum per absentiam leniretur, orant, uti sibi abire e conspectu

Gesamtverlauf der Dinge. Daher flüchtete Odysseus, da er die Wut des beleidigten Heeres fürchtete, nach Ismaros und so blieb das Palladion bei Diomedes.

(5.16) Im Übrigen stieß nach dem Abzug des Odysseus nun Hekabe, um ihre Knechtschaft mit dem Tod zu beenden, viele Schmähworte aus und wünschte dem Heer ungünstige Vorzeichen herbei. Dadurch veranlasst tötete sie ein Soldat, indem er sie steinigte; bei Abydos errichtete man ihr ein Grabmal und nannte es Kynossema (»Hundegrab«) wegen der frechen und schamlosen Leichtfertigkeit ihrer Zunge. Zu der gleichen Zeit verkündete Kassandra gotterfüllt dem Agamemnon viele Widrigkeiten: Hinterhalt und Tod aus einem Versteck heraus stünden ihm zu Hause durch die Seinen bevor; außerdem sei für das gesamte Heer der Aufbruch zu den Seinen beschwerlich und verhängnisvoll. Dazwischen bat Antenor samt den Seinen die Griechen, dass sie ihren Zorn aufgeben und, da die Zeit für die Schifffahrt knapp würde, sich um das Gemeinsame sorgen sollten. Außerdem führte er alle Anführer zu sich, um sie zu bewirten, und dort überhäufte er sie alle mit möglichst sehr großen Geschenken. Da rieten die Griechen dem Aineias, mit ihnen in ihre Heimat zu segeln; dort nämlich werde er über ähnliches Recht wie die übrigen Anführer verfügen und dieselbe Macht über ein Königreich besitzen können. Neoptolemos gestand die Söhne des Hektor dem Helenos zu, überdies gaben die übrigen Anführer soviel an Gold und Silber, wie es den einzelnen gut schien. Dann wurde ein *Consilium* abgehalten und beschlossen, drei Tage lang das Leichenbegängnis des Aias öffentlich zu feiern. Also legten nach Ablauf dieser Tage alle Könige ihr Haaropfer am Grabhügel nieder. Alsdann schmähten sie den Agamemnon und dessen Bruder mit beleidigenden Worten, nannten sie nicht Nachfahren des Atreus, sondern des Pleisthenes und damit Unedle. Dadurch gezwungen und um zugleich den Hass des Heeres auf sie mit ihrer Abwesenheit zu lindern, baten sie darum, man möge ihnen zuge-

eorum sine noxa concedant. Itaque consensu omnium primi navigant deturbati expulsique ab ducibus. Ceterum Aiacis filii, Aeantides Glauca genitus atque Eurysaces ex Tecmessa, Teucro traditi.

(5.17) Dein Graeci veriti, ne per moram interventu hiemis, quae ingruebat, ab navigando excluderentur, deductas in mare naves remigibus reliquisque nauticis instrumentis complent. Atque ita cum his, quae singuli praeda multorum annorum quaesiverant, discedunt. Aeneas apud Troiam manet. Qui post Graecorum profectionem cunctos ex Dardano atque ex proxima paene insula adit, orat, uti secum Antenorem regno exigerent. Quae postquam praeverso de se nuntio Antenori cognita sunt, regrediens ad Troiam imperfecto negotio aditu prohibetur. Ita coactus cum omni patrimonio ab Troia navigat devenitque ad mare Hadriaticum multas interim gentes barbaras praevectus. Ibi cum his, qui secum navigaverant, civitatem condit appellatam Corcyram Melaenam. Ceterum apud Troiam postquam fama est Antenorem regno potitum, cuncti, qui bello residui nocturnam civitatis cladem evaserant, ad eum confluunt brevique ingens coalita multitudo. Tantus amor erga Antenorem atque opinio sapientiae incesserat. Fitque princeps amicitiae eius rex Cebrenorum Oenideus.

stehen, sich aus ihrem Gesichtskreis ohne Schaden zu entfernen. Und so segelten sie mit Zustimmung von allen als erste ab, gestürzt und vertrieben von den Anführern. Im Übrigen übergab man die Söhne des Aias – den Aiantides, von Glauke geboren, und den Eurysakes von Tekmessa – dem Teukros.

(5.17) Dann statteten die Griechen, damit sie nicht durch einen Aufschub das Eintreten des Winters, der bevorstand, von der Schifffahrt ausgesperrt würden, ihre ins Meer gezogenen Schiffe mit Rudern und dem übrigen Schiffszubehör aus. Und so gingen sie mit dem fort, was jeder an Beute vieler Jahre gewonnen hatte. Aineias blieb in Troja. Nach dem Aufbruch der Griechen suchte er alle Einwohner aus der Stadt Dardanos und der nächstgelegenen Halbinsel auf und bat sie, dass sie mit ihm den Antenor aus dessen Königtum vertrieben. Nachdem dies Antenor durch einen Boten, der ihm (Aineias) zuvorgekommen war, erfahren hatte, wurde er auf dem Rückzug nach Troja unverrichteter Dinge am Zutritt gehindert. So gezwungen, segelte er mit seiner gesamten Habe von Troja fort und gelangte schließlich ins Adriatische Meer; zuvor war er inzwischen an vielen Barbarenstämmen vorübergesegelt. Dort gründete er gemeinsam mit denen, die mit ihm gefahren waren, eine Stadt namens Korkyra Melaina. Im Übrigen kamen bei Troja, als sich das Gerücht verbreitet hatte, dass sich Antenor der Herrschaft bemächtigt habe, alle, die als Überlebende der nächtlichen Niederlage ihrer Stadt entkommen waren, bei ihm zusammen, und in Kürze war eine riesige Menge herangewachsen. So groß war die Liebe zu Antenor; und der Ruf seiner Weisheit hatte von ihnen Besitz ergriffen. Es wurde sein erster Freund Oinideus, der König der Kebrenen.

Haec ego Gnosius Dictys comes Idomenei conscripsi oratione ea, quam maxime inter tam diversa loquendi genera consequi ac comprehendere potui, litteris Punicis ab Cadmo Danaoque traditis. Neque sit mirum cuiquam, si quamvis Graeci omnes diverso tamen inter se sermone agunt, cum ne nos quidem unius eiusdemque insulae simili lingua sed varia permixtaque utamur. Igitur ea, quae in bello evenere Graecis ac barbaris, cuncta sciens perpessusque magna ex parte memoriae tradidi. De Antenore eiusque regno quae audieram retuli. Nunc reditum nostrorum narrare iuvat.

Dies habe ich, Diktys von Gnosus (Knossos), Begleiter des Idomeneus, aufgeschrieben in der Sprechweise, die ich unter so vielen verschiedenen Arten zu reden erlangen und begreifen konnte, in punischen Buchstaben, die von Kadmos und Danaos überliefert wurden. Und es soll niemanden verwundern, dass sie, wenngleich sie alle Griechen sind, untereinander dennoch eine unterschiedliche Sprache nutzen, da ja nicht einmal wir von ein und derselben Insel eine ähnliche Sprache gebrauchen, sondern eine unterschiedliche und vermischte. Ich habe also das, was während des Krieges den Griechen und Barbaren geschehen ist, alles bewusst und größtenteils selbst erlitten, der Erinnerung überliefert. Von Antenor und dessen Königsmacht habe ich berichtet, was ich gehört habe. Jetzt möchte ich von der Rückkehr der Unseren erzählen.

LIBER SEXTUS

(6.1) Postquam impositis cunctis, quae singuli bello quaesiverant, ascendere ipsi, solutis anchoralibus navigant. Dein a puppi secundante vento paucis diebus pervenere ad Aegaeum mare, ibi multa imbribus ventisque et ob id saeviente mari indigna experti passim, uti fors tulerat, dispalantur. In quis Locrorum classis perturbatis per tempestatem officiis nautarum et inter se implicatis ad postremum fulmine comminuta aut incensa est, et rex Locrorum Aiax postquam natando evadere naufragium enisus est aliique per noctem tabulis aut alio levamine fluitantes postquam ad Euboeam devenere, Choeradibus scopulis adpulsi, pereunt. Eos namque re cognita Nauplius ultum ire cupiens Palamedis necem per noctem igni elato ad ea loca deflectere tamquam ad portum coegerat.

(6.2) Per idem tempus Oeax Naupli filius, Palamedis frater cognito Graecos ad suos remeare Argos venit, ibi Aegialen atque Clytemestram falsis nuntiis adversum maritos armat praedicto ducere eos secum ex Troia uxores praelatas his. Praeterea addere ea, quis mobili suasu natura muliebre ingenium magis adversum suos incenderetur. Itaque Aegiale advenientem Diomedem per

SECHSTES BUCH

(6.1) Nachdem die Griechen mit allem, was die einzelnen im Krieg erlangt hatten, eingestiegen waren, lösten sie die Ankertaue und segelten ab. Bald gelangten sie, da Rückenwind sie begünstigte, innerhalb weniger Tage ins Ägäische Meer; dort widerfuhr ihnen durch Regengüsse und Stürme sowie ein dadurch wütendes Meer ohne Unterschied viel Unverdientes und sie wurden überall, wie es der Zufall mit sich gebracht hatte, auseinandergetrieben. Unter ihnen wurde die Flotte der Lokrer, da durch den Sturm die Aufgaben der Seeleute durcheinander gebracht worden waren und sie untereinander verknäult waren, schließlich vom Gewitter zersplittert oder in Brand gesteckt; und der König der Lokrer, Aias, war danach durch Schwimmen dem Schiffbruch entronnen, andere hatten sich die Nacht hindurch auf Planken oder anderen Hilfsmitteln treiben lassen und waren dann nach Euboia gekommen; dort wurden sie an die choiradischen Klippen geschleudert und gingen zugrunde. Nauplios hatte sie nämlich, nachdem er die Lage erkannt hatte, weil er sich an ihnen wegen der Ermordung des Palamedes rächen wollte, mit einem entfachten Feuer in der Nacht von ihrem Kurs in diese Gegend gleichsam wie in einen Hafen abzuweichen veranlasst.

(6.2) Zu derselben Zeit kam Oiax, der Sohn des Nauplios und Bruder des Palamedes, als er bemerkt hatte, dass sich die Griechen auf dem Rückweg befänden, nach Argos; dort hetzte er Aigiale und Klytaim(n)estra durch falsche Nachrichten gegen ihre Ehemänner auf, indem er verbreiten ließ, sie brächten aus Troja Frauen mit, die sie den beiden vorzögen. Außerdem fügte er Worte an, mit denen durch bewegliche Überredung sich weibliche Wesensart natürlicherweise leichter gegen die Ihren in Brand setzen ließ. Und so hin-

cives aditu prohibet. Clytemestra per Aegisthum adulterio sibi cognitum Agamemnonem insidiis capit eumque interficit. Brevique denupta adultero Erigonen ex eo edit. Interim Talthybius Orestem Agamemnonis filium manibus Aegisthi ereptum Idomeneo, qui apud Corinthum agebat, tradit. Eo Diomedes expulsus regno et Teucrus prohibitus Salamina a Telamone, scilicet quod fratrem insidiis circumventum non defendisset, conveniunt. Interim Menestheus cum Aethra Pitthei et Clymena filia eius ab Atheniensibus recipitur, Demophoon atque Acamas foris manent. Ceterum ubi plures eorum, qui mare insidiasque suorum evaserant, apud Corinthum fuere, cavent, uti iuncti inter se singula adgrederentur regna belloque aditum ad suos patefacerent. Eam rem Nestor prohibet suadens temptandos prius civium animos neque committendum, uti per seditionem Graecia omnis intestinis discordiis corrumperetur. Neque multo post cognoscit Diomedes in Aetolia ab his, qui per absentiam eius regnum infestabant, Oeneum multimodis adflictari. Ob quae profectus ad ea loca omnes, quos auctores iniuriae reppererat, interficit metuque omnibus circum locis iniecto facile ab suis receptus est. Inde per omnem Graeciam fama orta suos quisque reges accipiunt summam in his, qui apud Troiam bellaverant, virtutem neque in resistendo cuiusquam vires idoneas existimantes. Ita nos quoque cum Idomeneo rege Cretam patrium solum summa gratulatione civium remeavimus.

derte Aigiale den Diomedes bei seinem Eintreffen am Eintritt mittels ihrer Bürger. Klytaim(n)estra nahm unter Hilfe des Aigisthos, mit dem sie ehebrecherisch vereint war, Agamemnon mit einem Hinterhalt gefangen und tötete ihn. Binnen Kurzem gebar sie dem Ehebrecher, mit dem sie sich vermählt hatte, die Erigone. Inzwischen vertraute Talthybios den Orestes, den Sohn des Agamemnon, den er den Händen des Aigisthos entrissen hatte, dem Idomeneus an, der sich in Korinth aufhielt. Dorthin kamen auch Diomedes, vertrieben aus seinem Königreich, und Teukros zusammen, der nämlich von Telamon aus Salamis ferngehalten wurde; der hätte ja seinen hinterlistig umgarnten Bruder nicht verteidigt. Inzwischen wurde Menestheus mit Aithra, der Tochter des Pittheus, mitsamt deren Tochter Klymene von den Athenern aufgenommen, während Demophoon und Akamas außerhalb blieben. Sobald nun sich mehrere von denen, die dem Meer und auch der Heimtücke ihrer Leute entronnen waren, in Korinth versammelten, trugen sie Sorge dafür, miteinander verbunden ihre jeweiligen Königtümer anzugreifen und sich so durch Krieg Zutritt zu den Ihren verschaffen zu können. Diese Sache verhinderte Nestor, indem er riet, zuvor sollten sie die *Animi* ihrer Bürger erkunden und nicht zulassen, dass durch einen Aufruhr ganz Griechenland von Zwiespalt zerrüttet würde. Nicht viel später erfuhr Diomedes, dass in Aitolien seinem Onkel Oineus von denen, die während seiner Abwesenheit das Königreich in Unruhe versetzt hatten, übel mitgespielt worden sei. Deshalb marschierte er in diese Gegend und tötete alle, die er als Urheber des Unheils antraf; da alle in dieser Gegend von Furcht befallen waren, wurde er leicht von den Seinen aufgenommen. Von dort hatte sich in ganz Griechenland die Kunde verbreitet, und so empfingen alle ihre Könige wieder, denn man meinte, dass bei denen, die bei Troja Krieg geführt hatten, höchste *Virtus* sei und die Kräfte eines jeden nicht dafür geeignet seien, sich aufzulehnen. So sind auch wir mit König Idomeneus nach Kreta auf heimatlichen Boden unter höchsten Freudenbekundungen unserer Mitbürger zurückgekehrt.

(6.3) Dein ubi Orestes transactis pueritiae annis officia viri exsequi coepit, orat Idomeneum, uti secum ex ea insula quam plurimos mitteret; cupere namque se Athenas navigare. Itaque collecto numero eorum, quos idoneos credebat, Athenas venit, ab his auxilium contra Aegisthum orat. Dein ad oraculum adit responsumque fert, uti matrem et cum ea Aegistum interficiat; ex quo fore, uti regnum patrium reciperet. Huiusmodi numine armatus cum praedicta manu ad Strophium venit. Is namque Phocensis, cuius filia in matrimonium Aegisthi denupserat, indignatus, quod spreto priore coniugio Clytemestram superduxerit et regem omnium Agamemnonem insidiis interfecerit, ultro ei auxilium adversum inimicissimos obtulerat. Itaque conspirato inter se cum magna manu Mycenas veniunt statimque, quod Aegisthus aberat, primo Clytemestram interficiunt multosque alios, qui resistere ausi erant. Dein cognito Aegisthum adventare insidias ponunt eumque circumveniunt. Inde per omnem Argivorum populum dissensio animorum exorta, quod diversa inter se cupientes ad postremum in partes discederent. Per idem tempus Menelaus adpulsus Cretam cuncta super Agamemnone regnoque eius cognoscit.

(6.4) Interea per omnem insulam, postquam cognitum Helenam eo venisse, multi undique virile ac muliebre secus confluunt advenientes dinoscere, cuius gratia orbis paene omnis ad bellum conspiravisset. Ibi inter cetera Menelaus perfert Teucrum expulsum patria civitatem apud Cyprum Salamina nomine

(6.3) Als Orestes nach Ablauf der Jahre seiner Kindheit die Aufgaben eines Mannes zu erfüllen begann, bat er den Idomeneus, dass er möglichst viele Männer mit ihm von dieser Insel abschicken solle, denn er wolle nach Athen segeln. Und so kam er, nachdem er eine Anzahl von Männern gesammelt hatte, die er für geeignet hielt, auch nach Athen; von denen erbat er Hilfe gegen Aigisthos. Dann ging er zu einem Orakel und trug als Antwort davon, dass er seine Mutter und mit ihr den Aigisthos töten solle; danach könne er möglicherweise sein väterliches Königtum wiedererlangen. Gewappnet mit einem derartigen göttlichen Geheiß traf er mit der vorhin genannten Truppe bei Strophios ein. Dieser Phoker nämlich, dessen Tochter sich in einer Ehe mit Aigisthos befand, war darüber entrüstet, dass Aigisthos unter Missachtung seiner früheren Ehe die Klytaim(n)estra noch dazu genommen und Agamemnon, den König von allen, heimtückisch ermordet hatte, und so trug er Orestes von sich aus Hilfe gegen seine Todfeinde an. Und so kamen sie, die sich miteinander verschworen hatten, in großer Zahl nach Mykene und töteten sogleich, da Aigisthos abwesend war, zuerst Klytaim(n)estra und viele andere, die es gewagt hatten, Widerstand zu leisten. Dann erfuhren sie, dass Aigisthos eingetroffen war, legten ihm einen Hinterhalt und überwältigten ihn auf diese Weise. Da begann im gesamten Volk der Argiver eine Spaltung der *Animi*, so dass man schließlich in Gruppen auseinanderging, denn man wünschte sich Gegensätzliches. Um dieselbe Zeit herum erfuhr Menelaos, der nach Kreta abgetrieben worden war, alles über Agamemnon und dessen Königtum.

(6.4) Inzwischen strömten über die ganze Insel, nachdem man erfahren hatte, dass Helena dorthin gekommen sei, viele Menschen männlichen und weiblichen Geschlechts allseits zusammen, um sich durch deren Ankunft zu überzeugen, für wen sich fast der gesamte Erdkreis zu einem Krieg verschworen hatte. Dort berichtete unter anderem Menelaos, Teukros habe, aus seiner Hei-

condidisse. Multa etiam apud Aegyptum miranda refert et Canopi gubernatoris sui, qui ubi morsu serpentium interierat, extructum magnificum monumentum. Dein ubi tempus visum est, Mycenas navigat. Ibi multa adversum Orestem molitur. Ad postremum multitudine popularium cohibitus ab eo quod coeperat negotio restitit. Inde placet cunctis Orestem super eo facinore causam dicere apud Athenienses, ubi Ariopagitarum iudicium severissimum per omnem Graeciam memorabatur. Apud quos dicta causa iuvenis absolvitur. Erigona quae ex Aegistho edita erat, ubi fratrem absolutum intellegit, victa dolore immodico laqueo interiit. Menestheus liberatum Orestem parricidii crimine purgatumque more patrio cunctis remediis, quae ad oblivionem huiusmodi facinoris adhiberi solita erant, Mycenas remittit; ibique regnum ei concessum. Dein transacto tempore accitu Idomenei Cretam venit neque multo post Menelaus. Ibi multa in patruum severe per eum ingesta, quod sibi per dissensionem popularium multimodis periclitanti ipse etiam insidiatus esset. Ad postremum intercessu Idomenei uterque conciliatus sibi Lacedaemona discedit. Ibi Menelaus, sicuti convenerat, Hermionam in matrimonium Oresti despondit.

(6.5) Per idem tempus Ulixes Cretam adpulsus est duabus Phoenicum navibus mercedis pacto acceptis, namque suas cum sociis atque omnibus, quae ex Troia habuerat, per vim Telamonis amiserat scilicet infesti ob inlatam per eum filio necem, vix ipse

mat vertrieben, auf Zypern eine Stadt namens Salamis gegründet. Viel Merkwürdiges erzählte er auch aus Ägypten, so von seinem Steuermann Kanopos, dem dort, wo er an einem Schlangenbiss zugrundegegangen war, ein großartiges Denkmal errichtet worden war. Sobald dann die Zeit gekommen schien, segelte er nach Mykene. Dort setzte er mancherlei gegen Orestes in Bewegung. Endlich nahm er, von einer Menge Einheimischer gehindert, von dem Vorhaben, das er begonnen hatte, Abstand. Daraufhin entschieden sich alle dafür, dass Orestes wegen dieser Tat bei den Athenern angeklagt werden sollte, wo sich der Gerichtshof der Areopagiten befand, der strengste Gerichtshof in ganz Griechenland. Bei diesen wurde der Prozess geführt und der junge Mann freigesprochen. Als Erigone, die von Aigisthos abstammte, verstanden hatte, dass man ihren Bruder freigesprochen hatte, ließ sie sich von Schmerz überwältigen und nahm sich mit einem maßlos dicken Strick das Leben. Menestheus schickte Orestes, der vom Verbrechen des Muttermordes befreit und nach Vatersitte mit allen Mitteln, die man zum Vergessen einer derartigen Tat anzuwenden pflegte, gereinigt worden war, nach Mykene zurück; dort gestand man ihm sein Königtum zu. Dann kam er nach Ablauf einiger Zeit auf einen Ruf des Idomeneus hin wieder auf nach Kreta, nicht viel später auch Menelaos. Dort schleuderte er seinem Onkel so manches hart entgegen, da der sogar selbst ihm nachgestellt hätte, als er infolge der Meinungsverschiedenheit seiner Landsleute in Gefahr geraten war. Schließlich versöhnten sich beide durch das Dazwischengehen des Idomeneus und gingen nach Sparta. Dort verlobte Menelaos, wie vereinbart worden war, die Hermione dem Orestes.

(6.5) Um dieselbe Zeit wurde Odysseus nach Kreta mit zwei phoinikischen Schiffen verschlagen, die er gemietet hatte, denn seine eigenen hatte er mitsamt den Gefährten und allem, was er aus Troja bekommen hatte, durch die Gewalt des Telamon verloren, der ihm nämlich feindlich gesonnen war wegen der Ermordung

liberatus industria sui. Percontantique Idomeneo, quibus ex causis in tantas miserias devenisset, erroris initium narrare occipit: quo pacto adpulsus Ismarum multa inde per bellum quaesita praeda navigaverit adpulsusque ad Lotophagos atque adversa usus fortuna devenerit in Siciliam, ubi per Cyclopa et Laestrygona fratres multa indigna expertus ad postremum ab eorum filiis Antiphate et Polyphemo plurimos sociorum amiserit. Dein per misericordiam Polyphemi in amicitiam receptus filiam regis Arenen, postquam Alphenoris socii eius amore deperibat, rapere conatus. Ubi res cognita est, interventu parentis puella ablata per vim, exactus per Aeoli insulas devenerit ad Circen atque inde ad Calypso utramque reginam insularum, in quis morabantur, ex quibusdam inlecebris animos hospitum ad amorem sui inlicientes. Inde liberatus pervenerit ad eum locum, in quo exhibitis quibusdam sacris futura defunctorum animis dinoscerentur. Post quae adpulsus Sirenarum scopulis, ubi per industriam liberatus sit. Ad postremum inter Scyllam et Charybdim mare saevissimum et inlata sorbere solitum plurimas navium cum sociis amiserit. Ita se cum residuis in manus Phoenicum per maria praedantium incurrisse atque ab his per misericordiam reservatum. Igitur, uti voluerat, acceptis ab rege nostro duabus navibus donatusque multa praeda ad Alcinoum regem Phaeacum remittitur.

seines Sohnes; dabei war Odysseus selbst nur mit Mühe dank seiner Betriebsamkeit freigekommen. Als ihn Idomeneus fragte, aus welchem Grund er in solches Elend geraten sei, begann er, vom Anfang seiner Irrfahrt zu erzählen, wie er nach Ismaros getrieben und dorthin mit mancherlei Beute, die er im Kriege erworben hatte, gesegelt sei, verschlagen zu den Lotophagen, und infolge eines widrigen Geschicks nach Sizilien gelangt sei, wo er von den Brüdern Kyklops und Laistrygon viel Unwürdiges habe erleiden müssen und schließlich durch deren Söhne Antiphas und Polyphemos die meisten seiner Gefährten verloren habe. Dann sei er aufgrund des Mitleids des Polyphemos in dessen Freundschaft aufgenommen worden und habe versucht, die Tochter des Königs, Arene, zu rauben, nachdem diese durch die Liebe zu seinem Gefährten Alphenor fast zugrunde ging. Sobald die Sache bekannt geworden war, sei das Mädchen dank dem Eingreifen ihres Vaters gewaltsam weggeschleppt, er selbst über die Inseln des Aiolos hin gejagt worden und zu Kirke gelangt, von dort zu Kalypso, beide Königinnen von Inseln, bei denen er verweilte, da diese mit mancherlei Verlockungen die *Animi* ihrer Gäste für die Liebe zu ihnen hingerissen hätten. Von dort freigekommen, sei er zu dem Ort gelangt, an dem er nach Vollzug bestimmter Opfer für die Seelen der Verstorbenen die Zukunft erfahren wollte. Danach sei er an die Felsklippen der Sirenen getrieben worden, wo er sich dank seiner Mühe befreien konnte. Schließlich sei das Meer zwischen Skylla und Charybdis überaus wütend gewesen und gewohnt, Hineingeratenes zu verschlucken; dort habe er sehr viele Schiffe mitsamt der Gefährten verloren. So sei er mit dem ihm Verbliebenen in die Hände von Phoinikern geraten, die über die Meere Seeraub betreiben, und von ihnen aus Mitleid gerettet worden. Also erhielt er denn, wie er es gewollt hatte, von unserem König zwei Schiffe und wurde, mit viel Beute beschenkt, zu Alkinoos, dem König der Phaiaken, geschickt.

(6.6) Ibi ob celebritatem nominis per multos dies benigne acceptus cognoscit Penelopam ab triginta inlustribus viris diversis ex locis in matrimonium postulari; hique erant ab Zacyntho, Echinadibus, Leucata, Ithaca. Ob quae multis precibus persuadet regi, uti secum ad vindicandam matrimonii iniuriam navigaret. Sed postquam devenere ad eum locum paulisper occultato Ulixe, ubi Telemachum rem, quae parabatur, edocuere, domum ad Ulixem clam veniunt; ubi multo vino atque epulis repletos iam procos ingressi interficiunt. Dein per civitatem Ulixem adventasse popularibus cognitum est, a quis benigne et cum favore exceptus cuncta, quae domi gesta erant, cognoscit; meritos donis aut suppliciis afficit. De Penelopa eiusque pudicitia praeclara fama. Neque multo post precibus atque hortatu Ulixis Alcinoi filia Nausica Telemacho denubit. Per idem tempus Idomeneus dux noster apud Cretam interiit tradito per successionem Merioni regno. Et Laerta, triennio post quam filius domum redit, finem vitae fecit. Telemacho ex Nausica natum filium Ulixes Ptoliporthum appellat.

(6.7) Dum haec apud Ithacam aguntur, Neoptolemus apud Molossos naves quassatas tempestatibus reficit. Atque inde, postquam cognitum ab Acasto expulsum regno Pelea, ultum ire iniurias avi cupiens primo exploratum duos quam fidissimos et incognitos illis locis Chrysippum et Aratum Thessaliam mittit hique cuncta, quae gerebantur, insidiasque ei paratas per Acastum

(6.6) Dort wegen der Berühmtheit seines Namens für viele Tage freundlich aufgenommen, erfuhr er, dass Penelope von 30 bedeutenden Männern aus verschiedenen Gegenden zur Ehe begehrt werde; diese stammten von Zakynthos, den Echinaden, Leukas und aus Ithaka. Deshalb überredete er König Idomeneus mit vielem Bitten, dass er mit ihm segelte, um das Unrecht an seiner Ehe zu ahnden. Nachdem sie an jenem Ort gelandet und Odysseus sich ein wenig versteckt gehalten hatte, und als sie den Telemachos über ihr vorbereitetes Handeln unterrichtet hatten, gelangten sie heimlich zum (Haus des) Odysseus; die dort schon mit viel Wein und Essen gefüllten Freier trafen sie an und töteten sie. Dann wurde in der Stadt bei den Einheimischen bekannt, dass Odysseus angekommen sei; von ihnen wurde er herzlich und mit Gewogenheit aufgenommen und erfuhr alles, was sich zu Hause zugetragen hatte; je nach Verdienst belohnte oder bestrafte er. Über Penelope und deren Schamhaftigkeit lief ein vorzüglicher Ruf um. Und nicht viel später vermählte sich auf Bitte und Aufforderung des Odysseus die Tochter des Alkinoos, Nausikaa, mit Telemachos. Zu derselben Zeit kam Idomeneus, unser Anführer, bei Kreta um, nachdem sein Königtum in Nachfolge auf Meriones übergegangen war. Und Laërtes beschloss sein Leben im dritten Jahr nach der Heimkehr seines Sohnes. Den Sohn, der dem Telemachos von Nausikaa geboren war, nannte Odysseus Ptoliporthos.

(6.7) Während dies auf Ithaka geschah, ließ Neoptolemos bei den Molossern seine von Stürmen beschädigten Schiffe wiederherstellen. Und nachdem man dann erfahren hatte, dass dieser von Akastos aus seinem Königtum vertrieben worden war, wünschte er, sich für das Unrecht an seinem Großvater Peleus zu rächen, und schickte zunächst zwei ihm äußerst ergebene und in jener Gegend unbekannte Männer, Chrysippos und Aratos, nach Thessalien; diese erfuhren alles, was geschehen war, auch den Hinterhalt, der ihm durch Akastos von Assandros gelegt worden war, einem

ab Assandro non alieno Pelei cognoscunt. Is namque Assandrus iniquitatem tyranni evitans, Peleo consenserat notusque adeo eius domus, uti inter cetera originem etiam nuptiarum Pelei cum Thetide Chironis filia Chrysippo atque Arato narraverit. Qua tempestate multi undique reges acciti domum Chironis inter ipsas epulas novam nuptam magnis laudibus veluti deam celebraverant, parentem eius Chirona appellantes Nerea ipsamque Nereidam; et ut quisque eorum regum, qui convivio interfuerant, choro modulisque carminum praevaluerat, ita Apollinem Liberumque, ex feminis plurimas Musas cognominaverant. Unde ad id tempus convivium illud deorum appellatum.

(6.8) Itaque ubi cuncta, quae voluerant, cognovere, ad regem redeunt, ei singula per ordinem narrant. Ob quae coactus Neoptolemus adverso mari et multis regionis eius prohibentibus classem exornat ascenditque ipse. Dein saevitia hiemis multum mari fatigatus adpulsusque ad Sepiadum litus, quod propter saxorum difficultatem nomen eiusmodi quaesiverat, omnes fere naves amittit vix ipse cum his, qui in eodem navigio fuerant, liberatus. Ibi Pelea avum repperit occultatum spelunca abdita et tenebrosa, ubi senex vim atque insidias Acasti evitans assidue nepotis desiderio navigantes et si forte eo adpulsi essent speculari consuerat. Dein ubi cuncta domus fortunarumque edoctus est, consilium adgrediendi hostes inire occipit, cum forte cognoscit filios Acasti Menalippum et Plisthenem venatum profectos

Verwandten des Peleus. Eben dieser Assandros war der Ungnade des Tyrannen entkommen und hatte zu Peleus gehalten; ihm war dieses Haus so bekannt, dass Peleus unter anderem auch den Ursprung der Hochzeit des Peleus mit Thetis, der Tochter des Chiron, dem Chrysippos und dem Aratos erzählte. Zu jener Zeit waren von überallher viele Könige zum Haus des Chiron herangeeilt und hatten während der Gastmahle die Neuvermählte unter vielen Belobigungen wie eine Göttin gefeiert, wobei sie ihren Vater Chiron als Nereus bezeichneten und sie selbst als Nereïde (Tochter des Nereus); und wie jeder König, der am Gastmahl teilgenommen hatte, sich beim Chortanz und beim Liedersingen hervorgetan hatte, so hatten sie ihm Namen wie Apollon oder Bakchos beigelegt, und von den Frauen wurden sehr viele Musen genannt. Seither nannte man bis in die Gegenwart jenes Gastmahl das der Götter.

(6.8) Und so kehrten sie, als sie alles, was sie gewollt hatten, erkundet hatten, zum König zurück und legten ihm die Einzelheiten der Reihe nach dar. Davon gezwungen rüstete Neoptolemos dem widrigen Meer und der Behinderung durch viele Bewohner dieser Gegend zum Trotz eine Flotte aus und bestieg selbst ein Schiff. Darauf vom Wüten des Winters auf dem Meer stark erschöpft wurde er an die Küste der Sepiaden (»Tintenfischland«) getrieben, die wegen der Beschwerlichkeit ihres Gesteins einen solchen Namen erhalten hatte, und verlor fast alle Schiffe; er selbst kam nur mit Mühe samt denen frei, die in demselben Schiff gewesen waren. Dort stieß er auf seinen Großvater Peleus, der in einer abgelegenen und finsteren Höhle versteckt war, wohin der Greis vor der Gewalt und Heimtücke des Akastos ausgewichen war und von wo aus er ständig aus Sehnsucht nach seinem Enkel Seefahrer und solche, die es zufällig dorthin verschlagen hatte, zu beobachten pflegte. Sobald Neoptolemos dann über alles Geschehen zu Hause sowie dessen Geschicke unterrichtet war, ging er daran, einen Plan zu entwickeln, um seine Feinde anzugreifen, als er zufällig erfuhr, dass die Söhne des Akastos, Menalippos

devenisse ad ea loca. Itaque mutata veste Iolcium simulans iuvenibus offert sese eisque cupitum sui interitum refert. Ob quae iunctus his in venando, ubi seorsum ab ceteris Menalippum videt, eumque et paulo post fratrem eius insecutus interficit. In quorum inquisitionem servus quidam Cinyras nomine perquam fidus profectus in manus iuvenis devenit comprehensusque Acastum adfore nuntiat atque ita occiditur.

(6.9) Itaque Neoptolemus mutata Phrygia veste tamquam filius Priami Mestor, qui captivus cum Pyrrho ad ea loca navigaverat, Acasto obvius venit eique, quinam esset, et Neoptolemum in spelunca fatigatum navigio somnoque iacere. Ob quae anxius Acastus opprimere quam inimicissimum cupiens ad speluncam pergit atque in ipso aditu a Thetide, quae ad ea loca inquisitum Pelea venerat, re cognita reprimitur. Dein cunctis, quae adversum domum Achillis inique et adversum fas gesserat, enumeratis increpatisque ad postremum intercessu suo manibus iuvenis liberat persuadens nepoti, ut ne sanguine ulterius ulcisci cuperet ea, quae antecesserant. Itaque Acastus ubi se praeter spem liberatum animadvertit, sponte et in loco cuncta regni Neoptolemo tradit. Inde iuvenis cum avo ac Thetide reliquisque, qui secum navigaverant, summam regni adeptus in civitatem venit. Ibi a cunctis popularibus quique iuxta inhabitantes sub imperio eius agebant benigne et cum gratulatione exceptus amorem sui brevi confirmat.

und Pleisthenes, zur Jagd aufgebrochen und in diese Gegend gelangt seien. So tauschte er seine Kleidung, tat so, als sei er aus Iolkis, bot sich den jungen Männern an und erzählte ihnen, sein Untergang sei erwünscht. Deshalb verband er sich mit diesen zur Jagd; sobald er dann von den übrigen den Menalippos abgesondert sah, tötete er ihn und wenig später auch dessen Bruder, den er verfolgte. Zu deren Suche machte sich ein überaus treuer Sklave namens Kinyras auf, geriet in die Hände des jungen Mannes, wurde festgehalten und meldete, dass Akastos bald da sein werde; so wurde der Sklave erschlagen.

(6.9) Also legte Neoptolemos phrygische Kleidung an, als wäre er ein Sohn des Priamos, Mestor, der als Gefangener mit Pyrrhos in diese Gegend gesegelt war, und zog dem Akastos entgegen; diejenigen, die ihn fragten, wer er denn sei, warfen auch Neoptolemos, der von der Schifffahrt und dem Schlaf erschöpft war, in die Höhle. Deshalb in Angst versetzt wollte Akastos seinen schlimmsten Feind vernichten, machte sich daher zur Höhle auf und wurde genau am Eingang von Thetis zurückgedrängt, die hierher gekommen war, um nach Peleus zu suchen, nachdem sie die Lage durchschaut hatte. Als dann alles, was er gegen das Haus des Achilleus nicht recht und billig und wider göttliches Recht begangen hatte, aufgezählt worden und bekannt gemacht war, befreite sie ihn schließlich mit ihrem Dazwischengehen aus den Händen des jungen Mannes dadurch, dass sie ihrem Enkel gut zuredete, nicht weiterhin vom Wunsch beseelt zu sein, blutige Rache für das zu üben, was vorausgegangen war. Und so übergab Akastos, als er sich wider Erwarten befreit sah, alles des Königtums aus freien Stücken und auf der Stelle dem Neoptolemos. Dann kam der junge Mann mit dem Großvater, mit Thetis und allen übrigen, die mit ihm gesegelt waren, nachdem er den Gipfel des Königseins erreicht hatte, in die Stadt. Dort wurde er von alle Einheimischen und denen, die in der Nähe wohnend unter seiner Herrschaft lebten, freundlich und mit Jubel empfangen und bekräftigte kurz seine Liebe zu ihnen.

(6.10). Haec ego cuncta ab Neoptolemo cognita mihi memoriae mandavi accitus ab eo, qua tempestate Hermionam Menelai in matrimonium susceperat. Ab eo etiam de reliquiis Memnonis cognitum mihi, uti tradita ossa eius apud Paphum his, qui cum Pallante duce Memnonis mari ad Troiam profecti ductore interfecto ablataque praeda ibidem morabantur, utque Himera, quam nonnulli materno nomine Hemeram appellabant, soror Memnonis, ad investigandum cadaver fratris eo profecta, postquam reliquias repperit et de intercepta praeda Memnonis palam ei factum est, utrumque recipere cupiens intercessu Phoenicum, qui in eo exercitu plurimi fuerant, optionem rerum omnium ac seorsum fratris acceperit, praelataque sanguinis affectione recepta urna Phoenicem navigaverit. Delata dein ad regionem eius Phalliotim nomine sepultisque fratris reliquiis nusquam repente comparuerit. Cuius opinio exorta triplex, seu quod post occasum solis cum matre Himera ex conspectu hominis excesserit, sive super modum dolore affecta fraternae mortis ultro praeceps ierit, vel ab his, qui incolebant, ob eripienda, quae secum habuerat, circumventa interierit. Haec de Memnone eiusque sorore comperta mihi per Neoptolemum.

(6.11) Post quae profectus Cretam anno post nomine publico cum duobus aliis ad oraculum Apollinis remedium petitum venio. Namque nulla certa causa ex improviso tanta vis lucustarum

(6.10) Dies alles habe ich von Neoptolemos erfahren und mir ins Gedächtnis eingeprägt, als ich von ihm zu einer Zeit herbeigerufen wurde, in der er mit Hermione, der Tochter des Menelaos, eine Ehe eingegangen war. Von ihm auch erfuhr ich von der Hinterlassenschaft des Memnon, etwa wie man seine Gebeine in Paphos denen übergab, die mit Pallas, einem Anführer des Memnon, auf dem Meer nach Troja aufgebrochen waren und sich nach dem Tod ihres Anführers und dem Wegschaffen der Beute ebendort aufhielten; wie Himera, die einige mit ihrem Mutternamen Hemera nennen, die Schwester des Memnon, sich dorthin aufgemacht hatte, um die Leiche des Bruders aufzuspüren, dann dessen Überbleibsel gefunden und ihr von der Wegnahme der Beute des Memnon berichtet worden war, ferner wie sie beides zurückzubekommen wünschte durch das Dazwischengehen der Phoiniker, die in diesem Heer die meisten gewesen waren; wie sie den Wunsch nach allen Dingen, besonders nach den Resten ihres Bruders, angenommen hatte und wie sie, weil man ihr wegen der Blutsbande den Vorzug eingeräumt hatte, nach Erhalt der Urne nach Phoinike gesegelt war. Nachdem sie dort in eine Landschaft namens Phalliotis gelangt war und die Überreste ihres Bruders bestattet hatte, soll sie plötzlich nirgendwo mehr gesehen worden sein. Über die Ursache entstanden drei Ansichten: Entweder sei sie nach Sonnenuntergang mit ihrer Mutter Himera aus dem Gesichtskreis der Menschen entschwunden, oder sie habe sich, über das Maß schmerzerfüllt vom Tod ihres Bruders, von sich aus hinabgestürzt, oder sie sei von denen, die dort wohnten und an sich reißen wollten, was sie mit sich hatte, eingekreist worden und umgekommen. Das ist mir über Memnon und dessen Schwester durch Neoptolemos bekannt geworden.

(6.11) Danach war ich nach Kreta aufgebrochen und kam ein Jahr später im öffentlichen Auftrag mit zwei anderen zum Orakel des Apollon, um Abhilfe zu erbitten. Ohne bestimmte Ursache nämlich hatte unvorhergesehen eine so große Menge von Heuschrecken

insulam eam invaserat, uti cuncta fructuum, quae in agris erant, corrumperentur. Itaque multis precibus suppliciisque responso editur, divina ope animalia interitura insulamque provectu frugum brevi redundaturam. Dein navigare cupientes ab his, qui apud Delphos erant, prohibemur: importunum namque et perniciosum tempus esse. Lycophron et Ixaeus, qui una ad oraculum venerant, contemptui habentes escendunt navem medioque fere spatio fulmine icti intereunt. Interim, uti praedictum divinitus erat, eodem ictu fulminum sedata vis mali inmersaque mari et regio omnis repleta frugibus.

(6.12) Per idem tempus Neoptolemus confirmato iam cum Hermiona matrimonio Delphos ad Apollinem gratulatum, quod in auctorem paternae caedis Alexandrum vindicatum esset, proficiscitur relicta in domo Andromacha eiusque filio Laodamante, qui reliquis iam filiorum Hectoris superfuerat. Sed Hermiona post abscessum viri victa dolore animi neque pelicatum captivae patiens parentem suum Menelaum accitum mittit; cui multa conquesta super iniuria praelatae sibi a viro captivae mulieris persuadet, uti filium Hectoris necet. Ceterum Andromacha re cognita instantis periculi vim subterfugit auxilio popularium liberata; qui miserati fortunas eius ultro Menelaum contumeliis prosecuti vix a pernicie viri retenti sunt.

diese Insel befallen, dass alle Frucht, die auf den Feldern war, vernichtet wurde. Und so erhielt man auf viele Bitten und Gebete hin als Antwort, dass mit göttlicher Hilfe diese Tiere zugrunde gehen würden und die Insel durch das Wachstum ihrer Feldfrüchte in Kürze Überfluss haben werde. Als wir dann absegeln wollten, wurden wir von denjenigen, die bei den Delphern waren, daran gehindert: Es sei nämlich eine ungünstige und gefährliche Zeit. Lykophron und Ixaios, die zusammen mit mir zum Orakel gekommen waren, hielten dies mit Verachtung, bestiegen ein Schiff und wurden etwa auf halbem Weg von einem Blitzschlag tödlich getroffen. Inzwischen wurde, wie es die Gottheit vorausgesagt hatte, durch denselben Blitz der Macht des Übels Einhalt geboten; es versank im Meer und die gesamte Gegend war voll mit Feldfrüchten.

(6.12) Zu derselben Zeit brach Neoptolemos nach bereits vollzogener Ehe mit Hermione nach Delphi auf zu Apollon, um ihm zu danken, da man gegen den Verursacher des Todes seines Vaters, Alexandros, vorgegangen war; er ließ im Haus Andromache und deren Sohn Laodamas zurück, der als einziger von den Söhnen des Hektor noch übrig war. Hermione aber sandte nach dem Weggang ihres Mannes, vom Schmerz ihres *Animus* besiegt und das Konkubinat mit einer Gefangenen nicht ertragend, Boten, um ihren Vater Menelaos herbeizuholen; vor ihm beklagte sie sich über das Unrecht, dass ihr Ehemann eine kriegsgefangene Frau vorgezogen hätte, und so überredete sie den Menelaos, den Sohn des Hektor zu töten. Im Übrigen entzog sich Andromache, nachdem sie dies erfahren hatte, der Gewalt einer drohenden Gefahr, indem sie sich mit Hilfe der Einheimischen befreien konnte; diese hatten Mitleid mit ihrem Schicksal, verfolgten darüber hinaus von sich aus mit Schimpf und Schande den Menelaos und wurden nur mit Mühe von der Vernichtung dieses Mannes zurückgehalten.

(6.13) Interim Orestes adveniens rem cunctam cognoscit, hortatur Menelaum, ut incepta perageret, ipse dolens praereptum sibi a Neoptolemo Hermionae matrimonium insidias advenienti parare occipit. Itaque primo ex his, quos secum habebat quam fidissimos, speculatum de adventu Neoptolemi Delphos mittit. Quis cognitis Menelaus vitare huiuscemodi facinus cupiens Spartam concedit. Sed illi, qui praemissi erant, regressi Neoptolemum Delphis esse negant. Quare coactus Orestes ipse ad inquisitionem viri profectus alio quam ierat die remeat, ut sermo hominum ferebatur, negotio perfecto. Dein post paucos dies fama perfertur interisse Neoptolemum eumque sermone omnium circumventum insidiis Orestis per populum disseminatur. Ita iuvenis, ubi de Pyrrho palam est, recepta Hermiona, quae sibi antea desponsa erat, Mycenas discedit. Interim Peleus cum Thetide cognito nepotis interitu ad investigationem eius profecti cognoscunt iuvenem Delphis sepultum. Ibi, ut mos erat, iusta persolvunt cognoscuntque in his locis interisse, ubi visus Orestes negabatur. Ea res per populum haud credita, adeo praesumpta ante iam opinio de Orestis insidiis cunctorum animis inhaeserat. Ceterum Thetis ubi Hermionam Oresti iunctam videt, Andromacham partu gravidam ex Neoptolemo Molossos mittit dolum Orestis eiusque coniugis de interimendo fetu evitans.

(6.14) Per idem tempus Ulixes territus crebris auguriis somniisque adversis omnes undique regionis eius interpretandi somnia

(6.13) Inzwischen kam Orestes an und erfuhr die ganze Sache; er forderte Menelaos auf, das Begonnene weiterzuführen, empfand selbst Schmerz darüber, dass Neoptolemos ihm die Ehe mit Hermione entrissen hatte, und begann daher, ihm bei der Ankunft einen Hinterhalt zu legen. Und so schickte er zunächst von den Leuten, die er bei sich hatte, die Treuesten, um Erkundigungen über die Ankunft des Neoptolemos einzuholen, nach Delphi. Als Menelaos dies durchschaute, wollte er sich einer derartigen Tat entziehen und zog daher nach Sparta. Diejenigen aber, die ausgeschickt waren, kehrten zurück und verneinten, dass Neoptolemos in Delphi sei. Dadurch gezwungen brach Orestes selbst zur Suche des Mannes auf und kehrte einen Tag später, als er gegangen war, wieder zurück – wie menschliches Gerede berichtete, unverrichteter Dinge. Dann ging nach wenigen Tagen das Gerücht um, Neoptolemos sei umgekommen, und es verbreitete sich im Volk die allgemeine Sage, er sei durch Nachstellungen des Orestes umzingelt worden. So zog sich der junge Mann (Orestes), sobald das Geschehen über Pyrrhos bekannt geworden war, nach Mykene; er hatte Hermione wiedererlangt, die ihm einst verlobt worden war. Inzwischen machten sich Thetis und Peleus auf, als sie vom Tod ihres Enkels erfahren hatten, um ihn aufzuspüren, und sie erfuhren, dass der junge Mann in Delphi begraben sei. Dort verrichteten sie, wie es Sitte war, das ihm Gebührende und erfuhren, dass er in einer Gegend umgekommen sei, wo man leugnete, Orestes gesehen zu haben. Diese Sache wurde im Volk nicht geglaubt – so sehr hatte sich der schon zuvor geahnte Verdacht von der Nachstellung des Orestes in allen *Animi* eingenistet und war haftengeblieben. Im Übrigen schickte Thetis, sobald sie Hermione mit Orestes verbunden sah, die von Neoptolemos geschwängerte Andromache zu den Molossern, damit sie einem Anschlag des Orestes und seiner Ehefrau bezüglich der Beseitigung des Fötus entrinnen könnte.

(6.14) Um dieselbe Zeit rief Odysseus, erschrocken über häufige Vorzeichen und widrige Träume, alle sehr erfahrenen Männer von

peritissimos conducit. Hisque refert inter cetera visum sibi saepius simulacrum quoddam inter humanum divinumque vultum formae perlaudabilis ex eodem loco repente edi. Quod complecti summo desiderio cupienti sibi porrigentique manus responsum ab eo humana voce sceleratam huiusmodi coniunctionem quippe eiusdem sanguinis atque originis; namque ex eo alterum alterius opera interiturum. Dein versanti sibi vehementius cupientique causam eius rei perdiscere signum quoddam mari editum intervenire visum. Idque secundum imperium eius in se iactum, utrumque diiunxisse. Quam rem cuncti qui aderant uno ore exitialem ei pronuntiant adduntque, caveret ab insidiis filii. Ita suspectus parentis animo Telemachus agris, qui in Cephalenia erant, relegatur additis ei quam fidissimis custodibus. Praeterea Ulixes secedens in alia loca abdita remotaque quantum poterat somniorum vim evitare nitebatur.

(6.15) Per idem tempus Telegonus, quem Circe editum ex Ulixe apud Aeaeam insulam educaverat, ubi adolevit, ad inquisitionem patris profectus Ithacam venit gerens manibus quoddam hastile, cui summitas marinae turturis osse armabatur, scilicet insigne insulae eius in qua genitus erat. Dein edoctus, ubi Ulixes ageret, ad eum venit. Ibi per custodes agri patrio aditu prohibitus, ubi vehementius perstat et e diverso repellitur, clamare occipit

überall her aus dieser Gegend zu sich, damit sie die Träume deuteten. Ihnen berichtete er, unter anderem sei ihm häufig als eine Art von Bild erschienen, dass ein Antlitz, zwischen Mensch und Gott schwankend, eine überaus lobenswerte Gestalt, von ein und derselben Stelle her plötzlich getilgt wurde. Als er dies in höchstem Begehren umarmen wollte und seine Hände danach ausstreckte, wurde ihm von diesem mit menschlicher Stimme als Antwort gegeben, eine solche Verbindung sei verbrecherisch, denn sie stamme von demselben Blut und habe denselben Ursprung; das eine daraus werde nämlich durch des anderen Bemühen untergehen. Als er sich dann allzu leidenschaftlich damit beschäftigte und die Ursache dieser Sache zu ergründen wünschte, habe es ihm geschienen, als ob ein Wahrzeichen, das aus dem Meer geboren wurde, ihm in den Weg getreten sei. Und dieses habe, auf dessen Befehl hin gegen ihn geschleudert, beide getrennt. Alle, die da waren, verkündeten einstimmig, dies bedeute für ihn Verderben, und fügten hinzu, er solle sich vor einem Anschlag seines Sohnes in Acht nehmen. So wurde der im *Animus* seines Vaters verdächtige Telemachos auf die Felder verbannt, die in Kephallenia sind, wobei man ihm die treuesten Bewacher beigab. Außerdem zog sich Odysseus in eine andere, abgelegene und entfernte Gegend zurück und bemühte sich, soweit er es konnte, der Macht der Träume auszuweichen.

(6.15) Um dieselbe Zeit machte sich Telegonos, den, von Odysseus gezeugt, Kirke auf der Insel Aiaia aufgezogen hatte, als er erwachsen geworden war, zur Suche nach seinem Vater auf und kam nach Ithaka, wobei er in den Händen eine Art von Lanze trug, deren Spitze mit dem Knochen eines Stachelrochens versehen war, nämlich dem Kennzeichen der Insel, auf der er geboren war. Dann brachte er in Erfahrung, wo Odysseus sich aufhielt, und machte sich zu ihm auf. Dort wurde er von den Ackerwachen am Zutritt zum Vater gehindert; sobald er etwas heftiger darauf bestand und von verschiedenen Seiten zurückgedrängt wurde, fing er an zu ru-

indignum facinus prohiberi se a parentis complexu. Ita credito Telemachum ad inferendam vim regi adventare acrius resistitur, nulli quippe compertum esse alterum etiam Ulixi filium. Dein iuvenis ubi se vehementius et per vim repelli videt, dolore elatus multos custodum interficit aut graviter vulneratos debilitat. Quae postquam Ulixi cognita sunt, existimans iuvenem a Telemacho inmissum egressus lanceam, quam ob tutelam sui gerere consueverat, adversum Telegonum iaculatur. Sed postquam huiusmodi ictum iuvenis casu quodam intercipit, ipse in parentem insigne iaculum emittit infelicissimum casum vulneri contemplatus. At ubi ictu eo Ulixes concidit, gratulari cum fortuna confiterique optime secum actum, quod per vim externi hominis interemptus parricidii scelere Telemachum carissimum sibi liberavisset. Dein reliquum adhuc retentans spiritum iuvenem percontari quisnam et ex quo ortus loco se domi belloque inclitum Ulixem Laertae filium interficere ausus esset. Tunc Telegonus cognito parentem esse utraque manu dilanians caput fletum edit quam miserabilem maxime discruciatus ob inlatam per se patri necem. Itaque Ulixi, uti voluerat, nomen suum atque matris, insulam, in qua ortus erat et ad postremum insigne iaculi ostendit. Ita Ulixes ubi vim ingruentium somniorum praedictumque ab interpretibus vitae exitum animo recordatus est, vulneratus ab eo, quem minime crediderat, triduo post mortem obiit senior iam provectae aetatis neque tamen invalidus virium.

fen, es sei ein unwürdiges Vergehen, dass er an der Umarmung seines Vaters gehindert werde. So leistete man, da man glaubte, Telemachos sei gekommen, um dem König Gewalt anzutun, heftigeren Widerstand, denn keinem war bekannt, dass Odysseus noch einen zweiten Sohn hatte. Als sich dann der junge Mann gewaltsam recht heftig zurückgedrängt sah, tötete er, von Schmerz aufgebracht, viele Bewacher oder schwächte sie schwer verwundet. Odysseus, der dies wahrgenommen hatte, meinte, der junge Mann sei von Telemachos ausgesandt, trat heraus und schleuderte die Lanze, die er zu seinem Schutz bei sich zu tragen pflegte, gegen Telegonos. Als aber der junge Mann einen Wurf dieser Art zu seinem Glück abgefangen hatte, schleuderte er selbst den berühmten Wurfspieß auf den Vater; dabei richtete er seine Aufmerksamkeit ganz auf den für eine Verwundung äußerst unseligen Wurf. Während aber Odysseus durch diesen Treffer zusammenbrach, beglückwünschte er sich zu seinem Geschick und bekannte, es sei sehr gut mit ihm verfahren worden, da er ja von der Stärke eines fremden Menschen getötet und so den ihm liebsten Telemachos vom Verbrechen des Vatermordes habe befreien können. Dann hielt er den ihm noch verbliebenen Atem zurück und fragte den jungen Mann, wer er sei und von wo er stamme, der den in Krieg und Frieden berühmten Odysseus, den Sohn des Laërtes, zu töten gewagt hätte. Da erkannte Telegonos, dass es der Vater war, zerkratzte sein Gesicht mit beiden Händen, ließ den Tränen ihren mitleidswürdigen Lauf und zermarterte sich ganz besonders darüber, dass durch ihn dem Vater der Tod gebracht worden sei. So offenbarte er dem Odysseus, wie der es gewünscht hatte, seinen Namen und den seiner Mutter, die Insel, auf der er geboren war, und schließlich das Kennzeichen seines Wurfspießes. So starb Odysseus, als er sich an die bedrückende Macht seiner Traumgesichte und das von den Traumdeutern vorausgesagte Ende seines Lebens im *Animus* erinnerte, von dem verwundet, von dem er es am wenigsten angenommen hatte, zwei Tage danach als Greis schon vorgerückten Alters, jedoch noch ungebrochen an Kraft.

DARES PHRYGIUS

DE EXCIDIO TROIAE HISTORIA

DARES DER PHRYGER

GESCHICHTE VOM UNTERGANG TROJAS

PRAEFATIO

Cornelius Nepos Sallustio Crispo suo salutem.

Cum multa ago Athenis curiose, inveni historiam Daretis Phrygii ipsius manu scriptam, ut titulus indicat, quam de Graecis et Troianis memoriae mandavit. Quam ego summo amore conplexus continuo transtuli. Cui nihil adiciendum vel diminuendum rei <re>formandae causa putavi, alioquin mea posset videri. Optimum ergo duxi ita ut fuit vere et simpliciter perscripta, sic eam ad verbum in Latinitatem transvertere, ut legentes cognoscere possent, quomodo res gestae essent: utrum verum magis esse existiment, quod Dares Phrygius memoriae commendavit, qui per id ipsum tempus vixit et militavit, cum Graeci Troianos obpugnarent, anne Homero credendum, qui post multos annos natus est, quam bellum hoc gestum est. De qua re Athenis iudicium fuit, cum pro insano haberetur, quod deos cum hominibus belligerasse scripserit. Sed hactenus ista: nunc ad pollicitum revertamur.

VORWORT

Cornelius Nepos wünscht seinem Sallustius Crispus Wohlergehen.

Als ich vieles in Athen neugierig unternahm, fand ich die Geschichte des Phrygers Dares, die von seiner eigenen Hand aufgeschrieben ist, wie der Titel anzeigt, und die er über Griechen und Trojaner überliefert hat. Diese habe ich, von größter Liebe ergriffen, sogleich übertragen. Ihr sei nichts hinzuzufügen oder wegzunehmen, um den Gegenstand <um>zugestalten, glaubte ich, da sie sonst als mein Werk betrachtet werden könnte. Für das beste hielt ich es, sie so, wie sie getreu und schlicht aufgeschrieben war, wörtlich ins Lateinische zu übersetzen, damit die Lesenden erkennen können, auf welche Weise die Ereignisse geschehen sind: ob sie das für eher wahr halten, was der Phryger Dares der Nachwelt überliefert hat, der zu derselben Zeit gelebt und gekämpft hat, zu der die Griechen die Trojaner belagerten, oder ob Homer zu glauben ist, der erst viele Jahre später geboren wurde, nachdem dieser Krieg geführt worden war. Über diese Sache gab es in Athen das Urteil, man möge Homer als Wahnsinnigen ansehen, weil er geschrieben habe, dass die Götter mit den Menschen Krieg geführt hätten. Aber genug davon: Nun wollen wir zu dem Versprochenen zurückkehren!

(1) Pelias rex [in Peloponneso] Aesonem fratrem habuit. Aesonis filius erat Iason virtute praestans, et qui sub regno eius erant, omnes hospites habebat et ab eis validissime amabatur. Pelias rex ut vidit Iasonem tam acceptum esse omni homini, veritus est, ne sibi iniurias faceret et se regno eiceret. Dicit Iasoni Colchis pellem inauratam arietis esse dignam eius virtute: ut eam inde auferret, omnia se ei daturum pollicetur. Iason ubi audivit, ut erat animi fortissimi et qui loca omnia nosse volebat et quod clariorem se existimabat futurum, si pellem inauratam Colchis abstulisset, dicit Peliae regi se eo velle ire, si vires sociique non deessent. Pelias rex Argum architectum vocari iussit et ei imperavit, ut navim aedificaret quam pulcherrimam ad voluntatem Iasonis. Per totam Graeciam rumor cucurrit navim aedificari, in qua Colchos eat Iason pellem auream petitum. Amici et hospites ad Iasonem venerunt et pollicentur se una ituros. Iason illis gratias egit et rogavit, ut parati essent cum tempus supervenisset: interea navis aedificatur et cum tempus anni supervenisset, Iason litteras ad eos misit, qui erant polliciti sese una ituros et ilico convenerunt ad navem, cuius nomen erat Argo. Pelias rex quae opus erant in navim inponi iussit et hortatus est Iasonem et qui cum eo profecturi erant, ut animo forti ad perficiendum irent, quo<d> conati essent. Ea res claritatem Graeciae et ipsis factura videbatur. Demonstrare eos qui cum Iasone profecti sunt non videtur nostrum esse: sed qui volunt eos cognoscere, Argonautas legant.

(1) Pelias, der König [auf der Peloponnes], hatte den Bruder Aison. Sohn des Aison war Iason, der an *Virtus* herausragte und der alle, die unter seiner Herrschaft lebten, als Gastfreunde hatte und von ihnen sehr stark geliebt wurde. Als König Pelias sah, dass Iason so beliebt bei jedermann war, fürchtete er, dieser könnte ihm Unrecht tun und ihn aus seinem Königreich vertreiben. Er sagte zu Iason, dass die Kolcher das vergoldete Vlies eines Widders besäßen, das seiner *Virtus* würdig sei; wenn er es von dort wegbringe, sage er zu, dem Iason alles zu geben. Als Iason hörte, dass er von sehr tapferem *Animus* sei, alle Orte kennenlernen wolle und meinte, er würde angesehener sein, wenn er das vergoldete Vlies den Kolchern weggenommen hätte, sagte er dem König Pelias, er wolle dorthin gehen, wenn es ihm nicht an Männern und Gefährten fehle. König Pelias befahl, dass der Baumeister Argos gerufen werde, und trug diesem auf, ein möglichst schönes Schiff zu bauen, so, wie Iason es wolle. Durch ganz Griechenland ging das Gerücht, dass ein Schiff gebaut werde, auf dem Iason zu den Kolchern fahren werde, um das goldene Vlies zu erlangen. Freunde und Gefährten kamen zu Iason und versprachen, dass sie gemeinsam mit ihm gehen würden. Iason sagte ihnen Dank und bat sie, bereit zu sein, wenn die Zeit gekommen wäre. Inzwischen baute man ein Schiff, und als ein Jahr vergangen war, schickte Iason Briefe an diejenigen, die versprochen hatten, gemeinsam mit ihm zu gehen, und bald kamen sie bei dem Schiff zusammen, dessen Name »Argo« war. König Pelias befahl, dass alles Notwendige auf das Schiff gebracht werde, und mahnte Iason und alle, die mit ihm aufbrechen wollten, sie sollten mit tapferem *Animus* zur Vollendung dessen schreiten, was sie angegangen seien. Diese Sache schien Griechenland und ihnen selbst Ruhm zu bringen. Diejenigen zu nennen, die mit Iason aufbrachen, scheint nicht unsere Sache zu sein; alle, die jene kennenlernen wollen, sollen die *Argonautae* lesen.

(2) Iason ubi ad Phrygiam venit, navim admovit ad portum Simoenta: deinde omnes de navi exierunt in terram. Laomedonti regi nuntiatum est mirandam navim in portum Simoenta intrasse et in ea multos iuvenes de Graecia venisse. Ubi audivit Laomedon rex, commotus est: consideravit commune periculum esse, si consuescerent Graeci ad sua litora adventare navibus. Mittit ad portum, qui dicant, ut Graeci de finibus excedant, si non dicto obaudissent, sese armis eos de finibus eiecturum. Iason et qui cum eo venerant graviter tulerunt crudelitatem Laomedontis sic se ab eo tractari, cum nulla ab eis iniuria facta esset. Simul timebant multitudinem barbarorum, si contra imperium conarentur permanere, ne obprimerentur, cum ipsi non essent parati ad proeliandum: navim conscenderunt et a terra recesserunt, Colchos profecti sunt, pellem abstulerunt, domum reversi sunt.

(3) Hercules graviter tulit a rege Laomedonte contumeliose se tractatum et eos qui una profecti erant Colchos cum Iasone, Spartam ad Castorem et Pollucem venit, agit cum his, ut secum suas iniurias defendant, ne Laomedon inpune ferat, quod illos a terra et portu prohibuisset: multos adiutores futuros, si se accommodassent. Castor et Pollux omnia promiserunt se facturos quae Hercules vellet. Ab his Salaminam profectus ad Telamonem venit: rogat eum, ut secum ad Troiam eat, ut suas suorumque iniurias defendat. Telamon promisit omnibus se paratum esse, quae Hercules facere vellet. Inde ad Phthiam profectus est ad Peleum rogatque eum, ut secum eat ad Troiam. Pollicitusque

(2) Als Iason nach Phrygien gelangt war, bewegte er das Schiff zum Hafen Simoeis; dann gingen alle aus dem Schiff heraus an Land. Dem König Laomedon wurde gemeldet, dass ein wundersames Schiff in den Hafen eingelaufen sei und dass auf ihm viele junge Männer aus Griechenland angekommen seien. Als König Laomedon dies hörte, war er sehr bewegt. Er überlegte, ob es eine allgemeine Gefahr sei, wenn sich Griechen daran gewöhnten, seine Küsten mit Schiffen zu erreichen. Er schickte daher Leute zum Hafen, die sagen sollten, dass die Griechen sich aus diesem Gebiet entfernen sollten; wenn sie diesem Befehl nicht gehorchten, würde er sie mit Waffengewalt aus den Gebiet herauswerfen. Nur schwer ertrugen Iason und diejenigen, die mit ihm gekommen waren, die Grausamkeit des Königs Laomedon, dass sie auf solche Weise von ihm behandelt wurden, obwohl ihm von ihnen kein Unrecht angetan worden sei. Zugleich fürchteten sie die Menge der Barbaren: Wenn sie versuchten, entgegen dem Befehl dort zu bleiben, würden sie überwältigt werden, weil sie selbst zum Kampf nicht bereit waren. Sie bestiegen das Schiff und zogen sich von dem Land zurück, brachen zu den Kolchern auf, trugen das Vlies fort und kehrten nach Hause zurück.

(3) Herakles ertrug es nur schwer, dass er von König Laomedon schimpflich behandelt worden war, ebenso wie diejenigen, die zu den Kolchern gemeinsam mit Iason aufgebrochen waren. Er kam nach Sparta zu Kastor und Polydeukes (Pollux) und verhandelte mit ihnen, damit sie mit ihm zusammen das ihm zugefügte Unrecht ahndeten und damit Laomedon nicht ungestraft bleibe, weil er jene von Land und Hafen ferngehalten hätte; viele Helfer werde es geben, wenn sie sich ihm anschlössen. Kastor und Polydeukes versprachen, sie würden alles tun, was Herakles wolle. Von ihnen brach er nach Salamis auf und kam zu Telamon; ihn bat er, mit ihm nach Troja zu gehen, um das ihm und den Seinen zugefügte Unrecht zu ahnden. Telamon versprach, er sei zu allem bereit, was

est ei Peleus se iturum. Inde Pylum ad Nestorem profectus est rogatque eum Nestor, quid venerit. Hercules dicit quod dolore commotus sit, velle se exercitum in Phrygiam ducere. Nestor Herculem conlaudavit operamque suam ei pollicitus est. Hercules, ubi omnium voluntates intellexit, naves paravit, milites elegit. Ubi tempus datum est proficiscendi, litteras ad eos, quos rogaverat, misit ut venirent cum suis omnibus: cum venissent, profecti sunt in Phrygiam: ad Sigeum noctu accesserunt. Inde Hercules Telamon et Peleus exercitum eduxerunt: navibus qui praesidio essent Castorem et Pollucem et Nestorem reliquerunt. <Quod ubi> Laomedonti regi nuntiatum est classem Graecorum ad Sigeum accessisse, et ipse cum equestri copia ad mare venit et coepit proeliari. Hercules ad Ilium ierat et inprudentes qui erant in oppido urgere coepit. Quod ubi Laomedonti nuntiatum est urgeri ab hostibus Ilium, ilico revertitur et in itinere obvius Graecis factus ab Hercule occiditur. Telamon primus Ilium oppidum introiit, cui Hercules virtutis causa Hesionam Laomedontis regis filiam dono dedit. Ceteri uero qui cum Laomedonte ierant occiduntur. Priamus in Phrygia erat, ubi eum Laomedon eius pater exercitui praefecerat. Hercules et qui cum eo venerant praedam magnam fecerunt et ad naves deportaverunt. Inde domum proficisci decreverunt, Telamon Hesionam secum convexit.

(4) Hoc ubi Priamo nuntiatum est patrem occisum, cives direptos, praedam <d>evectam, Hesionam sororem dono datam, graviter

Herakles tun wolle. Von dort zog er nach Phthia zu Peleus und bat ihn, dass er mit ihm nach Troja gehe. Es versprach ihm Peleus mitzukommen. Von dort zog er nach Pylos zu Nestor und Nestor fragte ihn, warum er gekommen sei. Herakles antwortete, weil er von Schmerz bewegt sei, wolle er ein Heer nach Phrygien führen. Nestor lobte den Herakles und versprach ihm seine Hilfe. Sobald Herakles den Willen aller zur Kenntnis genommen hatte, bereitete er Schiffe vor und wählte Soldaten aus. Als die Zeit für das Aufbrechen gekommen war, schickte er Briefe an diejenigen, die er gebeten hatte, dass sie mit all ihren Leuten kommen sollten. Als sie gekommen waren, brachen sie nach Phrygien auf. Bei Sigeion gingen sie nachts an Land. Von dort führten Herakles, Telamon und Peleus das Heer heraus. Für die Schiffe ließen sie als Schutz den Kastor, den Polydeukes und den Nestor zurück. <Als es> dem König Laomedon gemeldet worden war, dass die Flotte der Griechen bei Sigeion gelandet sei, kam er selbst mit einer Reiterschar ans Meer und begann zu kämpfen. Herakles war nach Ilion (Troja) gegangen und begann, die Nichtsahnenden zu bedrängen, die in der Stadt waren. Als dem Laomedon gemeldet worden war, dass Ilion von Feinden bedroht werde, kehrte er sofort um und wurde, als er unterwegs Griechen begegnete, von Herakles getötet. Telamon betrat als erster die Stadt Ilion; ihm gab Herakles für seine *Virtus* Hesione, die Tochter des Königs Laomedon, als Geschenk. Die übrigen aber, die mit Laomedon gegangen waren, wurden getötet. Priamos war in Phrygien, wo ihn sein Vater Laomedon dem Heer vorangestellt hatte. Herakles und diejenigen, die mit ihm gekommen waren, machten große Beute und brachten sie zu den Schiffen. Hierauf beschlossen sie, nach Hause zu fahren; Telamon führte Hesione mit sich.

(4) Als es dem Priamos gemeldet worden war, dass der Vater ermordet, die Bürger ausgeplündert, die Beute <weg>geschafft und seine Schwester Hesione als Geschenk vergeben waren, ertrug er es nur

tulit tam contumeliose Phrygiam tractatam esse a Grais, Ilium petit cum uxore Hecuba et liberis Hectore Alexandro Deïphobo Heleno Troilo Andromacha Cassandra Polyxena. Nam erant ei etiam alii filii ex concubinis nati, sed nemo ex regio genere dixit esse nisi eos qui essent ex legitimis uxoribus. Priamus ut Ilium venit, ampliora moenia extruxit, civitatem munitissimam reddidit. Et militum multitudinem ibi esse fecit, ne per ignorantiam opprimeretur, ita ut Laomedon pater eius oppressus est. Regiam quoque aedificavit et ibi aram Iovi statuamque consecravit. Hectorem in Paeoniam misit, Ilio portas fecit, quarum nomina sunt haec: Antenorea Dardania Ilia Scaea Thymbraea Troiana et postquam Ilium stabilitum vidit, tempus expectavit. Ut visum est ei iniurias patris ulcisci, Antenorem vocari iubet dicitque ei velle se <eum> legatum in Graeciam mittere: graves sibi iniurias ab his qui cum exercitu venerant factas in Laomedontis patris nece et abductione Hesionae: quae omnia tamen aequo se animo passurum, si Hesiona ei reddatur.

(5) Antenor, ut Priamus imperavit, navim conscendit et profectus venit Magnesiam ad Peleum: quem Peleus hospitio triduo recepit, die quarto rogat eum, quid venerit. Antenor dicit quae a Priamo mandata erant, ut Graios postularet, ut Hesiona redderetur. Haec ubi Peleus audivit, graviter tulit et quod haec ad se pertinere videbat, iubet eum de finibus suis discedere. Antenor nihil moratus navim ascendit, secundum Boeotiam iter fecit,

mühsam, dass Phrygien so schmachvoll von den Griechen behandelt worden war, und strebte nach Ilion (Troja) mit seiner Ehefrau Hekabe und den Kindern Hektor, Alexandros, Deïphobos, Helenos, Troïlos, Andromache, Kassandra und Polyxena; er hatte nämlich auch noch andere Kinder, die von Konkubinen geboren worden waren, doch niemand behauptete, dass die aus königlichem Geblüt seien, es sei denn, sie stammten von legitimen Ehefrauen ab. Als Priamos nach Ilion kam, machte er die Stadtmauern breiter und versetzte die Bürgerschaft in einen sehr sicheren Zustand. Auch bewirkte er, dass dort eine Großzahl an Soldaten war, damit man nicht durch Unachtsamkeit so überfallen werde, wie sein Vater Laomedon überfallen worden war. Einen Königspalast errichtete er auch und weihte dort dem Zeus einen Altar und ein Standbild. Den Hektor schickte er nach Paionien; für Ilion (Troja) baute er Tore, deren Namen folgende sind: antenorisches, dardanisches, ilisches, skaïisches, thymbraïisches und trojanisches. Nachdem er Ilion gesichert sah, wartete er die Zeit ab. Als es ihm günstig erschien, sich für das dem Vater angetane Unrecht zu rächen, befahl er, dass Antenor gerufen werde, und sagte ihm, er wolle <ihn> als Gesandten nach Griechenland schicken: Schweres Unrecht sei ihm von denen angetan worden, die mit einem Heer gekommen waren, durch den Mord an seinem Vater und die Wegführung der Hesione; dennoch wolle er all dies mit gleichmütigem *Animus* ertragen, wenn ihm Hesione zurückgegeben würde.

(5) Antenor bestieg, wie Priamos es befohlen hatte, ein Schiff, brach auf und kam nach Magnesia zu Peleus. Ihn nahm Peleus drei Tage lang gastfreundlich auf, am vierten Tag fragte er ihn, warum er gekommen sei. Antenor sagte, was ihm von Priamos aufgetragen worden war: Der verlange von den Griechen, dass Hesione zurückgegeben werde. Als Peleus dies gehört hatte, ertrug er es nur mühsam, und da er sah, dass dies sich auf ihn bezöge, befahl er ihm, sich aus seinem Land zu entfernen. Antenor zögerte nicht, bestieg sein

Salaminam advectus est ad Telamonem, rogare eum coepit, ut Priamo Hesionam sororem redderet: non enim esse aequum in servitute habere regii generis puellam. Telamon Antenori respondit nihil a se Priamo factum, sed quod virtutis causa sibi donatum sit se nemini daturum: ob hoc Antenorem de insula discedere iubet. Antenor navim conscendit et in Achaiam pervenit. Inde ad Castorem et Pollucem delatus coepit ab his postulare, ut Priamo satisfacerent et ei Hesionam sororem redderent. Castor et Pollux negaverunt iniuriam Priamo factam esse, Antenorem discedere iubent. Inde Pylum ad Nestorem venit, dixit Nestori qua de causa venisset. Qui ut audivit coepit Antenorem obiurgare, cur ausus sit in Graeciam venire, cum a Phrygibus priores Graeci laesi fuissent. Antenor ubi uidit nihil se impetrasse et contumeliose [Priamum] tractari, navim conscendit, domum reversus est. Priamo regi demonstrat, quid unusquisque responderit et quomodo ab illis tractatus sit simulque hortatur Priamum, ut eos bello persequatur.

(6) Continuo Priamus filios vocari iubet et omnes amicos suos Antenorem Anchisen Aenean Ucalegonta Bucolionem Panthum Lamponem et omnes filios, qui ex concubinis nati erant. Qui ut convenerunt, dixit eis se Antenorem legatum in Graeciam misisse, ut hi sibi satisfacerent quod patrem suum necassent, Hesionam sibi redderent: illos contumeliose tractasse <Antenorem> et Antenorem ab eis nihil impetrasse. Verum quoniam suam

Schiff, nahm den Weg durch Boiotien und kam nach Salamis zu Telamon; er begann dort, ihn zu bitten, dem Priamos die Schwester Hesione zurückzugeben. Es sei nämlich nicht recht und billig, ein Mädchen königlichen Geblütes in Sklaverei zu halten. Telamon antwortete dem Antenor, nichts sei von ihm dem Priamos angetan worden, sondern da sie ihm wegen seiner *Virtus* gegeben worden sei, würde er sie niemandem geben. Deshalb forderte er Antenor auf, die Insel zu verlassen. Antenor ging auf sein Schiff und kam nach Achaia. Von dort zu Kastor und Polydeukes gebracht, fing er an, beide aufzufordern, dass sie dem Priamos Genugtuung leisten und ihm die Schwester Hesione zurückgeben sollten. Kastor und Polydeukes leugneten, dass dem Priamos ein Unrecht geschehen sei, und befahlen dem Antenor fortzugehen. Von dort kam er nach Pylos zu Nestor und sagte ihm, aus welchem Grund er gekommen sei. Als dieser den Antenor angehört hatte, begann er gleich, ihn zu beschimpfen, warum er es gewagt hätte, nach Griechenland zu kommen, obwohl von den Phrygern frühere Griechen beleidigt worden wären. Sobald Antenor eingesehen hatte, nichts erreicht zu haben und dass er [Priamos] schimpflich behandelt worden sei, bestieg er sein Schiff und kehrte nach Hause zurück. Dem König Priamos legte er dar, was jeder von ihnen geantwortet hätte und wie er von jenen behandelt worden sei; zugleich mahnte er Priamos, dass er sie mit Krieg überziehen solle.

(6) Sofort befahl Priamos, dass alle seine Söhne gerufen würden und seine Freunde Antenor, Anchises, Aineias, Oukalegon, Bukolion, Panthos und Lampon und alle Söhne, die von einer Konkubine abstammten. Als diese zusammengekommen waren, sagte er zu ihnen, er hätte den Antenor als Gesandten nach Griechenland geschickt, damit jene ihm Genugtuung leisteten, weil sie seinen Vater getötet hatten, und damit sie ihm Hesione zurückgeben. Jene hätten <Antenor> schmählich behandelt und Antenor hätte von ihnen nichts erreicht. Aber da sie ja seinem Willen nicht entsprechen wollten,

voluntatem facere noluissent, videri sibi exercitum in Graeciam mitti qui poenas repeterent ab eis, ne barbaros Graeci inrisui haberent. Hortatusque est Priamus liberos suos, ut eius rei principes forent, maxime Hectorem, erat enim maior natu. Qui coepit dicere se voluntatem patris vindicaturum et Laomedontis avi sui necem et quascumque iniurias Graeci Troianis fecissent, executurum, ne inpunitum id Grais foret, sed vereri, ne perficere non possent quod conati essent: multos adiutores Graeciae futuros, Europam bellicosos homines habere, Asiam semper in desidia vitam exercuisse et ob id classem non habere.

(7) Alexander cohortari coepit, ut classis praepararetur et in Graeciam mitteretur: se <eius> rei principem futurum, si pater velit: in deorum benignitate se confidere, victis hostibus laude adepta de Graecia domum rediturum esse. Nam sibi in Ida silva, cum venatum abisset, in somnis Mercurium adduxisse Iunonem Venerem et Minervam, ut inter eas de specie iudicaret: et tunc sibi Venerem pollicitam esse, si suam speciosam faciem iudicaret, daturam se ei uxorem, quae in Graecia speciosissima forma videretur: ubi ita audisset, optimam facie Venerem iudicasse. Unde sperare coepit Priamus Venerem adiutricem Alexandro futuram. Deïphobus placere sibi dixit Alexandri consilium et sperare Graecos Hesionam reddituros et satisfacturos, si, ut dispositum esset, classis in Graeciam mitteretur. Helenus vaticinari coepit Graios venturos, Ilium eversuros, parentes et fratres hostili manu interituros, si Alexander sibi uxorem de

schiene es ihm an der Zeit, dass ein Heer nach Griechenland gesandt werde, das von ihnen Buße fordern sollte, damit nicht Griechen Barbaren zum Gespött hielten. Auch mahnte Priamos seine Kinder, dass sie in dieser Sache Anführer würden, insbesondere den Hektor; der war nämlich der Älteste. Dieser fing an zu sagen, er wolle sich den Willen seines Vaters zu eigen machen und den Mord an seinem Großvater Laomedon und was immer sonst die Griechen den Trojanern an Untaten zugefügt hätten, damit es für die Griechen nicht ungestraft ausginge, sondern damit sie fürchteten, das auszuführen, was sie versucht hätten: viele Helfer werde es für Griechenland geben: Europa verfüge ja über viele kriegerische Menschen, Asien aber hätte immer im Müßiggang sein Leben verbracht und habe deswegen keine Flotte.

(7) Alexandros begann zu fordern, dass eine Flotte ausgerüstet und nach Griechenland geschickt werde: er wolle an der Spitze <dieses> Unternehmens stehen, wenn der Vater wolle; er vertraue auf das Wohlwollen der Götter und werde nach dem Sieg über die Feinde voll Ruhm von Griechenland nach Hause zurückkehren. Ihm habe im Wald Ida, als er zur Jagd gegangen war, Hermes im Traum Hera, Aphrodite und Athene zugeführt, damit er zwischen ihnen über die Gestalt entschiede; dabei habe ihm Aphrodite versprochen, wenn er ihre Erscheinung für wohlgestaltet befände, würde sie ihm diejenige zur Ehefrau geben, die in Griechenland für die an Form Bestgestaltete erschiene. Sobald er dies gehört, habe er Aphrodite als die beste in der Erscheinung befunden. Von daher begann Priamos zu hoffen, dass Aphrodite eine Helferin für Alexandros sein werde. Deïphobos sagte, ihm gefalle der Plan des Alexandros und er hoffe, dass die Griechen Hesione zurückgeben und Genugtuung leisten würden, wenn, sobald es eingerichtet worden sei, eine Flotte nach Griechenland entsandt werde. Helenos fing an weiszusagen, dass die Griechen kommen und Ilion (Troja) vernichten würden; auch würden seine Eltern und Brüder durch Feindeshand umkommen,

Graecia adduxisset. Troilus minimus natu non minus fortis quam Hector bellum geri suadebat et non debere terreri metu verborum Heleni. <Ob> quod omnibus placuit classem conparare et in Graeciam proficisci.

(8) Priamus Alexandrum et Deïphobum in Paeoniam misit, ut milites legerent. Ad concionem populum venire iubet, commonefacit filios, ut maiores natu minoribus imperarent, monstravit quas iniurias Graeci Troianis fecissent: ob hoc Antenorem legatum in Graeciam misisse, ut sibi Hesionam sororem redderent et satis Troianis facerent: Antenorem a Grais contumeliose tractatum neque ab his quicquam impetrare potuisse: placere sibi Alexandrum in Graeciam mitti cum classe qui avi <sui> mortem et Troianorum iniurias ulciscatur. Antenorem dicere iussit, quomodo in Graecia tractatus esset. Antenor hortatus est Troianos, ne horrescerent, ad debellandam Graeciam suos alacriores fecit, paucis demonstravit quae in Graecia gesserat. Priamus dixit, si cui displiceret bellum geri, suam voluntatem ediceret. Panthus Priamo et propinquis prodit ea, quae a patre suo Euphorbo audierat, dicere coepit si Alexander uxorem de Graecia adduxisset, Troianis extremum exitium futurum, sed pulchrius esse in otio vitam degere, quam in tumultu libertatem amittere [et periculum inire]. Populus auctoritatem Panthi contempsit, regem dicere iusserunt quid vellet fieri. Priamus dixit naves praeparandas esse, ut eatur in Graeciam, utensilia quoque populo non deesse. Populus conclamavit per se moram non esse, quo minus regis praeceptis pareatur. Priamus

wenn sich Alexandros eine Ehefrau aus Griechenland nähme. Troïlos, der Jüngste, aber nicht weniger tapfer als Hektor, riet dazu, dass Krieg geführt werden solle und man sich nicht von den Worten des Helenos einschüchtern lassen dürfe. Des<halb> beschlossen alle, eine Flotte auszurüsten und nach Griechenland aufzubrechen.

(8) Priamos schickte Alexandros und Deïphobos nach Paionien, damit sie Soldaten ausheben. Zu einer Versammlung zu kommen befahl er dem Volk, ermahnte seine Söhne, dass die älteren den jüngeren befehlen sollten, und zeigte auf, welches Unrecht die Griechen den Trojanern angetan hätten: deswegen habe er Antenor als Gesandten nach Griechenland geschickt, damit man ihm seine Schwester Hesione zurückgäbe und den Trojanern Genugtuung leistete. Antenor sei von den Griechen schmählich behandelt worden und habe bei ihnen nichts erreichen können; ihm (Priamos) scheine es richtig, Alexandros nach Griechenland mit einer Flotte zu senden, damit der den Tod <seines> Großvaters und die Untaten der Griechen räche. Dem Antenor befahl er zu berichten, wie er in Griechenland behandelt worden war. Antenor mahnte die Trojaner, nicht zurückzuschrecken, und machte sie eher dazu bereit, Griechenland zu bekriegen; mit wenigen Worten berichtete er, was er in Griechenland getan hatte. Priamos sagte, wenn es jemandem missfalle, Krieg zu führen, solle er seinen Willen verkünden. Panthos verriet dem Priamos und dessen Verwandten, was er von seinem Vater Euphorbos gehört hatte; er begann zu sagen, wenn Alexandros eine Ehefrau aus Griechenland entführe, würde den Trojanern das schlimmste Ende bevorstehen, doch sei es schöner, in Muße sein Leben zu verbringen als im Tumult die Freiheit zu verlieren [und eine Gefahr einzugehen]. Das Volk beachtete die Autorität des Panthos nicht und forderte den König auf, zu sagen, was nach seinem Willen geschehen solle. Priamos sagte, dass man Schiffe ausrüsten müsse, um nach Griechenland zu kommen; auch fehle es im Volk nicht an Vorräten. Das Volk rief laut, von ihm aus solle es keinen

illis magnas gratias egit, concionemque dimisit. Ac mox in Idam silvam misit, qui materiem succiderent, naves aedificarent, Hectorem in superiorem Phrygiam misit, ut exercitum pararet [et ita paratus est]. Cassandra postquam audivit patris consilium, dicere coepit quae Troianis futura essent, si Priamus perseveraret classem in Graeciam mittere

(9) Interea tempus supervenit: naves aedificatae sunt, milites supervenerunt, quos Alexander et Deïphobus in Paeonia elegerant. Et ubi visum est navigari posse, Priamus exercitum alloquitur, Alexandrum imperatorem exercitui praeficit, mittit cum eo Deïphobum Aenean Polydamantem imperatque Alexandro, ut primum Spartam accedat, Castorem et Pollucem conveniat et ab his petat, ut Hesiona soror reddatur et satis Troianis fiat: quod si negassent, continuo ad se nuntium mittat, ut exercitum possit in Graeciam mittere. Post haec Alexander in Graeciam navigavit adducto secum duce eo, qui cum Antenore iam navigaverat. Non multos ante dies quam Alexander in Graeciam navigavit, et antequam insulam Cythercam accederet, Menelaus ad Nestorem Pylum proficiscens Alexandro in itinere occurrit et mirabatur classem regiam quo tenderet. Utrique occurrentes aspexerunt se invicem inscii quo quisque iret. Castor et Pollux ad Clytemestram ierant secum Hermionam neptem suam Helenae filiam adduxerant. Argis Iunonis dies festus erat his diebus, quibus Alexander in insulam Cythercam venit, ubi fanum Veneris erat: Dianae sacrificavit. Hi qui in insula erant, mirabantur classem regiam, interrogabant ab illis, qui cum

Verzug darin geben, den Anordnungen des Königs zu gehorchen. Priamos sagte ihnen großen Dank und entließ die Versammlung. Und bald schickte er (Leute) in den Wald Ida, damit sie Bäume fällten und Schiffe bauten; den Hektor schickte er in das höher gelegene Phrygien, um ein Heer zu rüsten [und so wurde es gerüstet]. Nachdem Kassandra den Plan ihres Vaters gehört hatte, begann sie zu sagen, was den Trojanern bevorstünde, wenn Priamos darauf beharre, eine Flotte nach Griechenland zu schicken.

(9) Inzwischen war die Zeit vorangegangen. Die Schiffe waren gebaut und die Soldaten angekommen, die Alexandros und Deïphobos in Paionien ausgesucht hatten. Sobald es möglich erschien, loszusegeln, sprach Priamos zum Heer, stellte Alexandros als Befehlshaber an dessen Spitze, schickte mit ihm den Deïphobos, den Aineias und den Polydamantes und befahl dem Alexandros, dass er zuerst Sparta besuche, mit Kastor und Polydeukes zusammentreffe und von ihnen verlange, dass ihm seine Schwester Hesione zurückgegeben und den Trojanern Genugtuung geleistet werde; wenn die dies verweigerten, solle er sofort einen Boten zu ihm (Priamos) schicken, damit er das Heer nach Griechenland schicken könne. Danach segelte Alexandros nach Griechenland, wobei er denjenigen als Wegführer mitnahm, der schon mit Antenor gesegelt war. Nicht viele Tage, bevor Alexandros abfuhr und bevor er zur Insel Kythera gelangte, brach Menelaos zu Nestor nach Pylos auf, begegnete dem Alexandros unterwegs und wunderte sich, wohin eine königliche Flotte unterwegs sei. Als sich beide Seiten begegneten, sahen sie sich gegenseitig in Unkenntnis darüber an, wohin jeder gehe. Kastor und Polydeukes waren zu Klytaim(n)estra gegangen und hatten ihre Nichte Hermione, die Tochter der Helena, mitgenommen. Es war ein Festtag der Hera von Argos an den Tagen, an denen Alexandros zur Kythera kam, wo ein Heiligtum der Aphrodite war. Diejenigen, die auf der Insel waren, wunderten sich über eine königliche Flotte und erfragten daher von denen, die mit

Alexandro venerant, qui essent, quid venissent. Responderunt illi a Priamo rege Alexandrum legatum missum ad Castorem et Pollucem, ut eos conveniret.

(10) At Helena vero Menelai uxor, cum Alexander in insula Cytherea esset, placuit ei eo ire. Qua de causa ad litus processit. Oppidum ad mare est Helaea, ubi Dianae et Apollinis fanum est. Ibi rem divinam Helena facere disposuerat. Quod ubi Alexandro nuntiatum est Helenam ad mare venisse, conscius formae suae in conspectu eius ambulare coepit cupiens eam videre. Helenae nuntiatum est Alexandrum Priami regis filium ad Helaeam oppidum, ubi ipsa erat, venisse. Quem etiam ipsa videre cupiebat. Et cum se utrique respexissent, ambo forma sua incensi tempus dederunt, ut gratiam referrent. Alexander imperat, ut omnes in navibus sint parati, nocte classem solvant, de fano Helenam eripiant, secum eam auferant. Signo dato fanum invaserunt, Helenam non invitam eripiunt, in navim deferunt et cum ea mulieres aliquas depraedantur. Quod cum Helenam abreptam oppidani vidissent, diu pugnaverunt cum Alexandro, ne Helenam eripere posset: quos Alexander fretus sociorum multitudine superavit, fanum expoliavit, homines secum quam plurimos captivos abduxit, in naves inposuit, classem solvit, domum reverti disposuit, in portum Tenedon pervenit, ubi Helenam maestam alloquio mitigat, patri rei gestae nuntium mittit. Menelao postquam nuntiatum est Pylum, cum Nestore Spartam profectus est, ad Agamemnonem fratrem misit Argos rogans, ut ad se veniat.

Alexandros gekommen waren, wer sie seien und warum sie gekommen seien. Jene antworteten, dass vom König Priamos Alexandros als Gesandter zu Kastor und Polydeukes geschickt worden sei, um mit diesen zusammenzutreffen.

(10) Doch der Helena freilich, der Ehefrau des Menelaos, gefiel es, als Alexandros auf der Insel Kythera war, dorthin zu gehen. Aus diesem Grund schritt sie am Ufer entlang. Die Stadt am Meer ist Helaia, wo ein Heiligtum der Artemis und des Apollon ist. Dort eine heilige Sache zu tun hatte Helena beschlossen. Als es dem Alexandros gemeldet worden war, dass Helena ans Meer gekommen sei, fing er im Wissen um ihre Schönheit an, in ihrem Sichtfeld zu spazieren, da er sie zu sehen begehrte. Der Helena wurde gemeldet, dass Alexandros, der Sohn des Königs Priamos, zur Stadt Helaia gekommen sei, wo sie selbst war. Ihn zu sehen wünschte auch sie. Und als sich beide angesehen hatten, ließen sie – beide durch ihre Gestalt entbrannt – sich Zeit, Gefallen aneinander zu finden. Alexandros befahl, dass alle in ihren Schiffen bereit sein, in der Nacht die Anker lichten, Helena vom Heiligtum fortreißen und sie mitnehmen sollten. Auf ein Zeichen hin fielen sie in das Heiligtum ein, rissen die – nicht unwillige – Helena fort und brachten sie auf dass Schiff; mit ihr erbeuteten sie auch manche Frauen. Als die Stadtbewohner sahen, wie Helena fortgeschleppt wurde, kämpften sie lange mit Alexandros, damit der sie nicht fortreißen konnte. Sie aber besiegte Alexandros im Vertrauen auf die Zahl seiner Gefährten, plünderte das Heiligtum, führte so viele Menschen wie möglich als Gefangene fort, lud sie auf die Schiffe, ließ die Flotte abfahren und gelangte in den Hafen Tenedos, wo er die traurige Helena mit Zuspruch tröstete und dem Vater Nachricht vom Geschehenen schickte. Nachdem es dem Menelaos nach Pylos gemeldet worden war, brach dieser gemeinsam mit Nestor nach Sparta auf und sandte Leute zu seinem Bruder Agamemnon mit der Bitte an die Argiver, dass sie zu ihm kommen sollten.

(11) Interea Alexander ad patrem suum cum magna praeda pervenit et rei gestae ordinem refert. Priamus gavisus est sperans Graecos ob causam recuperationis Helenae sororem Hesionam reddituros et ea quae inde a Troianis abstulerunt. Helenam maestam consolatus est et eam Alexandro coniugem dedit. Quam ut aspexit Cassandra, vaticinari coepit memorans ea quae ante praedixerat. Quam Priamus abstrahi et includi iussit. Agamemnon postquam Spartam venit, fratrem consolatus est et placuit, ut per totam Graeciam conquisituri mitterentur ad convocandos Graecos et Troianis bellum indicendum. Convenerunt autem hi: Achilles cum Patroclo Euryalus Tlepolemus Diomedes. Postquam Spartam accesserunt, decreverunt iniurias Troianorum persequi, exercitum et classem conparare: Agamemnonem imperatorem et ducem praeficiunt. Hi legatos mittunt, ut tota Graecia conveniant cum classibus et exercitibus ornati paratique ad Atheniensem portum, ut inde pariter ad Troiam proficiscantur ad defendendas suas iniurias. Castor et Pollux in recenti, postquam audierunt Helenam suam sororem raptam, navem conscenderunt et secuti sunt. Cum in litore Lesbio navem solverent, maxima tempestate exorta nusquam eos conparuisse creditum est, postea dictum est eos inmortales factos, itaque Lesbios navibus eos usque ad Troiam quaesitum isse neque eorum usquam vestigium inventum domum renuntiasse.

(12) Dares Phrygius, qui hanc historiam scripsit, ait se militasse usque dum Troia capta est, hos se vidisse, cum indutiae essent,

(11) Inzwischen kam Alexandros mit reicher Beute zu seinem Vater und brachte Ordnung in das Geschehen. Priamos freute sich, weil er hoffte, dass die Griechen für die Wiedererlangung der Helena seine Schwester Hesione zurückgeben würden, ebenso alles, was sie daraufhin den Trojanern weggenommen hatten. Die traurige Helena tröstete er und gab sie dem Alexandros zur Ehefrau. Als Kassandra sie sah, begann sie zu prophezeien und erinnerte an das, was sie vorhergesagt hatte. Priamos befahl, dass sie fortgeschleppt und eingeschlossen werde. Nachdem Agamemnon nach Sparta gekommen war, tröstete er seinen Bruder und es gefiel ihm, dass nach ganz Griechenland Werber ausgesendet würden, die Griechen zusammenrufen und den Trojanern den Krieg erklären sollten. Es trafen aber folgende ein: Achilleus mit Patroklos, Euryalos, Tlepolemos und Diomedes. Nachdem diese nach Sparta gekommen waren, beschlossen sie, die Untaten der Trojaner zu ahnden und ein Heer sowie eine Flotte auszurüsten; Agamemnon stellten sie als Feldherren und Anführer voran. Diese schickten Gesandte aus, damit ganz Griechenland zusammenkomme, mit Flotten und Heeren ausgestattet werde und beim Hafen der Athener bereit sei, von dort aus gleichzeitig nach Troja aufzubrechen, um das angetane Unrecht abzuwehren. Kastor und Polydeukes bestiegen gleich, nachdem sie gehört hatten, dass ihre Schwester Helena geraubt worden sei, ein Schiff und folgten ihnen. Als sie von der Küste von Lesbos losfuhren, glaubte man nach Ausbruch eines gewaltigen Gewitters, sie seien nirgendwo wieder erschienen, später sagte man, sie seien unsterblich gemacht worden; deshalb seien die Lesbier mit Schiffen ausgezogen, um sie bis nach Troja hin zu suchen, und man habe nach Hause zurückgemeldet, nirgendwo sei eine Spur von ihnen gefunden worden.

(12) Der Phryger Dares, der diese Geschichte geschrieben hat, sagt, er sei solange Soldat gewesen, bis Troja eingenommen wurde, und habe jene gesehen, als Waffenstillstand herrschte, aber auch, dass sie

partim proelio interfuisse, a Dardanis autem audisse qua facie et natura fuissent Castor et Pollux. Fuerunt autem alter alteri similis capillo flavo oculis magnis facie pura bene figurati corpore deducto. Helenam similem illis formosam animi simplicis blandam cruribus optimis notam inter duo supercilia habentem ore pusillo. Priamum Troianorum regem vultu pulchro magnum voce suavi aquilino corpore. Hectorem blaesum candidum crispum strabum pernicibus membris vultu venerabili barbatum decentem bellicosum animo magno in civibus clementem dignum amore aptum. Deïphobum et Helenum similes patri dissimili natura, Deïphobum fortem Helenum clementem doctum vatem. Troilum magnum pulcherrimum pro aetate valentem fortem cupidum virtutis. Alexandrum candidum longum fortem oculis pulcherrimis capillo molli et flavo ore venusto voce suavi velocem cupidum imperii. Aeneam rufum quadratum facundum affabilem fortem cum consilio pium venustum oculis hilaribus et nigris. Antenorem longum gracilem velocibus membris versutum cautum. Hecubam magnam aquilino corpore pulchram mente virili piam iustam. Andromacham oculis claris candidam longam formosam modestam sapientem pudicam blandam. Cassandram mediocri statura ore rotundo rufam oculis micantibus futurorum praesciam. Polyxenam candidam altam formosam collo longo oculis venustis capillis flavis et longis conpositam membris digitis prolixis cruribus rectis pedibus optimis, quae forma sua omnes superaret, animo simplici largam dapsilem.

(13) Agamemnonem albo corpore magnum membris valentibus facundum prudentem nobilem divitem. Menelaum mediocri

teils am Kampf teilnahmen; er habe aber von den Dardanern (Trojanern) gehört, von welcher Gestalt und Natur Kastor und Polydeukes gewesen seien. Es sei der eine dem anderen ähnlich gewesen, mit blondem Haar, großen Augen, reinem Gesicht und schön gestaltetet mit einem schlanken Körper. Helena sei ihnen ähnlich gewesen: wohlgestaltet, von einfachen *Animus*, zart, mit sehr guten Schenkeln, ein Mal zwischen den Augenbrauen habend und mit einem sehr kleinen winzigen Mund; Priamos, der König der Trojaner, mit einem schönen Antlitz, groß, mit sanfter Stimme und einem Adlerkörper; Hektor lispelnd, hellhäutig, kraushaarig, schielend, mit flinken Körpergliedern, ehrwürdigem Aussehen, bärtig, stattlich, kriegerisch, mit großem *Animus*, gegen seine Mitbürger gütig, liebenswürdig, angemessen; Deïphobos und Helenos dem Vater ähnlich, in ihrer Natur unähnlich: Deïphobos tapfer, Helenos gütig, gelehrt und ein Seher. Troïlos groß, sehr schön, für sein Alter kräftig, tapfer, nach *Virtus* begierig. Alexandros hellhäutig, lang, tapfer, mit sehr schönen Augen und weichem blonden Haar, lieblichem Mund, sanfter Stimme, schnell und nach Herrschaft begierig. Aineias rothaarig, wohlgebaut, redegewandt, leutselig, tapfer mit Überlegung, voll *Pietas*, mit fröhlichen, dunklen Augen. Antenor lang, feingliedrig, mit schnellen Körpergliedern, schlau, vorsichtig. Hekabe groß, Adlerkörper, schön, männlichen Geistes, voll *Pietas*, gerecht. Andromache mit klaren Augen, hellhäutig, lang, wohlgestaltet, maßvoll, weise, schamhaft, schmeichelnd. Kassandra von mittlerer Statur, rundem Mund, rothaarig, mit blitzenden Augen, die Zukunft vorauswissend. Polyxena hellhäutig, hoch, wohlgestaltet, mit langem Hals, liebreichen Augen, wallendem blonden Haar, gefasst, mit langen Körpergliedern und Fingern, geraden Schenkeln, sehr guten Füßen, einer Gestalt, die alle überragte, von einfachem *Animus*, freigiebig, mit allem reich versehen.

(13) Agamemnon von weißem Körper, groß, mit kräftigen Gliedmaßen, redegewandt, klug, vornehm, reich. Menelaos von mitt-

statura rufum formosum acceptum gratum. Achillem pectorosum ore venusto membris valentibus <et> magnis iubatum bene crispatum clementem in armis acerrimum vultu hilari largum dapsilem capillo myrteo. Patroclum pulchro corpore oculis caesiis viribus magnis verecundum certum prudentem dapsilem. Aiacem Oileum quadratum valentibus membris aquilino corpore iocundum fortem. Aiacem Telamonium valentem voce clara capillis nigris coma crispa simplici animo in hostem atrocem. Ulixem firmum dolosum ore hilari statura media eloquentem sapientem. Diomedem fortem quadratum corpore honesto vultu austero in bello acerrimum clamosum cerebro calido inpatientem audacem. Nestorem magnum naso obunco longo latum candidum consiliarium prudentem. Protesilaum corpore candido vultu honesto velocem confidentem temerarium. Neoptolemum magnum viriosum stomachosum blaesum vultu bonum aduncum oculis rotundis superciliosum. Palamedem gracilem longum sapientem animo magnum blandum. Podalirium crassum valentem superbum tristem. Machaonem fortem magnum certum prudentem patientem misericordem. Merionem rufum mediocri statura corpore rotundo viriosum pertinacem crudelem inpatientem. Briseidam formosam non alta statura candidam capillo flavo et molli superciliis iunctis oculis venustis corpore aequali blandam affabilem verecundam animo simplici piam.

(14) Deinde ornati cum classe Graeci Athenas convenerunt: Agamemnon ex Mycenis cum navibus numero C, Menelaus ex Sparta cum navibus numero LX, Arcesilaus et Prothoenor ex Boeotia cum navibus numero L, Ascalaphus et Ialmenus ex Orchomeno cum navibus numero XXX, Epistrophus et Schedius ex Phocide cum navibus numero XL, Aiax Telamonius ex Salamina adduxit

lerer Statur, rothaarig, wohlgestaltet, angenehm, beliebt. Achilleus mit starker Brust, lieblichem Mund, kräftigen <und> großen Gliedmaßen, bemähnt, gut kraushaarig, gütig, in Waffen sehr heftig, mit heiterer Miene, freigiebig, glänzend, mit myrtenfarbigem (braunen) Haar. Patroklos mit schönem Körper, blaugrauen Augen, starken Kräften, schüchtern, zuverlässig, klug, glänzend. Aias, Sohn des Oileus, wohlgebaut, mit kräftigen Gliedmaßen, Adlerkörper, scherzhaft, tapfer. Der telamonische Aias, kräftig, mit klarer Stimme, schwarzhaarig, mit gekräuseltem Haar, von einfachem *Animus*, hart gegen den Feind. Odysseus kräftig, verschlagen, mit heiterem Gesicht, mittlerer Statur, redegewandt, weise. Diomedes tapfer, wohlgebaut, von wohlgestaltetem Körperbau und strengem Blick, im Krieg sehr heftig, polternd, hitziges Hirn, gegen Schmerz unempfindlich, kühn. Nestor groß mit langer krummer Nase, breit, hellhäutig, ein kluger Ratgeber. Protesilaos von hellhäutigem Körper, mit ehrlichem Gesicht, schnell, verwegen, unbesonnen. Neoptolemos groß, kräftig, unwirsch, lispelnd, gutmütig, gekrümmt, mit runden Augen, sehr finster blickend. Palamedes schlank, lang, weise, im *Animus* groß, schmeichelnd. Podaleirios fett, gesund, hochmütig, finster. Machaon tapfer, groß, zuverlässig, klug, leidensfähig, mitleidig. Meriones rothaarig, von mittlerer Statur und rundlichem Körper, kräftig, hartnäckig, grausam, nicht leidensfähig. Briseïs (Hippodameia) wohlgestaltet, von nicht hoher Statur, strahlend weiß, mit weichem, blonden Haar und verbundenen Augenbrauen, liebliche Augen, gleichmäßiger Körper, schmeichelnd, leutselig, schüchtern, von einfachem *Animus*, voll *Pietas*.

(14) Darauf kamen die Griechen, ausgerüstet mit einer Flotte, bei Athen zusammen: Agamemnon aus Mykene mit 100 Schiffen; Menelaos aus Sparta mit 60 Schiffen; Arkesilaos und Prothoënor aus Boiotien mit 50 Schiffen; Askalaphos und Ialmenos aus Orchomenos mit 30 Schiffen; Epistrophos und Schedios aus Phokis mit 40 Schiffen; der telamonische Aias aus Salamis brach-

secum Teucrum fratrem, <ex> Buprasione Amphimachum Diorem Thalpium Polyxenum cum navibus numero XL, Nestor ex Pylo cum navibus numero LXXX, Thoas ex Aetolia cum navibus numero XL, Nireus ex Syme cum navibus numero LIII, Aiax Oileus ex Locris cum navibus numero XXXVII, Antiphus et Phidippus ex Calydna cum navibus numero XXX, Idomeneus et Meriones ex Creta cum navibus numero LXXX, Ulixes ex Ithaca cum navibus numero XII, Eumelus ex Pheris cum navibus numero X, Protesilaus et Podarces ex Phylaca cum navibus numero XL, Podalirius et Machaon Aesculapii filii ex Tricca cum navibus numero XXXII, Achilles cum Patroclo et Myrmidonibus ex Phthia cum navibus numero L, Tlepolemus ex Rhodo cum navibus numero IX, Eurypylus ex Ormenio navibus numero XL, Antiphus et Amphimachus ex Elide navibus numero XI, Polypoëtes et Leonteus ex Argisa navibus numero XL, Diomedes Euryalus Sthenelus ex Argis navibus numero LXXX, Philoctetes ex Melibea navibus numero VII, Guneus ex Cypho navibus numero XXI, Prothous ex Magnesia navibus numero XL, Agapenor ex Arcadia navibus numero XL, Menestheus ex Athenis navibus numero L. Hi fuerunt duces Graecorum numero XLVIIII, qui adduxerunt naves numero mille CXXX.

(15) Postquam Athenas venerunt, Agamemnon duces in consilium vocat, conlaudat hortatur, ut quam primum iniurias suas defendant. Rogat, si cui quid placeat suadetque, ut, antequam proficiscerentur, Delphos ad Apollinem consulendum mitterent: cui omnes adsentiunt. Cui rei praeficitur Achilles, hic cum Patroclo proficiscitur. Priamus interea, ut audivit quia hostes parati sunt, mittit per totam Phrygiam qui finitimos exercitus adducant, domique milites magno animo comparat. Achilles cum Delphos venisset, ad oraculum pergit: et ex adyto respondetur Graecos victuros, decimoque anno Troiam capturos. Achilles res

te seinen Bruder Teukros mit, <aus> Buprasion den Amphimachos, Diores, Thalpios und Polyxenos mit 40 Schiffen; Nestor aus Pylos mit 80 Schiffen; Thoas aus Aitolien mit 40 Schiffen; Nireus aus Syme mit 53 Schiffen; Aias, Sohn des Oileus, aus Lokris mit 37 Schiffen; Antiphos und Pheidippos von Kalydna mit 30 Schiffen; Idomeneus und Meriones von Kreta mit 80 Schiffen; Odysseus von Ithaka mit 12 Schiffen; Eumelos aus Pherai mit 10 Schiffen; Protesilaos und Podarkes aus Phylake mit 40 Schiffen; Podaleirios und Machaon, des Asklepios Söhne, aus Trikka mit 32 Schiffen; Achilleus mit Patroklos und den Myrmidonen aus Phthia mit 50 Schiffen; Tlepolemos aus Rhodos mit 9 Schiffen; Eurypylos aus Ormenion mit 40 Schiffen; Antiphos und Amphimachos aus Elis mit 11 Schiffen; Polypoëtes und Leonteus aus Argisa mit 40 Schiffen; Diomedes, Euryalos und Sthenelos aus Argos mit 80 Schiffen; Philoktetes aus Meliboia mit 12 Schiffen; Guneus aus Kyphos mit 21 Schiffen; Prothoos aus Magnesia mit 40 Schiffen; Agapenor aus Arkadien mit 40 Schiffen; Menestheus aus Athen mit 50 Schiffen. Dies waren die Anführer der Griechen, insgesamt 49, die 1130 Schiffe heranführten.

(15) Nachdem sie nach Athen gekommen waren, rief Agamemnon die Anführer zu einem *Consilium* zusammen, lobte und mahnte sie, so schnell wie möglich das ihm angetane Unrecht zu ahnden. Er fragte, ob einem etwas einfalle, und riet, dass sie, bevor sie aufbrächen, Leute nach Delphi schickten, um Apollon zu befragen; dem stimmten alle zu. Dieser Sache stellte man Achilleus voran, der mit Patroklos aufbrach. Priamos ließ inzwischen, als er hörte, dass die Feinde bereit seien, durch ganz Phrygien Boten schicken, die Nachbarheere heranführen sollten, und zu Hause brachte er mit großem *Animus* Soldaten auf. Als Achilleus nach Delphi gekommen war, gelangte er zum Orakel, und aus dem Adyton wurde ihm geantwortet, dass die Griechen siegen und im zehnten Jahr Troja einnehmen würden.

divinas, sicut imperatum est, fecit. Et eo tempore venerat Calchas Thestore natus divinus. Dona pro Phrygibus a suo populo missus Apollini portabat, simul consuluit de regno rebusque suis. Huic ex adyto respondetur, ut cum Argivorum classe militum contra Troianos proficiscatur eosque sua intellegentia iuvet, neve inde prius discedant, quam Troia capta sit. Postquam in fanum ventum est, inter se Achilles et Calchas responsa contulerunt, gaudentes hospitio amicitiam confirmant, una Athenas proficiscuntur, perveniunt eo. Achilles eadem in consilio refert, Argivi gaudent, Calchantem secum recipiunt, classem solvunt. Cum eos ibi tempestates retinerent, Calchas ex augurio respondet, uti revertantur et in Aulidem proficiscantur. Profecti perveniunt. Agamemnon Dianam placat dicitque sociis suis, ut classem solvant, ad Troiam iter faciant. Utuntur duce Philocteta, qui cum Argonautis ad Troiam fuerat. Deinde applicant classem ad oppidum quod sub imperio Priami regis erat, et id expugnant, praedaque facta proficiscuntur. Veniunt Tenedum, ubi omnes occidunt. Agamemnon praedam divisit, consilium convocavit.

(16) Inde legatos ad Priamum mittit, si velit Helenam reddere et praedam quam Alexander fecit restituere. Legati eleguntur Diomedes et Ulixes, hi ad Priamum proficiscuntur. Dum legati mandatis parent, mittuntur Achilles et Telephus ad praedandam Mysiam. Ad Teuthrantem regem veniunt praedamque faciunt.

Achilleus brachte, wie ihm befohlen war, Opfer dar. Und zu derselben Zeit war der göttliche Kalchas, Sohn des Thestor, gekommen. Gaben für die Phryger, von seinem Volk gesandt, brachte er dem Apollon dar; zugleich fragte er über sein Königtum und seine Lage um Rat. Ihm wurde aus dem Adyton geantwortet, dass er mit der Flotte der Soldaten der Argiver gegen die Trojaner aufbrechen und diesen mit seinem Verstand helfen solle; die Argiver würden von dort nicht eher weichen, als dass Troja erobert sei. Nachdem man ins Heiligtum gekommen war, tauschten Achilleus und Kalchas sich über die Antworten aus, freuten sich über die Bewirtung bei einem Gastfreund, bestätigten ihre Freundschaft, brachen zusammen nach Athen auf und kamen schließlich dort an. Achilleus trug all dies in einem *Consilium* vor, die Argiver freuten sich, nahmen den Kalchas bei sich auf und ließen die Flotte auslaufen. Als Stürme sie dort zurückhielten, antwortete Kalchas nach einer Vogelschau, sie sollten umkehren und nach Aulis aufbrechen. Sie brachen auf und gelangten dorthin. Agamemnon besänftigte Artemis und sagte zu seinen Gefährten, sie sollten in See stechen und Kurs auf Troja nehmen. Als Anführer nutzten sie den Philoktetes, der mit den Argonauten in Troja gewesen war. Danach brachten sie die Flotte in die Nähe einer Stadt, die unter der Herrschaft des Königs Priamos stand; diese eroberten sie, machten Beute und brachen wieder auf. Sie kamen nach Tenedos, wo sie alle Bewohner töteten. Agamemnon teilte die Beute auf und berief ein *Consilium* ein.

(16) Darauf schickte er Gesandte zu Priamos, ob er Helena zurückgeben und die Beute, die Alexandros gemacht hatte, zurückerstatten wolle. Als Gesandte wurden Diomedes und Odysseus ausgewählt; diese brachen zu Priamos auf. Während die Gesandten ihren Aufträgen gehorchten, wurden Achilleus und Telephos ausgeschickt, um in Mysien Beute zu machen. Sie kamen zu König Teuthras und machten dort Beute. Teuthras überraschte sie mit seinem Heer. Ihn verwundete Achilleus, nachdem das Heer in die

Teuthras cum exercitu superveniunt. Quem Achilles fugato exercitu vulnerat: quem iacentem Telephus clipeo protexit, ne ab Achille interficeretur. Commemorant inter se hospitium, quod Telephus cum adhuc puer erat, a patre Hercule progenitus, a Teuthrante rege hospitio receptus est. Diomedem regem ferunt eo tempore venantem cum equis potentibus et feris ab Hercule interfectum Teuthranti regnum totum tradidisse: ob hoc eius filium Telephum ei subpetias venisse. Quod cum Teuthras intellegeret se eodem vulnere mortem effugere non posse, regnum suum Mysiam vivus Telepho tradidit et eum regem ordinavit. Tum regem Teuthrantem Telephus magnifice sepelivit. Suadet ei Achilles, ut novum regnum conservet: ait plus multo eum exercitum adiuvaturum, si commeatum frumenti exercitui praepararet, quam si ad Troiam iret. Itaque Telephus remanet. Achilles cum magno praedae commercio ad exercitum Tenedum revertitur, Agamemnoni rem gestam narrat, Agamemnon adprobat conlaudat.

(17) Interea legati missi ad Priamum veniunt. Ulixes mandata Agamemnonis refert, postulat, ut Helena et praeda reddatur satisque Graecis fiat, ut pacifice discedant. Priamus iniurias Argonautarum commemorat, patris interitum, Troiae expugnationem et Hesionae sororis servitutem, denique Antenorem legatum cum miserit, quam contumeliose ab eis tractatus sit, pacem repudiat, bellum indicit, Graecorum legatos de finibus repelli iubet. Legati in castra Tenedum revertuntur renuntiantes responsum. Res consulto geritur.

Flucht geschlagen worden war; ihn, der am Boden lag, schützte Telephos mit einem Schild, damit er nicht von Achilleus getötet würde. Sie erinnerten einander an die Gastfreundschaft, weil Telephos, als er noch ein Knabe war, der von seinem Vater Herakles gezeugt war, von König Teuthras gastfreundlich aufgenommen worden war. Man erzählt, das König Diomedes, der zu dieser Zeit mit kräftigen und wilden Pferden gejagt habe, von Herakles getötet worden sei und seine gesamte Herrschaft auf Teuthras übertragen habe; deswegen sei dessen Sohn Telephos ihm (Teuthras) zu Hilfe gekommen. Als Teuthras begriff, dass er durch die ihm zugefügte Wunde dem Tod nicht entkommen könne, übertrug er – noch lebend – sein Königreich Mysien an Telephos und setzte ihn als König ein. Dann begrub Telephos den König Teuthras prachtvoll. Ihm riet Achilleus, dass er sich um sein neues Königreich kümmern solle; er sagte, Telephos würde dem Heer viel besser helfen, wenn er die Getreideversorgung für das Heer bereitstelle, als wenn er selbst nach Troja ginge. Daher blieb Telephos zurück, Achilleus kehrte mit einem großen Ertrag an Beute zum Heer nach Tenedos zurück und erzählte Agamemnon von diesem Geschehen; Agamemnon billigte und lobte es.

(17) Inzwischen waren die Gesandten zu Priamos gekommen. Odysseus überbrachte die Aufträge des Agamemnon und forderte, dass Helena und die Beute zurückgegeben werden und den Griechen Genugtuung geleistet werden solle, damit man dann friedlich auseinander gehe. Priamos erinnerte an den Tod seines Vaters, die Eroberung Trojas und die Versklavung seiner Schwester Hesione, schließlich daran, wie, als er Antenor als Gesandten geschickt hatte, dieser von ihnen schmählich behandelt worden sei; den Frieden lehnte er ab. Er erklärte Krieg und befahl, dass die Gesandten der Griechen aus dem Gebiet vertrieben würden. Die Gesandten kehrten in das Lager nach Tenedos zurück und überbrachten die Antwort. Die Sache wurde zur Verhandlung gebracht.

(18) Aderant vero ad auxilium Priamo adversus Graecos ducatores hi cum exercitibus suis, quorum nomina et provincias insinuandas esse duximus: de Zelia Pandarus Amphius Adrastus, de Colophonia M<opsus, de Phrygia> Asius, de Caria Amphimachus Nastes, de Lycia Sarpedon Glaucus, de Larisa Hippothous et Cupesus, de Ciconia Euphemus, de Thracia Pirus et Acamas, de Paeonia Pyraechmes et Asteropaeus, de Phrygia Ascanius et Phorcys, de Maeonia Antiphus et Mesthles, de Paphlagonia Pylaemenes, de Aethiopia Perses et Memnon, de Thracia Rhesus et Archilochus, de Adrestia Adrastus et Amphius, de Alizonia Epistrophus <et Odius>. His ductoribus et exercitibus qui paruerunt praefecit Priamus principem et ductorem Hectorem, dein Deïphobum Alexandrum Troilum Aenean Memnonem. Dum Agamemnon consulit de tota re, ex Cormo advenit Naupli filius Palamedes cum navibus XXX. Ille excusavit se morbo adfectum Athenas venire non potuisse: quod venerit, cum primum potuerit, gratias agunt rogantque eum in consilio esse.

(19) Deinde cum Argivis non constaret exeundum ad Troiam clam noctu an interdiu foret, Palamedes suadet et rationem reddit luce in Troiam escensionem fieri oportere et manum hostium deduci. Itaque omnes ei adsentiunt. Consulte Agamemnonem praeficiunt. Legatos ad Mysiam ceterisque locis mittunt, ut exercitui commeatus subportandos curent, Thesidas Demop<hoontem et Acam>antem et Anium: deinde exercitum ad concionem convocat conlaudat imperat hortatur monet diligenter, ut dicto obaudientes sint. Signo dato naves solvunt, tota classis ad latitudinem accedit

(18) Anwesend waren zur Hilfe für Priamos gegen die Griechen folgende Anführer mit ihren Heeren, deren Namen und Herkunftsorte wir mitteilen zu müssen gemeint haben: aus Zeleia Pandaros, Amphios und Adrastos; aus Kolophon Mopsos; aus Phrygien Asios; aus Karien Amphimachos und Nastes; aus Lykien Sarpedon und Glaukos; aus Larisa Hippothoos und Kupesos; aus Kikonia Euphemos; aus Thrakien Piros und Alkmas; aus Paionien Pyraichmes und Asteropaios; aus Phrygien Askanios und Phorkys; aus Maionia Antiphos und Mesthles; aus Paphlagonien Pylaimenes; aus Aithiopien Perses und Memnon; aus Thrakien Rhesos und Archilochos; aus Adrasteia Adrastos und Amphios; aus Alizonia Epistrophos <und Odios>. Diesen Anführern und ihren Heeren, die Gehorsam leisteten, stellte Priamos als Ersten und Anführer den Hektor voran, dann Deïphobos, Alexandros, Troïlos, Aineias und Memnon. Während Agamemnon über die gesamte Sache beriet, kam aus Kormon Palamedes, Sohn des Nauplios, mit 30 Schiffen dazu. Jener entschuldigte sich, er habe, von einer Krankheit betroffen, nicht nach Athen kommen können. Weil er so schnell wie möglich gekommen war, dankten sie ihm und baten ihn, an dem *Consilium* teilzunehmen.

(19) Als es danach für die Argiver nicht feststand, ob man nach Troja heimlich nachts oder am Tag losfahren solle, riet Palamedes und legte mit Vernunft dar, man müsse eine Landung in Troja durchführen und dadurch eine Gruppe von Feinden ablenken. Und so stimmten ihm alle zu. Sofort stellten sie Agamemnon voran. Sie schickten Gesandte nach Mysien und an andere Orte, dass diese für das Heer Nachschublieferungen sicherstellen sollten, und zwar die Theseiden Demo<phoon und Akam>as und Anios; danach berief er (Agamemnon) das Heer zu einer Versammlung ein, lobte es sehr, gab Befehle, mahnte und forderte es gewissenhaft auf, dass es dem Gesagten Gehorsam leiste. Auf ein gegebenes Zeichen hin stachen sie in See, und die gesamte Flotte ging in voller Breite an

ad Troiae litora. Troiani fortiter defendunt. Protesilaus in terram excursionem facit fugat caedit. Cui Hector obviam venit et eum interfecit, ceteros perturbat. Unde Hector recedebat, ibi Troiani fugabantur. Postquam magna caedes utrimque facta est, advenit Achilles. Is totum exercitum in fugam vertit, redegit in Troiam. Nox proelium dirimit. Agamemnon exercitum totum in terram educit, castra facit. Postera die Hector exercitum ex urbe educit et instruit. Agamemnon contra clamore magno occurrit. Proelium acre iracundumque fit, fortissimus quisque in primis cadit. Hector Patroclum occidit et spoliare parat. Meriones eum ex acie, ne expoliaretur, eripuit. Hector Merionem persequitur et occidit. Quem cum similiter spoliare vellet, advenit subpetias Menestheus, Hectori femur sauciat, saucius quoque multa milia occidit et perseverasset Achivos in fugam mittere, nisi obvius illi Aiax Telamonius fuisset. Cum quo cum congrederetur, cognovit eum esse de sanguine suo, erat enim de Hesiona sorore Priami natus. Quo pacto Hector a navibus ignem removeri iussit et utrique se invicem remuneraverunt, et amici discesserunt.

(20) Postera die Graiugenae indutias petunt. Achilles Patroclum plangit, Graiugenae suos. Agamemnon Protesilaum magnifico funere effert ceterosque sepeliendos curat. Achilles Patroclo ludos funebres facit. Dum indutiae sunt, Palamedes non cessat seditionem facere: indignum regem Agamemnonem esse, qui exercitui imperaret. Ipse coram exercitu multa sua studia

den Küsten von Troja an Land. Die Trojaner verteidigten sich tapfer. Protesilaos machte einen Ausfall auf das Land, verjagte und tötete. Ihm kam Hektor entgegen, tötete ihn und zerstreute die übrigen. Dort, von wo Hektor sich zurückzog, wurden die Trojaner verjagt. Nachdem ein großes Töten auf beiden Seiten geschehen war, traf Achilleus ein. Er schlug das gesamte Heer in die Flucht und drängte es nach Troja zurück. Die Nacht brach den Kampf ab. Agamemnon führte das gesamte Heer an Land und schlug ein Lager auf. Am nächsten Tag führte Hektor das Heer aus der Stadt und stellte es auf. Agamemnon rannte mit großem Geschrei dagegen an. Eine heftige und zornige Schlacht geschah; die jeweils Tapfersten fielen als erste. Hektor tötete den Patroklos und machte sich daran, ihn zu berauben. Meriones riss ihn aus der Schlacht heraus, damit er nicht ausgeplündert würde. Hektor verfolgte Meriones und tötete ihn. Als er den ebenso berauben wollte, kam Menestheus als Beistand, verwundete Hektor am Oberschenkel, doch der tötete, auch wenn er selbst verwundet war, noch viele Tausende; er hätte die Achaier weiter in die Flucht geschlagen, wenn ihm nicht der telamonische Aias entgegengetreten wäre. Als er mit ihm zusammenstieß, erkannte er ihn als einem von seinem Blut: Er war nämlich von Hesione, der Schwester des Priamos, geboren. Als dies bestätigt war, befahl Hektor, dass man das Feuer weit von den Schiffen entferne, und beide beschenkten sich gegenseitig und gingen als Freunde auseinander.

(20) Am folgenden Tag erbaten die Griechen einen Waffenstillstand. Achilleus betrauerte den Patroklos, die Griechen die Ihren. Agamemnon bestattete den Protesilaos mit einem prächtigen Begräbnis und sorgte für die Bestattung der übrigen. Achilleus machte Leichenspiele für Patroklos. Solange Waffenstillstand herrschte, hörte Palamedes nicht auf, Aufruhr zu stiften: Unwürdig sei König Agamemnon, den Befehl über das Heer zu führen. Er selbst zeigte vor dem Heer seine vielen Anstrengungen auf: zuerst seinen Aus-

ostendit: primum suam excursionem castrorum munitionem vigiliarum circuitionem signi dationem librarum ponderumque dimensionem exercitusque instructionem. Haec cum a se orta essent, non aequum esse, cum a paucis imperium Agamemnoni datum sit, eum omnibus qui postea convenissent imperare, praesertim cum omnes ingenium virtutemque exspectassent in ducibus suis. Dum Achivi de imperio inter se vicissim certant, proelium post biennium repetitum est. Agamemnon Achilles Diomedea Menelaus exercitum educunt. Contra Hector Troilus Aeneas occurrunt. Fit magna caedes, ex utraque parte fortissimi cadunt: Hector Boetem Arcesilaum Prothoenorem occidit. Nox proelium dirimit. Agamemnon noctu in consilium omnes duces convocat suadet hortatur, ut omnes in aciem prodeant et maxime Hectorem persequantur, quia de his aliquos duces fortissimos occidit.

(21) Mane facto Hector Aeneas Alexander exercitum educunt. Omnes duces Achivorum prodeunt. Fit magna caedes. Multa milia invicem Orco dimittuntur. Menelaus Alexandrum persequi coepit: quem respiciens Alexander sagitta Menelai femur transfigit. Ille dolore commotus pariter cum Aiace Locro non cessant eum persequi. Quos ut vidit Hector instanter fratrem suum persequi, subpetias cum Aenea ei venit. Quem Aeneas clipeo protexit, et de proelio ad civitatem secum adduxit. Nox proelium dirimit. Achilles postera die cum Diomede exercitum educit. Contra Hector et Aeneas. Fit magna caedes: Hector Orcomeneum Ialmenum Epistrophum Schedium Elephenorem Dioren

fall, dann die Befestigung des Lagers und die Aufsicht über die nächtlichen Wachrunden, das Geben eines Zeichens, das Zuteilen von Waagen und Gewichten und das Aufstellen des Heeres. Da all dies von ihm ausgegangen sei, wäre es nicht recht und billig, dass Agamemnon, da ihm nur von wenigen die Befehlsgewalt zugewiesen worden sei, nun über alle befehle, die später dazugekommen seien, zumal alle ja Verstand und *Virtus* von ihren Anführern erwartet hätten. Während die Achaier untereinander abwechselnd über die Befehlsgewalt stritten, wurde der Kampf nach zwei Jahren wieder aufgenommen. Agamemnon, Achilleus, Diomedes und Menelaos führten das Heer heraus. Dagegen traten Hektor, Troïlos und Aineias an. Es kam zu einem großen Töten; auf beiden Seiten fielen die Tapfersten: Hektor tötete den Boëtes, den Arkesilaos und den Prothoënor. Die Nacht brach den Kampf ab. Agamemnon rief in der Nacht alle Anführer zu einem *Consilium* zusammen; er redete ihnen zu und forderte sie auf, alle in die Schlacht vorzurücken und besonders Hektor zu verfolgen, weil er einige sehr tapfere Anführer von ihnen getötet hätte.

(21) Als es Tag geworden war, führten Hektor, Aineias und Alexandros das Heer heraus. Alle Anführer der Achaier rückten vor. Es geschah ein großes Töten. Viele Tausende schickten sich gegenseitig in den Hades. Menelaos begann, den Alexandros zu verfolgen; Alexandros durchbohrte, als er sich umschaute, mit einem Pfeil den Oberschenkel des Menelaos. Jener ließ, von Schmerz bewegt, zusammen mit dem lokrischen Aias nicht davon ab, ihn zu verfolgen. Als Hektor sah, dass sie seinen Bruder heftig verfolgten, kam er gemeinsam mit Aineias ihm zu Hilfe. Ihn schützte Aineias mit dem Schild und brachte ihn aus der Schlacht heraus mit sich in die Stadt. Die Nacht brach den Kampf ab. Am nächsten Tag führte Achilleus zusammen mit Diomedes das Heer heraus, gegenüber Hektor und Aineias. Es kam zu einem großen Töten: Hektor tötete den Orkomeneus, den Ialmenos, den Epistrophos, den Sche-

Polyxenum duces occidit, Aeneas Amphimachum et Nireum, Achilles Euphemum Hippothoum Pylaeum Asteropaeum, Diomedes Antiphum Mesthlen. Agamemnon ut vidit duces fortissimos cecidisse, pugnam revocavit. Laeti Troiani in castra revertuntur. Agamemnon sollicitus duces in consilium vocavit, hortatur, ut fortiter pugnarent neque desisterent, quoniam maior pars ex suis superata sit, sperare se exercitum ex Mysia cotidie superventurum.

(22) Postera die Agamemnon totum exercitum et omnes duces in pugnam prodire coegit. Contra Troiani. Fit magna caedes, acriter ex utraque parte pugnatur, multa milia hinc et inde cadunt nec differebatur pugna, ita ut continuis LXXX diebus animose pugnatum sit. Agamemnon ut vidit multa milia cotidie occidi neque sufficere mortuos sine intermissione funerari, misit legatos Ulixen et Diomedem ad Priamum, ut indutias in triennium peterent, ut suos funerarent, vulneratos curarent, naves reficerent, exercitum compararent, commeatum conveherent. Ulixes et Diomedes noctu ad Priamum vadunt [legati]. Occurrit illis ex Troianis Dolon. Qui cum interrogaret, quid ita armati noctu ad oppidum venissent, dixerunt se ab Agamemnone legatos ad Priamum missos. Quos ut audivit Priamus venisse et desiderium suum exposuisse, in consilium omnes duces convocat, quibus refert legatos venisse ab Agamemnone, ut indutias in triennium peterent. Hectori suspectum videtur quod tam longum tempus postulassent. Priamus dicere imperat, quid cuique videatur. Omnibus placitum est indutias in triennium dare. Interim Troiani

dios, den Elephenor, den Diores und den Polyxenos – alle waren Anführer –, Aineias den Amphimachos und den Nireus, Achilleus den Euphemos, den Hippothoos, den Pylaios und den Asteropaios, Diomedes den Antiphos und den Mesthles. Als Agamemnon sah, dass die tapfersten Anführer gefallen waren, sagte er den Kampf ab. Freudig kehrten die Trojaner in das Lager zurück. Agamemnon rief aufgeregt die Anführer zu einem *Consilium* und mahnte sie, tapfer zu kämpfen und nicht aufzuhören; da ja ein großer Teil der Ihren überwunden sei, hoffe er, dass ein Heer aus Mysien jeden Tag eintreffen werde.

(22) Am nächsten Tag zwang Agamemnon das gesamte Heer und alle Anführer, in die Schlacht vorzurücken; gegenüber die Trojaner. Es gab ein großes Töten; heftig wurde auf beiden Seiten gekämpft, viele Tausende fielen hier und dort, und die Schlacht wurde nicht verschoben, so dass ununterbrochen 80 Tage lang voll *Animus* gekämpft wurde. Als Agamemnon sah, dass viele Tausende täglich getötet wurden und nicht ausreichend Zeit sei, die Toten ohne Unterbrechung (des Kämpfens) zu begraben, schickte er den Odysseus und den Diomedes zu Priamos, um einen Waffenstillstand für drei Jahre zu erbitten, damit sie die Ihren begraben, Verwundete versorgen, Schiffe wiederherstellen, ein Heer beschaffen und Nachschub heranbringen könnten. Odysseus und Diomedes gingen nachts zu Priamos. Ihnen begegnete von den Trojanern Dolon. Als der sie fragte, warum sie so bewaffnet nachts zur Stadt gekommen seien, sagten sie, dass sie von Agamemnon als Gesandte zu Priamos geschickt seien. Als Priamos hörte, sie seien gekommen und hätten ihr Anliegen dargelegt, rief er alle Anführer zu einem *Consilium* zusammen, denen er berichtete, dass Gesandte von Agamemnon gekommen seien, um einen Waffenstillstand für drei Jahre zu erbitten. Dem Hektor erschien es verdächtig, dass sie einen so langen Zeitraum forderten. Priamos befahl zu sagen, was einem jeden richtig scheine. Allen gefiel es, einen Waffenstillstand für drei Jahre

moenia renovant, suos quisque saucios <curant>, mortuos cum ingenti honore sepeliunt.

(23) Tempus pugnae post triennium supervenit. Hector et Troilus exercitum educunt. Agamemnon Menelaus Achilles et Diomedes etiam ipsi exercitum educunt. Fit magna caedes. Hector in prima acie Phidippum et Antiphum duces interficit, Achilles Lycaonem et Phorcyn occidit et ex cetera plebe multa milia ex utraque parte cadunt. Acriter pugnatur diebus continuis XXX. Priamus ut vidit multos de suo exercitu cecidisse, mittit legatos ad Agamemnonem, ut indutias peterent mensibus VI et ex consilii sententia Agamemnon concedit indutias. Tempus pugnae supervenit. Acriter per duodecim dies pugnatur. Multi duces fortissimi hinc et inde cadunt, plures vulnerantur, plurimi in curatione moriuntur. Agamemnon mittit ad Priamum legatos et triginta dierum indutias postulat, ut funerare mortuos suos possit. Priamus consulte fecit.

(24) At ubi tempus pugnae supervenit, Andromacha uxor Hectoris in somnis vidit Hectorem non debere in pugnam procedere: et cum ad eum visum referret, Hector muliebria verba abicit. Andromacha maesta misit ad Priamum, ut ille prohiberet, ne ea die pugnaret. Priamus Alexandrum Helenum Troilum et Aenean in pugnam misit. Hector ut ista audivit, multa increpans Andromacham arma ut proferret poposcit nec retineri ullo modo potuit. Maesta Andromacha summissis capillis Astyanactem filium protendens ante pedes Hectoris eum revocare non potuit.

zu gewähren. In der Zwischenzeit stellten die Trojaner ihre Mauern wieder her, versorgten die Verwundeten und begruben die Toten mit gewaltiger Ehrung.

(23) Die Zeit für die Schlacht war nach drei Jahren wiedergekommen. Hektor und Troïlos führten das Heer heraus. Agamemnon, Menelaos, Achilleus und Diomedes führten auch selbst das Heer heraus. Es kam zu einem großen Töten. Hektor tötete in der ersten Schlachtreihe den Pheidippos und den Antiphos, die Anführer, Achilleus den Lykaon und den Phorkys; von dem Übrigen gemeinen Volk fielen viele Tausende auf beiden Seiten. Heftig kämpfte man ununterbrochen an 30 Tagen. Als Priamos sah, dass viele von seinem Heer gefallen waren, schickte er Gesandte zu Agamemnon, um einen Waffenstillstand von sechs Monaten zu erbitten, und nach dem Beschluss des *Consilium* gewährte Agamemnon den Waffenstillstand. Die Zeit für die Schlacht war wiedergekommen. Heftig wurde zwölf Tage lang gekämpft. Viele sehr tapfere Anführer fielen hier und dort, mehrere wurden verwundet, die meisten starben bei der Pflege. Agamemnon schickte Gesandte zu Priamos und verlangte einen Waffenstillstand von 30 Tagen, damit er seine Toten begraben könne. Priamos stimmte dem zu.

(24) Aber sobald die Zeit zum Kämpfen wiedergekommen war, sah Andromache, die Ehefrau des Hektor, in Träumen, dass Hektor nicht in die Schlacht vorrücken solle. Als sie ihm das Geschaute berichtete, tat der es als weibliche Worte ab. Andromache schickte traurig zu Priamos, damit der verböte, dass Hektor an diesem Tag kämpfe. Priamos schickte den Alexandros, den Helenos, den Troïlos und den Aineias in den Kampf. Als Hektor dies hörte, schimpfte er Andromache sehr, verlangte, dass sie die Waffen hervorhole, und konnte auf keine Weise zurückgehalten werden. Die traurige Andromache streckte mit gelöstem Haar den Sohn Astyanax vor den Füßen des Hektor aus, konnte ihn aber nicht zurückhalten.

Tunc planctu femineo oppidum concitat, ad Priamum in regiam currit, refert quae in somnis viderit, velle Hectorem ueloci saltu in pugnam ire, proiectoque ad genua Astyanacte filio suo eum revocare mandat. Priamus omnes in pugnam prodire iussit, Hectorem retinuit. Agamemnon Achilles Diomedes Aiax Locrus ut viderunt Hectorem in pugna non esse, acriter pugnaverunt, multosque duces de Troianorum numero occiderunt. Hector ut audivit tumultum Troianosque in bello saeve laborare, prosiluit in pugnam. Statimque Idomeneum obtruncavit, Iphinoum sauciavit, Leonteum occidit, Stheneli femur iaculo figit. Achilles ut respexit multos duces eius dextera cecidisse, animum in eum dirigebat, ut illi obvius fieret. Considerabat enim Achilles nisi Hectorem occideret plures de Graecorum numero eius dextera perituros. Proelium interea conliditur. Hector Polypoëtem ducem fortissimum occidit dumque eum spoliare coepit, Achilles supervenit. Fit pugna maior, clamor ab oppido et a toto exercitu surgit. Hector Achillis femur sauciavit. Achilles dolore accepto magis eum persequi coepit nec destitit, nisi occideret. Quo interempto Troianos in fugam vertit et maxima caede laesos usque ad portas persequitur: cui tamen Memnon restitit. Et inter se acriter pugnaverunt, laesi utrique discesserunt. Nox proelium dirimit. Achilles saucius de bello rediit. Noctu Troiani Hectorem lamentantur, Graiugenae suos.

Dann regte sie mit ihrem weiblichen Jammern die Stadt auf, lief zu Priamos in den Palast, berichtete, was sie in den Träumen gesehen hatte, dass Hektor sich mit schnellem Sprung in die Schlacht stürzen wolle, streckte ihren Sohn Astyanax vor seinen Knien aus und bat, ihn (Hektor) zurückzurufen. Priamos befahl allen, in die Schlacht vorzurücken; den Hektor hielt er zurück. Als Agamemnon, Achilleus, Diomedes und der lokrische Aias sahen, dass Hektor nicht in der Schlacht sei, kämpften sie heftig und töteten viele Anführer aus der Zahl der Trojaner. Als Hektor den Lärm wahrnahm und dass die Trojaner sich im Krieg schrecklich abmühten, sprang er in die Schlacht hinaus. Sofort zerstückelte er den Idomeneus, verwundete den Iphinoos, tötete den Leonteus und durchbohrte mit einem Wurfspieß den Oberschenkel des Sthenelos. Als Achilleus zurückschaute, sah er, dass viele Anführer durch dessen (Hektors) Rechte gefallen waren, und richtete seinen *Animus* auf ihn, damit er ihm entgegentreten könne. Achilleus nämlich überlegte, wenn er Hektor nicht töte, würden noch mehr aus der Zahl der Griechen durch dessen Rechte umkommen. Die Schlacht wurde stärker. Hektor erschlug den Polypoëtes, einen sehr tapferen Anführer, und während er ihn zu berauben begann, kam Achilleus über ihn. Es wurde der Kampf stärker; Geschrei kam von der Stadt und vom gesamten Heer auf. Hektor verwundete den Oberschenkel des Achilleus. Nach Zufügung des Schmerzes begann Achilleus, ihn mehr zu verfolgen, und hörte nicht auf, bis er ihn tötete. Als er umgebracht war, trieb er (Achilleus) die Trojaner in die Flucht und verfolgte mit einem gewaltigen Morden die Verletzten bis an die Tore; ihm leistete dennoch Memnon Widerstand. Miteinander kämpften sie heftig und gingen beide verwundet auseinander. Die Nacht brach den Kampf ab. Achilleus kehrte verwundet aus dem Krieg zurück. In der Nacht beklagten die Trojaner den Hektor, die Griechen die Ihren.

(25) Postera die Memnon Troianos educit contra Graecorum exercitum. Agamemnon exercitum consulit suadetque indutias duum mensium postulari, ut suos quisque sepelire possit. Legati ad Priamum Troiam proficiscuntur, venientes desiderium prosecuti sunt, duum mensium indutias accipiunt. Priamus Hectorem suorum more ante portas sepelivit ludosque funebres fecit. Dum indutiae sunt, Palamedes iterum non cessat de imperio conqueri. Itaque Agamemnon seditioni cessit et dixit se de ea re libenter laturum, ut quem vellent imperatorem praeficerent. Postera die populum ad concionem vocat, negat se umquam cupidum imperii fuisse, animo aequo se accipere, si cui vellent dare: se libenter cedere: satis sibi esse, dum hostes ulciscantur et parvi facere cuius id opera fiat. Se tamen regnum Mycenis habere, iubet dicere, si cui quid placeat. Palamedes prodit, suum ingenium ostendit. Itaque Argivi libenter ei imperium tradunt. Palamedes Argivis agit gratias, imperium accipit administrat. Achilles vituperat imperii commutationem.

(26) Interea indutiae exeunt. Palamedes ornatum paratumque exercitum educit instruit hortatur: contra Deïphobus. Pugnatur acriter a Troianis. Sarpedon Lycius cum suis inpressionem in Argivos facit caedit prosternit. Obvius ei fit Tlepolemus Rhodius, sed diu stando pugnandoque male vulneratus cadit. Succedit Pheres Admeti filius proelium restituit diuque cum Sarpedone comminus pugnando occiditur. Sarpedon quoque vulneratus de proelio recedit. Itaque per aliquot dies proelia fiunt, ex utraque

(25) Am nächsten Tag führte Memnon die Trojaner gegen das Heer der Griechen heraus. Agamemnon befragte sein Heer und riet dazu, einen Waffenstillstand von zwei Monaten zu verlangen, damit jeder die Seinen begraben könne. Gesandte brachen zu Priamos nach Troja auf; als sie angekommen waren, verfolgten sie ihr Begehren und erhielten einen Waffenstillstand von zwei Monaten. Priamos begrub Hektor nach der Sitte der Seinen vor den Toren und machte Leichenspiele. Während Waffenstillstand herrschte, ließ Palamedes wiederum nicht nach, sich über den Oberbefehl zu beklagen. Deshalb gab Agamemnon dem Aufbegehren nach und sagte, er würde darin gerne nachgeben, damit er denjenigen zum Oberbefehlshaber mache, den er wolle. Am nächsten Tag rief er das Volk zu einer Versammlung und leugnete, dass er jemals ein Begehren nach dem Oberbefehl gehabt habe; er werde es mit gleichmütigem *Animus* hinnehmen, wenn sie diesen dem gäben, den sie wollten; er weiche gern, es genüge ihm, wenn sie sich an den Feinden rächten, und er achte gering, durch wessen Bemühung dies geschehe. Er werde dennoch sein Königtum in Mykene haben, befahl er zu sagen, wenn jedem dies so gefiele. Palamedes trat auf und zeigte seine Eignung. Und so übertrugen ihm die Argiver gerne den Oberbefehl. Palamedes sagten den Argivern Dank, nahm den Oberbefehl an und übte ihn aus. Achilleus tadelte den Wechsel des Oberbefehls.

(26) Inzwischen endete der Waffenstillstand. Palamedes führte das ausgerüstete und vorbereitete Heer heraus, unterwies und ermutigte es; gegenüber (tat dies) Deïphobos. Heftig gekämpft wurde von den Trojanern. Der Lykier Sarpedon unternahm mit seinen Leuten einen Vorstoß gegen die Argiver, tötete und fällte (einige). Entgegen trat ihm der Rhodier Tlepolemos, aber durch das lange Stehen und Kämpfen wurde er schlimm verwundet und fiel. Pheres, Sohn des Admetos, nahm den Kampf wieder auf, kämpfte lange mit Sarpedon Mann gegen Mann und wurde getötet. Sarpedon zog sich, ebenfalls verwundet, aus dem Kampf zurück. Und so fanden einige

parte multi ductores occiduntur sed plures a Priamo. Troiani mittunt legatos, indutias postulant, ut mortuos sepeliant, saucios curent. Palamedes indutias facit in annum, mortuos utrique sepeliunt, saucios curant. Fide data ultro citroque in oppidum et castra Argivorum commeant. Palamedes Agamemnonem legatum mittit ad Thesidas: Acamantem et Demophoontem, quos legatos Agamemnon praefecerat, ut commeatus compararent et frumentum de Mysia a Telepho acceptum subportarent. Ut eo venit, seditionem Palamedis narrat. Illi moleste ferunt, Agamemnon ait se moleste non ferre, sua voluntate esse factum. Interea naves onerandas curat Palamedes, castra munit, turribusque circumdat. Troiani exercitum exercent, murum diligenter instaurant, fossam et vallum addunt, cetera diligenter conparant.

(27) Postquam anni dies venit, quo Hector sepultus est, Priamus et Hecuba et Polyxena ceterique Troiani ad Hectoris sepulcrum profecti sunt. Quibus obvius fit Achilles: Polyxenam contemplatur, figit animum, amare vehementer eam coepit. Tunc ardore conpulsus odiosam in amore vitam consumit et aegre ferebat ademptum imperium Agamemnoni sibique Palamedem praepositum. Cogente amore Phrygio servo fidelissimo mandata dat ferenda ad Hecubam et ab ea sibi uxorem Polixenam poscit: si dederit, se cum suis Myrmidonibus domum rediturum, quod cum ipse fecerit, ceteros porro ductores idem facturos. Servus proficiscitur ad Hecubam convenit mandata dicit. Hecuba

Tage lang Kämpfe statt; auf beiden Seiten wurden viele Anführer getötet, aber mehr Leute auf der des Priamos. Die Trojaner schickten Gesandte und forderten einen Waffenstillstand, um die Toten zu begraben und die Verwundeten zu versorgen. Palamedes vereinbarte einen Waffenstillstand für ein Jahr; beide Seiten begruben die Toten und versorgten die Verwundeten. Man gab *Fides* und ging so hin und her in die Stadt wie in das Lager der Argiver. Palamedes schickte den Agamemnon als Gesandten zu den Thesiden Akamas und Demophoon; sie hatte Agamemnon vorangestellt, damit sie Nachschub besorgten und das Getreide, das man aus Mysien von Telephos erhalten hatte, bereitstellten. Wie er (Agamemnon) dorthin kam, erzählte er vom Aufruhr des Palamedes. Jene ertrugen dies nur ungern, Agamemnon aber sagte, er ertrüge es nicht ungern, denn es sei nach seinem Willen geschehen. Inzwischen sorgte Palamedes für das Beladen der Schiffe; dann ließ er das Lager befestigen und mit Türmen umgeben. Die Trojaner übten ihr Heer, erneuerten sorgfältig die Stadtmauer, fügten Graben und Wall hinzu und bereiteten das Übrige gewissenhaft vor.

(27) Nachdem der Jahrestag gekommen war, an dem Hektor begraben worden war, machten sich Priamos, Hekabe, Polyxena und die übrigen Trojaner zum Grab des Hektor auf. Ihnen entgegen trat Achilleus. Er betrachtete aufmerksam Polyxena, prägte sie fest in seinen *Animus* ein und begann, sie heftig zu lieben. Dann zehrte er, von Leidenschaft bezwungen, sein Leben auf, das ihm vor Liebe verhasst erschien; er ertrug es nicht, dass man dem Agamemnon den Oberbefehl weggenommen und ihm den Palamedes vorangestellt hatte. Weil die Liebe ihn bezwang, erteilte er einem sehr treuen phrygischen Sklaven Aufträge, die er der Hekabe ausrichten sollte, und er forderte von ihr die Polyxena als Ehefrau für sich: Wenn sie ihm sie gäbe, würde er mit seinen Myrmidonen nach Hause zurückkehren; dasselbe würden, wenn er dies täte, außerdem die übrigen Anführer tun. Der Sklave brach zu Hekabe auf, kam

respondit velle se, si Priamo placeat viro suo: dum ipsa cum Priamo agat, servum reverti iubet. Servus Achilli quid egerit nuntiat. Agamemnon cum magno comitatu ad castra revertitur. Hecuba cum Priamo de condicione Achillis conloquitur. Priamus respondet fieri non posse, non ideo, quod eum indignum adfinitate existimet, sed si ei dederit, et ipse discesserit ceteros non discessuros et iniquum esse filiam suam hosti coniungere. Quapropter si id fieri velit, pax perpetua fiat, et exercitus discedat, foedus iure sanciatur: si id factum sit, se illi filiam libenter daturum. Itaque Achilles ut constitutum erat servum ad Hecubam mittit, ut sciat quid cum Priamo egerit. Hecuba omnia quae cum Priamo egerat mandat servo. Is Achilli refert. Achilles queritur in vulgus, unius mulieris Helenae causa totam Graeciam et Europam convocatam esse, tanto tempore tot milia hominum perisse, libertatem in ancipiti esse, unde oportere pacem fieri, exercitum reducere.

(28) Annus circumactus est. Palamedes exercitum educit instruit, Deïphobus contra. Achilles iratus in proelium non prodit. Palamedes occasionem nactus, inpressionem in Deïphobum facit, eumque obtruncat. Proelium acre insurgit, acriter ab utrisque pugnatur, multa milia hominum cadunt. Palamedes in prima acie versatur hortaturque, proelium ut fortiter gerant. Contra eum Sarpedon Lycius occurrit eumque Palamedes interficit. Eo facto laetus in acie versatur. Cui exultanti et glorianti Alex-

dort an und richtete die Aufträge aus. Hekabe antwortete, sie wolle sehen, ob es ihrem Ehemann Priamos recht sei. Während sie mit Priamos verhandelte, befahl sie dem Sklaven zurückkehren. Der Sklave erzählte Achilleus, was er getan hatte. Agamemnon kehrte mit großer Begleitung ins Lager zurück. Hekabe besprach sich mit Priamos über die Bedingung des Achilleus. Priamos antwortete, es könne nicht geschehen, und zwar nicht deshalb, weil er ihn seiner Verwandtschaft für unwürdig halte, sondern weil, wenn er sie ihm gäbe und er wirklich abzöge, die übrigen nicht abziehen würden und es nicht recht und billig sei, sie mit einem Feind zu verheiraten. Deshalb solle es, wenn er (Achilleus) wolle, dass dies geschehe, einen dauerhaften Frieden geben; das Heer müsse abziehen und ein rechtsgültiger Vertrag abgeschlossen werden; wenn dies geschähe, würde er ihm seine Tochter gerne geben. Und so sandte Achilleus, wie es vereinbart war, den Sklaven zu Hekabe, um zu erfahren, was sie mit Priamos verhandelt hatte. Hekabe vertraute alles, was sie mit Priamos verhandelt hatte, dem Sklaven an. Dieser berichtete dem Achilleus dies. Achilleus beklagte sich vor dem Volk, wegen einer einzigen Frau, der Helena, sei ganz Griechenland und Europa zusammengerufen worden; während einer so langen Zeit seien so viele Tausende Menschen umgekommen und die Freiheit sei in prekärer Lage, weshalb es nötig sei, dass man Frieden schließe und das Heer heimführe.

(28) Das Jahr war vergangen. Palamedes führte das Heer heraus und unterwies es, gegenüber (tat dies) Deïphobos. Achilleus ging zornig nicht in den Kampf; Palamedes, der dazu eine günstige Gelegenheit bekommen hatte, führte einen Angriff gegen Deïphobos und schlug ihn nieder. Ein heftiges Gefecht begann, heftig wurde von beiden Seiten gekämpft, und viele Tausende Männer fielen. Palamedes war in der vordersten Schlachtreihe und mahnte dazu, tapfer zu kämpfen. Gegen ihn rannte der Lyker Sarpedon an; den erschlug Palamedes. Nach dieser Tat hielt er sich froh in

ander Paris sagitta collum transfigit. Phryges animadvertunt, tela coniciunt, atque ita Palamedes occiditur. Rege occiso cuncti hostes inpressionem faciunt Argivi cedunt, in castra confugiunt: Troiani persecuntur, castra obpugnant, naves incendunt. Achilli nuntiatum est, dissimulat. Aiax Telamonius fortiter defendit. Nox proelium dirimit. Argivi in castris Palamedis scientiam aequitatem clementiam bonitatem lamentantur. Troiani Sarpedonem et Deïphobum deflent.

(29) Nestor qui maior natu erat noctu ductores in consilium vocat suadet hortatur, ut imperatorem praeficiant et si eis videatur eundem Agamemnonem minima cum discordia fieri posse. Item commemorat, dum ille imperator fuit, res prospere cessisse, felicem fuisse exercitum: si cui quid aliud videatur dicere suadet. Omnes adsentiunt, Agamemnonem summum imperatorem praeficiunt. Postera die Troiani alacres in aciem prodeunt. Agamemnon exercitum contra educit. Proelio commisso uterque exercitus inter se pugnat. Postquam maior pars diei transiit, prodit in primo Troilus, caedit devastat, Argivos in castra fugat. Postera die exercitum Troiani educunt: contra Agamemnon. Fit maxima caedes, uterque exercitus inter se pugnat acriter. Multos duces Argivorum Troilus interfecit. Pugnatur continuis diebus VII. Agamemnon indutias petit in duos menses. Palamedem magnifico funere effert, ceterosque duces ac milites utrique sepeliendos curant.

der Schlachtreihe auf. Als er jubelte und sich rühmte, durchbohrte Alexandros Paris ihm den Hals mit einem Pfeil. Die Phryger bemerkten dies und schleuderten Speere; so wurde Palamedes getötet. Als der König getötet war, unternahmen alle Feinde einen Angriff, die Argiver gaben nach und flohen ins Lager. Die Trojaner verfolgten sie, kämpften gegen das Lager an und verbrannten die Schiffe. Dem Achilleus wurde dies gemeldet; er verweigerte sich. Der telamonische Aias verteidigte sich tapfer. Die Nacht brach den Kampf ab. Die Argiver klagten im Lager um das Wissen des Palamedes, seine Gerechtigkeit, Milde und Güte. Die Trojaner beweinten den Sarpedon und den Deïphobos.

(29) Nestor, der von Geburt der Älteste war, rief nachts die Anführer zu einem *Consilium* zusammen, beredete und ermahnte sie, einen Oberbefehlshaber voranzustellen; wenn ihnen dies gut schiene, könnte dies derselbe Agamemnon mit den geringsten Meinungsverschiedenheiten sein. Ebenso erinnerte er daran, dass, solange jener der Oberbefehlshaber gewesen sei, die Dinge glücklich ausgegangen seien und das Heer zufrieden sei; wenn jemand anderer Meinung sei, so riet er, dass er es sagen solle. Alle stimmten zu und stellten Agamemnon als Oberbefehlshaber voran. Am nächsten Tag zogen die Trojaner eifrig in die Schlachtreihe. Agamemnon führte das Heer gegenüber heraus. Als die Schlacht begann, kämpften beide Heere gegeneinander. Nachdem der größere Teil des Tages vergangen war, rückte Troïlos in die vorderste Stellung, tötete und zerstörte; er vertrieb die Argiver in ihr Lager. Am nächsten Tag führten die Trojaner ihr Heer heraus; gegenüber Agamemnon. Es kam zu einem gewaltigen Schlachten, beide Heere kämpften heftig miteinander. Viele Anführer der Argiver tötete Troïlos. Man kämpfte sieben Tage hintereinander. Agamemnon erbat einen Waffenstillstand für zwei Monate. Palamedes ehrte er durch ein prächtiges Begräbnis, und beide Seiten sorgten dafür, dass die übrigen Anführer und die Soldaten begraben wurden.

(30) Agamemnon dum indutiae sunt mittit ad Achillem Ulixen Nestorem et Diomedem, ut rogent eum in bellum prodire. Abnegat Achilles maestus, quod iam destinaverat in bellum non prodire ob id quod promiserat Hecubae, aut certe se minus pugnaturum eo quod Polyxenam valde amabat: coepit male eos accipere qui ad eum venerant, dicens debere perpetuam pacem fieri, tanta pericula unius mulieris causa fieri, libertatem periclitari, tanto tempore desidere: pacem expostulat, pugnare negat. Agamemnoni renuntiatur quid cum Achille actum sit, illum pertinaciter negare. Agamemnon omnes duces in consilium vocat, exercitum quid fieri debeat consulit, imperat dicere quid cuique videatur. Menelaus hortari coepit fratrem suum, ut exercitum in pugnam produceret, nec debere terreri, si Achilles se excusaverit, se tamen persuasurum ei, ut in bellum prodeat, nec vereri, si noluerit. Commemorare coepit Troianos non habere alium virum tam fortem sicut Hector fuit. Diomedes et Ulixes dicere coeperunt Troilum non minus quam Hectorem virum fortissimum esse. Diomedi et Ulixi Menelaus resistens bellum geri suadebat. Calchas ex augurio respondit debere pugnare nec vereri quod modo superiores Troiani fuerint.

(31) Tempus pugnae supervenit. Agamemnon Menelaus Diomedes Aiax exercitum educunt. Contra Troiani. Fit magna caedes, pugnatur acriter, uterque exercitus inter se saeviunt. Troilus Menelaum sauciat, multos interficit, ceteros paulatim

(30) Agamemnon schickte, während Waffenstillstand herrschte, zu Achilleus den Odysseus, den Nestor und den Diomedes, um ihn zu bitten, in den Kampf einzugreifen. Achilleus verweigerte dies traurig, da er sich schon längst entschieden habe, nicht in den Kampf zu ziehen, weil er es ja Hekabe versprochen hatte, oder vielmehr werde er deshalb weniger kampfbereit sein, weil er Polyxena sehr liebte. Er begann diejenigen, die zu ihm gekommen waren, schlecht zu behandeln, indem er sagte, es müsse ein beständiger Frieden bestehen; so große Gefahren gebe es wegen einer einzigen Frau und die Freiheit sei gefährdet; so lange werde er müßig dasitzen. Frieden forderte er, dem Kampf sagte er ab. Dem Agamemnon berichtete man, was mit Achilleus verhandelt worden war, und dass er sich beharrlich verweigere. Agamemnon rief alle Anführer zu einem *Consilium*, fragte das Heer, was geschehen solle, und forderte alle auf, das auszusprechen, was einem jeden richtig schiene. Menelaos begann an und forderte seinen Bruder auf, das Heer in den Kampf zu führen; auch dürfe man sich nicht einschüchtern lassen, wenn Achilleus sich verweigert habe; er würde ihn dennoch überreden, in die Schlacht zu ziehen, und sich nicht fürchten, falls er nicht wolle. Er begann, daran zu erinnern, dass die Trojaner keinen anderen so tapferen Mann hätten, wie Hektor es gewesen war. Diomedes und Odysseus begannen zu sagen, Troïlos sei nicht weniger als Hektor ein sehr tapferer Mann. Dem Diomedes und dem Odysseus widersetzte sich Menelaos und riet dazu, dass man Krieg führe. Kalchas gab aufgrund eines Vogelzeichens die Antwort, man müsse kämpfen und dürfe keine Furcht haben, weil die Trojaner schon überlegen gewesen wären.

(31) Die Zeit für die Schlacht war gekommen. Agamemnon, Menelaos, Diomedes und Aias führten das Heer heraus; gegenüber Trojaner. Es kam zu einem großen Schlachten, man kämpfte heftig, beide Heere wüteten gegeneinander. Troïlos verwundete den Menelaos, tötete viele und verfolgte die übrigen weiterhin.

persequitur. Nox proelium dirimit. Postera die Troilus cum Alexandro exercitum educit, contra omnes Argivi prodeunt, acriter pugnatur. Troilus Diomeden sauciat, in Agamemnonem inpressionem facit nec non et ipsum sauciat, Argivos caedit. Per aliquot dies pugnatur acriter, multa milia hominum ex utraque parte trucidantur. Agamemnon ut vidit maiorem partem exercitus se cotidie amittere nec sufficere posse, petit indutias in sex menses. Priamus consilium cogit, indicat Argivorum desideria. Troilus negat debere dari tam longo tempore indutias, sed potius inpressionem fieri, naves incendi. Priamus quid cuique videatur dicere imperat. Omnibus placitum est debere fieri quod Argivi petunt. Priamus itaque in sex menses indutias dedit. Agamemnon honorifice suos sepeliendos curat, Diomeden Menelaum sauciatos curat. Troiani suos aeque sepeliunt. Dum indutiae sunt, ex consilii sententia Agamemnon ad Achillem proficiscitur, ut eum ad pugnam provocaret. Achilles tristis negare coepit se proditurum, sed pacem peti oportere, conqueri coepit, quod Agamemnoni nihil negare possit: tamen cum tempus pugnae supervenisset, se milites suos missurum, ipsum excusatum haberet. Agamemnon ei gratias egit.

(32) Tempus pugnae supervenit. Troiani exercitum educunt. Contra Argivi prodeunt. Achilles primo Myrmidones instruit, ad Agamemnonem paratos mittit. Fit pugna maior, acriter saevitur. Troilus in prima acie Argivos caedit, Myrmidones fugat,

Die Nacht brach den Kampf ab. Am nächsten Tag führte Troïlos mit Alexandros das Heer heraus; gegen alle gingen die Argiver vor, man kämpfte heftig. Troïlos verwundete den Diomedes, unternahm gegen Agamemnon einen Angriff und verwundete neben anderen auch ihn; er schlug die Argiver. Einige Tage lang kämpfte man heftig, viele Tausende Menschen wurden auf beiden Seiten abgeschlachtet. Als Agamemnon sah, dass er einen größeren Teil seines Heeres von Tag zu Tag verlor und nicht standhalten konnte, bat er um einen Waffenstillstand für sechs Monate. Priamos rief das *Consilium* zusammen und erklärte die Wünsche der Argiver. Troïlos sprach sich dagegen aus, für eine so lange Zeit Waffenstillstand zu gewähren; man solle vielmehr einen Angriff unternehmen und die Schiffe anzünden. Priamos forderte jeden auf zu sagen, was ihm richtig schiene. Alle beschlossen schließlich, es dürfe getan werden, was die Argiver begehrten. Priamos gewährte deshalb für sechs Monate einen Waffenstillstand. Agamemnon ließ die Seinen ehrenvoll bestatten und sorgte für die verwundeten Diomedes und Menelaos. Die Trojaner begruben in gleicher Weise die Ihren. Solange der Waffenstillstand herrschte, machte sich mit dem Beschluss des *Consilium* Agamemnon zu Achilleus auf, um ihn zum Kämpfen zu herauszurufen. Achilleus verneinte traurig, dass er vorrücken werde; vielmehr solle man um Frieden bitten. Er begann mit der Klage, weil er dem Agamemnon nichts abschlagen könne; dennoch würde er seine Soldaten schicken, sobald die Zeit für die Schlacht wieder gekommen sei; ihn selbst solle Agamemnon als entschuldigt ansehen. Agamemnon dankte ihm.

(32) Die Zeit für die Schlacht war wieder gekommen. Die Trojaner führten ihr Heer heraus, gegenüber rückten die Argiver vor. Achilleus unterwies zuerst seine Myrmidonen, dann schickte er sie so vorbereitet zu Agamemnon. Es geschah eine größere Schlacht, und man wütete heftig. Troïlos tötete die Argiver in der vordersten Schlachtreihe, schlug die Myrmidonen in die Flucht, unter-

inpressionem usque in castra facit, multos occidit, plurimos sauciat. Aiax Telamonius obstitit. Troiani victores in oppidum revertuntur. Postera die Agamemnon exercitum educit, omnes duces et Myrmidones prodeunt: contra Troiani in aciem laeti exeunt. Proelio commisso uterque exercitus inter se dimicat, acriter per aliquot dies pugnatur, multa milia hominum ex utraque parte cadunt. Troilus Myrmidones persequitur sternit fugat. Agamemnon ut vidit ex sua parte multos occisos, indutias in dies triginta petit, ut suos funerare possit. Priamus indutias dedit. Suos quisque sepeliendos curat.

(33) Tempus pugnae supervenit. Troiani exercitum educunt. Contra Agamemnon omnes duces in pugnam cogit. Proelio commisso fit magna caedes, acriter saevitur. Postquam primum diei tempus transiit, prodit in primo Troilus caedit prosternit: Argivi fugam cum clamore fecerunt. Achilles ut animadvertit Troilum iracunde saevire et Argivis insultare simulque sine intermissione Myrmidones prosternere, procedit in bellum. Quem Troilus continuo excipit et sauciat. Achilles de proelio saucius redit. Pugnatur continuis diebus sex. Die septimo dum utrique exercitus proelio facto inter se pugnant, Achilles, qui aliquot dies vexatus in pugnam non prodierat, Myrmidones instruit: alloquitur hortatur, ut fortiter inpressionem in Troilum faciant. Postquam maior pars diei transiit, prodit Troilus ex equo laetus. Argivi maximo clamore fugam faciunt, Myrmidones supervenerunt, inpressionem in Troilum faciunt, de quorum

nahm einen Angriff bis zum Lager, erschlug viele und verwundete noch mehr. Der telamonische Aias widerstand. Die Trojaner kehrten als Sieger in die Stadt zurück. Am nächsten Tag führte Agamemnon sein Heer heraus; alle Anführer rückten ebenso wie die Myrmidonen voran; gegenüber zogen die Trojaner fröhlich in die Schlachtreihe. Als der Kampf begonnen hatte, fochten beide Heere miteinander; heftig kämpfte man einige Tage lang, viele Tausende Menschen fielen auf beiden Seiten. Troïlos verfolgte die Myrmidonen, trieb sie auseinander und schlug sie in die Flucht. Als Agamemnon sah, dass auf seiner Seite viele Krieger erschlagen waren, bat er um einen Waffenstillstand für 30 Tage, um die Seinen zu begraben. Priamos gewährte den Waffenstillstand. Jeder sorgte für das Begräbnis der Seinen.

(33) Die Zeit für die Schlacht war wieder gekommen. Die Trojaner führten ihr Heer heraus. Gegenüber zwang Agamemnon alle Anführer zum Kampf. Als die Schlacht begonnen hatte, kam es zu einem großen Blutvergießen, heftig wütete man. Nachdem die erste Tageszeit vergangen war, rückte zuerst Troïlos vor, tötete und warf die Feinde zu Boden; die Argiver traten unter Geschrei die Flucht an. Als Achilleus bemerkte, dass Troïlos zornig wütete, in die Reihen der Argiver hineinsprang und zugleich die Myrmidonen ohne Unterbrechung zu Boden war, griff er in die Schlacht ein. Ihn fing Troïlos sofort ab und verwundete ihn. Achilleus kehrte aus der Schlacht verwundet zurück. Man kämpfte sechs Tage lang fortwährend. Als am siebten Tag beide Heere nach Kampfbeginn miteinander kämpften, unterwies Achilleus, der selbst einige Tage lang aus Verwirrung nicht in die Schlacht gezogen war, die Myrmidonen. Er redete sie an und mahnte sie, den Troïlos beherzt anzugreifen. Nachdem der größere Teil des Tages vergangen war, ritt Troïlos fröhlich auf dem Pferd in die Schlacht. Die Argiver wandten sich unter sehr lautem Geschrei zur Flucht, die Myrmidonen kamen über sie und unternahmen einen Angriff auf Troïlos;

numero multi a Troilo occiduntur: dum acriter proeliantur, equus vulneratus corruit, Troilum inplicitum excutit. Eum cito Achilles adveniens occidit, ex proelio trahere coepit, quod Achilles interventu Memnonis complere non potuit. Adveniens enim Memnon et Troili corpus eripuit et Achillem vulnere sauciavit. Achilles de proelio saucius rediit. Memnon insequi eum cum multis coepit, quem Achilles ut respexit, substitit: curato vulnere et aliquamdiu proeliatus Memnonem multis plagis occidit et ipse vulneratus ab eo ex proelio recessit. Postquam Persarum ductor occisus est, reliqui in oppidum confugerunt, portas clauserunt. Nox proelium dirimit. Postera die a Priamo legati ad Agamemnonem missi sunt qui dierum XX indutias peterent, quod continuo Agamemnon concedit. Priamus igitur Troilum Memnonemque magnifico funere effert: ceterosque milites utrique sepeliendos curant.

(34) Hecuba maesta, quod duo filii eius fortissimi Hector et Troilus ab Achille interfecti essent, consilium muliebre temerarium iniit ad ulciscendum dolorem. Alexandrum filium arcessit orat hortatur, ut se et fratres suos vindicaret, insidias Achilli faceret et eum nec opinantem occidat, quoniam ad se miserit et rogaverit, ut sibi Polyxenam daret in matrimonium: se ad eum missuram Priami verbis, pacem inter se foedusque firment constituant in fano Apollinis Thymbraei, quod est ante portam: eo Achillem venturum, conlocuturum ibique se illi insidias collocare, satis sibi victum esse, si eum occideret. Quod temptaturum se Alex-

aus deren Zahl wurden viele von Troïlos erschlagen. Während man heftig kämpfte, wurde das Pferd verwundet, brach zusammen und warf den darin verwickelten Troïlos ab. Ihn tötete rasch Achilleus, der herankam, und begann, ihn vom Schlachtfeld zu schleifen, was Achilleus aber durch das Eingreifen des Memnon nicht ausführen konnte. Memnon trat nämlich heran, riss den Leichnam des Troïlos an sich und versah den Achilleus mit einer Wunde. Achilleus zog sich verwundet aus der Schlacht zurück. Memnon begann, ihn mit vielen Leuten zu verfolgen; als Achilleus im Zurückblicken ihn sah, blieb er stehen; er versorgte seine Wunde, kämpfte eine Zeitlang, schlug Memnon mit vielen Schlägen nieder und zog sich, selbst von ihm verwundet, aus der Schlacht zurück. Nachdem der Anführer der Perser erschlagen war, nahm der Rest seine Zuflucht in der Stadt und verschloss die Tore. Die Nacht brach den Kampf ab. Am nächsten Tag schickte Priamos Gesandte zu Agamemnon, die um einen Waffenstillstand von 20 Tagen bitten sollten, was Agamemnon sofort zugestand. Priamos erhob Troïlos und Memnon durch eine großartige Bestattung; beide Seiten sorgten dafür, dass die übrigen Soldaten begraben wurden.

(34) Hekabe war traurig, weil ihre beiden tapfersten Söhne Hektor und Troïlos von Achilleus getötet worden waren, und ging einen waghalsigen weiblichen Plan ein, um sich für ihren Schmerz zu rächen: Sie holte ihren Sohn Alexandros, bat und beschwor ihn, dass er sie und seine Brüder räche, dem Achilleus einen Hinterhalt bereitstelle und ihn nichtsahnend niederschlage, da er ja zu ihr geschickt und sie gebeten hatte, ihm Polyxena in die Ehe zu geben. Sie werde ihn mit den Worten des Priamos zu Achilleus schicken, Frieden und Freundschaft zu schließen und zu bekräftigen im Heiligtum des thymbraïschen Apollon, das vor dem Tor ist; dorthin werde Achilleus kommen und dort sich mit Alexandros besprechen; dort solle er einen Hinterhalt legen. Ihr sei ausreichend Genugtuung getan, wenn er ihn töte. Dies versuchen zu

ander promisit. Noctu de exercitu eliguntur fortissimi et in fano Apollinis collocantur, signum accipiunt. Hecuba ad Achillem, sicuti condixerat, nuntium mittit. Achilles laetus Polyxenam amans postera die ad fanum se venturum constituit. Interea Achilles sequenti die cum Antilocho Nestoris filio ad constitutum veniunt, simulque fanum Apollinis ingrediuntur, undique ex insidiis occurrunt, tela coniciunt: Paris hortatur. Achilles cum Antilocho brachio sinistro chlamyde involuto enses dextra tenentes, impetum faciunt. Exinde Achilles multos occidit. Alexander Antilochum interimit ipsumque Achillem multis plagis confodit. Ita Achilles animam ex insidiis nequiquam fortiter faciens amisit. Quem Alexander feris et volucribus proici iubet. Hoc ne faciat Helenus rogat, tunc eos de fano eici iubet et suis tradi: quorum corpora accepta Argivi in castra ferunt. Agamemnon eos magnifico funere effert Achillique sepulchrum ut faciat a Priamo indutias petit ibique ludos funebres facit.

(35) Deinde consilium convocat, Argivos alloquitur. Placet omnibus, ut ea quae Achillis essent Aiaci propinquo eius commendarentur atque ita Aiax ait: cum filius Neoptolemus ei supersit, neminem aequius super Myrmidones principatum habere quam eum, oportere eum ad pugnam accersiri eique universa quae patris erant restitui. Consilium idem placuit Agamemnoni et omnibus, datur negotium Menelao. Hic Scyrum proficiscitur ad Lycomedem avum eius, imperat, ut nepotem suum mittat. Quod Argivis Lycomedes libenter concedit. Postquam indutiae

wollen, versprach Alexandros. Nachts wurden aus dem Heer die Tapfersten ausgewählt und im Heiligtum des Apollon aufgestellt. Sie erhielten ein Zeichen. Hekabe sandte zu Achilleus so, wie sie es verabredet hatten, einen Boten. Achilleus beschloss freudig, weil er Polyxena liebte, am nächsten Tag zum Heiligtum zu kommen. Inzwischen kam Achilleus am folgenden Tag mit Antilochos, dem Sohn des Nestor, zum vereinbarten Ort; sie traten gleichzeitig in das Apollonheiligtum ein. Von allen Seiten kam man ihnen aus dem Hinterhalt entgegen und warf Speere; Paris forderte dazu auf. Achilleus und Antilochos, die Linke in die *Chlamys* (den Umhang) gewickelt, hielten ihre Schwerter in der Rechten und machten einen Angriff. Hierauf tötete Achilleus viele Leute. Alexandros tötete den Antilochos und durchbohrte Achilleus mit vielen Schlägen. So verlor Achilleus sein Leben aus einem Hinterhalt heraus; vergeblich hatte er sich tapfer gehalten. Alexandros befahl, ihn den wilden Tieren und Vögeln vorzuwerfen. Dass er dies nicht tue, erbat Helenos; dann ließ er beide aus dem Heiligtum herauswerfen und ihren Leuten übergeben; als die Argiver deren Leiber erhalten hatten, trugen sie die ins Lager. Agamemnon ehrte sie mit einer großartigen Bestattung und erbat von Priamos einen Waffenstillstand, um dem Achilleus ein Grabmal zu errichten, und dort veranstaltete er Leichenspiele.

(35) Darauf rief Agamemnon ein *Consilium* ein und sprach die Argiver an. Alle beschlossen, dass man das, was dem Achilleus gehörte, seinem Verwandten Aias anvertraue, und so sprach Aias: Da den Achilleus sein Sohn Neoptolemos überlebt habe, sei es recht und billig, dass niemand eher die Oberherrschaft über die Myrmidonen erhalte als dieser, man müsse ihn zum Kampf herbeiholen. Dieser Ratschluss gefiel dem Agamemnon und allen; die Aufgabe übertrug man Menelaos. Der brach nach Skyros auf zu Lykomedes, dem Großvater des Neoptolemos, und forderte ihn auf, seinen Enkel zu schicken. Dies gestand Lykomedes den Argivern gerne zu.

exierunt, Agamemnon exercitum educit instruit hortatur. Contra Troiani ex urbe prodeunt. Proelium committitur, in prima acie Aiax nudus versatur. Clamore magno orto multi ex utroque exercitu pereunt. Alexander arcum tetendit, multos interfecit, Aiacis latus nudum figit. Aiax saucius Alexandrum persequitur, nec destitit, nisi eum occideret. Aiax fessus vulnere in castra refertur, sagitta exempta moritur. Alexandri corpus ad urbem refertur. Diomedes virili animo in hostes inpressionem facit. Phryges fessi in urbem confugiunt, quos Diomedes usque in urbem persequitur. Agamemnon exercitum circa oppidum ducit et tota nocte circa murum obsedit, curat, ut alterna vice vigilias agant. Postera die Priamus Alexandrum in oppido sepelit, quem magno ululatu Helena prosecuta est, quoniam ab eo honorifice tractata est. Quam Priamus et Hecuba ut filiam aspexerunt et diligenter curaverunt, quod numquam Troianos despexisset Argivosque non desiderasset.

(36) Postera die Agamemnon coepit exercitum ante portas instruere et Dardanos ad proelium provocare. Priamus subsistere, urbem munire et quiescere, usque dum Penthesilea cum Amazonibus superveniret. Penthesilea postea supervenit, exercitum contra Agamemnomem educit. Fit proelium ingens, per aliquot dies pugnatur. Argivi fugantur in castra, obprimuntur. Cui vix Diomedes obsistit, alioquin naves incendisset et Argivorum universum exercitum devastasset. Proelio dirempto Agamemnon se in castris continuit. Penthesilea vero cotidie prodit Argivos

Nachdem der Waffenstillstand abgelaufen war, führte Agamemnon das Heer heraus, unterwies und ermahnte es. Gegenüber rückten die Trojaner aus ihrer Stadt heraus. Die Schlacht kam zustande, in vorderster Schlachtreihe befand sich Aias ungeschützt. Nachdem lautes Geschrei aufgekommen war, gingen viele aus beiden Heeren zugrunde. Alexandros spannte seinen Bogen, tötete viele und traf die ungeschützte Seite des Aias. Der verwundete Aias verfolgte den Alexandros und ließ nicht ab, bis er ihn niederschlug. Aias wurde, von der Wunde erschöpft, ins Lager zurückgebracht; nachdem man den Pfeil herausgerissen hatte, starb er. Der Leichnam des Alexandros wurde zur Stadt zurückgebracht. Diomedes unternahm mit männlichem *Animus* einen Angriff auf die Feinde. Die Phryger, die Diomedes bis in die Stadt hinein verfolgte, flüchteten sich erschöpft in die Stadt zurück. Agamemnon führte das Heer um Troja herum und belagerte die gesamte Nacht hindurch die Mauern; er sorgte dafür, dass die Nachtwachen sich abwechselten. Am nächsten Tag begrub Priamos den Alexandros in der Stadt; ihm folgte mit lauten Trauerrufen die Helena, da sie ja von Alexandros ehrenhaft behandelt worden war. Sie sahen Priamos und Hekabe als ihre Tochter an und sorgten gewissenhaft für sie, weil sie niemals die Trojaner verachtet und nie die Argiver herbeigewünscht hatte.

(36) Am nächsten Tag begann Agamemnon, sein Heer vor den Toren aufzustellen und die Dardaner zum Kampf zu reizen. Priamos hielt stille und befestigte die Stadt und blieb ruhig, bis Penthesileia mit ihren Amazonen eingetroffen war. Penthesileia kam später als erwartet und führte das Heer gegen Agamemnon aus der Stadt heraus. Es kam zu einer gewaltigen Schlacht, man kämpfte einige Tage lang. Die Argiver wurden ins Lager gejagt und bedrängt. Ihr (Penthesileia) konnte Diomedes kaum Widerstand leisten, überhaupt hätte sie die Schiffe in Brand stecken und das gesamte Argiverheer vernichten können. Nach Abbruch des Kampfs hielt sich Agamemnon im Lager zurück. Penthesileia dagegen rückte täglich aus, wü-

devastat et in bellum provocat. Agamemnon ex consilio castra munit tueturque et in bellum non prodit, usque dum Menelaus veniat. Menelaus ad Scyrum venit, arma Achillis Neoptolemo filio eius tradit, quae cum sumpsisset, <venit et in> Argivorum castris vehementer circa patris tumulum lamentatus est. Penthesilea ex consuetudine aciem instruit et usque ad Argivorum castra prodit. Neoptolemus Myrmidonum princeps contra aciem ducit, Agamemnon exercitum instruit. Pariter ambo concurrunt. Neoptolemus stragem facit. Occurrit Penthesilea et fortiter in proelio versatur, utrique per aliquot dies acriter pugnaverunt, multosque occiderunt. Penthesilea Neoptolemum sauciat: ille dolore accepto Amazonidum ductricem Penthesileam obtruncat. Eo facto totum exercitum Troianorum in fugam convertit, in urbem victi refugiunt, Argivi cum exercitu murum circumdant, ut foras Troiani exire non possent.

(37) Hoc postquam Troiani viderunt, Antenor Polydamas Aeneas ad Priamum veniunt, agunt cum eo, ut consilium convocet et deliberet quid de fortunis <suis> futurum sit. Priamus consilium convocat. Qui postulaverunt sibi loquendi facultatem dari, iubet eis dicere, quid desiderent. Antenor memorat principes defensores Troiae Hectorem ceterosque natos eius cum advenis ductoribus interfectos esse, Argivis remanere fortissimos Agamemnonem Menelaum Neoptolemum non minus fortem quam pater eius fuit, Diomeden Aiacem Locrum ceterosque conplures summaeque prudentiae Nestorem Ulyxen, contra Troianos clausos et metu

tete unter den Argivern und reizte sie zum Kampf. Agamemnon befestigte aufgrund des Beschlusses des *Consilium* das Lager, schützte es und rückte solange nicht zum Gefecht aus, bis Menelaos zurückkam. Menelaos war nach Skyros gelangt und hatte die Waffen des Achilleus dessen Sohn Neoptolemos übergeben; als dieser sie empfangen hatte, kam er mit und jammerte im Lager der Argiver leidenschaftlich um den Grabhügel seines Vaters herum. Penthesileia baute in gewohnter Weise eine Schlachtreihe auf und rückte bis zum Lager der Argiver vor. Neoptolemos führte als Fürst der Myrmidonen das Herr gegen diese Schlachtreihe, und Agamemnon gab ihm Anweisungen. Zur gleichen Zeit trafen beide aufeinander. Neoptolemos richtete Verwüstung an, Penthesileia trat ihm entgegen und harrte tapfer im Gefecht aus; beide Seiten kämpften einige Tage heftig und töteten viele Menschen. Penthesileia verwundete den Neoptolemos; der schlachtete aus erlittenem Schmerz die Anführerin der Amazonen, Penthesileia, ab. Mit dieser Tat jagte er das gesamte Heer der Trojaner in die Flucht; besiegt zogen sie sich in die Stadt zurück. Die Argiver umgaben mit ihrem Heer die Mauer, so dass die Trojaner nicht nach draußen gehen konnten.

(37) Nachdem dies die Trojaner gesehen hatten, kamen Antenor, Polydamas und Aineias zu Priamos und verhandelten mit ihm, dass er ein *Consilium* einberufen und Überlegungen darüber anstellen solle, was <ihr> Schicksal sein werde. Priamos berief das *Consilium* ein. Die Teilnehmer verlangten, dass man ihnen die Möglichkeit zur Aussprache gäbe; Priamos forderte sie auf zu sagen, was sie begehrten. Antenor erinnerte die Fürsten als Verteidiger Trojas daran, dass Hektor und seine übrigen Söhne zusammen mit den zu ihnen gekommenen Anführern getötet worden seien und dass den Argivern die besonders tapferen Agamemnon, Menelaos und Neoptolemos geblieben seien, nicht weniger tapfer, als es sein Vater gewesen war, dann Diomedes, der lokrische Aias und mehrere andere, dann als Männer von höchster Klugheit Nestor und Odysseus, während

contritos esse. Suadet potius esse, ut Helena his reddatur et ea quae Alexander cum sociis abstulerat et pax fiat. Postquam multis verbis de pace concilianda egerunt, surgit Amphimachus filius Priami adulescens fortissimus, malis verbis Antenorem adortus est et eos qui consenserant, increpare facta eorum, suadere potius educendum exercitum, inruptionem in castra faciendam, usque dum vincant aut victi pro patria occumbant. Postquam is finem fecit, Aeneas exurgit, lenibus mitibusque dictis Amphimacho repugnat, ab Argivis pacem petendam magnopere suadet: Polydamas eadem suadet.

(38) Postquam dicendi finis factus est, Priamus magno animo surgit, ingerit multa mala Antenori et Aeneae. Eos belli appetendi auctores fuisse, ut legati in Graeciam mitterentur, Antenorem quidem obiurgat, quia pacem suadeat, cum ipse quoque legatus ierit et renuntiaverit se contumeliose tractatum esse et ipse bellum suaserit, deinde Aeneam qui cum Alexandro Helenam et praedam eripuerit: quapropter certum sibi esse pacem non fieri. Imperatque, uti omnes parati sint, ut cum signum dederit, <e> portis inruptionem faciant, aut vincere aut mori sibi certum esse. Haec postquam multis verbis dixit hortatusque est eos, consilium dimittit, Amphimachum secum in regiam ducit dicitque ei vereri se ab his qui pacem suaserunt, ne oppidum prodant, eos habere de plebe multos qui una sentiant, opus esse eos interfici.

andererseits die Trojaner eingeschlossen und von Furcht zerrieben seien. Er riet, es sei besser, dass Helena ihnen zurückgegeben werde, ebenso das, was Alexandros zusammen mit seinen Gefährten weggebracht hatte, und dass Frieden geschlossen werde. Nachdem sie mit vielen Worten über einen möglichen Friedensschluss beraten hatten, stand Amphimachos, Sohn des Priamos, auf, ein sehr tapferer junger Mann, griff den Antenor und diejenigen, die ihm zugestimmt hatten, mit bösen Worten an, verhöhnte deren Taten und riet dazu, lieber das Heer herauszuführen und einen Angriff auf das Lager zu unternehmen, solange, bis sie siegten oder besiegt für das Vaterland am Boden lägen. Nachdem dieser geendet hatte, stand Aineias auf, erwiderte dem Antimachos mit sanften und milden Worten und riet sehr dazu, von den Argivern Frieden zu erbitten; Polydamas riet dasselbe.

(38) Nachdem man die Aussprache beendet hatte, erhob sich Priamos mit großem *Animus* und warf dem Antenor und dem Aineias viele Übeltaten vor; sie seien die Kriegstreiber gewesen, so dass Gesandte nach Griechenland geschickt wurden; den Antenor tadelte er freilich, weil er zum Frieden geraten, obwohl er persönlich als Gesandter gegangen sei und berichtet habe, er sei schmählich behandelt worden, und dann selbst zum Krieg geraten hatte; dann den Aineias, der gemeinsam mit Alexandros die Helena und die Beute geraubt habe; deswegen sei er sicher, dass kein Frieden zustande käme. Und er befahl, dass sich alle bereithalten sollten, einen Ausfall <aus> den Toren zu unternehmen, wenn er ein Zeichen dazu gäbe, und sich sicher sein sollten, dass sie entweder siegen oder sterben würden. Nachdem er dies mit vielen Worten gesagt und sie ermahnt hatte, entließ er das *Consilium*. Den Amphimachos aber führte er mit sich in den Palast und sagte zu ihm, dass er befürchte, von denen, die zum Frieden gemahnt hatten, würde die Stadt verraten; diese Leute hätten viele aus dem gemeinen Volk hinter sich, die genauso dächten; daher sei es notwendig, sie zu

Quod si hoc factum sit, se esse patriam defensurum et Argivos superaturum. Simulque rogat, ut sibi fidelis et obaudiens paratusque cum armatis sit, id sine suspitione posse fieri, postera die se in arce ita uti solet rem divinam facturum eosque ad cenam vocaturum, tunc Amphimachus cum armatis inruptionem faciat eosque interimat. Amphimachus consilium eius approbat seque hoc facturum promittit. Atque ita ab eo discedit.

(39) Eodemque die clam conveniunt Antenor Polydamas Ucalegon Dolon, dicunt se mirari regis pertinaciam, qui inclusus cum patria et comitibus perire malit quam pacem facere. Antenor ait se invenisse quod sibi et illis in commune proficiat, quod quo pacto fieri possit dicturum, si sibi fides servaretur. Omnes se in fidem Antenori obstringunt. Antenor ut vidit se obstrictum, mittit ad Aenean, dicit patriam prodendam esse et sibi et suis esse cavendum, ad Agamemnonem de his rebus aliquem esse mittendum, qui id sine suspitione curet, maturandum esse, animadvertisse <se> Priamum iratum de consilio surrexisse, quia ei pacem suaserit, vereri se, ne quid novi consilii ineat. Itaque omnes promittunt, statim Polydamantem qui ex his minime invidiosus erat ad Agamemnonem clam mittunt. Polydamas in castra Argivorum pervenit, Agamemnonem convenit, dicit ei quae suis placuerint.

(40) Agamemnon clam noctu omnes duces in consilium convocat eadem refert, quid cuique videatur dicere imperat. Omnibus placitum est, ut fides proditoribus servaretur. Ulixes et Nestor

töten. Wenn dies so geschehen sei, werde er die Vaterstadt verteidigen und die Argiver überwinden. Zugleich bat er ihn, er solle ihm treu und gehorsam sein und sich mit Bewaffneten bereit halten; dies könne geschehen, ohne Verdacht zu erregen. Am nächsten Tag werde er, wie gewohnt, auf der Burg ein Opfer darbringen und jene zum Essen einladen; dann solle Amphimachos den Angriff unternehmen und sie umbringen. Amphimachos billigte diesen Plan und versprach, dies tun zu wollen. Und so ging er von ihm fort.

(39) An demselben Tag trafen sich heimlich Antenor, Polydamas, Oukalegon und Dolon; sie sagten, sie wunderten sich über die Hartnäckigkeit des Königs, der eingeschlossen sei, aber es vorzöge, eher mit der Vaterstadt und den Gefährten unterzugehen als Frieden zu schließen. Antenor sagte, er habe herausgefunden, was ihm und ihnen gemeinsam nützen würde; er werde aussprechen, was und wie es gemacht werden könnte, wenn ihm *Fides* bewahrt würde. Alle verpflichteten sich dem Antenor zur *Fides*. Als Antenor sah, dass man sich ihm verpflichtet hatte, schickte er zu Aineias, sagte, dass man das Vaterland verraten müsse und dass er und die Seinen sich vorsehen müssten; man solle jemanden bezüglich dieser Dinge zu Agamemnon schicken, der dies, ohne Verdacht zu erregen, besorgen könne. Man müsse sich beeilen, denn <er> habe bemerkt, dass Priamos in dem *Consilium* aufgestanden sei; weil er (Antenor) ihm zum Frieden geraten habe, fürchte er, dass der König einen neuen Plan fasse. Daher gelobten alle einander Treue und sandten sofort den Polydamas los, weil der bei ihnen am wenigsten verhasst war. Polydamas kam ins Lager der Argiver, traf mit Agamemnon zusammen und sagte ihm, was die Seinen beschlossen hätten.

(40) Agamemnon rief nachts heimlich alle Anführer zum *Consilium* zusammen, berichtete dasselbe und forderte jeden auf zu sagen, was ihm richtig schiene. Alle beschlossen, den Verrätern *Fides*

dixerunt se vereri hanc rem subire, Neoptolemus hos refutat, dum inter se certant, placitum est signum a Polydamante exigi et id ipsum propter Sinonem ad Aenean et Anchisen et Antenorem mitti. Sinon ad Troiam proficiscitur et quia nondum claves portae Amphimachus custodibus tradiderat, signo dato Sinon vocem Aeneae et Anchisae et Antenoris audiendo confirmatus Agamemnoni renuntiat. Tunc placitum est omnibus, ut fides daretur iureiurando confirmaretur, ut si oppidum proxima nocte tradidissent Antenori Ucalegonti Polydamanti Aeneae Doloni suisque omnibus parentibus fides servaretur nec non liberis coniugibus consanguineis amicis propinquis, qui una consenserant suaque omnia incolumia sibi habere liceat. Hoc pacto confirmato et iureiurando adstricto suadet Polydamas noctu exercitum ad portam Scaeam adducant, ubi extrinsecus caput equi sculptum est, ibi praesidia habere noctu Antenorem et Anchisen, exercitui Argivorum portam reseraturos eisque lumen prolaturos, id signum eruptionis fore.

(41) Postquam pacta dicta demonstrata sunt, Polydamas in oppidum redit, rem peractam nuntiat dicitque Antenori et Aeneae ceterisque quibus placitum erat, uti suos omnes in eam partem adducant, noctu Scaeam portam aperiant, lumen ostendant, exercitum inducant. Antenor et Aeneas noctu ad portam praesto fuerunt, Neoptolemum susceperunt, exercitui portam reseraverunt, lumen ostenderunt, fugam praesidio sibi suisque ut sit providerunt. Neoptolemus praesidium dat, Antenor eum in regiam ducit, ubi Troianis positum praesidium

zu bewahren. Odysseus und Nestor sagten, sie hätten Bedenken, sich auf diese Sache einzulassen. Neoptolemos widerlegte sie beide; während sie miteinander stritten, beschloss man, es solle ein Zeichen von Polydamas gegeben werden und dieses solle durch Sinon zu Aineias, Anchises und Antenor gesandt werden. Sinon brach nach Troja auf, und weil Amphimachos die Schlüssel zum Tor den Wachen noch nicht ausgehändigt hatte, gab nach gegebenem Zeichen Sinon dem Agamemnon Rückmeldung, da er die Stimmen des Aineias, Anchises und Antenor hörte. Darauf beschlossen alle, man solle *Fides* gewähren und dies mit einem Eid bekräftigen, so dass, wenn sie die Stadt in der nächsten Nacht übergeben hätten, dem Antenor, Oukalegon, Polydamas, Aineias, Dolon und all deren Eltern die *Fides* bewahrt würde und dass es besonders Kindern, Ehefrauen, Verwandten, Freunden und Nahestehenden, die der gleichen Ansicht gewesen waren, erlaubt sein solle, ihr gesamtes Hab und Gut unversehrt zu erhalten. Nachdem dies beschlossen, bekräftigt und durch einen Eid abgesichert war, riet Polydamas dazu, das Heer nachts bis zum skaiïschen Tor heranzuführen, wo auf der Außenseite ein Pferdekopf eingemeißelt war; dort würden nachts Antenor und Anchises Wache halten, diese würden dem Heer der Argiver das Tor entriegeln und ihnen ein Licht vorantragen; dies wäre das Zeichen zum Losbrechen.

(41) Nachdem man übereingekommen war, besprochen und erklärt hatte, kehrte Polydamas in die Stadt zurück und meldete den Vollzug dem Aineias, dem Antenor und den übrigen, die diesen Beschluss gefasst hatten; er sagte, dass sie alle ihre Leute in diesen Teil der Stadt bringen, nachts das skaiïsche Tor öffnen, Licht vor sich her tragen und das Heer hineinführen sollten. Antenor und Aineias standen nachts beim Tor bereit, empfingen den Neoptolemos, entriegelten das Tor für das Heer, hielten ein Licht und trafen Vorkehrungen zur Flucht, um sich und die Ihren zu retten. Neoptolemos gab Deckung, Antenor führte ihn zum Palast, wo für die

erat. Neoptolemus in regiam inruptionem facit, Troianos caedit, Priamum persequitur, quem ante aram Iovis obtruncat. Hecuba dum fugit cum Polyxena, Aeneas occurrit: Polyxena tradit <se> ei, quam Aeneas ad patrem Anchisen abscondit. Andromacha et Cassandra se in aede Minervae occultant. Tota nocte non cessant Argivi devastare praedasque facere.

(42) Postquam dies inluxit, Agamemnon universos duces in arce convocat, diis gratias agit, exercitum conlaudat, omnem praedam iubet in medio reponendam, quam cum omnibus partitus est simulque consulit exercitum, an placeat Antenori et Aeneae et his qui una patriam prodiderint, fidem servari. Exercitus totus conclamat placere sibi. Itaque convocatis omnibus sua omnia reddit. Antenor rogat Agamemnonem, ut sibi loqui liceat: Agamemnon dicere iubet. Principio omnibus Graiugenis gratias agit simulque commemorat Helenum et Cassandram pacem semper patri suasisse, Achillemque suasu Heleni sepulturae redditum fuisse. Agamemnon ex consilii sententia Heleno et Cassandrae libertatem reddit. Helenus pro Hecuba et Andromacha Agamemnonem deprecatur commemoratque semper ab his esse dilectum. Etiam his ex consilii sententia libertas concessa est. Interea praedam omnem exercitui ut decuit divisit, diis gratias egit, hostias immolavit. Quinta die domum reverti constituunt.

(43) Ut dies profectionis advenit, tempestates magnae exortae sunt et per aliquot dies remanserunt. Calchas respondit

Trojaner ein Stützpunkt angelegt war. Neoptolemos machte einen Einfall in den Palast, tötete Trojaner und verfolgte den Priamos, den er vor dem Altar des Zeus abschlachtete. Während Hekabe mit Polyxena floh, trat ihnen Aineias entgegen. Polyxena lieferte <sich> ihm aus; Aineias verbarg sie bei seinem Vater Anchises. Andromache und Kassandra versteckten sich im Tempel der Athene. Die ganze Nacht über hörten die Argiver nicht auf, Verwüstungen anzurichten und Beute zu machen.

(42) Nachdem der Tag aufgeleuchtet war, rief Agamemnon alle Anführer auf der Burg zusammen, dankte den Göttern, lobte sein Heer sehr und befahl, in der Mitte die gesamte Beute abzulegen, die er mit allen teilte; zugleich fragte er das Heer, ob es ihm gefiele, dem Antenor, dem Aineias und denen, die gemeinsam mit ihnen ihre Vaterstadt verraten hatten, die *Fides* zu bewahren. Das ganze Heer stimmte dem laut zu. Daher rief er sie alle herbei und gab ihnen all das Ihre zurück. Antenor bat den Agamemnon, es möge ihm zu sprechen erlaubt sein; Agamemnon befahl zu sprechen. Anfangs sagte er allen Griechen Dank aus und erinnerte zugleich daran, dass Helenos und Kassandra immer ihrem Vater zum Frieden geraten hätten und dass Achilleus auf Vorschlag des Helenos hin zur Bestattung zurückgegeben worden wäre. Agamemnon gab aufgrund eines Beschlusses des *Consilium* dem Helenos und der Kassandra die Freiheit wieder. Helenos bat Agamemnon für Hekabe und Andromache um Gnade und erinnerte daran, dass er von ihnen immer hoch geschätzt worden sei. Auch diesen beiden wurde aufgrund eines Beschlusses des *Consilium* die Freiheit gewährt. Inzwischen verteilte er (Agamemnon) die ganze Beute unter seinem Heer, wie es sich gehörte, dankte den Göttern und brachte Opfer dar. Am fünften Tag beschloss man, nach Hause zurückzukehren.

(43) Als der Tag der Abreise gekommen war, brachen große Stürme aus und dauerten einige Tage an. Kalchas gab zur Antwort, den

inferis satis factum non esse. Neoptolemo in mentem venit Polyxenam cuius causa pater eius perierat, in regia non esse inventam. Agamemnonem poscit conqueritur, exercitum accusat, Antenorem accersiri iubet imperatque ei, ut inquirat eam inventamque ad se adducat. Antenor ad Aeneam venit et diligentius quaerit, ut, priusquam Argivi proficiscantur, Polyxena Agamennoni praesentetur. Polyxenam ab eis absconsam invenit, ad Agamemnonem adducit: Agamemnon Neoptolemo tradit, is eam ad tumulum patris iugulat. Agamemnon iratus Aeneae quod Polyxenam absconderat eum cum suis protinus de patria excedere iubet. Aeneas cum suis omnibus proficiscitur. Agamemnon postquam profectus est, Helena post aliquot dies maesta magis quam quando venerat domum reportatur cum suo Menelao. Helenus cum Cassandra sorore et Andromacha Hectoris fratris uxore et Hecuba matre Cherronensum petit.

(44) Hactenus Dares Phrygius mandavit litteris, nam is ibidem cum Antenoris factione remansit. Pugnatum est annis decem mensibus sex diebus duodecim ad Troiam. Ruerunt ex Argivis, sicut acta diurna indicant quae Dares descripsit, hominum milia DCCCLXXXVI et ex Troianis ruerunt usque ad oppidum proditum hominum milia DCLXXVI. Aeneas navibus profectus est, in quibus Alexander in Graeciam ierat, numero viginti duabus: quem omnis aetas hominum secuta est in milibus tribus et quadringentis. Antenorem secuti sunt duo milia quingenti, Helenum et Andromacham mille ducenti.

Unterirdischen sei nicht ausreichend Genugtuung geleistet worden. Neoptolemos kam es in den Sinn, dass Polyxena, derentwegen sein Vater zugrundegegangen war, im Palast nicht gefunden worden war. Agamemnon verlangte sie, beschwerte sich, beschuldigte sein Heer und befahl, dass man den Antenor herbeischaffe; er forderte ihn auf, sie zu suchen und, wenn sie gefunden worden sei, zu ihm zu bringen. Antenor kam zu Aineias und bat ihn recht eindringlich, dass er, bevor die Argiver aufbrächen, Polyxena zu Agamemnon zu bringen. Er fand Polyxena, die von ihnen versteckt worden war, und führte sie zu Agamemnon. Agamemnon lieferte sie dem Neoptolemos aus, und der schnitt ihr am Grab seines Vaters die Kehle durch. Zornig befahl Agamemnon dem Aineias, weil der Polyxena versteckt hatte, unverzüglich mit den Seinen die Vaterstadt zu verlassen. Aineias brach mit all den Seinen auf. Nachdem Agamemnon abgefahren war, wurde Helena einige Tage später – trauriger, als sie einst gekommen war – mit ihrem Menelaos nach Hause gebracht. Helenos eilte mit seiner Schwester Kassandra, mit Andromache, der Frau seines Bruders Hektor, und mit seiner Mutter zur Cherronesos.

(44) Bis hierher hat der Phryger Dares dies aufgeschrieben, denn er ist ebendort mit der Gruppe des Antenor zurückgeblieben. Gekämpft worden ist vor Troja 10 Jahre, 6 Monate und 12 Tage. Es fielen von den Argivern, wie es die Tagebücher verzeichnen, die Dares geführt hat, 886 000 Menschen und von den Trojanern fielen bis zum Verrat der Stadt 676 000 Menschen. Aineias brach mit denjenigen Schiffen auf, mit denen Alexandros nach Griechenland gefahren war, an der Zahl 22. Ihm folgten 3400 Menschen aller Altersstufen. Dem Antenor folgten 2500, dem Helenos und der Andromache 200 000.

FRAGMENTE GRIECHISCHER HISTORIKER

DIKTYS (*FGrHist* 49)

T 1 Suda Δ 1117
Δίκτυς, ἱστορικός. ἔγραψεν Ἐφημερίδα· ἔστι δὲ τὰ μεθ' Ὅμηρον καταλογάδην ἐν βιβλίοις θ, Ἰλιακά (*codices:* Ἰταλικά), Τρωϊκοῦ διακόσμου. οὗτος ἔγραψε τὰ περὶ τῆς ἁρπαγῆς Ἑλένης καὶ περὶ Μενελάου καὶ πάσης Ἰλιακῆς ὑποθέσεως.

T 2a Malalas 5.10–11 (p. 107 Dindorf, p. 79–80 Thurn)
(10) … καθὼς ὁ σοφώτατος Δίκτυς ὁ ἐκ τῆς Κρήτης ὑπεμνημάτισεν μετὰ ἀληθείας τὰ προγεγραμμένα καὶ τὰ λοιπὰ πάντα τῶν ἐπὶ τὸ Ἴλιον ἐπιστρατευσάντων Ἑλλήνων. (11) ἦν γὰρ μετὰ τοῦ Ἰδομενέως τοῦ προμάχου τῶν Δαναῶν τοῦ κατελθόντος εἰς τὸν πόλεμον ἅμα τοῖς ἄλλοις Ἀχαιοῖς· ὑπογραφεὺς γὰρ αὐτοῦ τοῦ Ἰδομενέως ἐτύγχανεν ὁ αὐτὸς Δίκτυς καὶ ἑωρακὼς ἀκριβῶς τὰ τοῦ πολέμου καὶ συγγραψάμενος, ὡς παρὼν τότε ἐν τοῖς χρόνοις ἐκείνοις μετὰ Ἑλλήνων.

T 2b Malalas 5.29 (p. 132–133 Dindorf, p. 101 Thurn)
… ἅτινα καὶ ἐν ταῖς τοῦ Δίκτυος ἐμφέρεται συγγραφαῖς, ὅπερ πόνημα μετὰ πολλὰ ἔτη Ὁμήρου καὶ Βεργιλλίου εὑρέθη ἐπὶ Κλαυδίου Νέρωνος βασιλέως ἐν κιβωτίῳ.

T 2b* *Ekloge Historion* II p. 221 Cramer
… ἅτινα καὶ ἐν ταῖς ῥαψῳδίαις τοῦ Δίκτυος ἐμφέρεται, ὅπερ πόνημα μετὰ πολλὰ ἔτη Ὁμήρου τελευτῆς ἐπὶ Κλαυδίου καὶ Νέρωνος εὑρέσθαι βασιλέων ἐν κασσιτερίνῳ κιβωτίῳ.

DIKTYS (*FGrHist* 49)

T 1 Suda Δ 1117
Diktys, Historiker. Er schrieb ein *Tagebuch*; es sind dies die Angelegenheiten nach Homer in Prosa in 9 Büchern, *Ilische* (Codices: *Italische*) *Angelegenheiten* und *Über die trojansche Schlachtordnung*. Dieser schrieb auch die *Angelegenheiten vom Raub der Helena*, *Über Menelaos und das ganze ilische Thema*.

T 2a Malalas 5.10–11 (p. 107 Dindorf, p. 79–80 Thurn)
(10) … wie der sehr weise Diktys, der aus Kreta stammt, mit Wahrheit das Vorstehende aufgezeichnet hat und all das Übrige der Griechen, die gegen Ilion in den Krieg gezogen waren. (11) Er war nämlich bei Idomeneus, dem Vorkämpfer der Danaër, der in den Krieg gegangen war, zusammen mit den anderen Achaiern. Sekretär dieses Idomeneus war nämlich eben dieser Diktys; er sah genau die Kriegsereignisse und schrieb sie auf, da er damals doch zu jenen Zeiten auf Seiten der Griechen zugegen war.

T 2b Malalas 5.29 (p. 132–133 Dindorf, p. 101 Thurn)
… dies wird auch in den Schriften des Diktys überliefert; dieses Werk wurde viele Jahre nach Homer und Vergil unter Kaiser Claudius Nero in einem Kästchen aufgefunden.

T 2b* *Ekloge Historion* II p. 221 Cramer
… dies wird auch in den *Rhapsodien* des Diktys überliefert; dieses Werk wurde viele Jahre nach Homers Ende unter den Kaisern Claudius und Nero in einem Kästchen aus Zinn aufgefunden.

T 2c Malalas 10.28 (p. 250 Dindorf, p. 189 Thurn)
τῷ δὲ ιγ ἔτει τῆς βασιλείας τοῦ αὐτοῦ Κλαυδίου Καίσαρος ἔπαθεν ὑπὸ θεομηνίας ἡ Κρήτη νῆσος πᾶσα· ἐν οἷς χρόνοις ηὑρέθη ἐν τῷ μνήματι τοῦ Δίκτυος ἐν κασσιτερίνῳ κιβωτίῳ ἡ ἔκθεσις τοῦ Τρωϊκοῦ πολέμου μετὰ ἀληθείας παρ᾽ αὐτοῦ συγγραφεῖσα πᾶσα. ἔκειτο δὲ προσκέφαλα τοῦ λειψάνου τοῦ Δίκτυος· καὶ νομίσαντες τὸ αὐτὸ κιβώτιον θησαυρὸν εἶναι προσήνεγκαν αὐτὸ τῷ βασιλεῖ Κλαυδίῳ· καὶ ἐκέλευσεν, μετὰ τὸ ἀνοῖξαι καὶ γνῶναι τί ἐστιν, μεταγραφῆναι αὐτὰ καὶ ἐν τῇ δημοσίᾳ βιβλιοθήκῃ ἀποτεθῆναι αὐτά.

T 3 Arethas, *Kommentar zu Dion Chrysostomos, or.* 11.92
οὐκ ὄντων δὲ ἑτέρων ποιητῶν οὐδὲ συγγραφέων …, ἀλλ᾽ αὐτὸς πρῶτος ἐπιθέμενος ὑπὲρ τούτων γράφειν.

ποιητὴς μὲν οὐδείς ἐστι τούτων πρὸ Ὁμήρου μεμνημένος· Δίκτυς δὲ ὄνομα Κρής, ὃς παρατυχὼν τῷ Τρωϊκῷ πολέμῳ γράφει τε τὰ πραχθέντα ἐκεῖ χαλκοῖς πίναξι καὶ ἑαυτῷ συνθάπτει· οἳ καὶ εὑρέθησαν χρόνῳ μακρῷ ὕστερον ἐπὶ Νέρωνος, ἐξ ὧν καὶ βιβλίοις κατετέθησαν συμφώνοις κατὰ πάντα Ὁμήρῳ.

T 4 Dictys Cretensis, *prologus*
s. o.

T 5 Dictys Cretensis, *epistula*
s. o.

T6* Syrianos, *Scholien zu Hermogenes,* Peri Staseon (IV p. 43 Walz)
ἡ γοῦν κατὰ Κάδμον καὶ Δαναὸν γραμματικὴ ἐπί τε τῶν Τρωϊκῶν ἠσκεῖτο, ὡς Δίκτυς ἐν ταῖς ἐφημερίσι φησὶ.

T 2c Malalas 10.28 (p. 250 Dindorf, p. 189 Thurn)
Im 13. Jahr der Kaiserherrschaft eben dieses Claudius Caesar (Nero) litt unter einem göttlichen Zorn (Erdbeben) die ganze Insel Kreta. Zu diesen Zeiten wurde im Grabmal des Diktys in einem Kästchen aus Zinn die Darlegung des Trojanischen Krieges aufgefunden, die der Wahrheit gemäß von ihm ganz abgefasst worden war. Es lag am Haupt des Leichnams des Diktys. Und man glaubte, eben dieses Kästchen sei ein Schatz, und brachte es dem Kaiser Claudius (Nero). Er befahl, nachdem man es geöffnet und erkannt hatte, was es war, dies umzuschreiben und es in der öffentlichen Bibliothek zu hinterlegen.

T 3 Arethas, *Kommentar zu Dion Chrysostomos, or.* 11.92
(Zitat aus Dion:) »Es gab ja keine anderen Dichter oder Schriftsteller …, sondern er (Homer) selbst unternahm es als erster, darüber zu schreiben.«
(Kommentar des Arethas:) Kein Dichter darüber wird *vor* Homer genannt; ein Mann namens Diktys aus Kreta aber, der beim Trojanischen Krieg zugegen war, schreibt das dort Getane auf ehernen Tafeln nieder und bestattet sie mit sich selbst. Diese wurden auch lange Zeit später unter Nero gefunden; aus diesen wurden sie in Bücher gestellt, die in allem mit Homer übereinstimmen.

T 4 Dictys Cretensis, *prologus*
s. o.

T 5 Dictys Cretensis, *epistula*
s. o.

T6* Syrianos, *Scholien zu Hermogenes,* Peri Staseon (IV p. 43 Walz)
Die Schrift wurde unter Kadmos und Danaos zur Zeit der trojanischen Dinge geübt, wie Diktys in dem *Tagebuch* sagt.

F 1 *Ekloge Historion* II p. 201 Cramer

ἔδοξε δὲ τοῖς Δαναοῖς πρῶτον ἀγωνίσασθαι ἐπὶ τὰς πλησίον τοῦ Ἰλίου καὶ τῆς Τροίας πόλεις, ὡς συμμαχούσας τῷ Πριάμῳ. διὸ καὶ ἀφωρίσθησαν παρὰ τοῖς βασιλεῦσιν Αἴας ὁ Τελαμώνιος καὶ Ἀχιλλεύς· καὶ πολλὰς πόλεις τῆς Φρυγίας σκυλεύσαντες πλεῖστον λαφύρων πλῆθος ἤγαγον ἐν τῷ στρατῷ. πολλῶν δὲ συμβολῶν (*codex:* συμβιλῶν) πολεμ<ί>ων γενομένων μεταξὺ Ἑλλήνων καὶ βαρβάρων, ἐκπορθεῖται ὁ Ἴλιος πόλις· καθὼς ἐν τῇ τοῦ Δίκτυος ἐκφέρεται πρώτῃ ῥαψῳδίᾳ.

F 2 Malalas 5.31 (p. 135 Dindorf, p. 103 Thurn)

πρὸς θεραπείαν τῶν τῆς πόλεως καὶ τῆς συγκλήτου ὅτι ἐφίλουν τὸν Ὀρέστην καὶ αὐτὸν ἠβούλοντο βασιλεῦσαι, οἱ ἱερεῖς ἁγνεύσαντες τὸν Ὀρέστην καὶ ἀποκαθαρίσαντες ἐξιλεώσαντο αὐτὸν τοῦ μητρῴου φόνου {τοῦ μαίνεσθαι}, καὶ ἀπαγαγόντες ἐν τῷ ἱερῷ τῆς Ἀθηνᾶς τὸν Ὀρέστην, ἐφ᾽ ᾧ ὁ Ἄρειος πάγος ὑπῆρχε, τῆς δίκης ἀκούσαντος <τοῦ Μενέσθεως> μεταξὺ Οἴακος τοῦ μετὰ Τυνδαρίου βασιλέως, πατρὸς τῆς Κλυταιμνήστρας, καὶ τοῦ Ὀρέστου. ὅστις Μενεσθεὺς ἐξεῖπε ψῆφον δικαίως τὸν Ὀρέστην ἐκδικῆσαι τὸν φόνον τοῦ ἰδίου πατρός, μάλιστα καὶ διὰ τὰς ἄλλας γυναῖκας ὅπως μή τις ἑτέρα γυνὴ τοιοῦτόν τι δεινὸν ἐργάσηται. ταῦτα Δίκτυς ἐν τῇ ἕκτῃ αὐτοῦ ῥαψῳδίᾳ ἐξέθετο.

F 3 Johannes von Antiocheia, F 40 Roberto

Πρίαμος δὲ ὁ τῶν Φρυγῶν βασιλεὺς συνελθὼν Ἑκάβῃ τῇ ἰδίᾳ γυναικὶ ἔσχεν ἐξ αὐτῆς πρὸς ἄλλοις παισὶ πλείστοις καὶ Πάριν τὸν καὶ Ἀλέξανδρον. <ἥτις ἔγκυος οὖσα> ἔδοξεν ἐν ὁράματι λαμπάδα πυ<ρὸς τί>κτειν, ἥτις διαδραμοῦσα πᾶσαν τὴν Τροίαν κατέκαυσεν. τοῦτο μαθὼν Πρίαμος εἰς τὸ μαντεῖον ὑπὸ τοῦ ὀνείρου ταρασσό<μενος ἦλθε> καὶ λαμβάνει χρησμὸν ὅτι

F 1 *Ekloge Historion* II p. 201 Cramer
{2.12} Die Danaër beschlossen zuerst, gegen die Städte in der Nähe von Ilios und Troja zu kämpfen, da diese mit Priamos verbündet waren. Deshalb wurden unter den Königen der telamonische Aias und Achilleus bestimmt. {2.17f.} Sie plünderten viele Städte in Phrygien und brachten so für das Heer eine sehr große Menge Beute ein. Nachdem es viele feindliche Begegnungen zwischen Griechen und Barbaren gegeben hatte, {5.12f.} wurde die Stadt Ilios erobert; so wird es in der ersten *Rhapsodie* des Diktys überliefert.

F 2 Malalas 5.31 (p. 135 Dindorf, p. 103 Thurn)
{6.4} Um jedoch den Stadtbewohnern und dem Ältestenrat (*synkletos*, Senat) entgegenzukommen – diese hatten ja Orestes gerne und wollten, dass er König würde –, heiligten und reinigten die Priester den Orestes und befreiten ihn von der Schuld des Muttermordes. Und sie führten den Orestes in das Heiligtum der Athene, in dem der Areopag war, wobei <Menestheus> die Anhörung vornahm zwischen Oiax – er war auf Seiten des Königs Tyndarios, des Vaters der Klytaimnestra – und Orestes. Dieser Menestheus trug als Urteilsspruch vor, dass Orestes den Mord an seinem Vater in gerechter Weise bestraft habe. (Dies tat er) insbesondere um der anderen Frauen willen, damit keine zweite Frau eine so schlimme Tat vollbringe. Dies hat Diktys in seiner sechsten *Rhapsodie* vorgestellt.

F 3 Johannes von Antiocheia, F 40 Roberto
{1.1} Priamos, der König der Phryger, schlief mit seiner Frau Hekabe und hatte von ihr neben vielen anderen Kindern auch den Paris, auch Alexandros genannt. Als sie schwanger war, schien es ihr in einem Traum, dass sie eine feurige Fackel gebären werde, die ganz Troja überrennen und es niederbrennen würde. Als Priamos dies erfuhr, war er von dem Traum beunruhigt und ging zum Orakel;

τριακοντούτης ὁ τούτου παὶς <Πάρις> γενόμενος ἀπολέσει τὴν Τροίαν καὶ τὰ βασίλεια αὐτῆς <καταλύ>σῃ. ὅπερ ἀκούσας ὁ Πρίαμος μετεκάλεσεν αὐτὸν Ἀλέξα<νδρον> καὶ ἔπεμψεν αὐτὸν εἰς ἀγρὸν ἀνατρέφεσθαι ὀνόματι Ἄ<μαν>δρον τὸν μετακληθέντα Πάριον. ἐκεῖ τε διατρίψας <Ἀλέ>ξανδρος τοὺς τριάκοντα ἐνιαυτοὺς φύσεώς τε δεξιᾶς τε<τυ>χηκὼς πᾶσαν ἐπαιδεύθη σοφίαν Ἑλληνικήν. ἐξέθε<το δὲ καὶ> λόγον εἰς ἐγκώμιον τῆς Ἀφροδίτης, λέγων μείζονα αὐτὴν εἶναι τῆς Ἀθηνᾶς καὶ τῆς Ἥρας· τὴν γὰρ Ἀφροδίτην <τὴν> ἐπιθυμίαν εἶπεν, ἐξ ἧς τίκτεται πάντα τὰ κακὰ τοῖς ἀνθρώποις. ἐντεῦθεν εἴρηται μῦθος ὅτι Πάρις ἔκρινε μεταξὺ Παλλάδος, Ἥρας καὶ Ἀφροδίτης καὶ <τῇ> Ἀφροδίτῃ δέδωκε τὸ μῆλον, ὅ ἐστι τὴν νικήν. εἶπε δὲ καὶ ὕμνον εἰς αὐτήν, τὸν λεγόμενον κεστόν. ταύτην γράφουσι τὴν αἰτίαν ἀφορφμὴν γενέσθαι τοῦ πολέμου. ὡς γὰρ λ’ παρῆλθεν ἐνιαυτὸς τῷ Παρίδι καὶ τὰ τῶν χρησμῶν ἐνομίσθησαν πεπαῦσθαι, μεταστειλάμενος τοῦτον ὁ πατὴρ ἐν Τροίᾳ ἑορτὴν ἐπετέλεσε …

καὶ πρὸς τὰ οἰκεῖα ἐπανελθὼν ἅμα καὶ Ἀγαμέμνονι τῷ βασιλεῖ περιῄει τοὺς τοπάρχας τῶν Ἑλλήνων, παρακαλῶν μηδὲ τὴν ὕβριν παριδεῖν τῆς Ἑλλάδος, μηδὲ τὴν ἁρπαγὴν τὴν ἐπ’ αὐτοῦ γενομένην, ἀλλὰ συμμαχεῖν αὐτῷ καὶ συναγωνίσασθαι κατὰ τῶν ταῦτα τολμησάντων <βαρβάρων>.

er erhielt den Orakelspruch, dass sein Sohn Paris, wenn er 30 Jahre alt wäre, Troja zerstören und seine Königsherrschaft beenden werde. Als er dies hörte, benannte Priamos ihn in Alexandros um und schickte ihn aufs Land, damit er dort erzogen wird, in einen Ort namens Amandros, der in Parion umbenannt wurde. Alexandros verbrachte die 30 Jahre dort; da er sehr fähig war, wurde er in der ganzen griechischen Weisheit erzogen. Und er sprach Aphrodite in dem Sinne Lob aus, dass sie größer sei als Athene und Hera, weil er mit Aphrodite das Verlangen meinte, aus dem alle Übel für die Menschen hervorgehen. Daraus wird der Mythos erzählt, dass Paris zwischen Pallas, Hera und Aphrodite zu urteilen hatte und dass er Aphrodite den Apfel, also den Sieg, gab. Und er sprach auch einen Hymnos an sie, den sogenannten *Kestos*. Es heißt, dass dieser Grund Auslöser des Krieges gewesen sei. Als das 30. Jahr des Paris vorüber war und die Sache der Orakelsprüche abgelaufen war, schickte ihn sein Vater nach Troja, wo er ein Fest ausrichten sollte. …

(Paris wird dann nach Griechenland geschickt, um Opfer zu bringen und von Menelaos empfangen zu werden, der jedoch aus einem ähnlichen Grund auf dem Weg nach Kreta ist. In seiner Abwesenheit entführt Paris Helena. Bei seiner Rückkehr schickt er zuerst Botschafter nach Troja, dann kommt er selbst mit Odysseus und Palamedes und einem Brief von Klytaimnestra, freilich ohne Erfolg.)

{1.1} Und als er nach Hause zurückkehrte, ging er (Menelaos) mit König Agamemnon zu den *Toparchoi* (Gebietsherrschern) der Griechen und forderte sie auf, weder die Beleidigung Griechenlands noch die Entführung, die ihm zugefügt worden war, zu übersehen, sondern mit ihm gemeinsam zu streiten und am Kampf gegen die Barbaren teilzunehmen, die dieses gewagt hätten.

F 3a Malalas 5.2–3 (p. 93–95 Dindorf, p. 68–69 Thurn)

(2) καὶ κατήντησεν ἐν τῇ πόλει τῇ λεγομένῃ Σπάρτῳ τῆς Ἑλλάδος, τῇ βασιλευομένῃ, ἤτοι τοπαρχουμένῃ, ὑπὸ Μενελάου, υἱοῦ Πλεισθένους· ὅστις Μενέλαος ἀνετράφη εἰς τὰ βασίλεια τοῦ Ἀτρέως, βασιλέως τῶν Ἀργείων, ἅμα Ἀγαμέμνονι, υἱῷ αὐτοῦ· κἀκεῖθεν ἐλέγοντο οἱ δύο Ἀτρεῖδαι.

ὁ δὲ Μενέλαος ἕτοιμος ἦν ἀποπλέειν εὐθέως ἐν τῇ Κρήτῃ ἅμα τοῖς συγγενεῦσιν αὐτοῦ, ὀφείλων θυσιάσαι τῷ Ἀστερίῳ Διὶ καὶ τῇ Εὐρώπῃ ἐν τῇ Γορτύνῃ, πόλει τῆς Κρήτης, ὅτε ἦλθεν ὁ Πάρις ἐν τῇ Σπάρτῳ πόλει πρὸς αὐτόν. ἔθος γὰρ εἶχεν ὁ Μενέλαος ποιεῖν ἑορτὰς καὶ θυσίας ἐν τῷ αὐτῷ χρόνῳ κατ᾽ ἔτος εἰς μνήμην τῆς Εὐρώπης, ὡς ἐκ γένους αὐτῆς. δεξάμενος δὲ τὸν Ἀλέξανδρον τὸν καὶ Πάριδα καὶ γράμματα τοῦ βασιλέως Πριάμου τῆς Φρυγίας καὶ Ἀσίας καὶ τὰ βασιλικὰ δῶρα τὰ παρ᾽ αὐτοῦ δοθέντα, περιεπτύξατο τὸν Πάριδα Ἀλέξανδρον, καὶ εὐμενῶς δεξάμενος αὐτόν, ὡς ἴδιον υἱόν, ἐν πάσῃ τιμῇ ἀφώρισεν αὐτῷ ἐν τῷ ἰδίῳ παλατίῳ δίαιταν καὶ παντοῖα ἀναλώματα καὶ τοῖς αὐτοῦ καὶ πᾶσαν θεραπείαν, εἰρηκὼς αὐτῷ διατρῖψαι ἐν τῇ αὐτῇ πόλει ὅσας ἐὰν βούληται ἡμέρας, αἰτῶν αὐτὸν μείναντα ἀνεθῆναι διὰ τὴν τοῦ πλοὸς ἀθυμίαν καὶ εἶθ᾽ οὕτως ἀπελθεῖν πληρῶσαι τὸ τάγμα τῆς θυσίας εἰς τὸ ἱερὸν τοῦ Ἀπόλλωνος. καὶ εὐθέως ὁ Μενέλαος καταστήσας αὐτὸν ἐν πολλῇ θεραπείᾳ ἀπέπλευσεν ἐπὶ τὴν Κρήτην, ἐάσας αὐτὸν εἰς τὸ ἴδιον παλάτιον.

(3) ἐν τῷ δὲ διάγειν τὸν Μενέλαον ἐπὶ τὴν Κρήτην θυσιάζοντα Διὶ Ἀστερίῳ καὶ τῇ Εὐρώπῃ ἐν τῇ Γορτύνῃ πόλει συνέβη τὴν Ἑλένην κατελθεῖν ἐν τῷ παραδείσῳ τοῦ παλατίου αὐτῆς. …

F 3a Malalas 5.2–3 (p. 93–95 Dindorf, p. 68–69 Thurn)
(Paris ist nunmehr 33 Jahre alt und die vom Orakel benannte Gefahr, dass er Troja zerstört, scheint gebannt. Priamos schickt ihn mit Einführungsbriefen und Geschenken für die Herrscher zum Opfer für Apollon nach Griechenland.)
(2) {1.1} Und er kam in die Stadt in Griechenland namens Spartos, die Stadt der Könige bzw. *Toparchoi* (s. o. F 3) unter Menelaos, Sohn des Pleisthenes. Dieser Menelaos war im Königspalast des Atreus aufgezogen worden, des Königs der Argiver, zusammen mit Agamemnon, dessen Sohn; daher nannte man die beiden Atriden (»Atreus-Söhne«).
{1.2} Menelaos aber war bereit, sogleich nach Kreta mit seinen Verwandten zu fahren, weil er dem Zeus Asterios und der Europe in Gortyn, einer Stadt in Kreta, ein Opfer schuldete, {1.3} als Paris in der Stadt Spartos bei ihm eintraf. Menelaos hatte nämlich die Gewohnheit, Feste und Opfer jährlich zur gleichen Zeit zu vollziehen zum Gedächtnis an Europe, da er aus ihrem Geschlecht stammte. Als er aber den Alexandros, der auch Paris hieß, empfangen und den Brief des Priamos, des Königs von Phrygien und Kleinasien, sowie die von ihm mitgegebenen königlichen Geschenke entgegengenommen hatte, umarmte er den Paris-Alexandros; er nahm ihn voll Wohlwollen wie einen eigenen Sohn auf. Er wies ihm unter allen Ehren in seinem Palast Räume zu, kam für vielerlei Kosten auf und ließ dessen Leuten jede Fürsorge zuteil werden. Er sagte zu ihm, er solle so viele Tage in dieser Stadt bleiben, wie er wolle. Er bat ihn zu verweilen, um sich von der Mühsal der Seereise zu erholen; dann solle er so aufbrechen, dass er das Opfergelübde im Heiligtum des Apollon vollziehen könne. Sogleich ließ Menelaos ihm vielerlei Fürsorge zukommen und fuhr nach Kreta, wobei er ihn in seinem Palast zurückließ.
(3) Während aber Menelaos auf Kreta seine Zeit damit verbrachte, dem Zeus Asterios und der Europe in der Stadt Gortyn zu opfern, geschah es, dass Helena in den Garten ihres Palastes hinabstieg. …
(*Es folgt der Raub der Helena.*)

μεμαθηκότες δὲ οἱ φυλάττοντες τὸ παλάτιον Μενελάου στρατιῶται τὴν τῆς Ἑλένης φυγήν, φοβούμενοι εὐθέως ἐξέπεμψαν στρατιώτας τρεῖς ἐκ τῆς πόλεως Σπάρτου τῆς Ἑλλάδος ἐν τῇ Γορτύνῃ πόλει τῆς Κρήτης ἀπαγγελοῦντας τῷ Μενελάῳ βασιλεῖ τὴν κλοπὴν τῆς Ἑλένης τὴν ὑπὸ Πάριδος, καὶ ὅτι μετ' αὐτῆς ἔλαβε καὶ τὴν Αἴθραν τὴν συγγενίδα αὐτοῦ καὶ τὴν Κλυμένην. …

F 4 Malalas 5.10–11 (p. 106–107 Dindorf, p. 79–80 Thurn)

(10) Πολυξένη μακρή, καθαρία, λευκὴ πάνυ, μεγαλόφθαλμος, μελάνθριξ, οὔλη, ὀπισθόκομος, εὔρινος, λεπτοπρόσωπος, εὐπάρειος, μικρόστομος, ἀνθηρόχειλος, μικρόπους, παρθένος, εὔχαρις, ὡραία πολύ, οὖσα ἐνιαυτῶν ιη ἐσφάγη, καθὼς ὁ σοφώτατος Δίκτυς … *(sequitur T 2a)*

(11) … ὅστις ἐξέθετο καὶ τοὺς προτραπέντας ὑπὸ Ἀγαμέμνονος καὶ Μενελάου βασιλέων καὶ τοὺς ὁπλισαμένους καὶ κατελθόντας μετὰ τοῦ στόλου ἐπὶ τὸ Ἴλιον, ἕκαστον ἔχοντα ἴδιον στρατὸν καὶ ναῦς. ὅστις πρὸ πάντων ἐξώρμησεν Ἀγαμέμνων, υἱὸς Ἀτρέως, Μυκηναίων βασιλεύς, σὺν νηυσὶν ρ, καὶ εἰς λόγον ἀποτροφῆς τῶν στρατοπέδων νῆας λ, Πηνέλεως καὶ Λήιστος καὶ Ἀρκεσίλαος καὶ Προθοήνωρ καὶ Κλονίος σὺν νηυσὶν ν, Ἐλεφήνωρ ἐξ Εὐβοίας σὺν νηυσὶν ξ, Μενέλαος δὲ υἱὸς Πλεισθένους, ὁ τῆς Σπάρτου βασιλεύς, σὺν νηυσὶν ξ, Διομήδης ἐξ Ἄργους σὺν νηυσὶν π, Ἀσκάλαφος καὶ Ἰάλμενος σὺν νηυσὶν λ, Σχεδίος καὶ Ἐπίστροφος σὺν νηυσὶν μ, Μέγης ἐκ Δολίχης τῆς Ἑλλάδος σὺν νηυσὶν μ, Αἴας Τελαμώνιος ἐκ τῆς Σαλαμίνου σὺν νηυσὶν <ιβ, Ἀντίμαχος καὶ Θάλπιος καὶ Δόρης σὺν νηυσὶν> μ, Νέστωρ σὺν νηυσὶν ϙ, Θόας σὺν νηυσὶν μ, Ἀγήνωρ καὶ Τευθίδης σὺν νηυσὶν ξ, Πρόθωος καὶ Μαγνίτωρ σὺν νηυσὶν μ, Εὔμενος σὺν νηυσὶν ια, Νηρεὺς ἐκ Μυκήνης σὺν νηυσὶν γ, Κάλχας ἐκ Τρίκκης σὺν νηυσὶν λ, Εὐρύπυλος ἐξ Ἀστερίου σὺν νηυσὶν μ, Λεοντεὺς καὶ Πολυπήτης

Als aber die Soldaten, die den Palast des Menelaos bewachten, die Flucht Helenas bemerkten, fürchteten sie sich und schickten sofort drei Soldaten aus der Stadt Spartos in Griechenland in die Stadt Gortyn auf Kreta, die dem Menelaos den Raub der Helena durch Paris melden sollten, ferner, er habe Aithra, seine Verwandte, mitgenommen, ebenso auch Klymene. …

F 4 Malalas 5.10–11 (p. 106–107 Dindorf, p. 79–80 Thurn)
(10) Polyxena (Tochter des Priamos) war groß, rein, ganz weiß, hatte große Augen, schwarze, lockige, nach hinten gekämmte Haare, eine stattliche Nase, zierliche Gesichtszüge, schöne Wangen, einen kleinen Mund, blühende Lippen, kleine Füße, war eine Jungfrau, liebenswürdig, sehr schön und 18 Jahre alt, als sie erschlagen wurde, wie der sehr weise Diktys … *(Es folgt T 2a)*
(11) … {1.17} Er legte auch dar, wer von den Königen Agamemnon und Menelaos aufgestellt wurde, und diejenigen, die sich rüsteten und mit der Flotte vor Ilion gelangten, wobei jeder sein eigenes Heer und seine eigenen Schiffe hatte. Vor allen anderen nun zog Agamemnon aus, der Sohn des Atreus, der König der Mykener, mit 100 Schiffen. Dazu hatte er zur Versorgung der Heere 30 Schiffe dabei. Peneleos, Leïstos, Arkesilaos, Prothoënor und Klonios mit 50 Schiffen. Elephenor aus Euboia mit 60 Schiffen, Menelaos aber, der Sohn des Pleisthenes, der König von Spartos, mit 60 Schiffen. Diomedes aus Argos mit 80 Schiffen. Askalaphos und Ialmenos mit 30 Schiffen. Schedios und Epistrophos mit 40 Schiffen, Meges aus Doliche in Griechenland mit 40 Schiffen. Der telamonische Aias aus Salamis mit <12 Schiffen. Antimachos, Thalpios und Dores mit> 40 Schiffen. Nestor mit 90 Schiffen. Thoas mit 40 Schiffen. Agenor und Teuthides mit 60 Schiffen. Prothoos und Magnitor mit 40 Schiffen. Eumenos mit 11 Schiffen. Nereus aus Mykene mit 3 Schiffen, Kalchas aus Trikka mit 30 Schiffen, Eurypolis aus Asterion mit 40 Schiffen. Leonteus und Polypetes mit 40 Schiffen.

σὺν νηυσὶν μ, Ἀμφιγενείας ἐξ Ἰλίου σὺν νηυσὶν μγ, Μενεσθεὺς ἐξ Ἀθηνῶν σὺν νηυσὶν ν, Ἰδομενεὺς καὶ Μηριόνης ἐκ Κρήτης σὺν νηυσὶν π, Ὀδυσσεὺς ἐκ Κεφαληνίας Ἰθάκης σὺν νηυσὶν ιβ, Τληπόλεμος ἐκ Λίνδου σὺν νηυσὶν θ, Αἴας ὁ Λοκρὸς σὺν νηυσὶν θ, Ἀχιλλεὺς ἐκ τοῦ Ἄργους τῆς Ἑλλάδος σὺν Πατρόκλῳ σὺν νηυσὶν ν, Πρωτεσίλαος καὶ Ποδάρκης σὺν νηυσὶν μ, Παλαμήδης σὺν νηυσὶν ιβ, Φιλοκτήτης ἐκ Μοθόνης σὺν νηυσὶν ξ, Νηρεὺς ἐκ Περαιβῶν σὺν νηυσὶν κβ, Σώρθης, Φίλιππος, Ἄντιφος σὺν νηυσὶν κ. αἱ πᾶσαι νῆες τῶν Ἑλλήνων ασν.
οἵ ἀπέπλευσαν κατὰ τὰ ἴδια μανδάτα πρῶτον εἰς τὴν Αὐλίδα χώραν, κἀκεῖθεν ἐπιστάντες τῇ χώρᾳ τῶν Φρυγῶν ἐξεπόρθησαν τὰ αὐτῶν βασίλεια, ὡς προγέγραπται, παραλαβόντες Πρίαμον βασιλέα καὶ φονεύσαντες αὐτὸν καὶ Ἑκάβην βασιλίδα, τοὺς δὲ αὐτῶν παῖδας αἰχμαλώτους εἰληφότες καὶ πάντα τὰ βασίλεια διαρπασάμενοι ὑπέστρεψαν εἰς τὰς ἰδίας χώρας. κατέσχεν οὖν ἡ βασιλεία Ἐφέσου τῆς Ἀσίας πάσης καὶ Τροίης τῆς Φρυγίας τὰ πάντα ἔτη ωιθ.

F 5 *Scholien A* zu Homer, *Ilias* 1.108–109b Erbse
ἐσθλὸν δ' οὔτε τί πω εἶπας ἔπος οὔτ' ἐτέλεσσας

ἐντεῦθεν οἱ νεώτεροι ὁρμηθέντες ἱστοροῦσιν ὅτι τῶν Ἑλλήνων ἐν Αὐλίδι πόλει τῆς Βοιωτίας ἀθροισθέντων καὶ ἀπλοίᾳ κατασχεθέντων, Κάλχας ὁ μάντις ἐξεφώνησε μὴ δύνασθαι εἰς Ἴλιον ἄλλως ἐκπλεῦσαι αὐτούς, εἰ μὴ Ἀγαμέμνων Ἰφιγένειαν τὴν θυγατέρα αὐτοῦ σφαγιάσῃ Ἀρτέμιδι, διὰ τὸ φονεῦσαι αὐτὸν τὴν ἱερὰν αἶγα τὴν τρεφομένην ἐν τῷ ἄλσει αὐτῆς, καὶ πρὸς τούτῳ καυχησάμενον εἰπεῖν ὅτι οὐδὲ ἡ Ἄρτεμις οὕτως ἂν ἐτόξευσε. τοῦ δὲ Ἀγαμέμνονος διὰ τὴν πολλὴν ἀνάγκην παραστήσαντος τὴν κόρην τῷ βωμῷ, κατοικτειρήσασαν τὴν θεὰν καὶ ἔλαφον ἀντὶ τῆς παρθένου παραστήσασαν σῶσαι καὶ ἐν Ταύροις τῆς Σκυθίας

Amphigeneias aus Ilion mit 43 Schiffen. Menestheus aus Athen mit 50 Schiffen. Idomeneus und Meriones aus Kreta mit 80 Schiffen. Odysseus aus Kephallenia auf Ithaka mit 12 Schiffen. Tlepolemos aus Lindos mit 9 Schiffen. Aias der Lokrer mit 9 Schiffen. Achilleus aus Argos in Griechenland zusammen mit Patroklos mit 50 Schiffen. Protesilaos und Podarkes mit 40 Schiffen. Palamedes mit 12 Schiffen. Philoktetes aus Mothone mit 7 Schiffen, Nereus aus Perhaiboi mit 22 Schiffen. Sorthes, Philippos, Antiphos mit 20 Schiffen. Die Schiffe der Griechen waren insgesamt 1250.
Die fuhren gemäß dem entsprechenden Abkommen zuerst ins Land Aulis. Und von dort überfielen sie das Land der Phryger, verwüsteten ihre Königssitze, wie vorher geschrieben, nahmen König Priamos und töteten ihn und die Königin Hekabe. Ihre Kinder aber machten sie zu Gefangenen, raubten alle Königspaläste aus und kehrten dann in ihre Länder zurück. Es dauerte also die Vorherrschaft von Ephesos über ganz Asien und das phrygische Troja insgesamt 819 Jahre.

F 5 *Scholien A* zu Homer, *Ilias* 1.108–109b Erbse
(Homer; es spricht Agamemnon zu Kalchas:) »Edles hast du noch nimmer geweissagt oder vollendet!«
(Scholiast:) Davon ausgehend berichten neuere Autoren, dass der Seher Kalchas, als die Griechen sich in Aulis, einer Stadt in Boiotien, versammelten und durch einen Sturm behindert wurden, erklärt habe, dass es keine andere Möglichkeit für sie geben würde, nach Troja zu segeln, als dass Agamemnon seine Tochter Iphigeneia der Artemis opferte, {1.19} weil er die heilige Ziege getötet hatte, die in ihrem Hain aufgezogen worden war, und weil er zudem geprahlt hatte, dass nicht einmal Artemis so hätte schießen können. Als aber Agamemnon unter großem Zwang seine Tochter an den Altar stellte, erbarmte sich die Göttin und rettete sie, indem sie anstelle der Jungfrau ein Reh hinstellte und sagte, sie sei zum

εἰς τὸ ἱερὸν τῆς θεοῦ εἰπεῖν πεμφθῆναι αὐτήν. ἡ ἱστορία παρὰ πολλοῖς μὲν τῶν νεωτέρων καὶ παρὰ Δίκτυϊ τῷ γράψαντι τὰ Τρωϊκά.

F 5* Georgios Kedrenos 140.2 I p. 257 Tartaglia (I p. 219 Becker) τοῦ χειμῶνος δὲ ἀντικειμένου αὐτοῖς ἐπὶ πολὺ Κάλχας ὁ μάντις θυσίαν ὀφείλειν τὸν Ἀγαμέμνονα εἶπε τὴν αὐτοῦ θυγατέρα τῇ Ἀρτέμιδι παρασχεῖν, ὡς θεᾷ τῆς χώρας οὔσῃ· ὁ δὲ οὐκ ἤθελεν. ἀλλὰ μὴν καὶ γυνὴ συνῳδὰ τῷ Κάλχαντι προφητεύουσα εἶπεν, ὡς εἰ μὴ τὴν πρώτην Ἀγαμέμνονος θυγατέρα τῇ Ἀρτέμιδι προσαγάγωσιν, ὁ χειμὼν οὐ λυθήσεται.

F 6 Johannes von Antiocheia, F 40.114, 42.1, 43 und 44 Roberto (F 40.114) καὶ ταύτας μὲν ὁ Ἀχιλλεὺς ἐπόρθησεν τὰς πόλεις· ὁ δὲ Αἴας τὰς ἐν Κύπρῳ καὶ Ἰσαυρίαι. ἐκεῖθεν δὲ ἐπὶ τὴν Θράικην <…> καὶ Χερρόνησον ἐπολιόρκει καὶ τὸν αὐτῶν βασιλέα Πολυμήστορα. ὁ δὲ Πολυμήστωρ φοβηθεὶς τὴν τοῦ ἀνδρὸς δύναμιν συνθήκας ἐποιήσατο πρὸς αὐτόν, ὥστε παρασχεῖν αὐτῷ χρυσίον καὶ σῖτον <ἑνὸς ἐνιαυτοῦ> καὶ Πολύδωρον τὸν υἱὸν Πριάμου· αὐτῷ γὰρ ὁ βασιλεὺς Πρίαμος παρέθηκεν μικρὸν ὄντα μετὰ τῶν χρημάτων, ἵνα αὐτὸς περισωθῇ τῆς πόλεως αὐτοῦ μελλούσης καταστρέψεσθαι. ἐκεῖθεν τοίνυν ὁ Τελαμώνιος Αἴας τὴν Τεύθραντος παραλαμβάνει πόλιν καὶ τὴν Τέκμησσαν τὴν τούτου θυγατέρα καὶ ποιεῖται γυναῖκα.

(F 42.1) φέρονται δὲ γράμματα παρὰ Πριάμου γενόμενα πρὸς Ταυτάνην τὸν βασιλέα Ἀσσυρίων καὶ πρὸς Δαυὶδ τὸν βασιλέα Ἱερουσαλήμ, ἐν οἷς περὶ βοηθείας ἐδεήθη. καὶ ὁ μὲν Δαυὶδ οὐ προσίετο, ὁ δὲ Ταυτάνης τὸν Τιθωνὸν ἔπεμψε καὶ τὸν Μέμνονα μετὰ πλήθους Ἰνδῶν.

Heiligtum der Göttin bei den Tauroi in Skythien gesandt worden. Die Geschichte steht bei vielen neueren Autoren und insbesondere bei Diktys, dem Autor der *Trojanischen Angelegenheiten*.

F 5* Georgios Kedrenos 140.2 I p. 257 Tartaglia (I p. 219 Becker) {1.19} Als der Sturm ihnen sehr entgegenstand, sagte Kalchas der Seher, Agamemnon sei als Opfer schuldig, seine eigene Tochter der Artemis zu geben, da sie Göttin des Landes war; er aber wollte nicht. Doch dann stimmte eine Frau mit Kalchas in der Weissagung überein und sagte, wenn sie nicht die erstgeborene Tochter des Agamemnon der Artemis als Opfer zuführten, werde der Sturm nicht gelöst werden.

F 6 Johannes von Antiocheia, F 40.114, 42.1, 43 und 44 Roberto (F 40.114) Diese Städte wurden also von Achilleus {2.18} und die in Zypern und Isaurien von Aias geplündert. Und von dort zog Aias nach Thrakien … (*Lücke im Text*) und belagerte die Cherronesos und ihren König Polymestor. Polymestor fürchtete sich vor der Macht des Mannes und machte mit ihm einen Vertrag, unter dessen Bedingungen er Gold, Getreide <für ein Jahr> und Polydoros, den Sohn des Priamos, übergab, weil ihm König Priamos ihn noch als Jungen anvertraut hatte, zusammen mit Mitteln, so dass er selbst überleben könnte, während seine Stadt fallen würde. Von da an übernahm der telamonische Aias die Stadt des Teuthras und dessen Tochter Tekmessa, die er zu seiner Frau machte.

(F 42.1) Es laufen Briefe um, die von Priamos an Tautanes gingen, den König der Assyrer, und an David, den König von Jerusalem, in denen er um Hilfe bittet. David stimmte zwar nicht zu, Tautanes aber schickte {4.4} Tithonos und Memnon mit einer Menge Inder.

(F 43) ὁ δὲ Ἀχιλλεὺς κρατήσας τινὰς τῶν κατασκόπων καὶ γνοὺς ἐξ αὐτῶν, ὡς ὑπαντήσει διὰ νυκτὸς Ἕκτωρ τῇ βασιλίδι Πενθεσιλείᾳ εἰς βοήθειαν αὐτῆς ἐρχόμενος, λαθὼν αὐτὸς καὶ ὑποκρύψας τοὺς ἰδίους, μέλλοντι περᾶσθαι Ἕκτορι ποταμὸν ἐπιβαίνει, καὶ ἀγνοοῦντα κτείνας τοῦτον καὶ τοὺς σὺν αὐτῷ ἕνα μόνον κατέλιπεν, ὃν ἀκρωτηριάσας ἔπεμψε τῷ Πριάμῳ. τὸ δὲ τούτου λείψανον ἑλκύσας διὰ τῶν ἵππων ἤγαγε ἐπὶ τὰς σκηνὰς καὶ μυρίας πληγὰς αὐτῷ προσενεγκὼν ἀνήρτησεν ἐπὶ τοῦ δίφρου. ἀκούσας δὲ Πρίαμος ὁ βασιλεὺς τοσοῦτον ὠλόλυξε μετὰ τῆς πόλεως, ὡς καὶ τὰ πετεινὰ ταραχθῆναι, καὶ τοὺς Ἕλληνας ἀκοῦσαι τῆς ἀπὸ τοῦ θρήνου κραυγῆς.

(F 44) ὁ δὲ Ἀχιλλεὺς τοῦτον ἐάσας κεῖσθαι τὸν ἐπιτάφιον ἐπετέλεσε Πατρόκλῳ, καὶ πολλοὺς παρασκευάσας ἀγῶνας πυρὶ παρέδωκε τὸ τοῦ Πατρόκλου σῶμα.
ὁ δὲ Πρίαμος τῃ ἑξῆς ἡμέραι πένθιμον φορῶν σχήμα καὶ ἐπιβὰς ἁμάξης ἅρματος τετρατρόχου χρυσ<ὸν καὶ ἄργυρον πο>λὺν καὶ κόσμον καὶ ἐσθῆτα λαμπράν, ἐπαγόμενος <δὲ> καὶ Πολυξένην τὴν ἰδίαν θυγατέρα παραγίνεται νυκτὸς εἰς τὴν τοῦ Ἀχιλλέως καλύβην, πάντων ἐκθαμβουμένων ἐπὶ τῇ τούτου τόλμῃ,
καὶ ῥίψας ἑαυτὸν τοῖς ποσὶ τοῦ Ἀχιλλέως ἱκέτευσεν λαβεῖν τὸ τοῦ Ἕκτορος σῶμα.
Πολυξένη δὲ περιπλακεῖσα τοῖς ποσὶ τοῦ Ἀχιλλέως ἐδέετο δουλεύειν αὐτῷ καὶ †παραμένειν τῷ τοῦ Ἕκτορος σώματι†. οἱ δὲ περὶ τὸν Ἰδομενέα καὶ Νέστορα παρεκάλουν τὸν Ἀχιλλέα δέξασθαι τὰ δῶρα καὶ τὸν Πρίαμον μετὰ τῶν ἱκετῶν· οἷς τοίνυν πεισθεὶς ὁ Ἀχιλλεὺς ἔφη πρὸς τὸν Πρίαμον ταῦτα· »ἔδει σε κρατεῖν ἐξ ἀρχῆς τῶν σῶν παίδων καὶ μὴ συνεξαμαρτάνειν αὐτοῖς, ἀλλ᾽ εἶχε μᾶλλον ἔρως σε καὶ τῶν ἀλλοτρίων πραγμάτων. δότε οὖν δίκας ἀνθ᾽ ὧν ἠσεβήσατε· σωφρονιζέσθωσαν δι᾽ ὑμῶν Ἕλληνές τε καὶ βάρβαροι«.

(F 43) Achilleus nahm einige der Späher gefangen und erfuhr von ihnen, dass Hektor Königin Penthesilea nachts für ihre Hilfe treffen würde. Er selbst verbarg, ohne beobachtet zu werden, seine Männer und griff Hektor an, als er gerade am Überqueren des Flusses war, überraschte und tötete ihn und jene mit ihm; er ließ nur einen am Leben, den er verstümmelte und an Priamos sandte. Er schleppte den Leichnam des Hektor mit seinen Pferden heran und brachte ihn zu den Zelten. Er fügte ihm 10 000 Wunden zu und band ihn an seinen Wagen. {3.16} Als König Priamos davon hörte, erhob er ein solches Heulen in der Stadt, dass sogar die Vögel verängstigt wurden und die Griechen den von der Klage herrührenden Schrei hören konnten.

(F 44) Aber Achilleus, der ihn (Hektor) dort liegen ließ, führte die Begräbnisriten für Patroklos durch: Er richtete viele Wettkämpfe aus und übergab den Leichnam des Patroklos den Flammen.
{3.20} Priamos trug am folgenden Tag Trauerkleidung und belud einen vierrädrigen Wagen mit Mengen von Gold, Silber, Schmuck, edler Kleidung, brachte auch Polyxena, seine eigene Tochter, mit und kam nachts zur Hütte des Achilleus, wobei er alle mit diesem seinem Wagemut erstaunte.
{3.21} Er warf sich dem Achilleus zu Füßen und flehte ihn an, ihn den Leichnam des Hektor übernehmen zu lassen.
{3.24} Polyxena umfasste die Füße des Achilleus und bat darum, seine Sklavin zu werden und statt dem Leichnam des Hektor dazubleiben (?). Die Leute um Idomeneus und Nestor ermutigten Achilleus, die Geschenke anzunehmen und Priamos mit den Bittstellern aufzunehmen. Sie beredeten Achilleus und er sagte zu Priamos Folgendes: »Du hättest deine Kinder von Anfang an beherrschen und ihnen nicht in ihren Fehlern beistehen sollen! In der Tat war es eher eine Begierde nach dem Eigentum anderer Leute, die dich ergriffen hat. Also zahle die Strafe für deine Taten der Gottlosigkeit, und mögen sowohl Griechen als auch Barbaren durch euch vernünftig werden.«

οὕτως εἰπὼν τὸν Πρίαμον ἅμα τῇ Πολυξένῃ ἀνίστησι τοῦ ἐδάφους καὶ προσετράπη (?) γεύσασθαι σὺν αὐτῷ, καὶ τὸν νεκρὸν αὐτοῖς ἐπαγγέλλεται δοθῆναι. ὁ δὲ Πρίαμος τῷ φόβῳ κεκρατημένος μετέλαβε βρωμάτων, καὶ πολλῶν ἐν μέσῳ λαληθέντων ἔπεισε τὸν Ἀχιλλέα δέξασθαι τὰ λύτρα καὶ δοθῆναι τὸ λείψανον,

παρεκάλει δὲ καὶ τὴν Πολυξένην καταλιπεῖν αὐτῷ δουλεύειν. ὁ δὲ Ἀχιλλεὺς ἀνεβάλλετο αἰσχυνόμενος τοὺς Ἕλληνας κρατῆσαι τότε τὴν Πολυξένην, εἰπὼν μετ᾽ ὀλίγον αὐτὴν ὀπάσασθαι. οὕτω δὴ Πρίαμος λαβὼν τὸ τοῦ Ἕκτορος σῶμα ἐπανῆλθεν εἰς τὴν Ἴλιον·

καὶ κηδεύσας τὸν νεκρὸν καὶ τὰς νενομισμένας τοῦ πένθους τελέσας ἡμέρας ἔμαθε τὴν Πενθεσίλειαν καταλαβεῖν τὴν Τροίαν μετὰ πλήθους Ἀμαζόνων, οὔπω τὸν τοῦ Ἕκτορος ἐγνωκυῖαν θάνατον. ὁ δὲ Πάρις ὑπήντησεν ταύτῃ μετὰ δώρων πολλων, καὶ πείθει ταύτην εἰσελθεῖν ἐν τῃ Τροίαι, ἐλπίδι τοῦ διὰ αὐτῆς περισωθῆναι τὴν πόλιν. ταῦτα πάντα ὁ Δίκτυος ἱστορεῖ.

ἐν δὲ τῷ μέλλειν τὴν Πενθεσίλειαν καταλαμβάνειν τὴν πόλιν οἱ Ἀχαιοὶ τὸν Πο<λύδωρον> πρὸ τοῦ <τείχους> τῆς πόλεως ἀναγαγόντες διεκηρυκεύοντο πρὸς τοὺς βαρβάρους ἀποδοῦναι τὴν Ἑλένην καὶ λαβεῖν τὸν Πολύδωρον. ὡς οὖν οὐκ ἠβουλήθησαν, ὁρώντων πάντων κατετόξευσαν τὸν νέον.

F 7a Papyrus Tebtunis 268 (mit den Ergänzungen von Luppe 2011)

Col. 1

± 20 χρ]υσέου τούτοις ἀλκή. ἡμερῶν δὲ διαγενομένων οὐ πά]νυ πολλῶν οἱ Ἕλληνες καθωπλισμένοι πόρρω εἰ]ς τὸ π[αι]<ε>δίον ἔρχονται προκαλούμενοι τοὺς βαρβαρ]ους. ἡγεῖτο δ᾽ αὐτῶν {βαρβάρων} Ἀλέξανδρος Ἕκτορ]ος μηκέτι ὄντος. ἑπομένων δὲ τῶν λαῶν καὶ μήπω] ἐπελθόντων ἑαυτοῖς τῶν Τρώων φυγόντων ἀπόλλυν]ται πολλο[ί], τ[ινὲς] αὐτῶν εἰς

{3.25f.} So redete er mit Priamos und auch mit Polyxena, ließ sie aufstehen und bat (?) sie, mit ihm zu essen. Er versprach, dass man ihnen den Leichnam zurückgeben werde. Priamos freilich wurde von Angst ergriffen, teilte aber das Essen, und beredete in der Zwischenzeit mit vielen Gesprächen den Achilleus, das Lösegeld anzunehmen und den Leichnam zurückzugeben.
{3.27} Er forderte ihn auch auf, Polyxena als seine Sklavin zurückzulassen. Achilleus aber verschob aus Sorge um das, was die Griechen denken würden, die Übernahme von Polyxena zu jener Zeit und sagte, er würde sie später annehmen. So nahm Priamos den Leichnam des Hektor und kehrte nach Ilion zurück.
{4.1f.} Er pflegte den Leichnam und beendete die übliche Anzahl von Tagen der Trauer. Dann erfuhr er, dass Penthesileia mit einer Menge Amazonen in Troja angekommen sei, die noch nicht vom Tod des Hektor erfahren hatten. Paris begegnete ihr mit vielen Gaben und beredete sie, nach Troja zu kommen, in der Hoffnung, dass sie die Stadt retten könnte. Das alles berichtet Diktyos.
Als Penthesileia gerade die Stadt erreichte, {2.27} führten die Achaier Po<lydoros> vor die <Stadtmauer> und verkündeten den Barbaren, sie sollten Helena im Austausch für Polydoros zurückgeben. Als sie sich weigerten, schossen sie den jungen Mann vor aller Augen nieder.

F 7a Papyrus Tebtunis 268
Spalte 1
{4.8} … an Gold ihre Stärke. {4.9} Nachdem nicht sehr viele Tage verstrichen waren, bewaffneten sich die Griechen, kamen weiter in die Ebene und forderten die Barbaren zum Kampf heraus. Anführer dieser Barbaren war Alexandros (Paris), da Hektor nicht mehr lebte. Aber während die Heere noch folgten und noch nicht zu ihnen gelangt waren, kamen von den fliehenden Trojanern viele um, manche von ihnen wurden in den (Fluss) Skamandros

τὸν Σκάμανδρον <ὠθηθέντες>, ζῶντ]ες δὲ λαμ[β]άνονται τῶν παίδων Πριάμου Λυκάων τε καὶ] Τρώιλος, οὓς ἐν μέσῳ τῶν Ἀχαιῶν προηγούμενος Ἀ]χιλλεὺς σφάζειν [κελεύει μήπω αὐτῷ Πριάμου τοῦ] πατρὸς πέμψαντος [ὑ]πὲ[ρ ὧν ὡμολόγησεν. πένθος δ]ὲ οὐ μικρὸν τοῖς ἐν [Ἰ]λίῳ ἐγένετο Τρωΐλου ἀπολομέν]ου· ἦν γὰρ ἔτι νέος [κ]αὶ γ[ενναῖος ± 18]…… ἁπάντων [τ]ῶν ± 23]…… ± 22] εσεν οὔτε ετως.τ … ± 22].ε τοὺς νε[κ]ρούς. ε …… ± 18 διαγ]ενομένων δὲ ὀλ[ίγων ἡμερῶν ἐνίσταται ἑορτὴ Ἀπό]λλωνος Θυμβ[ρ]α[ί]ο[υ, καὶ ἀνοχὴ γίνεται τοῦ πολέμου. ἐ]ν δὲ τῷ θύ<ε>ιν [διατριβόντων ἀμφοτέρων στρατῶν Π]ρίαμος ὑπὲρ [Πολυξένης Ἰδαῖον πέμπει λόγους φέ]ροντα πρὸς Ἀχι[λλέα. τοῦ δὲ ἐν τῷ ἄλσει σὺν τούτῳ ἰδιάζο]ντος θόρ[υ]βος [ἐν τοῖς Ἕλλησι ἐγένετο ὡς Ἀχιλλέως] προδ[ι]δόντος τ[ὸν στρατὸν τοῖς Τρωσί. καὶ με]τ' οὐ πολὺ Ἀλέξα[νδρος ἐνέδρας κατασκευασθείσης ἐγχειρίδιον] ἔχων σὺν [Δηιφόβῳ πρὸς τὸ ἄλσος προσῆλθ]ον [καὶ] Α[ἴ]ας σὺν Διο[μή]δει καὶ Ὀδυσσεῖ. διὰ δὲ κοιν]ὸν λόγο[ν] ἔμ<ε>ινα[ν] αὐτό[θι Ἀχιλλέα εἰ ἐξίοι ἐκ τοῦ ἄλσο]υς, ὡς πα[ρ]αγ[γ]ει[λ]ώσ[ι]ν αὐτῷ τὰ γενόμενα κρύφα τε] τοῖς βαρβάροις [π]{ε}ιστ[εῦ]σαι ἀποτρέψωσιν. …]και μα.[.].[.]απο[..]ε.. ± 18 παραγ]ίνεται Ἀλέξανδρο[ς.]στ.. ± 24]ν[.]ου βωμον..[..]..νι ….. περιπλακέντος δὲ Δηφ]όβου Ἀ[χ]ίλλει

… οὓς ἰδὼν εἶπεν Ὀδυσσ]εὺ[ς]· »οὐκ [ἀγαθόν] τι οὗτοί εἰσιν ἐργασάμενοι.« ᾧ ἐπι]χειρησόμε[νοι εἰ]σελθ[ό]ντες εἰς τὸ ἄλσος καὶ τὸ ὅλ]ον περισκοπο[ύ]μενοι ὁρῶσι τὸν Ἀχιλλέα κείμενον ἐντὸς] τῆς εἱρκτῆς [τ]οῦ βωμοῦ καθημαγμένον μέν, ἔτι δὲ καὶ ἐμ]πνέοντα. πρ[ὸ]ς [ὃ]ν Αἴας εἶ-

geworfen, die Lebenden von den Söhnen des Priamos, Lykaon und Troïlos aber gefangen; diese führten sie mitten unter die Achaier, die deren Anführer Achilleus sofort niedermetzeln ließ, weil ihr Vater sie nicht gesandt hatte für das, dem er zugestimmt hatte. Keine geringe Trauer erfasste die Leute in Ilion, als Troïlos getötet wurde: Er war noch jung und vornehm

… von allen …

…

… weder …

… die Toten …

{4.10} … Nachdem einige Tage vergangen waren, wurde das Fest des Apollon Thymbraios gefeiert und es gab eine Pause im Krieg. Beim Opfern der beiden Heere entsandte Priamos für Polyxena den Idaios, der Worte zu Achilleus bringen sollte. Aber während dieser in dem Hain mit ihm sprach, entstand ein großer Aufruhr bei den Griechen, dass nämlich Achilleus das Heer an die Trojaner verraten habe.

Und nach nicht langer Zeit kam Alexandros, als ein Hinterhalt bereitet worden ist, ein Handmesser haltend mit Deïphobos zu dem Hain, auch Aias mit Diomedes und Odysseus. Durch das gemeinsame Wort warteten sie dort ab, ob Achilleus aus dem Hain herausgehe, damit sie ihm das Geschehene heimlich meldeten und ihn davon abbrächten, den Barbaren zu vertrauen.

…

{4.11} Alexandros erscheint …

… der Altar …

… als Deïphobos den Achilleus umarmt …

(35–40 enthalten nichts Übersetzbares)

… diese sehend sagte Odysseus: »Nichts Gutes haben diese bewirkt.« Also griffen sie an, gingen in den Hain, schauten alles um sie herum an und sahen Achilleus im Inneren des Bereichs des Altars liegen, blutbefleckt, aber immer noch atmend. Zu ihm sprach Aias:

πεν· »ἦν ἄρα ἀληθὲς ὅτι οὐδεὶς ἄ]λλος σε ἀνθρώπων ἠδύνατο κτεῖναι ἀλκῇ διαφέροντα πά]ντων, ἀλλ' ἡ σὴ προπέτεια ἀπώλεσέν.« ὁ δέ· »διὰ Πολυξέν]ην ταῦτά με εἰργ[ά]σαντο Ἀλέξανδρος καὶ Δηίφοβος.« συμ]πλακέντες δ' αὐτ[ῷ] ἠσπ[ά]σαντο αὐτὸν τὸ τελευταῖον οἱ ἡγεμόν]ες. νεκρὸν δὲ [γε]νόμενον ἐπειράσατο Αἴας βαστάνας ἐ]π' ὤμω φέρειν α[ὐτὸν] ἐ{.}κ [τοῦ ἄλσους. οἱ δὲ Τρῶες ἰδόντες ταῦτ]α τὸν νεκρὸ[ν ἠθ]έλη[σαν ἁρπάσαι ὡς τὸ σῶμα αἰκίσ]ωσιν. οἱ Ἕλλη[νες] δὲ συνιδόντες τὸ γενόμενον ἀναλαμβάνουσιν τὰ ὅπλα καὶ τοῖς τὸν Ἀχιλλέα κομίζουσιν συναπήντων.

<συναψάντων> δ' ἀλλήλοις παραδοὺς Αἴας τοῖς περὶ τὸν Διομήδην φυλάσσ<ε>ιν τὸν νεκρὸν βάλλει πρῶτον Ἄσιον Δύμαντος Εκάβης ἀδελφόν, μετὰ δε τοῦτο Νάστην καὶ Ἀμφίμαχον, Καρῶν ἡγεμόνας. παρίστανται δ' αὐτῷ Αἴας καὶ Σθένελος κτείνοντ[ες τοὺς πρωτοστάτας. γειτόνων δὲ ἀκόσμως πολλῶν φυγ[όντων και τῶν βαρβάρων καὶ ἀμαχεὶ ἀνηρ[η]μέν[ων καὶ μηκέτι ἀν<θ>ί[σ]τασθαι δυναμένων διώκουσ[ιν αὐτ]οὺς ἕως ἐν τε[ί]χεσιν ἐγένοντο. ἐπεὶ δ' <οἱ βασιλεῖς ?> ἐνε[γκόν-

Col. 2

τες ἦλθον [εἰς] τὰς σκηνὰς τὸν νεκ[ρὸ]ν Ἀχιλλ[έως, οὐδ<ε>ὶς τῶν λαῶ[ν αὐτ]οῖς συνέ[στεινεν, ἀλλ' ἀπαθεῖς ἦσαν] ο[ὐ]δ' ἐ[λυπή]σαντο ὑποπτεύσαν[τες ὅτι
..-ο]ν τι [οὗτο]ς εἶχε κ[αὶ] κατ' αὐτοῦ [.]φη[
--- [καὶ εἰς]
τὸν τόπον] ἐξαπέφ[ε]ρο[ν αὐ]τὸν {Ἀχιλλέα}, ἐφ' [ὃν καὶ τὸν Πάτ]ροκλον ἐξέφ[ε]ρο[ν, κα]ὶ ἐπὶ τρεῖς ἡμέρα[ς χοὰς ἔβαλλο[ν αὐτῷ.] τῇ δὲ πυρᾷ παρήδρευσεν Αἴ[ας] κα[ὶ αὐτὸν ἐφ]ύλ[αττε] διανυκτερεύσ[α]ς τὰς πάσας ἡμέ[ρας πολπολλῇ σπουδῇ ἀ]τίτῳ κα[ὶ] φίλον κ[α]ὶ συγγενῆ [κ]α[ὶ μάλιστα ὡς πάντ[α]ς τοὺς λοι[π]οὺς ἥρωας ἀλκῇ [ὑ]περ[βάλλο]ντα. χα[ρὰ] δ' ἦν πολλὴ ἐπὶ τοῖς Τρωσὶν [καὶ ῥασ-

»Es ist wahr, dass kein anderer dich töten kann, alle, die stark sind. Es ist vielmehr dein Ungestüm, das dich zerstört hat.« Und er antwortete: »Es ist wegen Polyxena, dass Alexandros und Deïphobos mir dies angetan haben.« Und ihn umarmend küssten die Anführer ihn zum letzten Mal. Als er ein Leichnam geworden war, hob ihn Aias auf, um ihn auf der Schulter aus dem Hain zu tragen.
{4.12} Als die Trojaner das sahen, wollten sie den Leichnam rauben, um ihn zu entstellen. Die Griechen aber, die erkannten, was geschah, holten ihre Waffen und trafen sich mit denen, die es versuchten, Achilleus zu entfernen. <Als sie aufeinander trafen>, übergab Aias den Leichnam an die Leute um Diomedes zur Bewachung und traf zuerst Asios, den Sohn von Dymas, Bruder der Hekabe, und danach Nastes und Amphimachos, die Anführer der Karer.

Und da standen neben ihm Aias und Sthenelos und töteten die Anführer. Als viele Nachbarn in Unordnung flohen und die Barbaren getötet wurden, ohne einen Kampf zu führen und ohne länger auszuhalten, verfolgten sie jene, bis sie an den Mauern eingetroffen waren. {4.13} Als die Könige (?)

Spalte 2
zu den Zelten kamen, die den Leichnam des Achilleus brachten, verbeugte sich niemand von den Heeren, sondern sie blieben gelassen und beklagten das Unglück nicht, da sie ahnten, dass …
dieser hatte und von ihm …
(68–69 enthalten nichts Übersetzbares)
Sie führten diesen Achilleus an den Ort, an dem sie auch den Patroklos bestattet hatten, und drei Tage lange brachten sie Trankspenden bei ihm dar. Neben dem Scheiterhaufen saß Aias und wachte über ihn die ganze Nacht und den ganzen Tag mit großem ungerächtem Eifer und Sorgfalt und übertraf Freunde, Verwandte und insbesondere auch alle anderen Helden an Stärke.
{4.14} Und es war viel Freude und Heiterkeit unter den Trojanern,

τώνη] Ἀχ[ι]λ[λέω]ς πεσόντος. οὐ γὰρ ἤλπιζον Ἕ[κτορος ἀποθανόντος] μηδ[ὲ] περιόντ[ος, ἐνεκωμίασαν δὲ τ]ὴν Ἀλε[ξάνδ]ρο[υ] ἐπ[ί]νοιαν ὅτι [ἐνέδρα εὐπραξίαν [ἔπραξε] μὴ δυν[ά]μενος ἐπ᾽ [ἀνδρείᾳ. οὕτω δ᾽ Ἀλέξανδρον [τι]μ[ώ]ντω[ν] ἄ[γ]γελοι παρα[γίνονται ἀπαγγέλλοντες Εὐρύπυλον τὸ[ν Τηλέφου παρεῖναι]. Πρίαμος γὰρ αὐτὸν πρὶν Ἕκτορα π[εσεῖν παρεκάλεσε ὁμολογήσας καὶ Κασσάνδραν [αὐτῷ δοῦναι καὶ πέμψας αὐτῷ τὴν χρυσῆν ἄμπελον. [οὗτος δ᾽ ἔνδοξος ἦν ἐπ᾽ ἀνδρείᾳ καὶ παραγείνεται ἐπ[άγων καὶ τοὺς Μυσοὺς [κ]αὶ Κ[η]τέους. ε<ἶ>χον {τὸ} δὲ [οἱ Τρῶες τούτους εὐφρόνως ὑπαντήσαντες τῶν μελλόντων ἀμείνο[υς ἐλ[πί]δας Ἀχιλλέω[ς] καταβληθέντος. οἱ δὲ Ἕλληνες συ[νλ]έξαν[τ]ες τὰ ὀστέα Ἀχιλλέως εἰς ὑδρίαν φέρουσιν θάπτοντες ἐν Σιγ<ε>ίῳ, σὺν δ᾽ αὐτῷ καὶ Πατρόκλο{υ}ν νου[θετοῦ]ντος τοὺς λαοὺς Αἴαντος, ἐπὶ <τῷ> μηδὲν ἄ[ξιον ἀ<ε>μν]ήστου [ἥρῳ] Ἀχιλλεῖ ποιήσασθαι θανόντ[ι]. γεί]νεται <δ᾽> ἔκδο[σ]ις ναοῦ Ἀχιλλέως ὑπὸ Αἴαντος τῶν ἐν Σ[ι]γ<ε>ίῳ κατασκευάσαι μισθὸν λαβόντων. ἐν δὲ τῷ αὐτῷ χρόνῳ Πύρρος ὃν Νεοπτόλεμον ἐκάλουν καταν[τ]ήσας εὑρίσκει τὸν τάφον καὶ τὸν ναὸν γινόμενον· καὶ πάντα πυθόμενος τὸν γενόμενον αὐτο[ῦ θ]άνατ[ο]ν καθοπλίσας τοὺς σὺν αὐτῷ λαοὺς – ἦσαν δὲ Μυρμιδόνες οὗτοι, μάχιμόν τι ἔθ[νος] – ἀπο[λ]εί[πει ἐπιμελητὴν [τ]ῶν ἔργων Φοίνικα. ἐλθὼν [δὲ εἰς τὰς τοῦ πατρὸς νῆας καὶ τὴν σκηνὴν [εὑρίσκει Ἱππο[δ]άμιαν φύλακα τῶν Ἀχι[λ]λέως π[άντων. προσελθ]όντες δ᾽ οἱ β[α]σιλ<ε>ῖς πάντε[ς] παρακ[αλοῦσι τὸν Νεοπτόλεμον γενναίως φέρ<ε>ιν. ὁ δ[ὲ τοὺς αὐτὸν ποικίλως παραμυθησαμένου[ς …

als Achilleus gefallen war. Sie hatten dies nämlich nicht gehofft, nachdem Hektor tot und nicht mehr am Leben war, und priesen das Vorhaben des Alexandros, dass ein Hinterhalt eine gute Möglichkeit schuf, die er durch Tapferkeit nicht erlangt hätte. Als sie den Alexandros so ehrten, trafen Boten ein, die meldeten, dass Eurypylos, Sohn der Telephos, anwesend sei. Priamos hatte ihn vor dem Fall des Hektor eingeladen, indem er zugestimmt hatte, ihm auch die Kassandra zu geben, und ihm einen goldenen Weinstock geschickt hatte. Dieser war berühmt für seine Tapferkeit; er kam mit den Mysern und den Ketern an. Es hatten nun die Trojaner, die dies freundlich begrüßten, für die Zukunft bessere Hoffnung, da Achilleus niedergestreckt worden war.

{4.15} Die Griechen sammelten die Gebeine des Achilleus in einem Wasserkrug, nahmen sie mit und begruben sie bei Sigeion und mit ihm auch den Patroklos, wobei Aias den Leuten in den Sinn gebracht hatte, für den keineswegs ein Vergessenwerden verdient habenden verstorbenen Heros Achilleus einen Tempel zu errichten; es gibt eine Ausgabe dafür, den Tempel des Achilleus zu errichten, von Aias für diejenigen von den Leuten in Sigeion, die für den Bau Lohn erhielten. Zu der gleichen Zeit, als Pyrrhos, den sie Neoptolemos nannten, bei seiner Ankunft das Grab und den Tempel fand, der gebaut worden war, und alles über die Art seines Todes erfuhr, bewaffnete er die Soldaten, die er bei sich hatte – dies waren 100 Myrmidonen, ein kriegerischer Stamm –, und ließ Phoinix als Verantwortlichen für die Aufgabe zurück. Als er aber zu den Schiffen und zu dem Zelt seines Vaters kam, fand er Hippodameia, die alle Achilleus Besitztümer bewachte. Alle Könige kamen zu ihm und forderten Neoptolemos auf, dies vornehm zu ertragen. Und denjenigen, die ihn auf verschiedene Weise getröstet hatten, …

F 7b Malalas 5.22–29 (p. 122–132 Dindorf, p. 93–101 Thurn)

(22) … τεφρώσας τὸν Τελαμώνιον Αἴαντα καὶ βαλὼν ἐν ὑδρίᾳ ἔθαψεν μετὰ τιμῆς μεγάλης πλησίον τοῦ τύμβου τοῦ Ἀχιλλέως, τοῦ ἐξαδέλφου αὐτοῦ, πατρὸς δὲ τοῦ Πύρρου, εἰς τόπον λεγόμενον Σίγριν.

(23) ὁ δὲ Τεῦκρος, ὁ ἀδελφὸς τοῦ Αἴαντος τοῦ Τελαμωνίου κατέφθασεν εὐθέως ἐλθὼν ἀπὸ τῆς Σαλαμῖνος, πόλεως τῆς Κύπρου πρὸς βοήθειαν τοῦ ἀδελφοῦ αὐτοῦ, καὶ εὗρε τὸν Πύρρον. καὶ μεμαθηκὼς παρ᾽ αὐτοῦ τὰ συμβάντα, ἀκούσας δὲ καὶ τὴν γεναμένην <παρ᾽ αὐτοῦ> τιμὴν τῶν λειψάνων τοῦ Αἴαντος, ἐπαινῶν καὶ ἐπευχόμενος τῷ Πύρρῳ ἔφη· »οὐδὲν ξένον πεποίηκας· ἐκείνης γὰρ τῆς Ἀχιλλέως θείας φρενὸς ὑπάρχεις υἱός. λείψανα γὰρ τῶν ἀγαθῶν ἀνδρῶν οὐκ ἀφαιρεῖται ὁ χρόνος, ἡ δὲ ἀρετὴ καὶ θανοῦσα λάμπει.« καὶ παρακαλεῖ ὁ Πύρρος τὸν Τεῦκρον ἅμα αὐτῷ μεταλαβεῖν βρωτοῦ καὶ ποτοῦ. καὶ ἐν τῷ συμποσίῳ, ὡς ὄντα ἐκ τοῦ ἰδίου γένους τὸν Τεῦκρον ὁ Πύρρος ᾔτει διηγεῖσθαι αὐτῷ πάντα ἐξ ἀρχῆς τὰ συμβάντα τῷ αὐτοῦ πατρί, φήσας ἀγνοεῖν τὸ ἀκριβές. ὁ δὲ Τεῦκρος ἤρξατο λέγειν οὕτως.

(24) »ὁ πᾶς αἰὼν οὐκ ἐξαλείψει τὴν Ἀχιλλέως κατὰ Ἕκτορος νίκην· ὃς μαθὼν Ἕκτορα νυκτὸς βουλόμενον ἀπαντῆσαι τῇ βασιλίδι <τῶν Ἀμαζόνων> Πενθεσιλείᾳ, προποιήσας <Ἀχιλλεὺς ὁ σὸς γενέτης> λάθρᾳ ἅμα τῷ ἰδίῳ στρατῷ καὶ ἑαυτὸν σὺν αὐτοῖς ἀποκρύψας, τὸν ποταμὸν διαβαίνοντα τὸν Ἕκτορα κτείνει καὶ ἅπαντας τοὺς αὐτῷ ἑπομένους, ἕνα μόνον καταλιπὼν ζῶντα· ὅντινα χειροκοπήσας Πριάμῳ ἔπεμψεν ἀγγελοῦντα τὸν Ἕκτορος θάνατον. καὶ τὰ συμβάντα μηδενὸς τῶν Ἑλλήνων γνόντος ἤγαγε τὸ τοῦ Ἕκτορος λείψανον εἰς δάπεδον πρὸ αὔγους· καὶ ἐν δίφρῳ ἀναρτήσας αὐτὸν

F 7b Malalas 5.22–29 (p. 122–132 Dindorf, p. 93–101 Thurn)
{4,15} (22) … *(Als Pyrrhos gesehen hatte, dass alle abgefahren waren,)* verbrannte er den telamonischen Aias, warf die Asche in einen Wasserkrug und bestattete ihn mit großer Ehrbezeugung nahe dem Grab des Achilleus, seines Vetters, des Vaters aber des Pyrrhos, an einem Ort namens Sigris.
(23) Teukros aber, der Bruder des telamonischen Aias, traf sogleich, von Salamis, einer Stadt auf Kypros, herkommend, zur Hilfeleistung für seinen Bruder ein und fand den Pyrrhos vor. Und als er von ihm erfuhr, was geschehen war, nachdem er aber auch von der Ehre vernommen hatte, die von ihm den Überresten des Aias erwiesen worden war, lobte er ihn, und indem er Pyrrhos Gutes wünschte, sagte er: »Du hast nichts Unerwartetes getan. Du bist ja ein Sohn jenes göttlichen Denkens des Achilleus. Die Überreste der guten Männer nimmt uns nämlich nicht die Zeit, vielmehr leuchtet ihre Tüchtigkeit, auch wenn sie gestorben sind.« Pyrrhos lud den Teukros ein, zusammen mit ihm Speise und Trank zu sich zu nehmen. Und beim Symposion bat Pyrrhos den Teukros – er kam ja aus dem gleichen Geschlecht – er solle ihm alles von Beginn an erzählen, was seinem Vater zugestoßen sei; er selbst wisse nichts Genaues. Teukros aber fing so zu sprechen an:

(24) »Der ganze Ablauf der Zeit wird nicht den Sieg des Achilleus über Hektor (aus dem Gedächtnis) auslöschen. Als dieser erfahren hatte, {3.15} dass Hektor in der Nacht der <Amazonen>königin Penthesileia entgegengehen wolle, kam <Achilleus, dein Vater>, ihm heimlich mit seinem eigenen Heer zuvor und verbarg sich mit ihnen; während Hektor den Fluss überschreiten wollte, tötete er ihn und sein ganzes Gefolge, nur einen ließ er lebend übrig. Ihm schlug er die Hände ab und schickte ihn zu Priamos, um ihm den Tod des Hektor zu melden. Und während keiner von den Griechen die Ereignisse kannte, brachte er vor Tagesanbruch den Leichnam des Hektor auf den Erdboden. Er band ihn an seinen Wagen an. und während

τοὺς ἵππους ἐλαύνοντος Αὐτομέδοντος σὺν αὐτῷ μαστιγόπληκτον αὐτοῦ τὸ σῶμα ὁ σὸς γενέτης ποιῶν οὐκ ἐπαύετο. ἀκούσας δὲ Πρίαμος τὸν τοῦ Ἕκτορος μόρον ὠλόλυξε, καὶ πάντες σὺν αὐτῷ· καὶ τοσαύτη βοὴ ἐγένετο ἐκ τοῦ πλήθους τῶν Τρώων, ὥστε καὶ τὰ πετεινὰ τοῦ οὐρανοῦ ταραχθῆναι. καὶ οἱ Ἕλληνες δὲ χαίροντες ἀντεβόησαν ὁμοίως· καὶ κλείονται αἱ πύλαι τοῦ Ἰλίου.

ὁ δὲ σὸς γενέτης ἐπετέλεσεν ἀγῶνος ἑορτὴν τοῖς βασιλεῦσι καὶ πᾶσι, πολλὰ φιλοτιμησάμενος.

τῇ δὲ ἑξῆς ἡμέρᾳ ὁ Πρίαμος πένθιμον φορῶν σχῆμα, ἄξας μεθ' ἑαυτοῦ Πολυξένην τὴν θυγατέρα αὐτοῦ, παρθένον, καὶ Ἀνδρομάχην, τὴν Ἕκτορος γυναῖκα, καὶ Ἀστυάνακτα καὶ Λαοδάμαντα, υἱοὺς αὐτοῦ νηπίους, παραγίνεται πρὸς τοὺς Ἕλληνας, ἀγαγὼν μεθ' ἑαυτοῦ καὶ κόσμον πολὺν καὶ χρυσὸν καὶ ἄργυρον καὶ ἐσθῆτα. οὔσης δὲ σιγῆς ἐν τοῖς ἡγεμόσι τῶν Ἑλλήνων, πλησίον δὲ αὐτοῦ γενομένου, ἐθαύμαζον πάντες τὴν εὐτολμίαν τοῦ αὐτοῦ Πριάμου καὶ ἀπαντῶσιν αὐτῷ βουλόμενοι μαθεῖν τὴν αἰτίαν τῆς ἀφίξεως. ἑωρακὼς δὲ αὐτοὺς ὁ Πρίαμος, ἑαυτὸν εἰς τὸ ἔδαφος ῥίψας, κόνιν ἐπὶ τῆς κεφαλῆς αὐτοῦ φέρων καὶ δεόμενος αὐτῶν συνικέτας γενέσθαι πρὸς τὸν Ἀχιλλέα ὑπὲρ τοῦ σώματος τοῦ Ἕκτορος. οἰκτείρει δὲ αὐτὸν Νέστωρ καὶ Ἰδομενεύς {αὐτῷ γενέσθαι συνικέτας πρὸς τὸν Ἀχιλλέα ὑπὲρ τοῦ σώματος τοῦ Ἕκτορος}, οἵτινες ἐδυσώπησαν τὸν σὸν πατέρα περὶ τοῦ Πριάμου. καὶ ἐκέλευσεν αὐτὸν εἰσελθεῖν εἰς τὴν σκηνὴν αὐτοῦ· ὁ δὲ Πρίαμος εἰσελθὼν ἔπεσεν εἰς τοὺς πόδας αὐτοῦ †πλωτὸς ἱκετεύων, ὡσαύτως δὲ καὶ Ἀνδρομάχη σὺν τοῖς παισίν, ἡ δὲ Πολυξένη περιπλακεῖσα τοῖς ποσὶ τοῦ σοῦ γενέτου <ἐδέετο δάκρυ χέουσα> περὶ τοῦ αὐτῆς ἀδελφοῦ Ἕκτορος, δουλεύειν ἐπαγγειλαμένη καὶ μένειν σὺν αὐτῷ, εἰ ἀποδῷ τὸν νεκρόν. οἱ δὲ βασιλεῖς τὸ γῆρας αὐτοῦ οἰκτείραντες παρεκάλουν ὑπὲρ Πριάμου. ὁ δὲ σὸς γενέτης Ἀχιλλεὺς πρὸς αὐτοὺς ἔφη· »κρατεῖν αὐτὸν ἐξ ἀρχῆς ἔδει τῶν παίδων καὶ μὴ συνεξαμαρτάνειν· ἀλλ' εἶχεν αὐτὸν ἔρως τῶν

Automedon bei ihm die Pferde lenkte, ließ dein Vater unaufhörlich auf seinen Leichnam Peitschenhiebe niedergehen. Als aber Priamos das Todeslos des Hektor hörte, wehklagte er und alle mit ihm. Und ein solches Schreien erhob sich aus der Menge der Trojaner, dass sogar die Vögel des Himmels verwirrt wurden. Die Griechen freuten sich, sie schrien in gleicher Weise dagegen, und die Tore von Ilion wurden geschlossen.

{3.17ff.} Dein Vater aber hielt das Fest eines Wettkampfs für die Könige und alle, wobei er viele Geschenke machte.

{3.20} Am Tag darauf traf aber Priamos – er trug ein Trauergewand und führte Polyxena, seine Tochter, eine Jungfrau, mit sich, auch Andromache, die Ehefrau des Hektor, sowie Astyanax und Laodamas, seine Söhne im kindlichen Alter – bei den Griechen ein. Er brachte mit sich auch viel Schmuck, Gold, Silber und Gewänder. Während nun Schweigen bei den Heerführern der Griechen herrschte, er aber nahe gekommen war, wunderten sich alle über den Wagemut eben dieses Priamos; sie gingen ihm entgegen, weil sie die Ursache seiner Ankunft erfahren wollten. Als sie aber Priamos gesehen hatte, warf er sich auf den Boden, bedeckte sein Haupt mit Asche und bat sie, mit ihm Bittsteller bei Achilleus bezüglich des Leichnams des Hektor zu werden. Nestor und Idomeneus fassten nun Mitleid mit ihm und baten deinen Vater für Priamos. Und er hieß ihn in sein Zelt hereinkommen.

{3.21} Als Priamos aber hineingekommen war, fiel er ihm ausgestreckt (?) zu Füßen und flehte, {3.22} in gleicher Weise aber auch Andromache mit den Kindern; {3.24} Polyxena aber umfasste die Beine deines Vaters <und bat ihn, indem sie Tränen vergoss,> für ihren Bruder Hektor. Sie versprach, sie wolle seine Sklavin sein und bei ihm bleiben, wenn er den Leichnam herausgäbe. Die Könige aber hatten Mitleid mit seinem Greisenalter und baten für Priamos.

{3.23} Dein Vater Achilleus aber sagte zu ihnen: »Er hätte von Anfang an seine Söhne zurückhalten und sich nicht mit ihnen zusammen verfehlen sollen. Aber ihn hatte das Begehren nach dem Geld

ἀλλοτρίων χρημάτων· οὐ γὰρ Ἑλένης γυναικὸς τὴν ἐπιθυμίαν εἶχεν, ἀλλὰ τῶν Ἀτρέως καὶ Πέλοπος χρημάτων τὸν πόθον εἶχεν. δότε οὖν δίκας ἀνθ' ὧν ἠσεβήσατε· σωφρονιζέσθωσαν οὖν δι' ὑμᾶς Ἕλληνες καὶ βάρβαροι.«

(25) οἱ δὲ πείθουσιν αὐτὸν λύτρα λαβόντα τὸν νεκρὸν παραχωρῆσαι· ὁ δὲ τὰ τοῦ βίου τρεπτὰ ἐννοήσας, μετατραπεὶς τὸν Πρίαμον ἀνίστησι καὶ Πολυξένην καὶ Ἀνδρομάχην, καὶ κελεύει τῷ Πριάμῳ λούσασθαι καὶ σίτου καὶ οἴνου γεύσασθαι ἅμα αὐτῷ· ἄλλως γὰρ οὐκ ἂν παραχωρήσειεν αὐτῷ τὸν νεκρόν. ὁ δὲ Πρίαμος φόβῳ κατεχόμενος καὶ ἐλπίδι τῶν μελλόντων <λούεται καὶ> ταπεινῶς παραγίνεται ὑπὸ Πολυξένης παρακρατούμενος πρὸς Ἀχιλλέα τὸν σὸν γενέτην καὶ βρωτοῦ καὶ ποτοῦ μετέσχεν.

καὶ πολλῶν λαληθέντων ἀνέστησαν· καὶ τεθέντων τῶν λύτρων ἐπὶ τῆς γῆς ἰδὼν ὁ Ἀχιλλεὺς τὸ πλῆθος τῶν δώρων τόν τε χρυσὸν καὶ τὸν ἄργυρον δέχεται καὶ ἐκ τοῦ ἱματισμοῦ μέρος, τὰ δὲ λοιπὰ Πολυξένῃ χαρισάμενος ἀπέδωκε τὸν νεκρόν. ὁ δὲ Πρίαμος παρακαλεῖ τὸν Ἀχιλλέα Πολυξένην παρ' αὐτῷ καταλιπεῖν· ὁ δὲ εἶπεν αὐτῷ εἰς τὸ Ἴλιον αὐτὴν ἀγαγεῖν, εἰς ἄλλον καιρὸν τὰ κατ' αὐτὴν ἀναβαλλόμενος. Ὁ δὲ Πρίαμος ἀνελθὼν εἰς τὸ ὄχημα, ἔχων τὸ σῶμα τοῦ Ἕκτορος ἅμα τοῖς σὺν αὐτῷ εἰς τὴν πόλιν εἰσῆλθεν·

καὶ τεφρώσαντες τὸ σῶμα τοῦ Ἕκτορος θάπτουσιν αὐτὸν ἔξω παρὰ τὸ τεῖχος τοῦ Ἰλίου, πενθήσαντες αὐτὸν πικρῶς.

(26) καὶ ἐν τῷ μεταξὺ παραγίνεται ἡ Πενθεσίλεια ἐκ τῆς ἀντιπέραν Χερρονήσου πολὺ πλῆθος ἐπαγομένη Ἀμαζόνων καὶ ἀνδρῶν γενναίων. μαθοῦσα δὲ Ἕκτορα ἀνῃρῆσθαι ὑποστρέφειν ἠπείγετο· Πάρις δὲ τοῦτο μαθὼν ἔπεισεν αὐτὴν μένειν, χρυσὸν δοὺς αὐτῇ πολύν. ἀνεθεῖσα δὲ μετὰ τοῦ ἰδίου στρατοῦ μεθ' ἡμέρας ὀλίγας ὁπλισαμένη σὺν τῷ ἰδίῳ πλήθει ἐξέρχεται ἐπὶ τὸ <πολεμικὸν> δάπεδον. διαιρεθέντος δὲ τοῦ στρατοῦ αὐτῆς εἰς δύο μέρη ἵστανται

anderer im Griff. Er hatte nämlich kein Verlangen nach der Frau Helena, sondern ihn hatte die Sehnsucht nach dem Geld des Atreus und des Pelops ergriffen. Nun sollt ihr Strafe für eure Verfehlungen zahlen. Durch euch nun sollen Griechen und Barbaren zur Mäßigung finden.«

(25) {3.24} Sie aber überredeten ihn, Lösegeld anzunehmen und den Leichnam freizugeben. Dieser aber gedachte der Wechselfälle des Lebens, änderte seine Haltung, richtete Priamos, Polyxena und Andromache auf und befahl dem Priamos, er solle baden und gemeinsam mit ihm Brot und Wein zu sich nehmen. Sonst nämlich würde er ihm keinesfalls den Leichnam überlassen. Priamos aber war voll Furcht und voll Hoffnung hinsichtlich der kommenden Dinge; er nahte sich nach dem Bad, gestützt von Polyxena, demütig dem Achilleus, deinem Vater, und nahm Essen und Trinken zu sich.

{3.26} Und sie unterhielten sich viel und standen dann auf. {3.27} Die Lösegaben waren auf dem Boden ausgelegt; Achilleus sah die große Anzahl der Geschenke und nahm das Gold, das Silber und einen Teil der Gewänder an, den Rest aber schenkte er Polyxena und erstattete den Leichnam zurück. Priamos aber bat den Achilleus, er möge Polyxena bei sich bleiben lassen. Er sagte zu ihm, er solle sie nach Troja führen, die sie betreffenden Probleme verschob er auf eine andere Zeit. Priamos aber ging zu seinem Gespann; er führte den Leichnam des Hektor fort und kam mitsamt seiner Begleitung in die Stadt.

{4.1} Und sie verbrannten den Leichnam des Hektor, begruben ihn außerhalb an der Mauer von Ilion, bitterlich um ihn klagend.

(26) {4.2} Und inzwischen stellte sich Penthesileia aus der gegenüberliegenden Cherronesos ein, sie hatte eine große Anzahl von Amazonen und tapferen Männern dabei. Als sie aber vom Tod des Hektor erfahren hatte, beeilte sie sich, heimzukehren. Als aber Paris dies hörte, überredete er sie zu bleiben, indem er ihr viel Gold gab. Sie erholte sich aber mit ihrem Heer und nach ein paar Tagen rüstete sie sich mit ihrer Schar und begab sich auf das <Schlacht>feld. Ihr Heer nun war in zwei Teile geteilt: Die Bogenschützen stellten

οἱ μὲν τοξόται τὸ δεξιὸν καὶ λαιὸν λαβόντες μέρος, οἱ δὲ ὁπλῖται πεζοί, πλείω τῶν ἱππέων ὄντες, τὸν μέσον ἔχοντες τόπον· ἡ δὲ Πενθεσίλεια μέσον τῶν ἱππέων ὑπῆρχε σὺν τῷ σίγνῳ. καὶ λοιπὸν οἱ Δαναοὶ τάξαντες ἑαυτοὺς ἀνθίστανται τοῖς μὲν τοξόταις ὁ Μενέλαος κἀγὼ Τεῦκρος καὶ Μηριόνης καὶ Ὀδυσσεύς, τοῖς δὲ ὁπλίταις Διομήδης, Ἀγαμέμνων, Τληπόλεμος καὶ Ἰάλμενος καὶ Ἀσκάλαφος, τοῖς δὲ ἱππεῦσιν ὁ σὸς γενέτης Ἀχιλλεὺς καὶ οἱ Αἴαντες οἱ δύο, καὶ ὁ Ἰδομενεὺς δὲ καὶ ὁ Φιλοκτήτης καὶ οἱ λοιποὶ ἡγεμόνες ἅμα τοῖς αὐτῶν στρατοῖς. καὶ κτείνω ἐγὼ Τεῦκρος πολὺ πλῆθος, ὥστε ἐπαινεθῆναί με ὡς ἀριστεύσαντα, τοὺς δὲ ὁπλίτας ἀφανίζουσιν οἱ Αἴαντες ἐν μέσῳ αὐτῶν εἰσελθόντες.

ὁ δὲ σὸς πατὴρ Ἀχιλλεὺς μεταξὺ αὐτῶν ὑπάρχων ἀπεβλέπετο τὴν Πενθεσίλειαν, ζητῶν ἀποκτεῖναι αὐτὴν μαχομένην πικρῶς. καὶ πλησίον τοῦ ἵππου αὐτῆς φθάσας, δόρατι κρούσας αὐτὴν ἀπὸ τοῦ ἵππου καταβάλλει, καὶ ἔτι ζῶσαν αὐτὴν ἕλκει πεσοῦσαν ἐκ τῆς κόμης. καὶ ἑωρακότες αὐτὴν πεσοῦσαν οἱ λοιποὶ τοῦ στρατοῦ αὐτῆς εἰς φυγὴν ἐτράπησαν· τῶν δὲ Τρώων τὰς πύλας κλεισάντων διὰ τοὺς φεύγοντας οἱ Ἕλληνες ἡμεῖς τοὺς περιλειφθέντας ἐπιδιώξαντες παρὰ τὸ τεῖχος κτείνομεν ἀποσχόμενοι τῶν γυναικῶν Ἀμαζόνων, ἅστινας ὁ στρατὸς ἅπας δεσμεύσας ἐμερίσατο. τῆς δὲ Πενθεσιλείας ἔτι ἐμπνεούσης βουλὴ ἡμῖν ἐνέστη, ὥστε ζῶσαν εἰς τὸν ποταμὸν ῥιφῆναι ἢ κυσὶν εἰς βρῶσιν παραδοθῆναι· ὁ δὲ Ἀχιλλεὺς ᾔτει ἡμᾶς θανοῦσαν <παρὰ τὸ τεῖχος> ταφῆναι· καὶ γνόντα τὰ πλήθη ἐφώνησαν εἰς τὸν ποταμὸν ῥιφῆναι. καὶ εὐθέως ὁ Διομήδης ἐπιλαβόμενος αὐτῆς τῶν ποδῶν εἰς τὸν Σκάμανδρον ποταμὸν βάλλει· καὶ θνήσκει παραχρῆμα.

(27) μετὰ δὲ ὀλίγας ἡμέρας {ὁ} Τιθών τις ὀνόματι ὑπὸ τοῦ Πριάμου παρακληθεὶς παραγίνεται, ἄγων Ἰνδοὺς ἐφίππους καὶ πεζοὺς καὶ Φοίνικας μαχιμωτάτους μετ᾽ αὐτῶν καὶ τὸν βασιλέα αὐτῶν Πολυ-

sich so auf, dass sie den rechten und linken Abschnitt einnahmen, die Hopliten (Schwerbewaffneten) aber – sie übertrafen die Reiter an Zahl – hatten den Mittelabschnitt inne. Penthesileia dagegen befand sich mitten unter den Reitern mit der Standarte. Und so stellten sich also die Danaër auf und traten den Feinden entgegen: Den Bogenschützen Menelaos, ich, Teukros sowie Meriones und Odysseus, den Hopliten nun Diomedes, Agamemnon, Tlepolemos, Ialmenos und Askalaphos, den Reitern aber dein Vater Achilleus und die beiden Aias, dazu wiederum Idomeneus, Philoktetes und die restlichen Anführer zusammen mit ihren Heeren. Und ich, Teukros, tötete eine große Menge, so dass man mich belobigte, ich hätte mich hervorgetan, Aias und Aias aber vernichteten die Hopliten, indem sie in ihre Mitte eindrangen.

{4.3} Dein Vater Achilleus aber war unter ihnen; er richtete sein Augenmerk auf Penthesileia und suchte sie, die erbittert kämpfte, zu töten. Und als er in die Nähe ihres Pferdes gelangt war, traf er sie mit dem Speer und warf sie vom Pferd herab; noch lebend schleifte er sie nach ihrem Sturz an den Haaren. Als die übrigen ihres Heeres gesehen hatten, dass sie gestürzt war, wandten sie sich zur Flucht. Die Trojaner aber hatten wegen der Flüchtenden die Tore geschlossen; wir Griechen aber verfolgten die Übriggebliebenen entlang der Mauer und töteten sie; nur die Amazonenfrauen nahmen wir aus; das ganze Heer fesselte und verteilte sie. Als aber Penthesileia noch atmete, kam bei uns der Ratschluss auf, sie solle lebendig in den Fluss geworfen oder Hunden zum Fraß übergeben werden. Achilleus aber bat uns, wir sollten sie nach dem Tod <neben der Mauer> bestatten. Und die Massen vernahmen dies und riefen, sie sollte in den Fluss geworfen werden. Und sogleich packte sie Diomedes an den Füßen und stieß sie in den Fluss Skamandros; sie starb sofort.

(27) {4.4} Nach wenigen Tagen aber traf ein gewisser Tithon, von Priamos gerufen, ein; er führte indische Reiter und Fußsoldaten sowie sehr kämpferische Phoiniker und ihren König Polydamas mit

δάμαντα. καὶ τοσοῦτον ὑπῆρχε πλῆθος ὅσον οὔτε τὸ Ἴλιον οὔτε τὸ δάπεδον ἅπαν ἐδέχετο. καὶ διὰ ναυτικοῦ στόλου ἦλθον πολλοὶ Ἰνδοὶ καὶ οἱ αὐτῶν βασιλεῖς· ἐδιῳκοῦντο δὲ τασσόμενοι πάντες οἱ βασιλεῖς καὶ πᾶς ὁ στρατὸς ὑπὸ τοῦ δυνατοῦ Μέμνονος βασιλέως Ἰνδῶν. εἶχεν δὲ ὁ Μέμνων μεθ' ἑαυτοῦ καὶ πλοῦτον πολὺν εἰς τὰς ναῦς.

καὶ ἀναπαύσαντες ἑαυτοὺς ἐξῆλθον εἰς τὸ δάπεδον, ξίφη παράξενα φοροῦντες καὶ σφενδοβόλα καὶ ἀσπίδας τετραγώνους. καὶ σὺν αὐτοῖς μιγέντες οἱ τοῦ Ἰλίου σύμμαχοι καὶ οἱ Πριάμου παῖδες καὶ ὁ Μέμνων ἦλθεν ἐν ἅρματι ἐποχούμενος εἰς τὸ πεδίον. ὁπλισθέντες δὲ καὶ ἡμεῖς οἱ Ἕλληνες προηρχόμεθα, πάντα δεινῶς ἔχοντες· ἰδόντες γὰρ καὶ ἡμεῖς οἱ ἡγεμόνες καὶ ὁ ἡμῶν στρατὸς ἐθαμβήθημεν. καὶ μετὰ κραυγῆς οἱ Τρῶες ἅμα τῷ Μέμνονι καὶ τοῖς λοιποῖς ἐπέρχονται ἡμῖν· καὶ δεχόμεθα τὴν ὁρμὴν αὐτῶν καὶ πολλοὶ τραυματίζονται. πιπτόντων δὲ πολλῶν ὄχλων ἐξ ἡμῶν ἡμεῖς οἱ ἡγεμόνες Ἑλλήνων ἀνεχωροῦμεν μὴ ὑποφέροντες τὴν τοῦ πλήθους βίαν· εἶχον δὲ καὶ τὰς ἡμῶν ναῦς καῦσαι οἱ βάρβαροι, εἰ μὴ νὺξ ἐπῆλθεν.

τῆς δὲ νυκτὸς γενομένης συνελθόντων Ἑλλήνων ἅμα τῷ ἰδίῳ στρατῷ, καὶ συναγαγόντες τὰ σώματα τεφροῦμεν. τῇ δὲ αὐτῇ νυκτὶ βουλευόμεθα τίς τῶν βασιλέων δύναται ἀντιστῆναι καὶ ὁρμῆσαι κατὰ τοῦ Μέμνονος, τῶν ἄλλων εἰς τὰ πλήθη ἀσχολουμένων καὶ μαχομένων. κλήρου δὲ γενομένου πάντων ἡμῶν τῶν ἡγεμόνων κληροῦται κατά τινα τύχην Αἴας ὁ Τελαμώνιος, ὁ ἐμὸς ἀδελφός. καὶ πρὶν ἢ ἥλιον ἀνελθεῖν ἐξερχόμεθα οἱ Ἕλληνες ὁπλισάμενοι πάντες, ὁμοίως δὲ καὶ οἱ Τρῶες καὶ ὁ Μέμνων, βασιλεὺς Ἰνδῶν, καὶ πάντα τὰ πλήθη αὐτῶν. καὶ συμβολῆς γενομένης καὶ πολλῶν πεσόντων, ὁ ἐμὸς ἀδελφὸς Αἴας κελεύσας τοῖς βασιλεῦσιν τῶν Ἑλλήνων τοὺς ἄλλους ἀμύνασθαι Ἰνδοὺς καὶ Τρῶας ὁρμᾷ κατὰ τοῦ Μέμνονος, βασιλέως Ἰνδῶν, τοῦ ἥρωος Ἀχιλλέως, τοῦ σοῦ γενέτου, ὄπισθεν

sich. Und die Menge war so groß, dass weder Ilion noch das ganze Schlachtfeld sie fasste. Und mittels einer Flotte kamen viele Inder und ihre Könige. Alle Könige und das ganze Heer wurden, als sie sich formierten, von dem mächtigen Memnon, dem Inderkönig, geleitet. Memnon aber hatte bei sich auch vielen Reichtum auf den Schiffen.

{4.5} Und nachdem sie sich ausgeruht hatten, zogen sie auf das Schlachtfeld; sie trugen fremdartige Schwerter und Schleudern sowie viereckige Schilde. Und die Verbündeten von Ilion sowie die Söhne des Priamos kamen, mit ihnen vermengt, in die Ebene; Memnon fuhr auf einem Wagen. Aber auch wir Griechen rüsteten uns und rückten aus, wobei wir das Schlimmste befürchteten. Bei dem Anblick waren doch auch wir, die Anführer und unser Heer erschrocken. Und unter Geschrei gingen die Trojaner zugleich mit Memnon und den übrigen auf uns los. Und wir hielten gegen ihren Ansturm; viele wurden verwundet. Als aber auch viele von uns scharenweise fielen, zogen wir Anführer der Griechen uns zurück und konnten die Wucht der großen Anzahl nicht aushalten. Es hätten aber die Barbaren auch unsere Schiffe verbrennen können, wäre nicht die Nacht angebrochen.

{4.6} Als es Nacht geworden war, kamen die Griechen mit ihrem Heer wieder zusammen; wir sammelten die Toten und verbrannten sie. In der gleichen Nacht nun berieten wir uns, wer von den Königen dem Memnon entgegentreten und auf ihn losgehen könne, während die übrigen sich die Massen vornehmen und gegen sie kämpfen könnten. Es kam zu einer Auslosung über unsere Anführer, und durch einen Zufall zog der telamonische Aias, mein Bruder, das Los. Und noch bevor die Sonne aufging, zogen wir Griechen alle gerüstet hinaus, ebenfalls auch die Trojaner und Memnon, der Inderkönig, sowie alle ihre Heerscharen. Und es kam zu einem Zusammenstoß; viele dabei fielen. Da befahl mein Bruder Aias den Königen der Griechen, sie sollten die anderen Inder und Trojaner abwehren, er selbst aber ging auf Memnon, den König der Inder, los. Der Held Achil-

συνεπισχύοντος τῷ Αἴαντι, ἑαυτὸν ἀποκρύπτων. ὁ δὲ Μέμνων προσεσχηκὼς τῷ Αἴαντι κατ᾽ αὐτοῦ ὁρμήσαντι καταβὰς ἀπὸ τοῦ ἅρματος εὐθὺς πλησίον ἐγένετο· καὶ ἀλλήλους τοῖς δόρασι πειράζουσιν. ὁ Αἴας δὲ πρῶτος ἀνατρέπει τὴν ἀσπίδα αὐτοῦ τῷ δόρατι στρέψας, ἐπιπεσὼν αὐτῷ βαρέως. τῶν δὲ ὄντων ἐγγὺς τοῦ Μέμνονος Ἰνδῶν ἐπελθόντων τῷ Αἴαντι ἐν τῷ ἔχειν τὸν Μέμνονα, ἰδὼν ὁ σὸς πατὴρ Ἀχιλλεύς, τὸ δόρυ αὐτοῦ βαλὼν εἰς τὸν τράχηλον τοῦ αὐτοῦ Μέμνονος, γυμνωθέντος τοῦ τένοντος,

κτείνει αὐτὸν ἀνελπίστως. καὶ πεσόντος αὐτοῦ αἰφνιδίως γίνεται θόρυβος καὶ φυγὴ τῶν βαρβάρων· καὶ ἡμεῖς οἱ Ἕλληνες γνόντες καὶ πλησθέντες θάρσους πάντας τοὺς Αἰθίοπας κτείνομεν. Πολυδάμαντος δὲ ἐπὶ τὸν Αἴαντα ἐπιβάντος ὁρμήσας ὁ Τελαμώνιος Αἴας κατ᾽ αὐτοῦ, δόρατι πλήξας τὸν βουβῶνα αὐτοῦ ἀναιρεῖ αὐτόν. θανόντος δὲ κἀκείνου καὶ ἄλλων πολλῶν οἱ Αἰθίοπες φεύγοντες ἀνῃροῦντο, τῶν ἱππέων αὐτοὺς καταπατούντων. καὶ ἐπλήσθη τὸ δάπεδον νεκρῶν, καὶ γέγονεν ἑσπέρα·

ᾔτησαν οὖν οἱ Τρῶες περὶ τῶν νεκρῶν ἔνδοσιν. καὶ ἡμῶν τῶν Ἑλλήνων συνθεμένων ἀμφότεροι ἐποιήσαμεν πυρὰς καὶ ἐτεφρώσαμεν τοὺς νεκρούς. καὶ ἀσφαλισάμενοι οἱ Τρῶες τὰς πύλας ἔμειναν πενθοῦντες διὰ τοὺς αὐτῶν προμάχους καὶ διὰ Μέμνονα.

ὀλίγων δὲ ἡμερῶν διαδραμουσῶν τοῦ σοῦ γενέτου Ἀχιλλέως προκαλουμένου ἅμα ἡμῖν τοῖς Ἀχαιοῖς τοὺς Τρῶας ἐξῆλθεν ἡγούμενος τῶν βαρβάρων ὁ Πάρις καὶ Δηΐφοβος ἀδελφοί· ἦσαν δὲ μετ᾽ αὐτῶν σὺν τῷ πλήθει Λυκάων καὶ Τρωΐλος, παῖδες καὶ αὐτοὶ Πριάμου. καὶ ὁρμήσας πάλιν Ἀχιλλεύς, ὁ σὸς γενέτης, μεθ᾽ ἡμῶν τῶν Ἑλλήνων πάντων καταδιώκει τοὺς βαρβάρους· καὶ φεύγοντες ἔπεσον εἰς τὸν Σκάμανδρον ποταμὸν πολλοὶ καὶ ἀπώλοντο, καὶ ζῶντες δὲ φανεροὶ ἐλήφθησαν. ἀναιρεῖ δὲ Ἀχιλλεὺς τοὺς Πριάμου παῖδας Τρωΐλον καὶ Λυκάονα, τοὺς δὲ λοιποὺς ἡμεῖς οἱ Ἀχαιοί.

leus, dein Vater, unterstützte von hinten Aias, wobei er sich verbarg. Memnon aber achtete auf Aias, der auf ihn losstürmte; er stieg von seinem Wagen und gelangte rasch in seine Nähe. Und sie versuchten einander mit den Speeren beizukommen. Aias wendete aber als erster jenen Schild weg, indem er ihn mit dem Speer herumdrehte, so heftig hatte er ihn angefallen. Als aber die Inder, die nahe bei Memnon waren, auf Aias eindrangen, während er Memnon abhielt, zielte dein Vater Achilleus und schleuderte seinen Speer gegen den Hals eben dieses Memnon, wobei die Sehne bloß lag,

{4.7} und so tötete er ihn unverhofft. Und als er gefallen war, kam es plötzlich zu einer Verwirrung und Flucht der Barbaren. Und wir Griechen erkannten dies, wurden von Mut erfüllt und töteten alle Aithioper. Als aber Polydamas auf Aias losgegangen war, stürmte der telamonische Aias gegen ihn vor, er traf mit dem Speer seine Weiche und tötete ihn. Als auch jener umgekommen war und viele andere, flohen die Aithioper und wurden dabei getötet, die Reiter stampften sie nieder. Das Schlachtfeld füllte sich mit Leichnamen und es wurde Abend.

{4.8} Die Trojaner nun baten wegen der Toten um Waffenruhe. Wir Griechen stimmten zu; so errichteten wir auf beiden Seiten Scheiterhaufen und verbrannten unsere Toten. Die Trojaner versperrten ihre Stadttore und verweilten in Trauer um ihre Vorkämpfer und um Memnon.

{4.9} Wenige Tage aber waren vergangen, als dein Vater Achilleus zusammen mit uns, den Achaiern, die Trojaner herausforderte. Da machten sich an der Spitze der Barbaren die Gebrüder Paris und Deïphobos aus der Stadt auf; mit ihnen waren mit dem Haufen Lykaon und Troïlos, dazu auch die Söhne des Priamos. Und wieder stürmte Achilleus, dein Vater, vor, zusammen mit uns, den Griechen allen, und verjagte die Barbaren. Und auf ihrer Flucht stürzten viele in den Fluss Skamandros und kamen um. Nicht wenige wurden sogar lebend gefangen genommen. Es tötete aber Achilleus die Söhne des Priamos, Troïlos und Lykaon, die übrigen wir, die Achaier. Und

καὶ μέγα πένθος ἐν τῷ Ἰλίῳ περὶ Τρωΐλον ἦν· ἦν γὰρ ἔτι νέος καὶ γενναῖος καὶ ὡραῖος.

(28) μετὰ δέ τινας ἡμέρας ἐνίσταται ἡ τῶν ἀναθημάτων ἑορτή, καὶ ἀνοχὴ γέγονε τοῦ πολέμου, θυσιῶν γενομένων, θυόντων τῷ Θυμβραίῳ Ἀπόλλωνι ἐν τῷ ἄλσει τῷ ἀπὸ μικροῦ ὄντι τῆς πόλεως τῶν Δαναῶν καὶ τῶν Τρώων. καὶ ἐξελθούσης Πολυξένης μετὰ Ἑκάβης εἰς τὸ ἱερὸν Ἀχιλλεὺς ταύτην ἐθαύμασεν ἑωρακώς. Πρίαμος δὲ ἑωρακὼς τὸν Ἀχιλλέα ἐν τῷ ἄλσει πέμπει τινὰ Ἰδαῖον ὀνόματι πρὸς αὐτὸν λόγους φέροντα περὶ τῆς Πολυξένης ἐν τῷ ἀναπατεῖν τὸν Ἀχιλλέα ἐν τῷ ἄλσει τοῦ Ἀπόλλωνος μόνον. καὶ ἀκούσας ὁ Ἀχιλλεὺς τὸν περὶ αὐτῆς λόγον ἀνήφθη· ἑωρακότες δὲ ἡμεῖς οἱ Ἕλληνες τὸν Ἰδαῖον ἰδιάζοντα τῷ Ἀχιλλεῖ ἐν Θορύβῳ πολλῷ ἐγενόμεθα, ὡς τοῦ σοῦ γενέτου Ἀχιλλέως προδιδόντος ἡμᾶς. καὶ ἐπέμψαμεν πρὸς αὐτὸν ἀπόκρισιν διὰ τοῦ ἀδελφοῦ μου Αἴαντος καὶ Διομήδους καὶ Ὀδυσσέως, ἵνα αὐτῷ παραγγείλωσι μὴ θαρρεῖν ἑαυτὸν τοῖς βαρβάροις μόνον. οἱ δὲ ἀπελθόντες περιέμειναν αὐτὸν ἔξω τοῦ ἄλσους, ἵνα αὐτῷ εἴπωσι τὴν ἀπόκρισιν. ὁ δὲ σὸς πατὴρ Ἀχιλλεὺς συντάσσεται τῷ Ἰδαίῳ λαμβάνειν Πολυξένην πρὸς γάμον.

καὶ μετ᾽ ὀλίγον ὁ Πάρις παραγίνεται πρὸς τὸν Ἀχιλλέα κρύφα καὶ ὁ Δηΐφοβος, ὁ ἀδελφὸς αὐτοῦ, παρακαλοῦντες αὐτὸν περὶ τοῦ γάμου τῆς Πολυξένης. καὶ δέχεται αὐτοὺς ὁ Ἀχιλλεὺς κατ᾽ ἰδίαν ἀγνώστως, μηδὲν ὑποπτεύσας φαῦλον διὰ τὸ ἐν τῷ τοῦ Ἀπόλλωνος ἄλσει εἶναι. καὶ ὁ μὲν Πάρις ὡς ὅρκῳ βεβαιῶν τὰ μετ᾽ αὐτοῦ καὶ τοῦ Ἀχιλλέως εἰρημένα παρὰ τὸν βωμὸν ἵσταται. περιπλακέντος δὲ τοῦ Δηϊφόβου τῷ Ἀχιλλεῖ, καὶ ὁ Πάρις ἀπὸ τῶν πλευρῶν, αὐτοῦ καταφιλοῦντος αὐτόν, ἐβάπτισεν ὃ ἐπεφέρετο ξίφος. τοῦ δὲ Δηϊφόβου κατασχόντος τὸν Ἀχιλλέα, δευτέραν ἐπιφέρεται πληγὴν ὁ Πάρις τῷ Ἀχιλλεῖ, καὶ λοιπὸν ἔκλυτος ἐγένετο καὶ ἔπεσεν. καὶ ἐξέρχονται οἱ περὶ Πάριδα καὶ Δηΐφοβον ἀνυπόπτως δι᾽ ἄλλης ἐξόδου τοῦ ἄλσους· ὡς δὲ

große Trauer herrschte in Ilion um Troïlos, war er doch noch jung, tapfer und schön.

(28) {4.10} Nach einigen Tagen kam das Fest der Weihegaben; es wurde eine Unterbrechung des Krieges vorgenommen. Man brachte Opfer dar; so opferten dem Thymbrischen Apoll in seinem Hain, der unweit der Stadt lag, Danaër und Trojaner. Und Polyxena begab sich mit Hekabe in das Heiligtum, Achilleus aber fasste Bewunderung, als er sie erblickte. Als Priamos aber den Achilleus im Hain gesehen hatte, schickte er einen mit Namen Idaios zu ihm hin; er überbrachte ihm eine Nachricht bezüglich Polyxena, während Achilleus im Hain des Apollon allein auf und ab ging. Und als Achilleus die Nachricht bezüglich der Frau vernommen hatte, entbrannte er (vor Liebe). Wir Griechen aber, die wir mit angesehen hatten, wie Idaios allein mit Achilleus verhandelte, gerieten in große Verwirrung und meinten, dein Vater Achilleus wolle uns verraten. So schickten wir zu ihm vermittels meines Bruders Aias, des Diomedes und des Odysseus eine Botschaft: Sie sollten ihm melden, er solle sich nicht allein den Barbaren anvertrauen. Sie aber zogen ab und erwarteten ihn außerhalb des Haines, um ihm die Botschaft auszurichten. Dein Vater Achilleus aber vereinbarte mit Idaios, er wolle Polyxena zur Ehefrau nehmen.

{4.11} Und kurz darauf traf Paris heimlich bei Achilleus mit seinem Bruder Deïphobos ein. Sie baten ihn um die Heirat der Polyxena. Und Achilleus empfing sie allein und ahnungslos; er vermutete ja nichts Böses, weil er im Hain des Apollon sei. Paris zum einen trat, als wolle er seine und Achilleus' Verabredungen mit einem Eid bekräftigen, neben den Altar. Zum anderen umarmte Deïphobos den Achilleus, und während dieser ihn küsste, stieß Paris sein Schwert, das er mitgebracht hatte, durch die Seiten des Achilleus hindurch. Während aber Deïphobos den Achilleus festhielt, fügte Paris ihm einen zweiten Stoß zu, und so verlor er die Besinnung und brach zusammen. Und die um Paris und Deïphobos machten sich, ohne Verdacht zu erregen, durch einen anderen Ausgang des Haines fort.

μικρὸν ἀπεῖχον, δρόμῳ πολλῷ χρησάμενοι ἀπῆλθον εἰς τὴν πόλιν. ἰδὼν δὲ αὐτοὺς ὁ Ὀδυσσεὺς ἔφη πρὸς Αἴαντα καὶ Διομήδην, ὅτι· »οὐκ ἀγαθόν τι εἰσὶν ἐργασάμενοι οὗτοι· εἰσέλθωμεν πρὸς τὸν Ἀχιλλέα.« εἰσελθόντες οὖν εἰς τὸ ἄλσος ὁρῶσι τὸν σὸν γενέτην Ἀχιλλέα κείμενον παρὰ τὸν βωμὸν εἰς τὸ ἔδαφος καθῃμαγμένον καὶ ἔτι ἐμπνέοντα. εἶπεν οὖν πρὸς αὐτὸν ὁ ἐμὸς ἀδελφὸς Αἴας· »ἦν ἄρα ἀληθῶς ὅστις ἀνθρώπων ἠδύνατο κτεῖναί σε ἀλκῇ διαφέροντα πάντων; ἀλλ᾽ ἡ σὴ προπέτεια ἀπώλεσέν σε.« ὁ δὲ Ἀχιλλεὺς εἶπε· »δόλῳ κατειργάσαντό με Πάρις καὶ Δηΐφοβος διὰ Πολυξένην.« καὶ ἐτελεύτησεν. νεκρὸν δὲ γενόμενον, βαστάσαντος αὐτοῦ τὸ σῶμα τοῦ ἐμοῦ ἀδελφοῦ Αἴαντος ἐπ᾽ ὤμων, <μετ᾽ οἰμωγῆς> φέρουσιν εἰς τὰς σκηνάς.

ἰδόντες δὲ οἱ Τρῶες ἐξέρχονται, ἵνα ἁρπάσαντες αὐτοῦ τὸ σῶμα αἰκίσωνται. ἡμεῖς δὲ οἱ Ἕλληνες ἰδόντες τὸ γενόμενον ἐν ἀμηχανίᾳ πολλῇ ἐγενόμεθα· καὶ τεφροῦμεν αὐτοῦ τὸ σῶμα, καὶ βαλόντες ἐν ὑδρίᾳ θάπτομεν σιγῇ <εἰς τόπον λεγόμενον Σίγριν>.«

(29) ὁ δὲ Πύρρος ἀκούσας ἐστέναξε πικρῶς· καὶ προσεσχηκὼς ὁ Τεῦκρος ἐπαινῶν αὐτὸν ἔφη· »τίς δυνατός ἐστιν τὰς σὰς ἀρετὰς ἐξειπεῖν; ἐκ πατρὸς αἷμα φέρεις Πηλέως βασιλέως πόλεως μὲν Φθίας, χώρας δὲ Θετταλίας, ἐκ μητρὸς δὲ αἷμα φέρεις Λυκομήδους, βασιλέως τῶν Σκυρίων. εἰς ἐκδίκησιν δὲ πατρὸς ἅπαν τὸ Ἴλιον καὶ τὴν Τροίαν ἀπώλεσας.« καὶ ἀναστὰς περιεπλάκη τῷ Πύρρῳ ὁ Τεῦκρος καὶ ᾔτησεν αὐτὸν τοὺς τοῦ Αἴαντος, τοῦ αὐτοῦ ἀδελφοῦ, λαβεῖν υἱούς, τὸν Αἰαντίδην τὸν ἀπὸ Γλαύκης, τῆς προτέρας γυναικὸς Αἴαντος, καὶ τὸν Εὐρυσάκην τὸν ἀπὸ τῆς Τεκμήσσης, καὶ αὐτὴν Τέκμησσαν· καὶ παρέσχεν αὐτῷ ὁ Πύρρος, καὶ λαβὼν ὁ Τεῦκρος εὐθὺς ἀπέπλευσεν ἐπὶ τὴν Σαλαμῖνα. Ὁμοίως δὲ καὶ ὁ Πύρρος λαβὼν τὸν ἴδιον στόλον ἀπέπλευσε, καὶ πᾶς ὁ Ἀχαϊκὸς

Sie entfernten sich ein wenig, und liefen dann schnell und gelangten in die Stadt. Als sie aber Odysseus gesehen hatte, sagte er zu Aias und Diomedes: »Diese haben nichts Gutes vollbracht, lasst uns zu Achilleus hineingehen.« Sie gingen also in den Hain; da sahen sie deinen Vater Achilleus neben dem Altar auf dem Boden liegen, blutüberströmt und noch atmend. Es sagte dann zu ihm mein Bruder Aias: »Hat sich tatsächlich einer unter den Menschen gefunden, der dich, der du dich an Kampfkraft vor allen auszeichnetest, töten konnte? Aber dich hat dein eigenes Draufgängertum zugrunde gerichtet.« Achilleus aber sagte: »Mit einer List haben mich Paris und Deïphobos wegen der Polyxena erledigt.« Und er starb. Als er aber tot war, trug man ihn <unter Wehklagen> zu den Zelten, mein Bruder Aias hatte seinen Leichnam geschultert.
{4.12} Als aber die Trojaner dies gesehen hatten, machten sie einen Ausfall, um seinen Leichnam zu rauben und zu schänden. {4.13} Wir Griechen aber sahen das Geschehen und verfielen in große Ratlosigkeit. Und wir verbrannten seinen Leichnam, {4.15} bargen (die Reste) in einem Wasserkrug und begruben sie in Stille <an einem Ort namens Sigris>.«

(29) Als Pyrrhos dies hörte, seufzte er bitterlich. Teukros wandte sich ihm zu, lobte ihn und sprach: »Wer ist imstande, deine Tugenden zu künden? Vom Vater her trägst du das Blut des Peleus in dir, des Königs zum einen über die Stadt Phthia, zum anderen über das Land Thessalien; von der Mutter her trägst du in dir das Blut des Lykomedes, des Königs über die Skyrier. Zur Rache aber um den Vater hast du ganz Ilion und Troja vernichtet.« Und Teukros stand auf, umarmte den Pyrrhos und bat ihn, er möge die Söhne des Aias, seines Bruders, aufnehmen: den Aiantides von Glauke, der früheren Frau des Aias, und Eurysakes von Tekmessa, dazu auch Tekmessa selbst. Und Pyrrhos gewährte es ihm. Und Teukros nahm diese und fuhr sogleich nach Salamis fort. In gleicher Weise nahm auch Pyrrhos seine Flotte und fuhr weg, und das ganze achaiïsche Heer und

στρατὸς καὶ οἱ ἥρωες ἀπῆλθον εἰς τὰς ἰδίας πατρίδας. ταῦτα δὲ Σίσυφος ὁ Κῷος συνεγράψατο ἐν τῷ πολέμῳ ὑπάρχων σὺν τῷ Τεύκρῳ· ἥντινα συγγραφὴν εὑρηκὼς Ὅμηρος ὁ ποιητὴς τὴν Ἰλιάδα ἐξέθετο, καὶ Βεργίλλιος τὰ λοιπά. ἅτινα καὶ ἐν ταῖς τοῦ Δίκτυος ἐμφέρεται ῥαψῳδίαις … *(sequitur T 2b)*

F 7c Papyrus Oxyrhynchos 31.2539 (Ergänzungen von Luppe 2010)

…]β[… …]συ[… …ν]τῶν ὑπὲρ Εὐρ[ύπυλου - - - αὐτοῦ τὸ σῶ- μα το]ῖς Τρωσὶν διδ[όναι τῷ πατρὶ τὰ ὀστέα ἐν ἀμφο- ρεῖ] θάψαντες πέμ[πο]υ[σιν μνήμονες τῆς φιλίας. συλ- λέγο]νται δὲ καὶ Πηνέλεω [καὶ Νιρέως οἰκεῖοι τὰ ὀσ- τέα ἀπὸ τῆς πυρᾶς εἰς τὰ σκ[άφη. τῇ δὲ ἑξῆς ἡμέρᾳ π]αραγείνεται Χρύσης εἰς το[ὺς τῶν Ἑλλήνων βασιλεῖς ἀπα]γ[γ]έλλων Ἕλενον τὸν Π[ριάμου παρ’ αὐτῷ εἶναι ἐν τῷ Ἀ]πόλλωνος ἱερ[ῷ] φεύγ[οντα διὰ τὸν Ἀλέξανδρον ἀσε]βήσαντα εἰς τὸν θεὸν. ο[ἱ δὲ ταῦτα μαθόντες Διο- μήδην καὶ Ὀδυσσέα προπ[έμπουσι αὐτοῦ ἐπὶ τὴν σύλλ]ηψιν. ἐλθοῦσιν δὲ αὐτοῖ[ς παραδίδωσιν αὐτὸν προαι]τούμενος, οὗ μένων [τὸ λοῖπον διάγοι. ἅ τισι τῶν β]ασιλέων ἔδοξεν. καλε[σάντων δὲ πρὸς τὰς ναῦς πα- ρ]αγείνεται μηδ[ὲν ἐννοῶν. ἐπεὶ δὲ εἰς (τὸ) συνέδριον ἐνέπ]εσεν, [ἔ]φη τ[ῇ τῶν θεῶν ἀποστροφῇ ἐπαρθεὶς πατρί- δα κα]ὶ γονεῖς ἀ[πολείπειν … …]εσομεν[Ἀλέξ]ανδρον ε[…].ετειμ[… - - ὁ δὲ δεδιὼς τὴν τῶν Ἑλλήνων ὀργὴν δι- άγοι πα]ρὰ Ἀντή[νορι καὶ τῷ γεραιῷ πατρὶ διὰ χρησμὸν γεινώ]σκων ἡλ[ίκα κακὰ --- εἰς τὴν πατ]ρίδα μ.[… …]λευ.ιν[…

die Heroen zogen in ihre jeweilige Heimat ab. Dies beschrieb aber Sisyphos aus Kos, der im Kriege im Gefolge des Teukros teilnahm. Diese Schrift fand der Dichter Homer und verfasste die *Ilias*, dann Vergil den Rest. Dies steht auch in den *Rhapsodien* des Diktys … *(Es folgt T 2b)*

F 7c Papyrus Oxyrhynchos 31.2539
{4.18} …
…
… über Eurypylos. … Dessen Leich-
nam den Trojanern zu geben dem Vater, die Gebeine in einer Amphore
bestattend, schicken sie als Zeichen der Freundschaft. Sie sammeln
auch des Peneleos und Nereus Hausgenossen die
Gebeine vom Scheiterhaufen in die Gefäße. Am nächsten Tag
kommt Chryses zu den Königen der Griechen
und meldet, Helenos, der Sohn des Priamos, sei bei ihm in
dem Heiligtum des Apollon, wegen Alexandros (Paris) fliehend,
der gefrevelt habe gegen den Gott. Als sie dies erfahren, schicken sie
den Diomedes und den Odysseus voran zu seiner …
Ergreifung. Als sie kommen, übergeben sie ihnen diesen.
Er ist bittend, wo er bleiben könne künftig, was einigen der
Könige richtig scheine. Als sie zu den Schiffen rufen, be-
gibt er sich dorthin ohne Nachdenken. Als er in die Versammlung
einfiel, sagte er, von der Wendung der Götter erhoben, er werde Va-
terland und Eltern verlassen …
…
den Alexandros …
… … Er aber fürchtet den Zorn der Griechen und führt
bei Antenor und dem alten Vater wegen des Orakelspruchs
erkennend, wie groß die Übel, die erwarteten … in das
das Vaterland …
…

F 7d* Papyrus Oxyrhynchos 73.4943

± 3]αυτῷ. Χρύσης μὲν οὖν ἀ-
τιμ]ασθεὶς ἀπέρχεται πρὸς
οἶκ]ον καὶ ἡμερῶν διαγε-
νομ]ένων ὀλίγων εἴτε διὰ
τὸ Ἀπ]όλλων' ἐμφορηθῆναι
μηδὲ]ν εἴτε διὰ μῆνίν τινα
θᾶσσο]ν νόσου ἐμπεσούσης
τὸν Ἀ]πόλλωνα αἴτιον ἐνό-
μισαν] οἱ λαοὶ εἶναι· καὶ ἄρχε-
ται] μὲν τὸ κακὸν ἀπὸ τῶν
τετρ]απόδων καὶ διαφθεί-
ρονται] τῶν λαῶν πολλοί, βα-
σιλέων] δὲ οὐδείς οὔτε ἐνόση-
σεν οὔτ]ε διε[φθάρη ± 3]..[

F 7e* Papyrus Oxyrhynchos 73.4944 (Ergänzungen von Luppe 2010)

Frg. 1, Col. 2

τριενδ[± 15
εἰς ὑδρ[ίαν ± 12
να[± 4]. ιδ[± 12
ερο.[± 3] .. αυ[± 10
καὶ δ[± 3].[± 13
…[± 4]ομ[± 12
πρὶ[ν τὸ Ἴλι]ον ἁλῶνα[ι, οὔκ-
ουν ἂν ἔτι ἐπολέμησ[αν] αὐ-
τοὺς βαρβάρους Φρύγ[ας]. ἤ-
δη Ὀδυσσευς φοβούμ[εν]ος
τοὺς Ἕλληνας Διομή[δους
ἀφελομένου αὐτοῦ [τὸ Παλ-
λάδιον εἰς Ἴσμαρον [± 5
του γενομένης Ἑκάβη[ς. κ]α-

F 7d* Papyrus Oxyrhynchos 73.4943
{2.29} … zu ihm. Chryses also, ent-
ehrt, gelangt nach
Hause, {2.30} und nach Ablauf
weniger Tage entweder weil
Apollon nicht zufrieden
war oder wegen eines Zorns,
befiel sie rasch eine Krankheit
und den Apollon hielten für die Ursache
die Soldaten. Und es be-
ginnt das Übel von den
Vierbeinern und es kommen
um von den Soldaten viele, von den Kö-
nigen aber wurde keiner krank
und kam auch keiner um

F 7e* Papyrus Oxyrhynchos 73.4944
Frg. 1, Spalte 2
{5.15–17} …
in einen Wasserkrug
…
…
…
…
bevor Ilion eingenommen war, nicht
mehr konnten sie wohl Krieg führen
gegen die barbarischen Phryger. Schon
fürchtete Odysseus,
die Griechen seien, da Diomedes
ihm weggenommen habe das Pal-
ladion, zu Ismaros
… Hekabe geworden. Und

]κηγοροῦσα γὰρ ἅπαντ[ας..] ἀ-
παραμένη ἄπονος [.....] ἀ-
τείμως ἀνηρέθη. ἐγέ[νετο
δ' αὐτῆς τάφος ἐν Μαρ[ωνείᾳ
τῆς Χερρονήσου, ὃ Κυν[ὸς Σῆ-
μα λέγεται, ἐπεὶ αὐτὴ[ν κυ-
νόγλωσσον ἔλεγον. ἔν[θεος
δὲ γενομένη Κασσάν[δρα ± 3?
μυρία εἰς Ἀγαμέμνο[να προλέ-
γει, φόνον προμηνύου[σα ± 3?
ἐπιβουλὴν καὶ κακὸν [νόσ-
τον το]ῖς ἄλλοις βασιλ[εῦσι.
Ἀντή]νωρ δὲ ἅμα τοῖς [αὐτοῦ
ἐδεῖτ]ο αὐτῶν μὴ διε[ρίζοντας
διαιτᾶ]σθαι τοσοῦτον. [εἶτα
δὲ δειπ]νήσαντας καλῶ[ς ἀ-
φθόνω]ς αὐτοὺς καὶ δωρ[εῖ-
ται. συμ]φωνεῖ δὲ παρὰ [τοῖς
ἄλλοις Ν]έστωρ ἀναπείθ[ων
τὸν Αἰνείαν] συμπλεῖν α[ὐτ]οῖς
ἐς Ἑλλάδα ὑ]πισχνουμέν[οις
χρήσεσθαι] ἰσομοιρίᾳ π[άν-
των καὶ ἐν δ]όξῃ μενεῖν. ἔλε-
ξε δὲ Νεοπ]τόλεμος τοὺς [Ἕκ-
τορος Ἑλένῳ] παραχωρε[ῖ]ν. [πά]ν-
τες δ' ἑκάστῳ τ]ῶν Ἑλλήνων χρυ-
σὸν καὶ ἄργυ]ρον. ἔρχονται
δὲ ἑξῆς εἰς ἀ]γοράν. ὁμοθυμα-
δὸν δὲ ἅπαντ]ες ἐπ' Αἴαντι
συνεπένθ]ησαν [τιλ]λόμε-
νοι. ἔπειτα] δὲ ᾔσχ[υν]άν [γ]ε
τοὺς Ἀτρέως] χείρους πάν-
των λέγοντε]ς ἐπ' Αἴαντι καὶ

schmähend gegen alle
verfluchend straflos …
unehrenhaft getötet. Gemacht wurde
ihr Grab in Maroneia
auf der Cherronesos, das *Kynos Se-*
ma (Hunde-Grab) heißt, da sie jene *Ky-*
noglossos (Hunde-Zunge) nannten. Gottbegeistert
war Kassandra, die
Zehntausende (Übel?) für Agamemnon vorher-
sagte, einen Mord weissagend,
eine Verschwörung und eine schlechte Heim-
reise für die anderen der Könige.
Antenor und seine Leute
baten sie, nicht zu streiten,
sondern so viel zu genießen. Wenn sie dann
schön und ohne Neid gegessen
hätten, sollten sie teilen.
Es stimmt den
anderen Nestor zu; der beredet
den Aineias, gemeinsam mit ihnen
nach Hellas zu fahren, die ja versprechen,
gleichen Anteil an allem zu geben
und bei der Meinung zu bleiben. Es sag-
te Neoptolemos, dass die Leute des Hek-
tor für Helenos allesamt
jedem der Griechen Gold
und Silber überlassen. Sie kommen
nacheinander zum Markt. Einmü-
tig waren alle über Aias
gemeinsam betrübt, sich (die Haare) aus-
reißend. Nachdem sie geschändet hatten die
Hände des Atreus von allen,
sprachen sie zu Aias und

προσέτι κακ]ῶς ὀνίδ[ι]ζοντες ὡς Πλει]σθενίδας. δεήσεις δὲ τῶ]ν λαῶν χρῶνται καὶ τῶν βασ]ιλέων αὐ[τίκα τε πρῶτοι ἀπο]γείνοντ[αι. ἐδ]όθησαν δὲ οἱ] Αἴαντο[ς Αἰαντίδης ἐκ Γλ]αύκης τε[χθεὶς]

Frg. 1, Col. 3

ἑκούσης α[ὐτῆς καὶ Εὐρυσάκης ἐκ Τεκμή[σσης Τεύκρῳ. καὶ πέρας οἱ Ἕλλην[ες διὰ τὸν χειμῶνα μέλλ[οντα ἐμπεσεῖν ἀνάγονται σ[ὺν αὐτοῖς κομίσαντες [πᾶσαν τὴν λείαν. ἀποπλε[υ]σάντω[ν δὲ τῶν Ἑλληνων Αἰνείας δ[ιαμένων τῶν ἐν τῷ Δαρδάν[ῳ δεῖται ἐκποδὼν θέσθαι Ἀντήν[ορα. ἐκείνων δὲ καὶ τῶν ἐν Χερρ[ονήσῳ αὐτῷ μὴ ὑπακουό[ντων οὗτος ἐξ ἐκείνων μαθὼν ὑπ[ὸ ἀγγέλου τὰ γενόμενα διορ[γισθεὶς αἰτεῖ ὡς αὐτῷ ζωὴ σπᾶ[ται. προσιόντα δὲ αὐτὸν εἰ[ς τὸ Ἴλιον οὐ δέχονται. χωρίζ[εται δὲ ἔνθεν Αἰνείας τὸν πα[τρῷον κλῆρον σὺν αὐτῷ κομ[ίζων, πολλοῦ δὲ β]αρβάρου ἕως [Ἀδρίαν συνέτυχεν.] κτίζει δ'αὐ[τόθι – καὶ σὺν αὐτ]ῷ λαοὶ πολ[λοὶ – πόλιν Κόρκυρ]αν Μέλα[ιναν λεγομένην. ὅσοι] δὲ τῶν Τρ[ώων παρὰ τῷ Ἰ-

dazu übel schmähend
als Pleistheniden. Die Bit-
ten der Soldaten nutzen sie
und der Könige und werden sogleich
die Ersten. Es wurden
gegeben Aiantides, Sohn des Aias,
von Glauke geboren,

Frg. 1, Spalte 3
mit ihrem Willen, und Eurysakes
von Tekmessa dem Teukros. Und weiter
wurden die Griechen wegen des Sturms,
der dabei war einzufallen,
angeweht, die mit sich brach-
ten alle Beute. Als ab-
fuhren die Grie-
chen, wurde Aineias, zurückbleibend,
von denen in Dardanon gebeten, aus dem Weg
zu schaffen den Antenor. Als aber jene
und die in der Cherronesos ihm
nicht gehorchten und er von je-
nen erfuhr durch einen Boten, was ge-
schehen war, wurde er zornig und forderte, dass
ihm das Leben geraubt werde. Als er zu-
ging nach Ilion (Troja), nahmen sie ihn nicht
auf. Es zieht aber hinein
Aineias, das väterliche Hab und Gut
mit sich tragend, an vielen
Barbaren vorbei, bis er zur Adria gelangte.
Er gründet dort und zusammen mit
ihm viele Leute – die Stadt, die Kor-
kyra Melaina genannt wird.
Diejenigen von den Trojanern, die bei I-

λίῳ] παραμέν[οντες τῇ φθορᾷ πε-
ρίει]σιν, ἔρχ[ονται πρὸς τὸν Ἀν-
τήν]ορα καὶ α[ὐτὸν
±5]..[± 14
].[
συνε[± 17
τεσε[± 16
Ἴλιον [± 15
μενο[± 17
αναδ[± 17
Πριαμ[± 16
ηδη[± 18
τόδε.[± 16
νειαι [± 15
ταῦτα δὲ ἐγ[ὼ συνεγραψάμην,
Δίκτυ[ς] Κνώσσι[ος, Ἰδομενεῖ
συνεπ[ό]μενος [± 10, e. g. πάντα οὕτως
ὡς ἐμ[οὶ] ἐφικτὸ[ν ἦν, Κάδμου
καί Δα[ν]αοῦ γρά[μμασιν. οὐ
γάρ μιᾷ χρώντ[αι γλώσσῃ οὔτε
πάντες οἱ Ἕλλη[νες οὔτε πάν-
τες οἱ βάρβαροι, ἀ[λλὰ μεμι-
γμένῃ. τοῦτο δ[ὲ θαυμαστὸν
μηδεὶς ἡγείσθ[ω εἶναι, ἐπεὶ
καὶ ἡμεῖς οἱ ἐν [Κρήτῃ οὐ πάν-
τες χρώμεθα τῇ [αὐτῇ γλώσσῃ.
τὰ μὲν οὖν συμβ[άντα τοῖς Ἕλ-
λησι καὶ τοῖς βαρ[βάροις πάν-
τα εἰδὼ[ς α]ὐ[τὸς συνεγραψά-
μην, περὶ [δὲ Ἀντήνορος παρὰ
Ἑλλήνων [ἄλλων ἀκηκοώς.

lion bleiben und nach dem Verderben übrig
sind, kommen zu An-
tenor und ihn …
…
…
zusammen …
…
Ilion
…
…
Priamos
…
dies.
…
Dies habe ich geschrieben,
Diktys von Knossos, dem Idomeneus
ein Begleiter, … (? alles so,)
wie es mir möglich war, in des Kadmos
und Danaos Buchstaben. Nicht
nämlich nutzen sie eine Sprache, weder
alle Griechen noch al-
le Barbaren, sondern eine ge-
mischte. Dies soll als verwunderlich
niemand ansehen, da
auch wir in Kreta nicht al-
le die gleiche Sprache nutzen.
Das habe ich alles für die Grie-
chen und die Barbaren ins-
gesamt wissend selbst ausgeschrie-
ben, der ich es über Antenor von
anderen Griechen gehört habe.

Frg. 2

].[
]ωο.[
].α…[
]αιμη.[
]….[
]..ρο.[
ἄ]ναξ τοῦ μόνος τυ.[
]ωιμοιξ.·[..]…[
].τοικα.[
]ασους.
]οσοστ[
]εκα.[
]βηι.[
].αιμ.[
]….[

F 8 Malalas 5.19 (p. 119 Dindorf, p. 89 Thurn)

περὶ ἧς Κίρκης ἐξέθεντο ταῦτα οἱ σοφώτατοι Σίσυφος Κῷος καὶ Δίκτυς ἐκ τῆς Κρήτης.

F 9 Malalas 5.20 (p. 121 Dindorf, p. 90–91 Thurn)

ἀπὸ δὲ τῆς νήσου τῆς Κίρκης ἐξορμήσας ὁ Ὀδυσσεὺς ἀνήχθη εἰς τὴν ἄλλην νῆσον, ὑπὸ ἀνέμων ἐναντίων ἐκριφείς. ὅντινα ἐδέξατο καὶ ἡ Καλυψὼ ἡ ἀδελφὴ τῆς Κίρκης καὶ πολλῆς θεραπείας ἠξίωσεν αὐτόν, συμμιγεῖσα αὐτῷ καὶ πρὸς γάμον. κἀκεῖθεν ἀνήχθη ἔνθα λίμνη ὑπῆρχε μεγάλη πλησίον τῆς θαλάσσης λεγομένη ἡ Νεκυόπομπος, καὶ οἱ οἰκοῦντες ἐν αὐτῃ ἄνδρες μάντεις· οἵτινες ἐξεῖπον αὐτῷ πάντα τὰ συμβάντα αὐτῷ καὶ τὰ μέλλοντα. καὶ ἀναχθεὶς ἐκεῖθεν χειμῶνος

Frg. 2

…

…

…

…

…

…

Herr … allein

…

…

…

…

…

…

…

…

F 8 Malalas 5.19 (p. 119 Dindorf, p. 89 Thurn)
{6.5} Über diese Kirke haben dieses berichtet die sehr weisen Sisyphos aus Kos und Diktys aus Kreta.

F 9 Malalas 5.20 (p. 121 Dindorf, p. 90–91 Thurn)
{6.5} Von der Insel der Kirke brach Odysseus auf und ging an einer anderen Insel an Land, von widrigen Winden aus dem Meer geworfen. Ihn nahm auch die Kalypso auf, die Schwester der Kirke, und sie ließ ihm große Aufmerksamkeit zuteil werden, wobei sie auch mit ihm schlief. Und von dort segelte er ab und gelangte dorthin, wo ein großer See nahe am Meer lag, er hieß Nekyopompos, und die anwohnenden Männer waren Wahrsager. Diese verkündeten ihm alles, was ihm widerfahren war und was noch kommen sollte. Und von dort segelte er ab, und als sich ein großer

μεγάλου γενομένου θαλάσσης ἐκρίπτεται εἰς τὰς Σειρῆνας, οὕτω καλουμένας πέτρας αἳ ἐκ τῶν κρουσμάτων τῶν κυμάτων ἦχος ἀποτελοῦσιν ἴδιον. κἀκεῖθεν ἐξειλήσας ἦλθεν εἰς τὴν καλουμένην Χάρυβδιν, εἰς τόπους ἀγρίους καὶ ἀποτόμους· κἀκεῖ πάσας τὰς ὑπολειφθείσας αὐτῷ ναῦς καὶ τὸν στρατὸν ἀπώλεσεν, αὐτὸς δὲ ὁ Ὀδυσσεὺς μόνος ἐν σανίδι τοῦ πλοίου ἐν τῷ πελάγει ἐφέρετο, ἀναμένων τὸν μετὰ βίας θάνατον. τοῦτον δὲ ἑωρακότες τινὲς ἀποπλέοντες ναῦται Φοίνικες νηχόμενον ἐν τοῖς ὕδασιν ἐλεήσαντες διέσωσαν, καὶ ἤγαγον αὐτὸν ἐν τῇ Κρήτῃ νήσῳ πρὸς τὸν Ἰδομενέα, ἔξαρχον Ἑλλήνων. καὶ ἑωρακὼς τὸν Ὀδυσσέα ὁ Ἰδομενεὺς γυμνὸν καὶ δεόμενον, συμπαθῶς φερόμενος <καὶ> δῶρα αὐτῷ πλεῖστα δεδωκὼς ὡς συστρατήγῳ αὐτοῦ καὶ δύο νῆας καὶ διασώζοντας αὐτόν τινας, ἐξέπεμψεν αὐτὸν εἰς Ἰθάκην. ἅτινα καὶ ὁ σοφὸς Δίκτυς παρὰ τοῦ Ὀδυσσέως ἀκηκοὼς συνεγράψατο.

F 10 *Ekloge Historion* II p. 213–216 Cramer
(Malalas 5.21, p.91–92 Thurn)

ὁ δὲ Ὀδυσσεὺς ἀναχθεὶς ἀπὸ τῆς Κρήτης καὶ παραγενόμενος πρὸς Ἀλκίνοον εἰς Φαιακίαν ὑποδοχῆς ἀξιοῦται λαμπρᾶς. ὁ δὲ Ὀδυσσεὺς τοῖς οἰκείοις ἐδόκει τεθνάναι διὰ τὸν τοσοῦτον χρόνον τῆς ἀποδημίας. πέμπει οὖν κατασκόπους εἰς τὴν Ἰθάκην, οἵτινες ἐν τοῖς τοῦ Ὀδυσσέως εὑρίσκουσι μνηστῆρας τῆς Πηνελόπης τριάκοντα· τῶν δὲ ἐκ τῆς πόλεως συντυχόντων αὐτοῖς καὶ πυνθανομένων περὶ τοῦ Ὀδυσσέως ἔφασαν οἵδε πάλαι αὐτὸν τεθνάναι. ταῦτα ἀκούσαντες οἱ μνηστῆρες τὸ λοιπὸν εὐωχοῦντο πεπαυμένοι τοῦ φόβου. ἡ δὲ Πηνελόπη οὐκ ἐπίστευεν. ἐπαναλύσαντες δὲ οἱ ἀποσταλέντες εἰς Φαιακίαν ἀπαγγέλλουσι πάντα τὰ κατὰ τοὺς μνηστῆρας. ὁ δὲ Ὀδυσσεὺς ἀκούσας ἀποπλέει ἀγόμενος εἰς τὴν Ἰθάκην σὺν τῷ Ἀλκινόῳ. τῶν δὲ Ἰθακησίων ἰδόντων τὰ πλοῖα καὶ πυνθανομένων τίνες

Meeressturm erhoben hatte, wurde er an die sogenannten Sirenen-Felsen geworfen, die aufgrund der Stöße der Wogen einen ganz besonderen Ton hervorbringen. Und er kam von dort los und gelangte zur sogenannten Charybdis, in wilde und abschüssige Örtlichkeiten. Und dort verlor er alle ihm übrig gebliebenen Schiffe und das Heer; Odysseus selbst aber trieb allein auf einer Schiffsplanke auf dem Meer, und er wartete auf einen gewaltsamen Tod. Als diesen aber vorbeifahrende phoinikische Schiffer sahen, wie er in den Wassern schwamm, erbarmten sie sich, retteten ihn und brachten ihn auf die Insel Kreta zu Idomeneus, einem der Anführer über die Hellenen. Und als den Odysseus Idomeneus nackt und als Bittsteller sah, ergriff ihn Mitleid, er gab ihm als einem ehemaligen Mitfeldherren sehr viele Geschenke, zwei Schiffe und eine Anzahl Leute, die ihn retten sollten, und schickte ihn so nach Ithaka. Das hat auch der sehr weise Diktys geschrieben, der es von Odysseus vernommen hat.

F 10 *Ekloge Historion* II p. 213–216 Cramer
(Malalas 5.21, p.91–92 Thurn)

{6.6} Odysseus aber segelte von Kreta aus los, kam zu Alkinoos ins Land der Phaiaken und wurde einer glänzenden Aufnahme gewürdigt. Odysseus aber schien seinen Angehörigen tot zu sein, da er so lange abwesend war. Er schickte nun Kundschafter nach Ithaka, die auf dem Besitz des Odysseus 30 Freier der Penelope vorfanden. Die Leute aus der Stadt aber begegneten ihnen und sie fragten sie über Odysseus aus. Diese behaupteten nun, er sei schon längst tot. Dies hörten <auch> die Freier, und von da an hielten sie ihre Schmause von Angst befreit. Penelope glaubte es aber nicht. Diejenigen, die ausgeschickt waren, kehrten ins Land der Phaiaken zurück und berichteten die ganzen Verhältnisse hinsichtlich der Freier. Als dies aber Odysseus hörte, brach er auf und fuhr nach Ithaka ab, zusammen mit Alkinoos. Als aber die Bewohner von Ithaka die Schiffe sahen

εἶεν καὶ πόθεν, εἶπον πρὸς Τηλέμαχον· »ἥκομεν παραμυθήσασθαι διὰ τὸν Ὀδυσσέως θάνατον.« ἦν δὲ ὁ Τηλέμαχος υἱὸς Ὀδυσσέως, ὃς ἐζήτει μαθεῖν τὴν ἀληθῆ αἰτίαν τῆς τῶν πλοίων παρουσίας· καὶ πλησιάσας τινὶ τῶν μετὰ Ὀδυσσέως λάθρα ἔμαθε παρ᾽ ἐκείνου, ὅτι ὁ πατὴρ αὐτοῦ ἐστι τῶν δὲ μνηστήρων εὐωχουμένων ἐν τῷ οἴκῳ οἱ περὶ Ὀδυσσέα ἐλθόντες σὺν ὅπλοις ἐπιπίπτουσιν ἄφνω· ἐκείνων δὲ τῇ μέθῃ κατεχομένων ἀναιροῦνται πάντες. θορύβου δὲ γενομένου ἐν τῇ πόλει κῆρυξ περιελθὼν μηνύει τὴν Ὀδυσσέως παρουσίαν. λαμβάνει δὲ Τηλέμαχος γαμετὴν θυγατέρα Ἀλκινόου Ναυσικάαν ὀνόματι μετὰ δὲ τοῦτο οἱ τῶν μνηστήρων ἴδιοι καὶ φίλοι ἀκηκοότες τὸ γεγονὸς καὶ θυμοῦ πλησθέντες ἐπιστρατεύουσι κατὰ Ὀδυσσέως καὶ Τηλεμάχου ἐν τῇ Ἰθάκῃ. οἱ δὲ περὶ Ὀδυσσέα καὶ Τηλέμαχον ὁπλισάμενοι ἀπαντῶσιν ἔξω τῆς πόλεως, καὶ γενομένης μάχης κραταιᾶς πίπτουσιν οἱ ὑπὲρ τῶν μνηστήρων πολεμήσαντες ἀριστεύοντος τοῦ Τηλεμάχου.

χρόνου δὲ διεληλυθότος ὁρᾷ Ὀδυσσεὺς ἐνύπνια τὴν αὐτοῦ τελευτὴν σημαίνοντα· καὶ διυπνισθεὶς συγκαλεῖ πάντας τοὺς πεῖραν ἔχοντας, ὅπως διακρίνωσι τὰ ὀνείρατα, ὧν ἦν καὶ Κλειτοφῶν ὁ Ἰθακήσιος καὶ ὁ Ἀργεῖος Πολύφημος. τούτοις ἀπαγγέλλει τὸ ὄναρ καί φησι· »νομίζειν με ἐπὶ τῆς ἰδίας εὐνῆς με κατακεῖσθαι, <…> εὔμορφόν τι καὶ φοβερὸν ζῷον θεοειδές, οὐκ ἀνθρώπου τελείου σχῆμα σώζειν δυνάμενον, ὅπερ ἑώρων ἡδέως· καὶ εἶχον αὐτοῦ δυσνοήτως. τὸ δὲ λέχος ἐκεῖνο, ὅθεν ἐζῳογονήθη, οὐκ οὖν μοι φανερὸν οὔτε τῇ συνηθείᾳ τῇ ἐμῇ οὔτε τῇ γνώσει. γνοὺς οὖν ἠβουλήθη<ν> τὰς χεῖρας αὐτῷ περιπλέξαι σπουδαίως· τὸ δὲ ἀνθρωπίνῃ φωνῇ χρηματισάμενον ἔφη θεσμὸν εἶναι καὶ σύνδεσμον οἰκειότητος ἀμφοτέρων ἡμῶν, καὶ εἱμαρμένον εἶναι ὑπ᾽ ἐκείνου με ἀφανισθῆναι. ἐμφροντίστως δέ

und fragten, wer sie seien und woher sie kämen, sagten sie zu Telemachos: »Wir sind gekommen, dich über den Tod des Odysseus zu trösten.« Telemachos aber war ein Sohn des Odysseus, der den wahren Grund der Ankunft der Schiffe in Erfahrung zu bringen suchte. Und er trat heimlich an einen der Umgebung des Odysseus heran und erfuhr von ihm, dass es sich um jenen handele. Während es sich aber die Freier im Hause gut gingen ließen, kamen die um Odysseus mit Waffen herbei und überfielen sie ganz plötzlich. Jene aber, von Trunkenheit umfangen, wurden alle getötet. Als es aber zu einem Aufruhr in der Stadt kam, ging ein Herold herum und zeigte die Ankunft des Odysseus an. Telemachos aber nahm die Tochter des Alkinoos namens Nausikaa zur Frau. Darauf aber zogen die Angehörigen und Freunde der Freier, die von dem Geschehen gehört hatten und voll Zorn geworden waren, gegen Odysseus und Telemachos auf Ithaka. Die um Odysseus und Telemachos aber rüsteten sich und begegneten ihnen außerhalb der Stadt. Es kam zu einer heftigen Schlacht; diejenigen fielen, die für die Freier zu den Waffen gegriffen hatten. Dabei zeichnete sich Telemachos besonders aus.

{6.14} Als aber eine Zeit vergangen war, sah Odysseus Träume, die seinen Tod ankündigten. Als er aufwachte, rief er alle zusammen, die Erfahrung hatten, dass sie die Träume deuteten; unter ihnen waren auch Kleitophon aus Ithaka und Polyphemos aus Argos. Ihnen legte er seinen Traum dar und sagte: »Mir war, als ob ich auf meinem Bett lag … (*Lücke im Text*) ein schönes, fürchterliches, gottähnliches Lebewesen, das nicht imstande war, die Gestalt eines vollendeten Menschen beizubehalten, und ich sah es gerne. Freilich konnte ich es mir nicht erklären. Jenes Bett aber, wo es zum Leben kam, das ist mir unbekannt, sowohl der Gewohnheit wie der Kenntnis nach. Wie ich es nun erkannte, wollte ich eifrig die Arme um es legen. Dieses aber gab mit menschlicher Stimme ein Orakel von sich und sagte, es gebe eine Setzung und ein Band der Verwandtschaft zwischen uns und es sei bestimmt, dass ich durch jenes umkäme. Ich war aber in Sorge diesbezüglich, da kam plötz-

μου ἔχοντος περὶ αὐτοῦ αἰφνίδιόν τι κέντρον ἐκ τῆς θαλάσσης ὑπὸ τῆς ἐκείνου ἐπιταγῆς ἀοράτως ἀναδειχθὲν ἐπ᾽ ἐμὲ ἦλθεν· ἐγὼ δὲ ὑπὸ πολλῆς ἐκπλήξεως ἐγενόμην ἀδρανής, καὶ μετ᾽ ὀλίγον ἔθανον. ταῦτά ἐστιν ἅπερ ἐθεασάμην· ὑμεῖς δὲ διακρίνατε μηδὲν δεδιότες· ἐπίσταμαι γὰρ ὡς οὐκ αἴσιον τὸ ὅραμα.« οἱ δὲ καθ᾽ ἑαυτοὺς γενόμενοι ἐσκόπουν τὴν διήγησιν καὶ ἔφασαν, ἵνα ἐκποδὼν γένηται ὁ Τηλέμαχος· τοῦ δὲ ὑποχωρήσαντος ἔφησαν ὑπὸ ἰδίου παιδὸς πληγέντα τελευτήσειν. ὁ δὲ εὐθὺς ὥρμησεν ἐπὶ τὸν Τηλέμαχον ἀνελεῖν αὐτὸν βουλόμενος. θεασάμενος δὲ τὸν υἱὸν δακρύοντα καὶ δεόμενον, εἰς ἔννοιαν πατρικὴν ἐλθών, προέκρινεν ἀφεῖναι τὸν παῖδα, ἐκέλευσε δὲ αὐτὸν φυλάττεσθαι· εἶτα μετῴκισεν αὐτὸν εἰς τὰ ἔσχατα τῆς Κεφαληνίας χωρία, ῥυσάμενος αὐτὸν τῆς ὑπονοίας τοῦ θανάτου. μετὰ δὲ οὐ πολλὰς ἡμέρας πάλιν Ὀδυσσεὺς τὸ αὐτὸ ὄναρ ἐθεάσατο, καὶ καταγνοὺς τῆς κρίσεως εὐθυμότερος διῆγε τοῦ λοιποῦ.

ἀλλ᾽ ἦν αὐτῷ ἕτερος παῖς, ὃν ἠγνόει, τὸν ἐκ τῆς Κίρκης αὐτῷ γεγενημένον, ὀνόματι Τηλέγονον, ὃν πάντα τέλεια ἔχοντα τοῦ γεγενηκότος ἰδυῖα ἡ Κίρκη εἰς ἡλικίαν ἐλθόντα ὃ ἦν λαβοῦσα παρὰ τοῦ Ὀδυσσέως θαλασσίας τρυγόνος κέντρον δεδορατισμένον δόρυ δίδωσιν αὐτῷ, ἵνα τοῦτο σύμβολον καὶ γνώρισμα γένηται αὐτῷ τῆς πατρικῆς ἀσφαλείας. ὁ οὖν Τηλέγονος λαβὼν τὸ δοράτιον παρῆν εἰς τὴν Ἰθάκην νυκτὸς τὸν πατέρα ἐπιζητῶν, καὶ μαθὼν αὐτὸν εἶναι κατ᾽ ἀγρὸν παραγίνεται ἐκεῖσε βιαζόμενος τοὺς φυλάσσοντας ἰδεῖν τὸν πατέρα· οἱ δὲ ἀγνοοῦντες αὐτὸν {μᾶλλον} ἀνθίσταντο. τοῦ δὲ Τηλεγόνου θεοὺς καλοῦντος μάρτυρας, ὅτι ὁ πατὴρ αὐτοῦ ἐστι, καὶ τοῦτον ἰδεῖν κωλύεται, ἔτι μᾶλλον ἀνθίσταντο τὸν Τηλέμαχον ὑπολαμβάνοντες εἶναι καὶ διὰ νυκτὸς ἐληλυθέναι, ἵνα ἀποκτείνῃ τὸν πατέρα· οὐδεὶς γὰρ ἠπίστατο ἕτερον παῖδα τὸν Ὀδυσσέα ἔχειν. ταραχῆς δὲ γενομένης ἐγνώρισαν τῷ

lich ein Widerhaken – der infolge seines Befehls unvermerkt von mir aus dem Meer hochgestiegen war – auf mich zu. Ich aber wurde durch großen Schrecken ganz schwach, und starb kurz danach. Das ist es, was ich gesehen habe. Ihr aber deutet es, ohne irgendeine Furcht. Ich verstehe nämlich, dass das (im Traum) Gesehene nicht günstig ist.« Sie aber traten zusammen, prüften die Erzählung und sagten, Telemachos möge beiseite treten. Als sich aber jener entfernt hatte, sagten sie, er werde vom eigenen Sohn getroffen sterben. Er aber stürzte sich sogleich auf Telemachos und wollte ihn töten. Als er aber sah, wie sein Sohn weinte und flehte, besann er sich darauf, dass er sein Vater sei, und er zog es vor, den Sohn gehen zu lassen; freilich ordnete er an, er solle in Gewahrsam sein. Darauf siedelte er ihn in die äußersten Gegenden von Kephallenia um, indem er ihn so fernhielt vom Verdacht, er werde (von ihm) getötet. Nach nicht vielen Tagen aber sah Odysseus denselben Traum, er hielt nichts von der Deutung und lebte künftig wohlgemuter.

{6.15} Aber er hatte noch einen anderen Sohn, den er nicht kannte, den ihm Kirke geboren hatte, namens Telegonos; der hatte alle Vorzüge seines Vaters, und als Kirke sah, dass er erwachsen geworden war, übergab sie ihm den Speer, der als Spitze den Stachel eines Stachelrochens trug und den sie von Odysseus empfangen hatte. Er solle ihm Symbol und Kennzeichen der Anerkennung seitens des Vaters sein. Telegonos also nahm den Speer und kam nachts auf der Suche nach dem Vater nach Ithaka; als er erfahren hatte, er befinde sich auf dem Feld, ging er dorthin und bedrängte die Leibwachen, denn er wollte den Vater sehen. Sie aber kannten ihn nicht und wandten sich gegen ihn. Telegonos aber rief die Götter zu Zeugen, dass er sein Vater sei und dass er behindert würde, ihn zu Gesicht zu bekommen. Da widersetzten sie sich ihm umso mehr, denn sie meinten, es handle sich um Telemachos und er sei in der Nacht gekommen, um den Vater zu töten. Niemand wusste nämlich darum, dass Odysseus einen weiteren Sohn hatte. Als es aber zu einem Handgemenge kam, gaben sie dem Odysseus dies

Ὀδυσσεῖ, ὅτι »Τηλέμαχος ἐσθῆτα ξένην ἠμφιεσμένος νυκτὸς ἐλθὼν βιάζεται ἡμᾶς«. ὁ δὲ ταῦτα μαθὼν καὶ ὑπερζέσας τῷ θυμῷ ἐξῆλθε μετὰ δόρατος καὶ εὐθέως ἀκοντίζει τὸ δόρυ κατ' αὐτοῦ· καὶ τοῦ μὲν ἀποτυγχάνει, τῇ δὲ παρακειμένῃ μελίᾳ πήγνυσι· καὶ ὁ Τηλέγονος μὴ εἰδώς, ὅτι ὁ πατὴρ αὐτοῦ ἦν ὁ τὸ δόρυ ἀκοντίσας, ῥίπτει καὶ αὐτός, καὶ δυστυχεστάτην εὐτυχήσας εὐτυχίαν τιτρώσκει τὸν Ὀδυσσέα κατὰ τοῦ πλευροῦ. τοῦ δὲ Ὀδυσσέως τὴν τόλμαν πυνθανομένου μεμάθηκεν ἐκ Τηλεγόνου, ὅτι παῖς αὐτοῦ ἐστιν ἐκ Κίρκης, ἐπιδεικνύντος καὶ ὅπερ ἔδωκε κέντρον θαλάσσιον τῇ Κίρκῃ ὡς καὶ Τηλεγόνου αὐτὸν εἶναι τὸν πατέρα πεπίστευκε, <καὶ> ῥίπτει ἑαυτὸν εἰς τὸ ἔδαφος πολλαῖς κεχρημένος οἰμωγαῖς. ὁ δὲ Ὀδυσσεὺς μαθὼν μὴ εἶναι τὸν Τηλέμαχον, ἐμέμφετο τοῖς ὀνειροπόλοις. οἱ δὲ ἐπυνθάνοντο τοῦ Τηλεγόνου, πόθεν εἴη καὶ τίνων γονέων, ὅτι τοιοῦτον ἄνδρα, ὃν οὐδεὶς ἐν Ἰλίῳ ἔτρωσε, πολλὰ θαύματα διαπραξάμενον κατὰ τὸν βίον οὗτος, ἀνεῖλεν. ἡμιθανὴς οὖν ὢν ὁ Ὀδυσσεὺς ἐκομίσθη εἰς τὴν Ἰθάκην καὶ μετ' ὀλίγον τελευτᾷ τὸν βίον. κατέλιπε δὲ τὴν δυναστείαν Τηλεμάχῳ καὶ Πτολιπόρθῳ τῷ ἐκγόνῳ. ὁ δὲ Τηλέμαχος διαιρεῖ τὴν ἡγεμονίαν, καὶ αὐτὸς μὲν πάσης Ἰθάκης κρατεῖ, Τηλεγόνῳ δὲ τὰ πορρωτέρω δίδωσι, τῆς δὲ μέσης χώρας Πτολίπορθον ἡγεμόνα κατέστησε. τοὺς δὲ ὀνειροπόλους ἤθελεν ἀνελεῖν· τοῦ δὲ Τηλεγόνου παραιτουμένου ταύτην τὴν γνώμην ἐκέλευσεν αὐτοὺς μένειν ἐν τῇ Σπάρτῃ. οἵτινες παραγενόμενοι ἅπαντα ἐξηγήσαντο τῷ Δίκτυι. καὶ ταῦτα μὲν περὶ Ὀδυσσέως.

F 11 Synesios, *Lob der Kahlköpfigkeit* 19,2 p. 82c

Ἕκτορος γὰρ ἄντικρυς καταψεύδεται, μᾶλλον δὲ Ὁμήρου τὰ περὶ Ἕκτορος ... ὁ μὲν γὰρ παραδέδοται τὰ περὶ τὴν κουρὰν ὁμοιότατα τοῖς πάνυ σώφροσι διακείμενος, καὶ δείκνυσιν ὁ

zur Kenntnis: »Telemachos hat ein fremdes Gewand angezogen, ist in der Nacht gekommen und setzt uns zu.« Als dieser aber dies erfahren hatte, kochte sein Zorn über: Er ging mit dem Speer los und schleuderte sogleich seine Waffe gegen ihn. Und er verfehlte ihn, das Geschoss haftete im daneben stehenden Apfelbaum. Und Telegonos, der nicht wusste, dass derjenige, der den Speer geworfen hatte, der eigene Vater sei, warf auch selbst, er landete einen äußerst unseligen Volltreffer und verletzte Odysseus an der Seite. Odysseus fragte ihn aber, warum er das gewagt habe, und er musste von Telegonos hören, dass es sich um seinen Sohn von Kirke handle. Und als jener auch auf den Meeresstachel zeigte, den er Kirke gegeben hatte, wurde Odysseus überzeugt, dass er der Vater des Telegonos war, <und> er warf sich unter vielem Wehklagen auf den Boden. Odysseus aber, der erfahren hatte, es handle sich nicht um Telemachos, tadelte die Traumdeuter. Diese wiederum fragten Telegonos, woher er stamme, wer seine Eltern seien, dass ausgerechnet er einen solchen Mann, den niemand vor Ilion verletzte, der viele Wundertaten in seiner Lebenszeit vollbracht habe, getötet hatte. Halbtot nun wurde Odysseus nach Ithaka gebracht und starb kurz darauf. Seine Herrschaft aber hinterließ er Telemachos und seinem Enkel Ptoliporthos. Telemachos nun teilte die Regierungsgewalt: Er selbst gebot über ganz Ithaka, Telegonos gab er die entfernteren Gebiete, als Herrn über das dazwischenliegende Gebiet aber setzte er Ptoliporthos ein. Die Traumdeuter dagegen wollte er töten. Telegonos aber brachte ihn mit Bitten von einem solchen Entschluss ab; er hieß sie in Sparta verweilen. Sie trafen dort ein und erzählten Diktys alles. Und das ist die Geschichte von Odysseus.

F 11 Synesios, *Lob der Kahlköpfigkeit* 19,2 p. 82c
(Dion Chrysostomos) sagt über Hektor ganz offenbar die Unwahrheit, mehr noch über das, was Homer über Hektor sagt … Der nämlich trug der Überlieferung nach die Haare gerade so wie die ganz

τἀληθέστατα περὶ τῶν ἡρώων συγγεγραφώς, ἅτε, οἶμαι, τῶν μὲν συστρατιώτης γενόμενος, ἐπὶ δὲ τοὺς στρατευσάμενος, ὅς αὐτὰ ταῦτά φησι περὶ Ἕκτορος.

F 12* Papyrus Michigan *inv.* 920–921

[± 15]στων Ἑλλήνων
[± 13]αι αὐτῷ μονομαχῆ-
[σαι, οἱ δὲ Ἀχαιο]ὶ πρότερον ἐσείγων
[± 3 Νέστωρ αὐτο]ὺς παρακαλεῖ καὶ ἐγεί-
[ρει ± 9].ον πρῶτος Ἀγαμέμνων
[ἀνίστ]ατο καὶ Διομήδης καὶ
[οἱ Αἴαντες καὶ] Εἰδομενεὺς <καί Μηριόνης> οἱ Κρῆτες
[καὶ Θόας καὶ Ε]ὐρύπυλος καὶ Ὀδυσσεύς.
[± 13] Νέστωρ καί λαγχάνει
[Αἴας ὁ Τελαμώνιο]ς. οἱ δὲ προελθόντες
[μάχονται, καὶ νι]κᾷ ὁ Αἴας. οἱ δὲ
κήρυκες [αὐτο]ὺς [διέλυσαν] καὶ ἡ νύξ
ἐν ᾗ οἱ Ἀχ[αιοὶ τὸ] τεῖχο[ς] πρὸ τῶν νηῶν
ἐποίησα[ν] καὶ τὴ[ν] τάφρον ὤρυξαν·
τοὺς δὲ νεκροὺς ἀνελ[ό]μενοι θάπτουσ[ι].
νῆες δ᾽ ἐκ Λήμνου π[αρα]γείνονται οἶ-
νον ἀγοράσαι εἰς τὸ στρατόπεδον εἰς [τὸ]
ἀγοράσαι. Ἀχαιοὶ οἰνίζονται· »κοιμή-
σαντ᾽ ἄρ᾽ ἔπειτα καὶ ὕπνου δῶρον
ἕλοντο.«

Θήτα

»Ἠὼς μέν κροκόπεπλος ἐκίδνατο
πᾶσαν ἐπ᾽ αἶαν.« πεδιὰς μάχη ἢ κολοβὸς
[μάχη ἐ]ν ᾗ οἱ Ἀ[χ]αιοὶ ἐκθλιβὴν τοῦ

Weisen, was auch derjenige zeigt, der das Allerwahrste über die Helden geschrieben hat, da er – wie ich meine – Partei für die eine und gegen die andere Seite ergriffen hat. Er sagt nämlich über Hektor genau das. (Vgl. Philostratos, *Heroïkos* 19,3 und 37,3.)

F 12* Papyrus Michigan *inv.* 920–921 (zu Homer, *Ilias* 7–8)
… der Hellenen (Homer, *Ilias* 7,66–91)
… mit ihm einen Zweikampf zu
führen, die Achaier aber zuvor einführend (7,92)
Nestor ruft sie auf und ermuntert sie (7,123–161)
… Als erster stand Agamemnon (7,161–169)
auf und Diomedes und
die beiden Aias und Idomeneus <und Meriones> und die Kreter
und Thoas und Eurypylos und Odysseus
… Nestor und erlost
der telamonische Aias (7,170–181). Sie kommen hervor und
kämpfen und es siegt Aias (7,182–311). Die
Herolde lösen sie voneinander (7,274) und die Nacht (7,282),
in der die Achaier die Mauer vor den Schiffen
schufen und den Graben aushoben (7,433–441).
Die Toten heben sie auf und bestatten sie (7,317–432).
Schiffe aus Lemnos treffen ein, um Wein
zu verkaufen (7,467) ins Lager zum
Verkaufen. Die Achaier nehmen den Wein (4,472).
»Jeder ruhete dann, und empfing die Gabe
des Schlafes.« (7,482)

(Buch) 8

»Eos im Safrangewand erleuchtete rings nun
die Erde.« (Homer, *Ilias* 8,1) Das Schlachtfeld oder die kleine
Schlacht, in der die Achaier auspressen … (8,75ff.)

[.....].σεπ[....]οντος καὶ ἐπι[.....] [± 13 ὁ δ]ὲ Νέστωρ ..[ ]

[..]..α..[± 11 ὁ Τεῦκρος τῇ] ἀριστείᾳ καὶ πολλοὺς καταβά[λλει τῶν Τρώων τόξωι βάλλω[ν· τοῦτον δὲ Ἕκτωρ λίθωι βάλλει κατὰ [τοῦ ὤμου· αὐτὸν δὲ σώζουσιν οἱ Αἴαντες ἐπὶ τὰ[ς ναῦς. μάχης δὲ γεναμένης πολλοὺς ὁ [Ἕκτωρ φονεύει ἀριστεύων. οἱ δὲ ἐπὶ τὰς [ναῦς ἀ]ποχώρουσι, ἥ τε νὺξ διέλυσε τὴ[ν μάχην, ο]ἱ δὲ βάρβαροι καὶ ὁ Ἕκτωρ ἐπαυλί[ζονται τ]αῖς ναυσὶν πυράν τε καίουσιν ἐν τῶ[ι πεδί]ωι καί τοὺς ἵππους κριθιζουσιν· »ἑσταότε]ς παρ' [[α]]ὄχεσφιν ἐύθρονον Ἠῶ μίμνον.«

… und …
… Nestor aber … (8,80ff.)

… der Teukros in seiner
Aristie auch viele niederwirft
von den Trojanern, mit dem Bogen schießend (8,266–323). Diesen
trifft Hektor mit einem Stein an der Schulter (8,324–329), ihn
retten die Aianter zu den Schiffen (8,330–334).
Als es zur Schlacht kommt, tötet Hektor
viele in seiner Aristie (8,335ff.). Diese aber laufen zu den Schiffen
fort und die Nacht löste die Schlacht (8,485ff.).
Die Barbaren und Hektor gehen zu den Zelten (8,489ff.)
bei den Schiffen und zünden ein Feuer an in der
Ebene und füttern die Pferde (8,554ff.).
»Standen bei ihrem Geschirr, die goldene Früh'
erwartend.« (8,565).

DARES (*FGrHist* 51)

T 1 Dares Phrygius, *Epistula*
s. o.

T 2 Isidorus, *Origines* 1.42
De primis auctoribus historiarum. (1) Historiam autem apud nos primus Moyses de initio mundi conscripsit. Apud gentiles vero primus Dares Phrygius de Graecis et Troianis historiam edidit, quam in foliis palmarum ab eo conscriptam esse ferunt. (2) Post Daretem autem in Graecia Herodotus historiam primus habitus est. Post quem Pherecydes claruit his temporibus quibus Esdras legem scripsit.

T 3 Dares Phrygius 12
s. o.

T 4 Dares Phrygius 44
s. o.

T 5 Eustathios, *Kommentar zu Homer, Odyssee* 11.521
Ἀντίπατρος δὲ ὁ Ἀκάνθιος φησὶ καὶ τῷ Ἕκτορι Δάρητα Φρύγα δοθῆναι μνήμονα, μὴ ἀνελεῖν φίλον τοῦ Ἀχιλλέος, Ἀπόλλωνος τοῦ Θυμβραίου τοῦτο χρήσαντος, τὸν δὲ αὐτομολήσαντα ὑπὸ Ὀδυσσέως ἀναιρεθῆναι.

DARES (*FGrHist* 51)

T 1 Dares Phrygius, *Epistula*
s. o.

T 2 Isidorus, *Origines* 1.42
Über die ersten Autoren von Geschichtswerken. (1) Geschichte hat bei uns als erster Moses vom Anfang der Welt verfasst. Bei den Heiden aber hat als erster Dares der Phryger über die Griechen und Trojaner eine Geschichte herausgegeben, die auf Palmblättern von ihm geschrieben gewesen sein soll. (2) Nach Dares aber hat in Griechenland als erster Herodot eine Geschichte gehabt. Danach ist Pherekydes berühmt geworden in den Zeiten, in denen Esra das Gesetz schrieb.

T 3 Dares Phrygius 12
s. o.

T 4 Dares Phrygius 44
s. o.

T 5 Eustathios, *Kommentar zu Homer, Odyssee* 11.521
Antipatros von Akanthos (*FGrHist* 56 F 1b) sagt, dass dem Hektor Dares der Phryger zum Ratgeber geworden sei, nicht den Freund des Achilleus zu töten, wie von Apollon von Thymbrai vorhergesagt; als jener übergelaufen war, sei er von Odysseus getötet worden.

T 5* Photios, *Bibliothek* 190 (Ptolemaios Chennos), p. 147a26ff.
Ἀντίπατρος δέ φησιν ὁ Ἀκάνθιος Δάρητα, πρὸ Ὁμήρου γράψαντα τὴν Ἰλιάδα, μνήμονα γενέσθαι Ἕκτορος ὑπὲρ τοῦ μὴ ἀνελεῖν ἑταῖρον Ἀχιλλέως.

T 6 Ailianos, *Vermischte Forschung* 11.2
ὅτι ἦν Ὀροιβαντίου Τροιζηνίου ἔπη πρὸ Ὁμήρου, ὥς φασιν οἱ Τροιζήνιοι λόγοι. καὶ τὸν Φρύγα δὲ Δάρητα, οὗ Φρυγίαν Ἰλιάδα ἔτι καὶ νῦν ἀποσωζομένην οἶδα, πρὸ Ὁμήρου καὶ τοῦτον γενέσθαι λέγουσι.

T 7* Ostrakon vom Mons Claudianus: O. Claud. II 412
ηδετιη Δαν<α>ῶν[
Ζεῦ ἄναξ ταῦτα κλ.[-
Πριάμου Ἀχιλλεύς • .[
παίδων ὄχλον πεντ[ήκοντά μοι ἦσαν
ὅτ᾽ ἤλυθαν υἷες Ἀχαιῶ[ν
πλέονας • ὁ νυμφίος ω.[
υς • αἴθ᾽ ὄφελος χείρεσσιν ἐμ[
ναμην ὤμ᾽ ἀποτεμνόμεν[ον κρέα ἔδμε-
ναι κυσὶν ὦμα δάσασθαι •
τοι ἐς κλισιήν. τάχα γάρ τις κα.[
δῶρον διδώασι ἤ οὐρανὸν εὐ-
ρὺν Ἀχαιῶν – πρῶτον δὲ λόγοις
μελίξομαι αὐτόν – ὥς μὲν ἔβης,
φίλε κοῦρε, τά περ πόλεμος τά 'ν ὕπερ-
θεν μοίρης ἠδὲ θεοῖς ἐπιτρεπταί-
ον *vacat* οὐ γὰρ ἄν ἔσ{σ}τι φυγεῖν βροτὸν οὐδ᾽ ὑπο-
λύξαι ·α· νήματα Μοιράων, οὐδ᾽ <ε>ἰ θηὸς αὐ-

T 5* Photios, *Bibliothek* 190 (Ptolemaios Chennos), p. 147a26ff.
Antipatros von Akanthos (*FGrHist* 56 F 1a) sagt, dass Dares, der vor Homer die *Ilias* schrieb, zum Ratgeber des Hektor darin geworden sei, nicht den Gefährten des Achilleus zu töten.

T 6 Ailianos, *Vermischte Forschung* 11.2
(Man liest,) dass es Epen des Oroibantios aus Troïzen schon vor Homer gab, wie die troïzenischen *Logoi* besagen. Auch Dares der Phryger, dessen *Phrygische Ilias* noch jetzt, wie ich weiß, erhalten ist, hat vor Homer gelebt, wie man sagt.

T 7* Ostrakon vom Mons Claudianus: O. Claud. II 412
… der Danaër
Zeus, Herr, dies …
des Priamos Achilleus.
Eine Kinderschar von 50 hatte ich (vgl. Homer, *Ilias* 21,495),
als die Söhne der Achaier kamen,
noch mehr. Der Bräutigam …
… Wenn ich doch könnte, mit Händen
… rohes Fleisch abschneiden und es-
sen, den Hunden roh vorzuwerfen (vgl. Homer, *Ilias* 22,347),
dir ins Zelt. Rasch nämlich wird jemand
eine Gabe geben oder den weiten Himmel
der Achaier – zuerst aber will ich mit Worten
ihn bereden – so gingst du,
lieber Junge; die Dinge des Krieges und des von
oben (kommenden) Geschicks sind Göttern anzuvertrau-
en. *vacat* Nicht nämlich ist es möglich, dass ein Sterblicher dem entgeht
und auch nicht, dass er auflöst die Fäden der Moiren, nicht einmal, wenn ein Gott selbst

τὸς ἂν ἄλκοι. [[ἀλλ᾽ <ε>ἴπερ κ᾽ ἐθέλ<ε>ις καί σοι καί μοι
κεχαρημένον]] ἔρχοιο νῦν ποτὶ νηὸν Ἀπόλ-
λωνος ἑκάτοιο φαιδρὸς ἄνευ ὁπλῶν ἅτε νυμφίος,
ὄφρα τάχιστα μηδ<ε>ὶς Ἀργ<ε>ίων μὴ Μυρμιδόνων
σοι ἐπέσ[τ]<θ>ω νύκτα δι᾽ ὀφναίην ὅτε
εὕδουσι βροτοὶ ἄλλοι.
πο[--

hilft. [[Doch wenn du willst, was dir und mir
gefällt,]] komme nun zum Tempel des Apol-
lon, des Fernhintreffenden, rein, ohne Waffen, wie ein Bräutigam,
solange eilig keiner der Argiver und auch keiner der Myrmidonen
dir folgen durch die dunkle Nacht, wenn
die anderen Sterblichen schlafen.
...

ANHANG

LITERATURHINWEISE

Editionen

Ferdinand Meister: Daretis Phrygii de excidio Troiae historia. Leipzig 1873 (Aktualisierungen dazu bei Beschorner 1992 [s. u. S. 442])

Werner Eisenhut: Dictys Cretensis. Leipzig ²1973

Neuere Übersetzungen

Richard M. Frazer jr.: The Trojan War. The Chronicles of Dictys and Dares the Phrygian. Bloomington 1966

Gérard Fry: Récits inédits sur la guerre de Troie. Paris 1998, ⁴2018

Vicente Cristobál López: Diario de la guerra de Troya de Dictis Cretense / Historia de la destrucción de Troya de Dares Frigio, in: Felisa del Barrio Vega u. a.: La Ilíada Latina u. a. (Biblioteca Clásica Gredos 295). Madrid 2001

Wolfgang Hradský: Dares & Dictys. Der Krieg gegen Troia wie er wirklich war. Magdeburg 2005

Giovanni Garbugino: Darete Frigio. La storia della distruzione di Troia. Alessandria 2011

Robert Sturm: Dares Phrygius. Die Geschichte vom Untergang Trojas. Berlin 2015

Emanuele Lelli (Hg.): Ditti di Creta. L'altra Iliade. Il diario di guerra di un soldato greco. Con la storia della distribuzione di Troia di Darete Frigio e i testi bizantini. Mailand 2015

Fragmente griechischer Historiker

Sammlungen

Felix Jacoby: Die Fragmente der griechischen Historiker. Bd. I 1 A (Text) und I 1 a (Kommentar). Leiden 1957

Ken Dowden: Dictys (49), in: Brill's New Jacoby 2008 (nur online)

Donatella Erdas: Dares (51), in: Brill's New Jacoby 2012 (nur online)

Herangezogene Ausgaben der die Fragmente zitierenden Werke

Ailianos – Kai Brodersen: Ailianos, Vermischte Forschung. Griechisch und deutsch (Sammlung Tusculum). Berlin 2018

Arethas – Adolf (Athaulfus) Sonny: Dictys bei Arethas, in: Byzantinische Zeitschrift 1, 1892, 590

Ekloge Historion – John Anthony Cramer: Anecdota graeca e codd. manuscriptis bibliothecae regiae Parisiensis. Bd. II. Oxford 1839

Eustathios – Johann Gottfried Stallbaum: Eustathii archiepiscopi Thessalonicensis commentarii ad Homeri Odysseam. 2 Bde. Leipzig 1825–1826 (Nachdruck Hildesheim 1970)

Isidorus – Wallace Martin Lindsay: Isidori Hispalensis episcopi Etymologiarum sive Originum libri XX. 2 Bde. Oxford 1911

Johannes von Antiocheia – Umberto Roberto: Ioannis Antiocheni Fragmenta ex historia chronica (Texte und Untersuchungen zur Geschichte der altchristlichen Literatur 154). Berlin 2005

Kedrenos – Immanuel Bekker: Georgius Cedrenus. 2 Bde. Bonn 1838–1839; Luigi Tartaglia: Georgii Cedreni Historiarum compendium. 2 Bde. (Bolletino dei Classici Suppl. 30). Rom 2016

Malalas – Ludwig August Dindorf: Ioannis Malalae Chronographia. Bonn 1831; Hans Thurn: Johannes Malalas. Chronographia (Corpus Fontium Historiae Byzantinae 35). Berlin 2000 (maßgebliche Ausgabe); Hans Thurn und Mischa Meier: Johannes Malalas. Weltchronik (Bibliothek der griechischen Literatur 69). Stuttgart 2009 (Übersetzung)

Ostrakon O. Claud. – Walter E. H. Cockle: O. Claud. 409–416. School Exercises, Verse and Prose, in: Jean Bingen u. a.: Mons Claudianus. Ostraca Graeca et Latina II (O. Claud. 191–416). Kairo 1997, 249–276

Papyrus Michigan – James J. O'Hara: Fragment of a Homer-Hypothesis with No Gods, in: Zeitschrift für Papyrologie und Epigraphik 56, 1984, 1–9

Papyrus Oxyrhynchus – John W. B. Barns: Dictys Cretensis, Bellum Troianum (2539), in: Ders.: The Oxyrhynchus Papyri XXXI, London 1966, 45–48 (s. dazu Luppe 2010a); Rosalia Hatzilambrou und Dirk Obbink: Dictys Cretensis, Bellum Troianum (4943–4944), in: The Oxyrhynchus Papyri LXXIII, London 2009, 80–103 (s. dazu Luppe 2010b)

Papyrus Tebtunis – Bernard P. Grenfell, Arthur S. Hunt und Edgar J. Goodspeed: The Tebtunis Papyri. Bd. II. London 1907 (s. dazu Mastronarde 2008 und Luppe 2011)

Photios – René Henry: Photius, Bibliothèque. Griechisch und französisch. 9 Bde. Paris 1959–1991

Scholien A zu Homer – Hartmut Erbse: Scholia Graeca in Homeri Iliadem (Scholia vetera). Bd. I. Berlin 1969

Suda – Ada Adler: Suidae Lexicon. 5 Bde. Leipzig 1928–1938

Synesios – Jacques Lamoureux und Noël Aujoulat: Synésios de Cyrène, Tome IV (Opuscules). Paris 2004; Werner Golder: Synesios von Kyrene: Lob der Kahlheit. Würzburg 2007

Syrianos – Scholia ad Hermogenis librum περὶ στάσεων, in: Christian Walz, Rhetores Graeci, Bd. IV. Stuttgart 1833, 39–846

Forschungsberichte

Giancarlo Bessi: Darete Frigio e Ditti Cretese. Un bilancio degli studi, in: Bollettino di Studi Latini 35, 2005, 170–209

Mario Lentano und Valentina Zanusso: Darete Frigio e Ditti Cretese. Rassegna degli studi (2005–2015), in: Revue des Études Tardo-Antiques 6, 2016/17, 255–296

Studien

Andreas Beschorner: Untersuchungen zu Dares Phrygius (Classica Monacensia 4). Tübingen 1992

Fritz Bornmann: Note su Darete Frigio, in: Sandro Boldrini (Hg.): Filologia e forme letterarie. Studi offerti a Francesco Della Corte. Bd. I. Urbino 1987, 391–395

Dennis R. Bradley: Troy Revisited, in: Hermes 119, 1991, 232–246

Graziana Brescia, Mario Lentano, Giampiero Scafoglio und Valentina Zanusso (Hgg.): Revival and Revision of the Trojan Myth. Studies on Dictys Cretensis and Dares Phrygius (Spudasmata 177). Hildesheim 2018

Gerlinde Bretzigheimer: Dares Phrygius. Historia ficta. Die Präliminarien zum trojanischen Krieg, in: Rheinisches Museum 151, 2008, 365–397

Frederic Clark: Historia and Fabula. Dares Phrygius between Truth and Fiction in the Twelfth Century. In: Antonio Guzmán und Javier Martínez (Hgg.): Animo Decipiendi? Rethinking Fakes and Authorship in Classical, Late Antique, & Early Christian Works. Eelde 2019, 201–216

Sidy Diop: L'image troyenne et sa fonction narrative chez Darès de Phrygie et Dictys de Crète, in: Michel Fartzoff, Murielle Faudot, Evelyne Geny und Marie-Rose Guelfucci (Hgg.): Reconstruire Troie. Permanence et renaissances d'une cité emblé-

matique (Collection de l'Institut des Sciences et Techniques de l'Antiquité 1147). Besançon 2009, 121–143

Ken Dowden: Reading Dictys: The Discreet Charm of Bogosity, in: Michael Paschalis u. a. (Hgg.): Readers and Writers in the Ancient Novel. Groningen 2009, 155–168

Louis Faivre d'Arcier: Histoire et géographie d'un mythe. La circulation des manuscrits de De excidio Troiae de Darès le Phrygien (VIIIe–XVe siècles). Paris 2006

James G. Farrow: Aeneas and Rome. Pseudepigrapha and Politics, in: Classical Journal 87, 1991/92, 339–359

Jacques Fontaine: Isidore de Séville et la culture classique dans l'Espagne wisigothique. 2 Bde. Paris 1959

Peter Gainsford: Satire and the Marginal Text. Lucian parodies Diktys (VH 2.25–26), in: Hermes 139, 2011, 97–105

– Diktys of Crete, in: Cambridge Classical Journal 58, 2012, 58–87

Giovanni Garbugino: Il tradimento di Troia in Ditti Cretese e Darete Frigio, in: Euphrosyne n. s. 43, 2015, 197–210

Nathaniel E. Griffin: Dares and Dictys. An Introduction to the Study of Medieval Versions of the Story of Troy. Baltimore 1907

Antonio Grillo: Tra Filologia e narratologia. Dai poemi omerici ad Apollonio Rodio, Ilias Latina, Ditti-Settimio, Darete Frigio, Draconzio (Bibliotheca Athena N. S. 4). Rom 1988

Alfred Gudeman: Literary Frauds among the Greeks, in: Transactions and Proceedings of the American Philological Association 25, 1894, 140–164

Nicholas Horsfall: Dictys's Ephemeris and the Parody of Scholarship, in: Illinois Classical Studies 33/34, 2008/09, 41–63

Lawrence Kim: Homer between History and Fiction in Imperial Greek Literature. Cambridge 2010

Walter Lapini: I libri dell'Ephemeris di Ditti-Settimo, in: Zeitschrift für Papyrologie und Epigraphik 117, 1997, 85–89

Mario Lentano: Note critiche ed esegetiche al De excidio Troia historia di Darete Frigio, in: Latomus 75, 2016, 1013–1026

Robert M. Lumianski: Dares' Historia and Dictys' Ephemeris. A Critical Comment, in: E. Bagby Atwood und Archibald A. Hill (Hgg.): Studies in Language, Literature and Culture of the Middle Ages and Later Offered to Rudolph Willard. Austin 1969, 200–209

Wolfgang Luppe: Dictys Cretensis, P. Oxy. LXXIII 4944, in: Zeitschrift für Papyrologie und Epigraphik 173, 2010a, 17–23

– Der Dictys-Cretensis-Papyrus P. Oxy. 2539, in: Zeitschrift für Papyrologie und Epigraphik 175, 2010b, 29–32

– Zum Dictys-Cretensis-Papyrus P. Tebt. II 268, in: Archiv für Papyrusforschung 57, 2011, 8–22

Enrico V. Maltese: Il diario della guerra di Troia (Ditti Cretese) tra Ciriaco d'Ancona e Giorgio Gemisto Pletone, in: Res Publica Litterarum 10, 1987, 209–214

Donald J. Mastronarde: Dictys of Crete: Transcription of P. Tebt. 268 Based on a Study of New Multi-spectral Images (2008). Online auf http://ucbclassics.dreamhosters.com/djm/dictys.html

Stefan Merkle: Die Ephemeris belli Troiani des Diktys von Kreta (Studien zur klassischen Philologie 44). Frankfurt/Main 1989

– Telling the True Story of the Trojan War, in: James Tatum (Hg.): The Search for the Ancient Novel. Baltimore 1994, 183–196

– The Truth and Nothing but the Truth: Dictys and Dares, in: Gareth Schmeling (Hg): The Novel in the Ancient World. Leiden 1996, 563–580

– News from the Past. Dictys and Dares on the Trojan War, in: Heinz Hofmann (Hg.): Latin Fiction. The Latin Novel in Context. London 1999, 131–140

Francine Mora-Lebrun: Joseph of Exeter: Troy through Dictys and Dares, in: Robert Simms (Hg.): Brill's Companion to Prequels, Sequels, and Retellings of Classical Epic. Leiden 2018, 115–133

Karen Ní Mheallaigh: Pseudo-Documentarism and the Limits of Ancient Fiction, in: American Journal of Philology 129, 2008, 403–431

– Lost in Translation. The Phoenician Journal of Dictys of Crete, in: Tim Whitmarsh und Stuart Thomson (Hgg.): The Romance between Greece and the East. Cambridge 2013, 196–210

Annamaria Pavano: Contributo allo studio della tradizione manoscritta della »De excidio Troiae historia«, in: Sileno 19, 1993, 525–532

– Le redazioni latine e il presunto originale greco dell'opera di Darete Frigio, in: Sileno 24, 1998, 207–218

– La »De excidio Troiae historia« di Darete Frigio. Alcune considerazioni, in: Serena Bianchetti u. a. (Hgg.): ΠΟΙΚΙΛΜΑ. Studi in onore di Michele R. Cataudella. La Spezia 2001, 1001–1014

Natascia Pellé: Una nuova edizione di PTebt II 268, in: Studi di Egittologia e Papirologia 12, 2015, 63–80

Leandro Polverini: Darete, in: Enciclopedia Virgiliana, Bd. I, 1984, 1000

Otto Rossbach: Dares, in: RE IV 2, 1901, 2213–2214

– Diktys, in: RE V 1, 1903, 589–591

Monique van Rossum-Steenbeek: Greek Readers' Digests? Studies on a Selection of Subliterary Papyri. Leiden 1998 (60 [Kommentar] und 250f. [Text] Nr. 34 P. Michigan *inv.* 920–921)

Giampiero Scafoglio: The Betrayal of Aeneas, in: Greek, Roman, and Byzantine Studies 53, 2013, 1–14

Willy Schetter: Dares und Dracontius über die Vorgeschichte des trojanischen Krieges?, in: Hermes 115, 1987, 211–231 (wieder in: Schetter 1994, 295–313)

– Beobachtungen zum Dares Latinus, in: Hermes 116, 1988, 94–104 (wieder in Schetter 1994, 280–294)

– Kaiserzeit und Spätantike. Kleine Schriften. Stuttgart 1994

Otmar Schissel von Fleschenberg: Daresstudien. Halle 1908

Wolfgang Speyer: Bücherfunde in der Glaubenswerbung der Antike (Hypomnemata 24). Göttingen 1970 (55–59)

Jan Stenger: Dares Phrygius und kein griechisches Original, in: Grazer Beiträge 24, 2005, 175–190

Knut Usener, Dictys und Dares über den Troischen Krieg: Homer in der Rezeptionskrise?, in: Eranos 92, 1994, 102–120

Paola Venini: Ditti Cretese e Omero, in: Memorie dell'Istituto Lombardo 37, 1981/82, 161–198

Zur Wirkungsgeschichte zitierte Werke

Dictys Cretensis: Historia Troiana. Köln (Arnold Therhoernen) nicht nach 1471 (Erstausgabe)

Dares: De excidio Troiae historia. Köln (Johann Schilling) nicht nach 1472 (Erstausgabe)

Marcus Tatius Alpinus – Warhafftige Histori vnd beschreybung von dem Troianischen krieg vnd zerstörung der Stat Troie durch die hochgeachten Geschichtschreiber Dictyn Cretensem vñ Darem Phrygium erstlich in Griechischer sprach beschribē, darnach Latein vñ yetzund newlich durch Marcum Tatium etc. auß dē Latein ins Teütsch verwandelt … Augsburg 1536; vgl. Niklas Holzberg; Wie der Irrfahrer Odysseus auch nach Nürnberg kam, in: ΕΡΜΗΣ / Hermes 2.1, 2014, 65–68

Johannes Herold: Heydenweldt und irer Götter anfängcklicher ursprung … Dictys des Candioten wharhaffte beschreibung vom Troianischen krieg … Basel 1554

Dictys Cretensis Et Dares Phrygius De Bello Et Excidio Trojæ In usum Serenissimi Delphini, Cum Interpretatione Annæ Daceriæ. Accedunt in hac Nova Editione Notæ Variorum integræ … Dissertationem de Dictye Cretensi præfixit Jac. Perizonius. Amsterdam 1702

Johann Wolfgang von Goethe – Elke Dreisbach: Goethes »Achilleis« (Beiträge zur neueren Literaturgeschichte 3. F. 130). Heidelberg 1994; vgl. Elise von Keudell: Goethe als Benutzer der Weimarer Bibliothek. Weimar 1931, 15 Nr. 87 (Entleihung der o. g. Amsterdamer Ausgabe vom 23.12.1797 bis 1.2.1798)

REGISTER WICHTIGER NAMEN